面向 21 世纪高职高专教材

应用统计方法

主　编　陈　平
副主编　江成城　夏品俭

中山大学出版社
·广州·

版权所有　翻印必究

图书在版编目（CIP）数据

应用统计方法/陈平主编；江成城，夏品俭副主编．—广州：中山大学出版社，2008.7

（面向21世纪高职高专教材）

ISBN 978-7-306-03065-8

Ⅰ．应… Ⅱ．①陈…②江…③夏… Ⅲ．应用统计方法 Ⅳ．C8

中国版本图书馆CIP数据核字（2008）第040720号

出 版 人：	叶侨健
责任编辑：	邹岚萍
封面设计：	曹巩华
责任校对：	曾育林
责任技编：	黄少伟
出版发行：	中山大学出版社
电　　话：	编辑部（020）84111996，84113349
	发行部（020）84111998，84111981，84111160
地　　址：	广州市新港西路135号
邮　　编：	510275　传真：（020）84036565
网　　址：	http://www.zsup.com.cn　E-mail: zdcbs@mail.sysu.edu.cn
印 刷 者：	广州市怡升印刷有限公司
经 销 者：	广东新华发行集团
规　　格：	787mm×1092mm　1/16　20.75印张　465千字
版次印次：	2008年7月第1版　2014年9月第3次印刷
定　　价：	39.00元　印数：9001~11000册

本书如有印装质量问题影响阅读，请与出版社发行部联系调换

前　言

统计学是高等院校财经类重要的专业基础课程，为适应高职高专教学改革的需要，我们根据高职高专教育的培养目标和要求，组织编写了此书。

在编写过程中，按照"培养技能型、应用型人才"来构筑教材体系，力求体现以下特色：

（1）应用性。本书分为两大部分：基础知识和 Excel 在统计中的应用，旨在正确阐述统计学有关理论的前提下，突出统计方法和现代技术的应用。其中，基础知识部分着重阐述统计学的有关理论和方法，其理论部分以合理够用为度，突出理论与实践相结合，强调如何用理论分析实践问题；Excel 在统计中的应用部分，着重介绍如何使用现代技术来减轻计算负担，给出的范例针对性强，并有详细的操作步骤，有助于读者快速掌握和融会贯通。本书每章开始均列出"知识目标"和"能力目标"，结束都附有案例讨论和练习与思考，帮助学生对本章知识入门、理解和应用。

（2）层次性。它表现在两方面：一是内容结构上的层次性；二是叙述手法上的层次性。

（3）案例性。每一章的后面都附有案例。案例既是对本章主要知识点的总结，又是对本章内容的具体应用，并且尽可能引用人们比较熟悉的典型案例，或是国际上著名企业的成功经验和教训，针对性强，通俗易懂，易于掌握。

本书由广州城市职业学院"统计学原理"精品课程的主要成员进行编写。陈平副教授任主编，负责全书整体框架的设计及全书的总纂和定稿；江成城博士、夏品俭副教授任副主编；马成文教授任主审。上编的具体分工如下：陈平编写第一章、第二章、第三章、第四章和第六章；夏品俭编写第五章；曾静编写第七章；陈菲编写第八章；下编由江成城编写。

本书编写大纲拟定后，全体编写人员进行了广泛讨论，并作了多次修改。马成文教授审阅了本书的初稿，提出了许多宝贵意见，在此表示由衷的感谢。在本书编写过程中，参考和借鉴了国内外同行的有关论著和研究成果，同时，中山大学出版社的编辑邹岚萍等为本书的顺利出版也做了大量工作，在此一并表示诚挚的谢意。

由于编者水平的限制和统计课程本身的改革和发展，本书的不当或疏漏之处在所难免，恳请同行和读者提出宝贵意见，我们将不胜感激。

编　者

2008 年 1 月

目 录

上编 基础知识

第一章 统计总论 ………………………………………………………… (2)
 第一节 统计数据与统计学 ………………………………………… (3)
  一、统计数据 …………………………………………………… (3)
  二、统计学 ……………………………………………………… (5)
 第二节 经济统计学中的几个基本概念 …………………………… (11)
  一、统计总体和总体单位 ……………………………………… (11)
  二、标志和变量 ………………………………………………… (12)
  三、统计指标和指标体系 ……………………………………… (13)
 ★ 练习与思考 ………………………………………………………… (19)

第二章 统计数据的收集与整理 ……………………………………… (21)
 第一节 统计数据的收集 …………………………………………… (21)
  一、统计数据的来源和调查途径 ……………………………… (21)
  二、统计调查的方式 …………………………………………… (22)
  三、统计调查的方法 …………………………………………… (24)
  四、统计调查的方案 …………………………………………… (25)
 第二节 统计数据的整理 …………………………………………… (28)
  一、统计数据的审核 …………………………………………… (28)
  二、统计数据的分组 …………………………………………… (28)
  三、次数分布 …………………………………………………… (31)
  四、统计表与统计图 …………………………………………… (34)
 ★ 练习与思考 ………………………………………………………… (45)

第三章 综合指标分析法 ……………………………………………… (49)
 第一节 总量指标 …………………………………………………… (49)
  一、总量指标的概念与作用 …………………………………… (49)
  二、总量指标的种类 …………………………………………… (50)
  三、总量指标的计算和应用 …………………………………… (51)
 第二节 相对指标 …………………………………………………… (52)
  一、相对指标的概念和作用 …………………………………… (52)
  二、相对指标的种类和计算方法 ……………………………… (53)
  三、计算和应用相对指标应遵循的原则 ……………………… (61)

第三节　平均指标 ·· (61)
　　　一、平均指标的概念和作用 ···································· (61)
　　　二、平均指标的种类和计算方法 ································ (62)
　　　三、正确应用平均指标的原则 ·································· (72)
　　第四节　离散指标 ·· (73)
　　　一、离散指标的概念和作用 ···································· (73)
　　　二、离散指标的种类和计算 ···································· (73)
　　★ 练习与思考 ·· (83)
第四章　抽样推断法 ·· (87)
　　第一节　抽样推断概述 ··· (87)
　　　一、抽样推断的意义 ··· (87)
　　　二、抽样推断的作用 ··· (88)
　　　三、抽样推断中的几个概念 ···································· (89)
　　第二节　抽样推断的组织形式和方法 ······························ (91)
　　　一、抽样方案设计与抽样框的编制 ····························· (91)
　　　二、抽样推断的组织形式 ······································· (95)
　　第三节　抽样误差 ·· (97)
　　　一、抽样误差的含义 ··· (97)
　　　二、抽样误差的表现形式 ······································· (97)
　　第四节　抽样估计方法 ··· (102)
　　　一、抽样估计概述 ··· (102)
　　　二、抽样估计的基本方法 ······································· (104)
　　　三、抽样单位数目的确定 ······································· (106)
　　第五节　抽样资料的推断 ·· (108)
　　　一、用抽样指标推断全及总体总量指标 ······················ (108)
　　　二、用抽样指标对全及总体总量指标进行修正 ··············· (109)
　　★ 练习与思考 ·· (111)
第五章　动态数列分析法 ·· (114)
　　第一节　动态数列概述 ··· (114)
　　　一、动态数列及其用途 ·· (114)
　　　二、动态数列的种类 ·· (115)
　　　三、动态数列的编制原则 ······································· (116)
　　第二节　动态分析水平指标 ······································· (117)
　　　一、发展水平和增长量 ·· (117)
　　　二、平均发展水平 ··· (118)
　　　三、平均增长量 ·· (123)
　　第三节　动态分析速度指标 ······································· (124)
　　　一、发展速度 ··· (124)

二、增长速度 ………………………………………………………… (124)
　　三、平均发展速度和平均增长速度 ………………………………… (125)
　　四、增长1%的绝对值 ……………………………………………… (127)
　第四节　动态数列构成分析 ………………………………………… (127)
　　一、长期趋势的测定 ………………………………………………… (128)
　　二、季节变动的测定 ………………………………………………… (132)
　★ 练习与思考 …………………………………………………………… (138)

第六章　指数分析法 ………………………………………………………… (141)
　第一节　指数的概念和种类 ………………………………………… (141)
　　一、统计指数的概念 ………………………………………………… (141)
　　二、统计指数的分类 ………………………………………………… (142)
　　三、指数分析法的意义和作用 ……………………………………… (143)
　第二节　综合指数 …………………………………………………… (143)
　　一、编制综合指数的一般原理 ……………………………………… (143)
　　二、数量指标指数的编制 …………………………………………… (144)
　　三、质量指标指数的编制 …………………………………………… (145)
　第三节　平均数指数 ………………………………………………… (146)
　　一、加权算术平均数指数 …………………………………………… (146)
　　二、加权调和平均数指数 …………………………………………… (146)
　第四节　指数体系和因素分析法 …………………………………… (147)
　　一、指数体系的概念和作用 ………………………………………… (147)
　　二、因素分析法 ……………………………………………………… (148)
　第五节　几种常用指数的编制 ……………………………………… (154)
　　一、价格指数 ………………………………………………………… (154)
　　二、价格指数的应用 ………………………………………………… (159)
　　三、股票价格指数 …………………………………………………… (162)
　★ 练习与思考 …………………………………………………………… (169)

第七章　相关和回归分析法 ……………………………………………… (174)
　第一节　相关分析 …………………………………………………… (174)
　　一、函数关系与相关关系 …………………………………………… (174)
　　二、相关关系的种类 ………………………………………………… (175)
　　三、相关分析的主要内容 …………………………………………… (176)
　第二节　相关系数 …………………………………………………… (177)
　　一、相关表和相关图 ………………………………………………… (177)
　　二、相关系数 ………………………………………………………… (178)
　　三、时间数列自相关 ………………………………………………… (182)
　第三节　直线回归分析 ……………………………………………… (182)
　　一、回归分析的概念 ………………………………………………… (182)

二、回归分析的特点 ……………………………………………………………… (183)
　　三、回归分析与相关分析的区别与联系 ………………………………………… (183)
　　四、直线回归方程的建立和求解 ………………………………………………… (183)
　第四节　估计标准误差 ……………………………………………………………… (186)
　　一、估计标准误差的概念 ………………………………………………………… (186)
　　二、估计标准误差的计算 ………………………………………………………… (186)
　　三、估计标准误差和相关系数的关系 …………………………………………… (187)
　★ 练习与思考 ………………………………………………………………………… (190)

第八章　国民经济统计的主要指标 ………………………………………………………… (193)
　第一节　反映国民经济运行的指标体系框架 ……………………………………… (193)
　　一、中国国民经济核算体系 ……………………………………………………… (193)
　　二、国民经济统计指标体系 ……………………………………………………… (195)
　第二节　国民经济生产成果指标 …………………………………………………… (201)
　　一、国内生产总值的含义 ………………………………………………………… (201)
　　二、按现价计算名义 GDP ………………………………………………………… (201)
　　三、按可比价计算实际 GDP ……………………………………………………… (204)
　第三节　国民收入及分配指标 ……………………………………………………… (206)
　　一、国民总收入 …………………………………………………………………… (206)
　　二、国民可支配收入 ……………………………………………………………… (206)
　　三、城乡居民家庭可支配收入 …………………………………………………… (207)
　第四节　对外经济往来及国际收支指标 …………………………………………… (209)
　　一、货物进出口总额 ……………………………………………………………… (209)
　　二、外商投资 ……………………………………………………………………… (210)
　　三、外汇储备 ……………………………………………………………………… (210)
　第五节　国民资产负债存量指标 …………………………………………………… (212)
　　一、资产 …………………………………………………………………………… (212)
　　二、负债 …………………………………………………………………………… (212)
　　三、资产负债存量指标之间的关系 ……………………………………………… (213)
　第六节　国民经济比例和效益指标 ………………………………………………… (213)
　　一、反映人口与就业的指标 ……………………………………………………… (214)
　　二、反映活劳动消耗效益的指标 ………………………………………………… (215)
　　三、反映资金利用效益的指标 …………………………………………………… (216)
　　四、反映宏观投资效益的指标 …………………………………………………… (216)
　★ 练习与思考 ………………………………………………………………………… (218)

下　编　Excel 在统计中的应用

　任务一　用 Excel 整理数据 ………………………………………………………………… (222)

一、用 Excel 对数据排序 …………………………………… (222)
　　二、用 Excel 进行数据筛选 ………………………………… (226)
　　三、用 Excel 进行分类汇总 ………………………………… (229)
　　四、用 Excel 进行数据透视表汇总 ………………………… (231)
　　五、用 Excel 进行统计分组 ………………………………… (235)
任务二　用 Excel 绘制统计图 ……………………………………… (238)
　　一、柱形图和条形图、面积图 ……………………………… (238)
　　二、绘制折线图 ……………………………………………… (241)
　　三、绘制饼图和圆环图 ……………………………………… (243)
　　四、绘制散点图 ……………………………………………… (246)
　　五、绘制直方图 ……………………………………………… (249)
任务三　描述性统计 ………………………………………………… (253)
　　一、最大值、最小值计算 …………………………………… (253)
　　二、平均值和总和 …………………………………………… (255)
　　三、中位数、众数、四分位数 ……………………………… (256)
　　四、标准差、峰度、偏度 …………………………………… (257)
　　五、描述性统计 ……………………………………………… (260)
任务四　动态数列分析 ……………………………………………… (263)
　　一、增长量和平均增长量 …………………………………… (263)
　　二、发展速度和平均发展速度 ……………………………… (264)
　　三、增长速度和平均增长速度 ……………………………… (266)
　　四、移动平均法进行周期性分析 …………………………… (268)
　　五、回归分析与预测 ………………………………………… (271)
　　六、指数平滑法 ……………………………………………… (275)
任务五　用 Excel 进行指数分析 …………………………………… (278)
　　一、用 Excel 计算总指数、质量指数和数量指数 ………… (278)
　　二、用 Excel 计算算术平均数指数 ………………………… (280)
　　三、计算调和平均数指数 …………………………………… (281)
　　四、多因素的指数分析 ……………………………………… (283)
　　五、平均指标变动的指数分析 ……………………………… (285)
任务六　抽样推断 …………………………………………………… (288)
　　一、利用 RAND 函数进行随机数模拟 …………………… (288)
　　二、平均误差的计算 ………………………………………… (290)
　　三、区间估计 ………………………………………………… (291)
任务七　回归分析 …………………………………………………… (299)
　　一、线性回归分析 …………………………………………… (299)
　　二、多元回归分析 …………………………………………… (303)
　　三、非线性回归分析 ………………………………………… (304)

5

附　　录 ……………………………………………………………… (312)
　　附表一　概率表 ………………………………………………… (312)
　　附表二　常用对数表 …………………………………………… (314)
　　附表三　随机数字表 …………………………………………… (317)
参考文献 ……………………………………………………………… (320)

上编 基础知识

统计学产生于17世纪，作为经济管理的一个重要分支，经历了漫长的历史发展过程，其学科体系、内容和研究方法随着社会经济的发展日趋丰富和完善，其特定的理论体系和分析方法已被广泛地运用到各种研究领域，并发挥着越来越重要的作用。本编主要介绍统计学基础概念及各种常用的统计分析方法。

第一章 统 计 总 论

本章导读：我们在阅读各种报纸、杂志、统计年鉴时，经常会看到各种各样的统计数据，那么，什么是统计？为什么我们习惯用统计数据来说明问题？统计在我们现实的工作、生活中有何意义、作用？本章就这些有关内容进行阐述。

★ **知识目标**：了解统计学的发展史。正确理解统计学中的几个基本概念：总体、总体单位、标志、变量、统计指标、指标体系。

★ **能力目标**：能结合统计实践，准确理解和把握各种基本概念之间的关系。

统计是用数字来说话的。例如，2006年1月9日国家统计局发布关于中国国内生产总值历史数据修订结果的公告：按修订后的GDP数据计算，1979—2004年中国GDP年均增长率为9.6%。业内人士指出，中国实行改革开放政策，保持长达1/4世纪的高增长，在世界各国中堪称独步。这种通过统计的数值来描述经济状况的方式非常具体客观，简明扼要，通俗易懂，令人信服。统计可谓渗透到人们工作、生活的方方面面。因此，对大多数人来说，统计耳熟能详；但对欠缺统计知识的人来讲，又倍感抽象陌生，认为统计就是一堆堆密密麻麻、枯燥无味、让人目眩的数字，甚至觉得统计学是一门高深莫测的数字"玄学"。其实，只要我们平时多关注一些与我们息息相关的统计数据，注意理论联系实际，就不难发现，这些看起来杂乱无章的统计数据，其实是有规律可循的。对于其中的规律，入门并不难，只要深入学进去，就能体会到它的丰富多彩、力量非凡，就能真正理解"统计是认识社会的最有力的武器之一"（列宁）。

著名统计学家弗朗西斯·高尔登说过这样的话：一些人厌烦统计数字，甚至听到这个字眼就皱眉头，而我却发现它们妙趣横生。当人们不是将这些数字胡乱堆放，而是用精明手段去处置它们，小心翼翼地做出解释时，它们就显示应付复杂现象的非凡能力。对于追求人类科学的人来说，统计是披荆斩棘、开拓路径的利器。著名经济学家熊彼特在他的《经济分析史》中曾作了这样的描述：一位经济学家，同时必须是一位数学家、一位统计学家，最重要的是一位史学家。这里没有要求每一个人都成为经济学家，但是作为一名经济工作者，他必须熟练地掌握统计这个定量分析工具。在我们的实际经济工作中，不论是企业管理中的财务分析与预测、营销调研、生产控制，还是金融市场中的期货期权定价、证券投资分析，以及风险管理与控制，还有国家的宏观经济调控，都要建立在科学的对经济现象"做出解释"的基础上，因为都需要掌握统计这一"精明手段"和有效的工具。

本章的目的在于从总体上对统计学提供基本的认识，对统计学的基本概念、产生和发展、研究方法、职能等有个基本了解，为以后各章的学习奠定基础。

第一节 统计数据与统计学

一、统计数据

"统计"一词，通常有两种解释：一是指统计数据；二是指统计学（Statistics，看做单数名词的复数形式时，为"统计数据"；看做一个单数名词时，为"统计学"），两者是紧密联系但又是相互区别的概念。

1. 统计数据的含义　统计数据（Numerical Data），是反映一定空间、时间条件下客观总体现象数量特征的数值型资料。本书前面提到的1979—2004年中国GDP年均增长率为9.6%，就是统计数据。至于报刊上经常发表的用来描述经济运行、人口等方面的文章，则常用有关的统计数据来说明问题。

> ★ 知识拓展
>
> **关于广东企业发展现状信息**
>
> 　　去年，全省工业企业实现利润总额1274.29亿元，同比增长25.6%。工业企业竞争力增强，效益同步提高。全年规模以上工业经济效益综合指数155.9，这得益于国企、民企及外资企业的迅速发展。2004年全省国有及国有控股工业企业完成增加值1666.33亿元，比上年增长20.8%，全省规模以上民营企业完成增加值1141.80亿元，比上年增长24.0%。国企、民企的增长都在20%以上。和国企相比，民营企业的发展更为迅速。2004年，广东民营经济完成生产总值5600多亿元，占全省国内生产总值的35%。在利用外资方面，广东利用外资不断增加。2004年，广东实际利用外资金额100.1亿美元，居全国首位。在进出口方面，广东企业进出口贸易在全国继续处于领先地位，2004年，广东进出口总额为3500亿美元，占全国30.9%，其中出口额占全国32.3%，进口占全国29.5%。
>
> ——摘自2006年1月1日《羊城晚报》

2. 统计数据的测量尺度　统计数据的测量尺度一般分为四种类型：定类尺度、定序尺度、定距尺度和定比尺度。

定类尺度也称名义尺度，它是对统计客体类别差异所作的反映，是最粗略、计量层次最低的测量尺度。用定类尺度进行测量时，必须符合穷尽和互斥的原则。穷尽原则是指所有的统计客体都可归到相应的类型中去；互斥原则是指每个统计客体都属于一种类型且只属于一种类型。定类尺度使用的数字、符号、字母等具有随意性。如可用1表示男性，0表示女性；也可用0表示男性，1表示女性。

定序尺度也称顺序尺度，其所使用的数值大小，是与研究对象的特定顺序相对应的。例如，将社会阶层中的上上层、中上层、中层、中下层、下下层等分别标为"5、4、3、2、1"或者"1、2、3、4、5"就属于这一类。这里的"1、2、3、4、5"是任意加上去的符号，如果记为"50、40、30、20、10"也一样。定序尺度仅能反映出统计客体在等级、顺序上的差别，但它不能具体地测定各等级之间的间距大小。

定距尺度也称间距尺度，其所使用的数值，不仅表示测定对象所具有的量的多少，还表示它们的大小程度即间隔的大小。不过，这种尺度0的原点可以是任意设定的，但并不意味着该事物的量为"无"。例如0°C为绝对温度273K，华氏32°F。定类尺度与定序尺度的数值不能进行加减乘除，但定距尺度的数值可以进行加减运算。然而，由于原点是任意设定的，所以不能进行乘除运算。例如，5°C和10°C之间的差，可以说与10°C和15°C之间的差异是相同的，都是5°C，但不能说15°C是比5°C高3倍的温度。

定比尺度也称比例尺度，它和定距尺度的主要区别是存在固定的零点。长度、重量、时间等都是定比尺度测定的范围。定比尺度测定值的差和比都是可以比较的。例如，5分钟与10分钟之间的差和10分钟与15分钟之间的差都是5分钟，10分钟是5分钟的2倍。定比尺度可以进行加减乘除运算。

在运用统计数据进行统计分析时，一般要求测量的层次越高越好，因为高层次的测量尺度包含更多的数学特性，所运用的统计分析方法越多，分析时也就越方便。

3. 统计数据的特点　统计数据不管采用何种测量尺度，都具有数量性、客观性、具体性和综合性四个特点。

统计数据的数量性是指它以数据形式描述现象的特征。统计通过数字来"说话"。数量性是它的基本特点，这一特点也将统计与其他不以数字为语言的科学，如政治经济学、财政学、历史学、考古学等分开来。因统计中的数量是反映一定空间、时间条件下客观总体现象的具体数量，不是抽象的数量，这一点与数学中的数量有区别。另外，统计中的数量与会计所反映的数量也有区别：一是计算范围不同。会计是以资金运动为对象，而统计往往是以整个社会活动为对象，范围比会计广。二是计算结果要求的精确度不同。会计要以凭证作为记账依据，数字要求不能有任何偏差。而统计则是统计加估计，有许多数字存在估计性，如对民营经济的零售额经常采用估计方法；对居民家庭收支状况的数据资料往往通过抽样调查得到；等等。

统计数据的客观性是指，它必须是真实存在的，是通过科学的搜集方法得到的，反映过去或现在状况的资料。虚构的数字不是统计数据，咨询机构做出的预测数字，计划部门制定的计划数字，尽管都与统计数据有关，但其本身并不属于统计资料的范畴。

统计数据的具体性是指，它总是与特定的时间、空间和计量单位联系着，而不是以孤立的数值形式存在。这是它与数学上的数量最明显的区别。

统计数据的综合性是指，它描述的是客观综合现象，而不是个别现象。如我们经常统计的某地区人均居住面积指标，它不是指具体的某个家庭的居住面积与家庭人口之比，而是整个地区居住面积总和与人口总数之比；又如某市在调高居民用水价格前进行了民意测验，调查者关心的不是某一被访者对该项措施的态度，而是全市居民中持支持态度所占的比重。如果只是研究某一个别现象，则不存在统计问题。当然，综合现象的资料是由个别现象的资料汇总而成的，因此综合现象的研究不能脱离对个别现象的观察。

为了研究一个客观综合现象，需要观察它所包容的众多个别现象。如何将观察结果汇总整理，得到初步的、有条理的认识，又如何在此基础上进一步分析客观综合现象的数量特征，进而为经营管理决策提出咨询意见，就需要一门系统的知识——统计学。

二、统计学

统计学（Statistics）是关于如何对统计数据进行搜集、整理和分析以获取信息用于支持决策的方法论科学。统计学是借助于观察和分析具体的综合现象来研究如何观察和分析综合现象数量特征的一般方法。它包括统计数据搜集的方法；统计数据整理和表述的方法；对比分析方法；平均分析方法；抽样推断方法；相关和回归分析方法；统计指数分析方法；时间数列分析方法；等等。统计学不研究各种现象自身的发展规律，各种自然现象和社会现象都有其自身发展规律，对这些规律的研究只能由各门实质性科学承担。统计学提供的一系列研究方法，使得人们有可能透过对客观综合现象数量特征的观察与分析，觉察到这种现象自身发展规律的存在，或者加深对这种规律的理解。但是，对这样实质性规律的论证和解释要由研究特定现象的实质性科学做出。

我国第五次人口普查资料表明：0 岁人口性别比例为 1.12（女 = 100），由此往上，69 岁人口的性别比为 1.02，都是男性多于女性。自 70 岁人口起，性别比例开始逆转，为 0.96。随着年龄增大，性别比例急剧下降，85 岁以上人口的性别比例为 0.52。其他国家的人口统计数字也有类似分布。这些统计资料向人们揭示出一条人口规律：初生男婴比例略大于女性，在较小年龄段和中年龄段，大体上保持这一结构，然而，由于女性寿命平均高于男性，到了高年龄段则呈现出女性比例越来越超过男性的趋势。至于如何解释这条规律，不属于统计学的任务，恐怕要由生命科学等自然学科来回答。

统计学是包括理论统计学和应用统计学的一个学科群。按照国际统计学会的《统计理论与方法文摘》所表列的分类目录，统计学已有 16 个研究大类，近 350 个研究中类。1992 年中国国家技术监督局发布学科分类，把统计学列为与数学、哲学、经济学等并列的一级学科。理论统计学论述统计学最基本的理论和方法。统计在社会、经济、自然、工程等各个实质性领域的应用，产生了各个专门领域的应用统计学。各个专门领域的应用统计学既要接受理论统计学的指导，又要结合本专门领域的特点，建立各自的统计指标体系和专门统计方法。如人口统计中期望寿命的计算，其原理是概率分布和平均法则，但它并非是两者的简单运用，而是结合人口统计的特点开发出来的一套独特计算方法。又如教育统计中关于试卷信度、效度、难易度和区分度的评价方法，是以相对数和相关系数这些基本方法运用到试卷评估中的具体体现。

本书主要介绍统计学在经济领域中的基本理论和应用方法。

（一）统计学的产生和发展

随着统计实践活动的不断发展，统计实践经验的日益丰富，作为统计实践活动理论概括的统计学也就随之产生了。

17 世纪中叶，英国学者威廉·配第的《政治算术》一书的问世，标志着古典政治经济学的诞生，也标志着统计学的诞生。统计学从诞生开始，许多人从不同的角度，以不同的态度去认识研究有关统计理论，逐渐形成不同的统计学派，它们同时并存、相互影响、互相争论，在各学派的争论中又产生新的学派。在统计学的发展史上，影响较大的主要学派有政治算术学派、记述学派、数理统计学派和社会经济统计学派。300 多年来，统计学就是在这种争论中逐步得到发展、充实和完善的。

1. 政治算术学派　　其代表人物是英国学者威廉·配第（1623—1687），他所著的《政治算术》一书，对当时的英国、法国、荷兰三国的国情国力作了系统的数量对比分析，明确英国的国际地位并不悲观，提出了英国社会经济发展的方向和道路。威廉·配第做了前人没有做过的从数量方面来研究社会经济现象的工作。正是在这个意义上，马克思称威廉·配第是"政治经济学之父"，在某种程度上也可以说是统计学的创始人。威廉·配第采用数字、重量、尺度对社会经济现象进行数量对比分析的思想和方法，为统计学的创立奠定了方法论基础。

威廉·配第的朋友约翰·格朗特，通过对伦敦 50 多年的人口出生和死亡资料的计算，写了第一本关于人口统计的著作，所用的具体数量对比分析方法，对统计学的创立，同样起到了极其重要的作用，为统计学作为一种从数量方面认识事物的科学方法开辟了广阔的发展空间。

2. 记述学派　　记述学派又称为国势学派。所谓国势学，就是记述国家显著事项的学科，其代表人物是德国的政治经济学教授阿亨·瓦尔（1719—1772）等，代表著作是《近代欧洲各国国势学概论》，该书通过研究"国家显著事项"，分析各国的政治经济情况，提出一些治国方略。阿亨·瓦尔在大学中开设了一门新课程叫做"国势学"，后人把从事这方面研究的德国学者称为国势学派。也正是阿亨·瓦尔最早将"统计"一词当做学名来使用。严格地说，这一学派的研究对象和研究方法都不符合统计学的要求，只是登记了一些记述性材料，借以说明管理国家的方法。

政治算术学派和国势学派都以社会经济现象作为研究对象，以社会调查作为研究基础。但政治算术学派注重用数字说话，进行定量分析。而记述学派注重文字表达，进行定性分析。在是否把数量方面的研究作为这门学科的基本特征方面，两个学派互相争论了 200 多年，直到德国的克尼斯于 1850 年发表了《独立科学的统计学》论文，提出"国家论"和"统计学"的科学分工，主张把"国家论"命名为"国势学"，把"政治算术"正名为"统计学"，争论才告结束。

3. 数理统计学派　　数理统计学派产生于 19 世纪中叶，创始人是比利时的天文学家、数学家和统计学家阿道夫·凯特勒（1796—1874），其著作有《统计学的研究》和《关于概率论的书信》等。他是当时统计学界的中心人物，担任过比利时中央统计局局长，主持过第一次国际统计会议（1853 年），他最先将概率论应用于人口、人体测量和犯罪等问题的研究，完成了统计学和概率论的结合，从此，统计学开始进入更为丰富发展的新阶段。许多学者从各个角度研究统计学，不断增加新内容，相继提出和发展了相关和回归理论、t 分布和抽样理论等，使数理统计学很快发展成为一门比较系统、完善的学科。国际统计学界称凯特勒为"近代统计学之父"，就在于他发现了大量现象的统计规律并开创性地应用了许多统计方法，促使统计学向新的境界发展。由于这一学派主要在英美等国发展起来，故又称"英美数理统计学派"。

数理统计学派在理论上混淆了自然现象和社会现象之间的本质区别，过分夸大了概率论的作用，认为统计学就是数理统计学，是现代数学的一个分支，是通过研究自然现象和社会现象的方法体系，否认社会经济统计学的存在，因而又导致了与社会经济统计学派的长期争论。

4. 社会经济统计学派　社会经济统计学派于19世纪后半叶兴起于德国，即原来政治算术意义上的统计学。但由于它在理论上比政治算术学派更加完善，在时间上比数理统计学派提前成熟，因此它很快占领了"市场"，对国际统计学界影响较大，流传较广。主要代表人物是恩格尔（1821—1896）和稍后的梅尔（1841—1925）。他们主张统计学是研究社会经济现象的社会科学。这一学派融合了记述学派和政治算术学派的观点，并把政府统计和社会调查融合起来，进而形成了社会经济统计学。

数理统计学派与社会经济统计学派共存并争论至今已有100多年。目前，虽然数理统计学派在国际统计界占据着优势，但两者已出现融合的趋势。

（二）我国统计学的发展

1949年以前，我国的统计工作非常落后，统计学基本上照抄照搬西方统计理论，传播的主要是数理统计学派的观点。

1949年以后，我国主要受苏联的影响，引进了苏联的统计学即社会经济统计学，数理统计学遭到批判。党的十一届三中全会以后，学术界又开始了百花齐放、百家争鸣，数理统计又重新受到了人们的关注。人们突破了以往狭隘的观点，承认社会经济统计学、数理统计学和自然科技方面的统计学都是独立的统计学科，它们可以同时并存，相互借鉴，共同发展。

近年来，社会经济统计学和数理统计学出现了融合的趋势，数理统计方法在社会经济统计中得到了广泛的应用，今天，统计学应已划入国家一级学科，随着大统计学科体系的建立，统计学作为一门独立的科学，其应用已渗透到自然科学和社会科学的各个领域。统计科学工作者在总结本国经验的同时，吸收了世界各国统计科学发展的成果，正在努力建设一门具有中国特色的现代统计学。

（三）统计学的研究特点

统计学在研究社会经济现象的数量方面时，具有自己独立的思维形式和研究特点，主要表现在：

1. 社会性　社会经济统计活动是通过研究大量社会经济现象的总体数量，来认识人类社会活动的条件、过程和结果，反映物质资料的占有关系、分配关系、交换关系及其他社会关系。其定量研究是以定性研究为前提的，而定性研究使其在客观上有了社会关系的内涵。社会经济现象与自然科学技术问题是不同的，对于同一社会经济现象，站在不同的立场，持有不同的观点，运用不同的方法，可以得出不同的结论。这些都体现出社会经济统计活动的社会性。

2. 数量性　统计是从数量方面认识社会的，它通过数字来"说话"。具体来讲，是用规模、水平、速度、结构和比例关系等，来描述社会经济现象的数量表现、数量关系和数量变化，揭示事物的本质，反映事物发展的规律，推测事物发展的前景。

但必须明确，统计中的数量是反映社会经济现象在一定时间地点条件下的具体数量，不同于数学上研究的纯数量，它不是抽象的数量，它是以现象揭示本质的规定性为基础的，是带有一定具体内容的数量。因为任何事物都是质与量的统一，没有质也就没有量。

例如，要了解广东省重工业产值，首先要明确什么是重工业。所谓重工业，是指为国民经济各部门提供技术装备、动力和原材料的工业，包括采掘工业、原材料工业和制造工业。然后要确定重工业产值的含义和统计口径以及广东省哪些企业属于重工业企业，这些都是质的规定。在此基础上，还要解决怎样搜集、整理和汇总重工业产值资料，最后才能得到广东省重工业产值的具体数据。

3. **总体性** 又称大量性或综合性。统计研究的着眼点是大量社会经济现象总体，而不是少量或个别现象，它是通过对个别事物大量观察，占有丰富资料，加以分析综合，来反映现象总体的数量特征，揭示现象的本质和规律性。例如，2000 年 11 月 1 日进行的第五次全国人口普查，逐一登记了全国大陆 31 个省、自治区、直辖市（不包括香港特别行政区、澳门特别行政区、台湾省）的每个人的性别、年龄等特征，但人口普查的目的并不是要了解关于某个人的特征，而是为了通过对全国人口情况进行汇总计算，得出关于我国人口总体的特征资料，从而达到对全国人口现象总体的认识。汇总后结果显示，祖国大陆 31 个省、自治区、直辖市（不包括福建省的金门、马祖等岛屿，下同）和现役军人的人口共 126583 万人。同第四次全国人口普查 1990 年 7 月 1 日 0 时的 113368 万人相比，10 年零 4 个月共增加 13215 万人，增长 11.66%。平均每年增加 1279 万人，年平均增长率为 1.07%。同 1990 年第四次人口普查相比，0～14 岁人口的比重下降了 4.8 个百分点，65 岁及以上人口的比重上升了 1.39 个百分点。从总体着眼，从个体入手，体现了统计工作中总体和个体之间的辩证关系。

4. **具体性** 现代社会经济统计活动所调查研究的都是社会现象的具体的数量。这是统计数量与数学上的数量明显区别的地方。数学研究的是离开了具体事物的抽象的数量关系，如数量可以加减乘除，有奇数偶数，可以计算比例，等等。社会经济统计则是调查研究一定时间地点条件下的具体事物的数量及其相互关系。例如，据国家统计局统计数据资料表明，1996 年 1～4 月份全国社会消费品零售总额实现 7575 亿元，比上年同期增长 21.4%。这些数据都是有具体内容的，而不是离开具体事物内容抽象的数据。

5. **抽象性** 抽象性是指社会经济统计资料中的统计指标和数值应是客观实际的反映，即前面所说的具体性，但它在许多情况下又与实际不能完全吻合。例如，在比较两个单位职工收入水平高低时，不能用每个单位职工总收入这一具体数字来进行比较，而必须通过计算各单位职工的平均收入这一数字才能比较，这里所说的平均收入指标是反映每个单位所有职工收入的一般水平的指标，是一个抽象的数字，它是将各单位中每一职工收入的具体数字之间差异抽象化了。在统计认识活动过程中会用到许多既反映客观事实同时又具有抽象性的统计指标及数字，如平均数、相对数等，在统计中，其具体性和抽象性是同时存在的，并不对立。

（四）统计学与其他学科的关系

1. **统计学与哲学的关系** 马克思主义哲学认为，辩证唯物主义和历史唯物注意是唯一科学的世界观、方法论。统计学是以哲学作为它的方法论基础，如辩证唯物主义认为存在决定意识，这就要求统计要实事求是，如实反映情况，要先调查后结论。又如辩证唯物主义认识事物的过程是从个别到一般，从现象到本质。按照这个原理，统计中采用从许多单个事物的观察中，归纳出事物的总体特征。如辩证唯物主义中量变与质变的关系、必然和偶然的关系等等，在统计方法中都有具体的体现。

2. 统计学与政治经济学的关系　　统计学以政治经济学作为它的理论基础。例如工业统计中的工业总产值、工业增加值、工资、成本、利润、劳动生产率等，都必须以政治经济学阐明的有关理论和范畴作为依据，才能对它们进行正确的数量研究。

3. 统计学与数理统计学的关系　　统计学中的许多方法是以数理统计理论和方法作为基础的。如抽样调查、相关与回归分析和统计预测等，都是根据数理统计的理论和方法，用于解决社会经济问题。

4. 统计学与数学的关系　　首先，统计学要运用大量的数学知识，数学为统计理论和统计方法的发展提供基础，但不能将统计学等同于数学。数学研究的是没有量纲或单位的抽象的数，统计学研究的是有具体实物或计量单位的数据。其次，数学与统计学研究中所使用的逻辑方法不同。数学研究所使用的主要是演绎法，统计学则是演绎与归纳相结合，占主导地位的是归纳法。

5. 统计学与计算机的关系　　计算机是一种能进行数学运算的机器。统计是大型计算机的最早用户，现在仍然是数值计算的主要用户。大量的统计数据处理必须借助计算机才能完成，如通过运用 Excel 工具或 Spss 统计软件等，可以使复杂的计算过程简单化，枯燥的统计数据形象化、生动化等。计算机的使用，使我们只要输入数据，点击鼠标做一些选项，就可得到我们想要的漂亮图表。但计算机的使用也充满了危险的陷阱，由于计算机无法识别统计方面的错误，如果我们采用错误的方法、输入错误的数据，计算机只能输出错误的结果（虽然看上去可能很漂亮）。但不管如何，随着社会的发展、信息的不断膨胀，现代统计活动越来越离不开计算机。

(五) 统计的职能与工作任务

1. 统计的职能　　统计是在质的规定的前提下，对客观事物进行量的研究。它既可以观察量的活动范围，又可以研究质的数量界限，还可以观察现象之间相互影响的数量关系。因此，统计具有信息、咨询、监督三大职能。

统计的信息职能，是指统计机构和统计人员根据科学的统计指标体系和统计调查方法，系统地搜集、整理和提供大量的以数量描述为基本特征的统计信息的职能。统计信息是按国家统计制度采集的规范的、系统的信息，是覆盖面最广、综合性最强的信息，因而是社会经济信息的主体，是党政机关和企事业各级领导了解情况、研究问题、进行科学决策和管理的重要依据。

统计的咨询职能，是指统计机构和统计人员利用已掌握的丰富的统计信息资源，运用先进的技术手段和科学的方法，深入开展综合分析和专题研究，为科学决策和管理提供各种可供选择的咨询建议与对策方案，对科学决策和管理发挥参谋和助手作用。

统计的监督职能，是指统计机构和统计人员根据统计调查和统计分析，从总体上客观反映国民经济和社会运行状态，以及企业生产经营情况，并对其进行全面、系统的定量检查、监测和预警，便于各级领导及时采取措施解决运行中出现的问题和偏差，促使社会经济按照客观规律的要求，持续、稳定、协调地发展。

统计的这三种职能是相互联系、相互作用的有机整体，其中，信息职能是最基本的职能，是保证统计的咨询和监督职能得以有效发挥的可靠基础；统计咨询职能是统计信息职能的深化；统计监督职能是在信息、咨询职能基础上的进一步拓展，并促进统计信息职能和咨询职能的优化。

2. 统计工作的任务　　统计的职能决定了统计工作的任务。《中华人民共和国统计法》第一章第二条规定："统计的基本任务是对国民经济和社会发展情况进行统计调查、统计分析，提供统计资料和咨询意见，实行统计监督。"与其相适应的具体任务是：调查、整理社会经济活动的各种数字资料；在此基础上，对社会经济活动过程极其结果进行主观与客观、横向与纵向、静态与动态的综合分析，提供信息产品；判断社会经济活动的运行状态，提出相应的咨询意见，监督社会经济活动的运行过程，为国民经济宏观调控、企业经营管理和科学研究提供客观依据。为完成上述任务，统计工作必须做到"准确、公正、及时、方便"，这是衡量统计工作质量的重要标准。

（六）统计研究的基本程序与方法

统计在研究任何经济问题时，一般经过四步程序。

1. 统计设计　　在统计研究或统计工作实施展开之前，必须对整个统计工作过程制定一个全盘性规划，即根据统计研究的目的确定：①研究的对象及范围；②反映研究对象的指标；③搜集数据的方式方法；④汇总和整理数据的方法和程序；⑤综合分析的方法；⑥每一步所要花费的时间、人力和物力；等等。

2. 统计数据的搜集　　根据统计研究的目的确定所要搜集的统计数据。

统计数据依照其来源，划分为初级数据和次级数据两大类。所谓初级数据，即第一手数据是直接调查所得的资料，其他间接数据都是次级数据。

初级数据和次级数据的划分是根据进行统计研究的单位和个人来进行的。比如某企业的销售额数据，对于该企业来说是初级数据，而对于其他单位和个人来说都是次级数据。所有一切的统计数据，都是经过统计调查得来的。我们直接进行调查时，必须设计好统计调查方案，进行科学的调查，才能取得有用的统计数据；即使是运用次级统计数据时，也必须尽可能地了解其数据是怎样搜集来的，可靠性如何，特别是数据包括的范围必须弄清楚，否则无法利用。

3. 统计数据的整理　　包括两方面的内容，如果是初级数据，则在进行统计调查之后，应该按照整理的方案，对调查数据进行审查、分组、汇总，直到编制成统计表。

统计数据的整理对于次级数据来说，主要是审查其所包括的范围。如果范围不一致，应当首先加以换算使其一致；有些统计数据的分组法不一致，也必须设法加以整理使之成为可比的；还有的数据有缺口，应当进行必要的估算。因此，整理次级数据往往比整理初级数据需要更多的统计知识和专业知识。

4. 统计数据的分析　　统计数据经过整理之后，就可以进入分析阶段。统计分析是以统计资料为依据、运用科学方法对总体现象进行分析研究的阶段，体现统计的最终成果。统计调查或统计数据的搜集只是为了取得分析所必需的数据。统计数据的整理，则是对已经取得的统计数据进行加工，为了便于开展分析之用，统计分析才是达到统计研究的最终目的。

以上阐述了统计研究的基本程序，这对于各种统计活动都是适用的，只是在统计分析的深度上有所不同。旨在提供一般统计信息的统计活动，只需要进行到统计数据的初步分析，而旨在解决某一课题的统计活动，则需要进行较深层次的分析研究，直至找出对策。

统计活动是受统计方法指导的，而最常用、最基本的统计方法是大量观察法。所谓大量观察法，是从统计研究总体的个别单位开始，一个一个地进行观察、登记，由此取得反映所有个体现象某些特征的一组数据，作为加工、分析的原始数据。统计研究要运用大量观察法是由研究对象的大量性和复杂性所决定的，它的意义在于，在同质的基础上，经过大量观察，把个别的、偶然的差异性相互抵消，而将综合的、必然的规律性显示出来。例如，对新生儿性别比例进行观察，如果只观察某10个新生儿，其性别比例可能是7:3或5:5，或其他比例。但是经过对新生儿性别的大量观察，发现这一比例稳定在1.05:1以上，从而显现出新生儿男女性别大体平衡而男略多于女的自然规律。又如，就一个家庭人均收入而言，各户高低不一，甚至各户之间差距悬殊。但是经过大量观察，可以找到全市人均收入的一般水平，这个一般收入水平是由该市经济发展水平、就业情况和工资政策等多种宏观因素决定的。尽管各户收入不等，但是上述宏观因素决定了全市的一般收入水平必然如此；反过来，这个一般收入水平又体现在千差万别的各户收入之中。

第二节　经济统计学中的几个基本概念

一、统计总体和总体单位

统计总体和总体单位是反映统计认识对象的基本概念。

统计总体是由某种性质相同的个体所组成的整体，简称总体（Population）。组成总体的各个个体便称为总体单位（Population Element）。例如我们要研究全国工业企业发展情况时，就以全国工业企业作为统计研究对象，即作为一个总体；而每一个工业企业则作为总体单位。在这里，每个工业企业都具有共同的性质，即它们都是工业生产经营单位，都向社会提供工业产品或劳务服务。有了这个总体，我们就可以研究全国工业企业的各种数量特征，如从业人数、资金规模、技术力量、设备状况、经济效益等等。

总体和总体单位是多种多样的，常见的主要有两种，即：以某种客观存在的实体为单位组成的总体，如以个人、家庭、学校、设备、产品、商品等为单位组成的总体称为实体总体；以某种行为、事件为单位组成的总体，如买卖行为、工伤事故、犯罪事件、体育活动等为单位组成的总体称为行为总体。

总体的形成必须具备一定条件，其客观条件主要有：①客观性。总体和总体单位必须是客观存在的，可以实际观察的。②同质性。组成总体的所有个体必须在某些性质上是相同的，例如工业企业总体，必须是由进行工业生产活动的基层单位组成的。如果是国有工业企业总体，便又多了一个所有制性质上的相同，它的范围便小于工业企业总体了。③差异性。构成总体的各单位除了同质性一面还必须有差异性一面。倘若各总体单位在所有属性上都千篇一律，则实无统计研究之必要。例如，职工总体中的每个职工，在工种、性别、年龄、文化程度、工资等方面都有差异，这样才构成统计调查研究的内容。④大量性。总体单位必须是数目众多的，否则不可能进行大量观察，也就不可能得出关于总体综合数量特征的正确认识。

此外，总体的形成还决定于主观条件，这主要有两个方面：①统计研究的目的。统计研究的具体目不同，作为认识对象的总体和总体单位便有所不同。例如，研究一个国家或地区的工业生产情况时，这个国家或地区的所有工业企业构成一个统计总体，而将每个工业企业作为总体单位；而在研究某一个工业企业的生产情况时，则由该工业企业的所有部门（生产车间）构成一个统计总体，而将该工业企业的每个部门（生产车间）作为总体单位。②统计机构的状况。统计机构的立场、观点、工作条件、了解实际的深入程度等也决定着统计总体的形成。例如，要调查某市商业企业的经营情况，如果人力和经费充足，可以把该市每一个商业企业都列为总体单位形成统计总体，但是，如果人力与经费有限，便只能从中选出部分商业企业构成统计总体进行调查。

二、标志和变量

标志和变量是反映统计认识内容的基本概念。

表示总体单位特征或属性的具体名词称为标志（Attribute）。在特定时间、空间条件下对总体单位标志的调查结果称为标志表现。例如某职工为总体单位时，则说明该职工特征的具体名词：性别、民族、年龄、工种、工资等都称为标志，而这些特征的实际调查结果：男性、汉族、25岁等称为标志表现。

标志按其表现形式不同有数量标志（Quantitative Attribute）和品质标志（Qualitative Attribute）两种。能够用数量表现的标志称为数量标志，如职工的年龄、工龄、工资等等；不能用数量表现的标志称为品质标志，如职工的性别、民族、工种等。品质标志主要作为统计分组的依据，以便计算出不同组别的总体单位数。数量标志除作为分组的依据计算总体单位数外，还可以进行许多其他计算，如可以计算平均年龄、平均工龄、平均工资等。

在一个统计总体中，各总体单位表现相同的标志称为不变标志，例如国有工业企业总体，各工业企业的生产性质、所有制性质都是相同的，是不变标志，它是形成统计总体的客观条件之一，即同质性所决定的。各总体单位表现上可能不同的标志称为变异标志。例如上述国有工业企业总体中，各工业企业的产品种类、所属行业、职工人数、产品数量、工业总产值、销售总额、利润额等标志的表现不一定相同，这些便是变异标志。它是由形成统计总体的另一客观条件即差异性所决定的。

变异标志是统计调查研究的主要内容，在实际工作中，将它们称为调查项目。一个统计总体中，各个总体单位可以有很多的标志。在实际统计活动中，要根据调查研究的目的选择重要的标志。

变异标志有两种，即品质变异标志和数量变异标志。例如以每个职工为总体单位时，性别是品质变异标志，其具体表现为男或女，民族、工种、文化程度等也是品质变异标志；职工的年龄、工龄、工资等等则是数量变异标志。为简便起见，习惯上将这种数量变异标志称为变量（Variable）。

数量变异标志的具体数值，如年龄的18岁、19岁、20岁等，工资的500元、600元等叫做变量值或标志值。变量按变量值是否连续可分为连续型变量与离散型变量。任意两个变量之间取值有限的叫做离散型变量，如企业个数、职工人数、设备台数等便是离散型变量，这些变量的数值只能取整数。任意两个变量值之间取值无限的是连续型变量,如人的身高、体重,企业的耗电量,单位产品的生产时间,等等,便是连续型变量,这些变量的数值可以取整数或非整数。连续型变量一般要通过测量或计算才能取得;离散型变量一般是可以计数取得的。不过,在实际统计工作中,为了简便起见,把有些连续型变量也作为离散型变量看待。如人的年龄本来是连续型变量,但在实际调查统计时一般作为离散型变量看待;又如以一年为间隔只取整数。

三、统计指标和指标体系

1. 统计指标

(1) 统计指标的概念和构成要素。在实际工作中,一般把说明统计总体综合特征的名称及其数值称为统计指标(Statistical Indicator),简称指标(Indicator)。例如,2004年全年国内生产总值(现价)136515亿元,其中,第一产业增加值20744亿元,第二产业增加值72387亿元,第三产业增加值43384亿元;全年城镇新增就业人员980万人;年末国家外汇储备达到6099亿美元;全年各项税收收入25718亿元(不包括关税和农业税);全年全社会固定资产投资70073亿元;全年社会消费品零售总额达到53950亿元;全年进出口总额达11548亿美元等等,这些都属于全国主要经济统计指标。

一个比较完整的统计指标,应由以下五个要素构成:①指标名称和指标含义;②时间;③空间;④计量单位;⑤计算方法。指标名称即是所使用的名词。许多指标及其含义源于关于它们所说明的现象的实质性科学,另外一些来自经验和常识。

客观综合现象总是处于特定的时间、空间之中,因此指标须和时间、空间限定词联系在一起。计量单位对于描述现象的数量特征的重要性是显而易见的,计算方法更不容忽视。统计指标之间的比较,只能是与要素中仅时间或空间一项不同条件下的比较。通常所说,"统计口径"相同,指的就是不仅指标名称相同,而且指标含义和计算方法、计量单位也相同。

(2) 统计指标的特点和作用。从上述统计指标的解释可得出,统计指标具有以下特点:

1) 数量性。每个指标都是反映客观现象的数量特征,都必须用数字表示。

2) 综合性。统计指标说明的是现象总体的综合特征,而不是个体的特征。如全国国内生产总值是全国三大产业增加值的总和。

3) 具体性。统计指标不是抽象的概念和数字,它总是联系于具体现象的数量反映。因此,在使用统计指标时,一是要把它们放到具体的客观环境和场景之中去对待,而不能用纯数量观点来对待。

另外,从指标和标志的区别与联系中,可以进一步说明统计指标的特点。归纳起来,指标和标志的主要区别是:①指标是说明总体特征的,而标志是说明总体单位特征的;②标志有不能用数值表示的品质标志和能用数值表示的数量标志两种,而指标都必须是用数值表示的。两者之间的主要联系有:①许多指标的数值是从总体单位的数量标志值汇总而来的。如全国工业总产值指标是从每个工业企业(总体单位)的工业总产值(标志值)汇总得来的。②两者之间存在转化关系。例如,我们研究一个工业企业(统计总体)的生产情况时,该企业的工业总产值、职工人数等是反映该企业生产情况的统计指标;而当我们研究全国或一个地区的工业生产情况时,每个工业企业(总体单位)的工业总产值、职工人数等则是反映每个工业企业特征的标志。

(3) 统计指标的种类。通常可以将统计指标进行以下分类:

1) 统计指标按其反映的总体内容的不同,可分为数量指标和质量指标。

数量指标是指反映总体的规模或水平的统计指标,一般用绝对数表示。如职工人数、商品销售额、工农业总产值等。它的数值随总体范围大小变化而增减。

质量指标是说明总体内部或总体之间数量关系和总体质方面的统计指标。一般用相对数或平均数表示。如平均工资、劳动生产率、资金周转次数、设备利用率、产品合格率等等。它的数值不随总体范围大小变化而增减。

2) 统计指标按其作用和表现形式的不同,可以分为总量指标、相对指标和平均指标。

总量指标是反映总体现象规模或水平的统计指标。通常用绝对数表示,简称绝对数。它是用来说明总体现象的广度的,表明总体现象发展的结果,特别是用来说明生产或工作的总成果。例如工业总产值、农业总产值、商品销售额等。

相对指标是两个有联系的指标相比较的结果,简称相对数。如工农业总产值中,工业总产值所占比重、农业总产值所占比重;又如工业总产值历年发展速度;等等,均属相对指标。

平均指标是反映事物一般水平的重要指标,它表明同一总体某一标志在一定历史条件下的一般水平。例如平均工资、平均成本、平均出勤率等等。

上述统计指标的分类不是孤立的,而是相互联系的,同一个指标,可以从不同的角度出发来研究它的归属问题。

2. 统计指标体系

(1) 统计指标体系的意义。由若干个相互联系、相互制约的统计指标组成的一个统计指标系统叫做统计指标体系。社会经济现象错综复杂,各种现象之间存在着相互联系、相互制约的关系。每一个统计指标只能反映客观事物的一个方面,若要反映事物的各个方面及其发展变化的整个过程,就需要设计和运用一套统计指标,或者说一系列统计指标。例如,要研究一个地区的工业生产状况,就需要设计和运用反映生产条件的指标,如企业单位、职工、设备、原材料供应等;反映生产过程的指标,如劳动时间利用率、能源消耗等;反映生产成果和效益的指标,如产品产量、产值、利润等。所以,反映工业生产状况便需要设计和运用一个相当庞大、相当复杂的统计指标体系。

(2) 统计指标体系的种类。

1) 统计指标体系按其所反映的内容可以分为基本统计指标体系和专题统计指标体系。

基本统计指标体系是反映社会经济发展基本情况的指标体系,它又可以分为三种,即:反映社会生产、分配、交换、消费等方面的经济统计指标体系;反映人口、文化、教育、卫生等方面的社会统计指标体系;反映科学技术、机构、人员、投入、成果等方面的科技统计指标体系。

专题统计指标体系是对某一社会经济问题进行调查研究专门设立的统计指标体系。

例如，根据价格宏观调控目标而建立价格指数体系；从合理分配收入，提高人民生活质量的角度而建立收入分配和生活质量调控指标体系；等等。

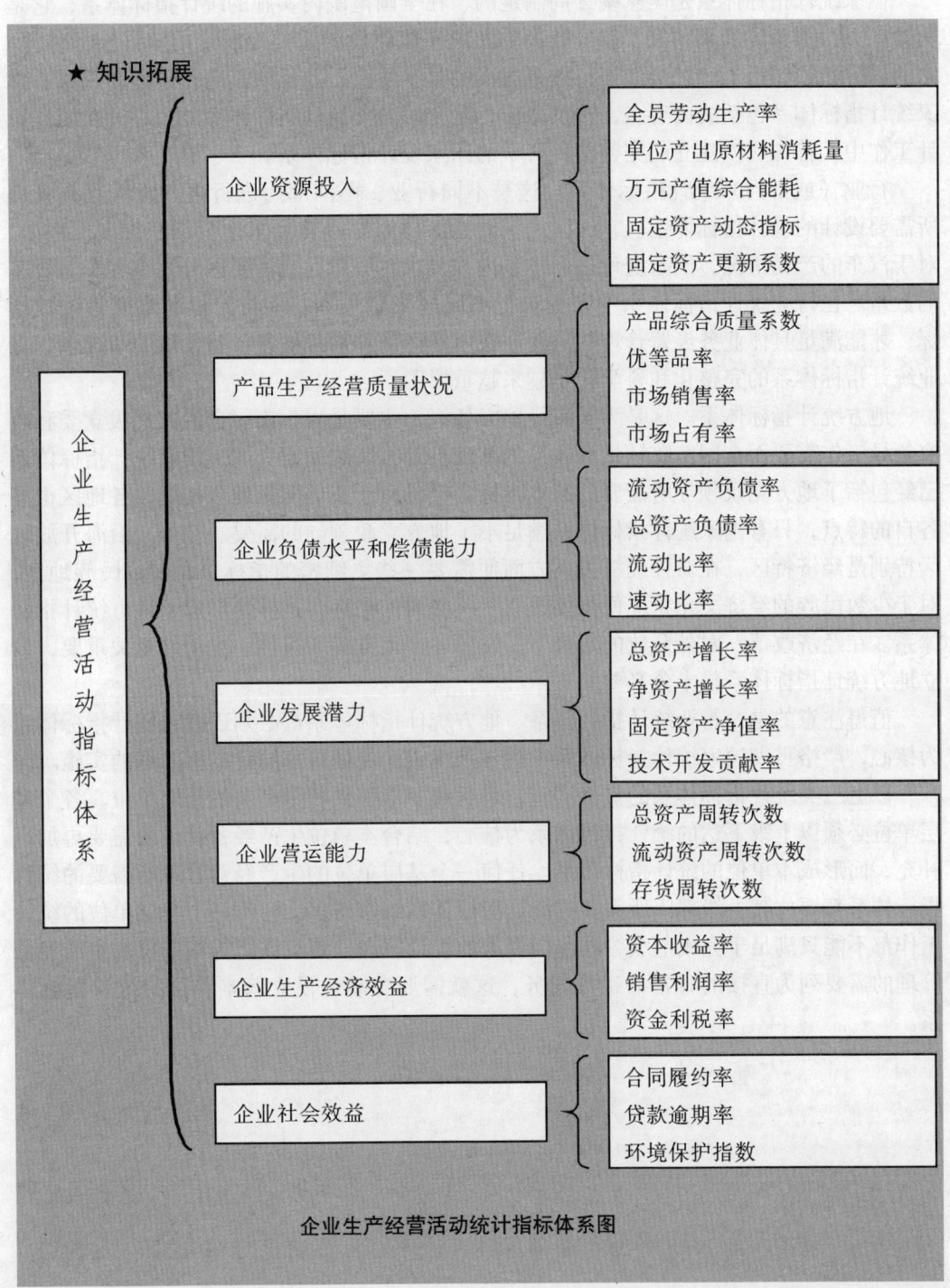

企业生产经营活动统计指标体系图

2）统计指标体系按其所实施的范围可以分为四大类：国家统计指标体系、行业（或部门）统计指标体系、地方统计指标体系、基层单位的统计指标体系。

国家统计指标体系是国家统计局制定的、在全国范围内实施的统计指标体系，它是为党中央、国务院管理国家、领导社会主义现代化建设的需要而制定的统计指标体系。它的内容必须包括上述社会经济科技等方面的基本情况，并反映其运行过程和成果。国家统计指标体系包括的内容多，涉及面广，是全国各类统计指标体系的核心，在统计设计工作中，首先应该建立起完整的、科学的国家统计指标体系。

行业（或部门）统计指标体系。这是不同行业、不同部门进行生产经营业务管理所需要设计的统计指标体系。它比国家统计指标体系在具体要求上要细密得多。例如，对于汽车的产销情况，国家统计指标体系内只要求总数量，或者要区分大小客车、货车的数量。在行业统计指标体系中则要求把不同规格型号和一些技术标准都列为统计指标，才能满足具体业务经营管理的需要。在市场经济和对外贸易日益发展的情况下，行业统计指标体系的完整化和科学化是越来越重要了。

地方统计指标体系。这是为了满足地方各级，主要是省、市、自治区一级党委和政府领导工作需要而在国家统计指标体系的基础上补充增加而设立的。国家统计指标体系已经包括了地方党政领导所需要的基本指标，但是由于我们国家地区辽阔，各地区也有各自的特点，只有国家统计指标体系满足不了地方党政领导的需要。例如，沿海开放地区特别是经济特区，在对外经济关系方面便需要一些更细密的指标；而少数民族地区，对于少数民族的经济文化状况便需要设立一些必需的指标，这样便形成了地方统计指标体系。在经济改革、对外开放的形势下，发挥各个地方的积极性、主动性至关重要，设立地方统计指标体系是十分必要的。

值得注意的是，行业统计指标体系、地方统计指标体系都必须以国家统计指标体系为核心，严格贯彻国家统计指标体系中的各项规定，保证国家统计指标体系的实施。

以上三类统计指标体系的贯彻实施，最后都要落实到各个有关的基层单位。各个基层单位必须以上级下达的统计指标体系为核心，结合本单位生产经营管理的需要再加以补充，而形成本单位的统计指标体系。任何一个基层单位的生产经营管理所需要的统计指标体系都要比其上级部门所需要的统计指标体系细密得多，任何一个基层单位的统计工作都不能只满足于完成上级管理部门要求的统计报表，而应该把为本单位的生产经营管理的需要列为直接的日常的工作任务，这就需要主动地设立起本单位的统计指标体系。

★ **知识拓展**

中华人民共和国统计法

(1983年12月8日第六届全国人民代表大会常务委员会第三次会议通过)

根据1996年5月15日第八届全国人民代表大会常务委员会第十九次会议《关于修改〈中华人民共和国统计法〉的决定》修正

第一章 总 则

第一条 为了有效地、科学地组织统计工作，保障统计资料的准确性和及时性，发挥统计在了解国情国力、指导国民经济和社会发展中的重要作用，促进社会主义现代化建设事业的顺利发展，特制定本法。

第二条 统计的基本任务是对国民经济和社会发展情况进行统计调查、统计分析，提供统计资料和统计咨询意见，实行统计监督。

第三条 国家机关、社会团体、企业事业组织和个体工商户等统计调查对象，必须依照本法和国家规定，如实提供统计资料，不得虚报、瞒报、拒报、迟报，不得伪造、篡改。基层群众性自治组织和公民有义务如实提供国家统计调查所需要的情况。

第四条 国家建立集中统一的统计系统，实行统一领导、分级负责的统计管理体制。

国务院设立国家统计局，负责组织领导和协调全国统计工作。

各级人民政府、各部门和企业事业组织，根据统计任务的需要，设置统计机构、统计人员。

第五条 国家加强对统计指标体系的科学研究，不断改进统计调查方法，提高统计的科学性、真实性。

国家有计划地加强统计信息处理、传输技术和数据库体系的现代化建设。

第六条 各地方、各部门、各单位的领导人领导和监督统计机构、统计人员和其他有关人员执行本法和统计制度。

统计工作应当接受社会公众的监督。任何单位和个人有权揭发、检举统计中弄虚作假等违法行为，对揭发、检举有功的单位和个人给予奖励。

第七条 各地方、各部门、各单位的领导人对统计机构和统计人员依照本法和统计制度提供的统计资料，不得自行修改；如果发现数据计算或者来源有错误，应当提出，由统计机构、统计人员和有关人员核实订正。

各地方、各部门、各单位的领导人不得强令或者授意统计机构、统计人员篡改统计资料或者编造虚假数据。统计机构、统计人员对领导人强令或者授意篡改统计资料或者编造虚假数据的行为，应当拒绝、抵制，依照本法和统计制度如实报送统计资料，并对所报送的统计资料的真实性负责。

统计机构、统计人员依法履行职责受法律保护。任何地方、部门、单位的领导人不得对拒绝、抵制篡改统计资料或者对拒绝、抵制编造虚假数据行为的统计人员进行打击报复。

第八条 统计机构和统计人员实行工作责任制，依照本法和统计制度的规定，如实提供统计资料，准确及时完成统计工作任务，保守国家秘密。

统计机构和统计人员依照本法规定独立行使统计调查、统计报告、统计监督的职权，不受侵犯。

★ 人物小传之一

威廉·配第

政治算术学派奠基人威廉·配第（William Perty，1623—1687）是英国一个贫苦工匠的儿子。少年时代曾学过希腊语、拉丁语、数学和天文学，并利用在商船上做侍工的机会，一边做事，一边学习法语和航海术，还曾在法国学习过解剖学。1649年获得牛津大学医学博士学位，曾任医学教授和音乐教授、医生、秘书、土地分配总监、土地测量总监和英国皇家协会副会长等职。由于他交游广、经历丰富、观察周密、掌握数据，所以能叙述荷兰、法国的情况，并和英国的国力相对比，论证英国的情况及各种问题，为英国争夺世界霸权出谋划策。也由于他的博学，才能以培根（1561—1626）所创始的经验科学的方法（即依据观察、比较、实验、归纳等方法）为根据，提出"对于人口、土地、资本、产业的真实情况的认识方法"，用计量作比较，用数字作语言，阐明社会经济现象的规律，在1671—1676年之间，写出《政治算术》这部名著，为后人所推崇。威廉·配第在书中强调了自己的立论方法，他说："我进行这种工作所使用的方法，在目前还不是常见的。因为我不采用比较级或最高级的词语进行思辨式的议论，相反地采用了这样的方法（作为我很久以来就想建立的政治算术的一个范例），即用数字、重量和尺度来表达自己想说的问题，只进行诉诸人们的感觉的议论，借以考察在自然中有可见根据的原因。"马克思评价他是"政治经济学之父，在某种程度上也可以说是统计学的创始人"。与此同时，他还撰写了《爱尔兰的政治解剖》一书。在威廉·配第的心目中，政治算术和政治解剖这两种方法是两位一体的。而有些学者认为《政治算术》是"比较统计"，而《爱尔兰的政治解剖》是"个别统计"。

★ 案例讨论

2005年国民经济和社会发展取得明显成效

2005年，全国各族人民在党中央、国务院的领导下，以邓小平理论和"三个代表"重要思想为指导，以科学发展观统领经济社会发展全局，认真贯彻落实加强和改善宏观调控的各项政策措施，国民经济和社会发展取得明显成效。经济保持平稳较快增长，重要领域和关键环节的改革有所突破，就业和社会保障工作进一步加强，城乡居民生活不断改善，对外开放继续扩大，各项社会事业得到加强，实现了年初确定的国民经济和社会发展的预期目标，较好地完成了"十五"时期的主要任务，为"十一五"时期经济社会发展奠定了良好基础。

初步核算，全年国内生产总值182321亿元，比上年增长9.9%。其中，第一产业增加值22718亿元，增长5.2%；第二产业增加值86208亿元，增长11.4%；第三产业增加值73395亿元，增长9.6%。第一、第二和第三产业增加值占国内生产总值的比重分别为12.4%、47.3%和40.3%。

全国居民消费价格总水平比上年上涨1.8%，其中，服务价格上涨3.3%；商品零售价格上涨0.8%；工业品出厂价格上涨4.9%；原材料、燃料、动力购进价格上涨8.3%；固定资产投资价格上涨1.6%；农产品生产价格上涨1.4%；70个大中城市房屋销售价格上涨7.6%。

年末全国就业人员75825万人，比上年末增加625万人。其中城镇就业人员27331万人，新增加970万人，净增加855万人。年末城镇登记失业率为4.2%，与上年末持平。

年末国家外汇储备达到8189亿美元，比上年末增加2089亿美元。2005年7月21日，对人民币汇率形成机制进行了改革，年末人民币对美元汇率为8.0702，比上年末升值2.56%。

全年各项税收收入30866亿元（不包括关税和农业税），比上年增加5148亿元，增长20.0%。全国规模以上工业企业实现利润 14362 亿元，比上年增长 22.6%；销售利润率为 5.9%，比上年降低 0.1 个百分点。

——资料来源：《中华人民共和国 2005 年国民经济和社会发展统计公报》

请讨论：

1. 文中运用了哪些统计学基本概念和统计认识的基本方法来反映 2005 年我国国民经济和社会发展的基本情况？

2. 文中使用了哪些统计指标？试总结它们的特点。

★ 练习与思考

一、判断题

1. 统计研究的数字是抽象的数字。（   ）
2. 最早提出"统计"一词的是政治算术学派。（   ）
3. 一个统计总体可以有许多个标志。（   ）
4. 以全国的石油工业企业为总体，则大庆石油工业总产值是数量标志。（   ）
5. 某职工的月工资为 2000 元，则 2000 元是变量值。（   ）

二、单项选择题

1. 研究某市全部工业企业的产品生产情况，总体单位是（   ）。
   A. 每一个工业企业　　　　　　B. 全部工业企业
   C. 每一件产品　　　　　　　　D. 所有的产品
2. 对某企业大多数职工进行调查，属于（   ）。
   A. 大量观察法　　　　　　　　B. 统计分组法
   C. 综合指标法
3. 调查某市零售商品的物价情况，则总体是该市的（   ）。
   A. 所有的零售商品　　　　　　B. 每一件零售商品
   C. 所有零售商品的物价　　　　D. 每一件零售商品的物价
4. 某冰箱厂要统计冰箱的产量和产值，上述两个变量（   ）。
   A. 均为离散型变量　　　　　　B. 均为连续型变量
   C. 前者为离散型变量，后者为连续型变量
   D. 前者为连续型变量，后者为离散型变量
5. 数量指标是反映（   ）。
   A. 总体的绝对数量指标　　　　B. 总体内部数量关系的指标
   C. 总体单位数量的指标　　　　D. 总体单位质量的指标

三、多项选择题

1. 某商业企业的商品销售总额是（   ）。
   A. 数量指标　　　　　　　　　B. 质量指标
   C. 绝对指标　　　　　　　　　D. 相对指标
2. 一个完整的统计工作程序包括的阶段有（   ）。

A. 统计设计　　　　　　　B. 统计调查
C. 统计整理　　　　　　　D. 统计分析
E. 统计预测

3. 以某市工业企业为总体，则统计指标有（　　）。
A. 该市工业总产值　　　　B. 该市工业劳动生产率
C. 该市工业企业职工的工资总额　　D. 该市工业企业数
E. 该市某工业企业职工人数

4. 下列标志中，属于品质标志的有（　　）。
A. 健康状况　　　　　　　B. 性别
C. 工龄　　　　　　　　　D. 职称
E. 文化程度

5. 指标是说明总体特征的，标志是说明总体单位特征的，则（　　）。
A. 数量指标可以用数值表示　　B. 质量指标不能用数值表示
C. 数量标志可以用数值表示　　D. 品质标志不能用数值表示
E. 品质标志和质量指标都可以用数值表示。

四、问答题

1. 如何理解统计的含义？
2. 统计数据有何特点？
3. 统计的作用是什么？
4. 统计最常用的方法是什么？
5. 试述统计工作的基本程序。
6. 什么是总体、总体单位、标志、指标？它们之间的关系怎样？试举例说明。
7. 什么是变量、变量值？试举例说明。
8. 什么是品质标志和数量标志？什么是质量指标和数量指标？

五、实践能力训练题

1. 2000年11月我国进行了第五次人口普查，请指出人口普查中的统计总体、总体单位、某些标志和指标，并将其填入下表。

总体	总体单位	标志		标志值	指标	指标值
		不变标志				
		可变标志	品质标志			
			数量标志			

2. 某市对所有民营企业进行调查，共有5000家，其中属于第二产业的有1000家，第三产业的有4000家。第三产业中属于大型企业的10家，中型企业200家，其余属于小型企业。上述数值中总体指标有几个？

第二章 统计数据的收集与整理

本章导读：大量的、具体的、有用的各种统计数据，统计资料是如何搜集、加工整理得到的，有哪些方式方法。

★ **知识目标**：理解统计调查的意义，掌握统计调查的种类和方法；明确统计整理的概念和意义，掌握统计分组和编制次数分布、统计表；等等。

★ **能力目标**：能根据统计研究的目的和要求，采用有效的统计调查方法来收集统计数据，进而运用统计整理方法进行初步加工整理，以便进一步进行系统的统计分析。

上一章介绍了统计学的一些基本理论、基本概念及基本方法等。在具体的统计工作中，首先要进行的工作就是统计数据的收集和整理，然后才能进行统计数据的分析。本章介绍的主要内容就是收集统计数据的方式、方法以及如何进行统计数据的整理等。

第一节 统计数据的收集

统计数据的收集（Collection），包括对初级数据的收集和对次级数据的收集。所谓初级数据，又称原始数据，是指反映被调查单位个体特征的标志表现资料，它是尚待加工整理、需要由个体过渡到总体的第一手资料。如人口普查时关于每一个个体特征的资料。所谓次级数据，是指已经加工整理过的、由个体过渡到总体的、能够在一定程度上说明总体现象的资料。如统计年鉴、统计公报、书刊上的资料。由于次级资料来源于初级资料，因此，本节主要讨论关于初级数据的收集。初级数据的收集又称为统计调查（Survey），是指直接取得原始数据的活动。下面介绍有关这种活动的途径、方式和方法。

一、统计数据的来源和调查途径

收集初级数据是指对客观现象的个体表现进行有计划、有组织的调查。在某些情况下，统计调查可借行政业务记录之便进行。行政机关和企事业单位为了行政管理和业务管理的需要，对关系到工作进度和成果的社会经济现象，平时即做系统的记录或登记。当统计研究需要这方面的数据时，即可通过查阅这些数据的途径取得，或者委托行政和业务单位按统计活动的要求定期报告有关数据。比如交通事故的发生次数、人员伤亡数和损失总金额等。

当没有行政业务记录可利用时，必须进行直接的调查。这又可分为两种取得原始数据的途径：一种是派员到待研究现象的现场去注视现象的即时状态和演化进程的特征，并根据事前拟定的使用统一格式进行记录，这种调查方式称为观察（Observation）。如城市交通路口交通流量的研究，消费者逛商场和购买行为的研究，生产工人岗位动作及时间的研究，都可以采用观察的途径去取得数据。农作物实割实测以搜集农产量数据的做法，也属于观察。另一种调查途径则是通过调查人员与被调查人员的口头或书面的交流（Communication），完成对拟定项目的调查。人口普查、社会舆论调查都属于交流的途径。

二、统计调查的方式

按搜集数据的组织方式不同，统计调查可分为统计报表和专门调查。统计报表，指依据经济活动原始记录汇总成一定的报表，按期自下而上地逐级提供全面统计资料的一种调查方式。专门调查是为了研究某种情况和某项问题而专门组织的调查，主要包括普查、重点调查、典型调查、抽样调查。

按调查对象不同，统计调查可以分为全面调查和非全面调查。全面调查就是对调查对象中全部单位进行调查。如人口普查、产品产量的全面统计报表都是全面调查。非全面调查就是对调查对象中一部分单位进行调查。如对某工厂产品质量情况的抽样调查，了解经济改革中新情况、新问题的典型调查，掌握基本情况的重点调查，等等，都是非全面调查。

按调查时间是否连续，统计调查可以分为经常性调查和一次性调查。经常性调查又叫做连续调查，它要求随着调查对象的发展变化，连续地进行调查登记。如产品产量、商品销售额、人口出生数和死亡数等，这些现象必须在调查期内连续登记，然后加总起来。一次性调查是间隔一个相当长的时间所做的调查，一般是为了对总体现象在一定时点上的状态进行研究。如机器设备拥有台数、人口数、企业数等，这些指标数值在短期内变化不大，不需要连续登记。

下面介绍实际工作中常用的几种统计调查方式。

1. 统计报表 统计报表是按国家统一规定的表式、统一的指标项目、统一的报送时间，自下而上逐级定期提供基本统计资料的调查方式方法。我国大多数统计报表要求调查对象全部单位填报，属于全面调查范畴，所以又称为全面统计报表。

（1）统计报表的特点。

第一，全面性和连续性。在实施范围内的每个单位必须全面贯彻执行，这样，从基层单位到部门、地区直至中央国务院的填报和逐级汇总综合，可以得到国民经济全面的基本的统计资料。

第二，统一性和时效性。为保证统计资料的及时和完整，统计报表的指标内容、口径范围、计算方法和表格形式以及报送程序和报送时间都是国家统一规定的。

第三，稳定性和相对的可靠性。统计报表定期报送，内容基本稳定，便于完整地积累资料和进行历史对比，有利于系统地分析研究现象发展变化的规律。统计报表的数据资料来源于基层单位的原始记录，只要建立、健全基层单位的原始记录制度，就可以保证统计报表的可靠性。

（2）统计报表的种类。

第一，按实施范围的不同分类，可分为国家基本统计报表、部门统计报表和地方统计报表。

国家基本统计报表是根据有关的国家统计调查项目和统计调查计划相应制定的统计报表。这种统计报表主要用来搜集整个国民经济和社会发展情况的基本统计资料在全国范围内的各行各业实施，是统计报表的主体。

部门统计报表是根据有关的部门统计调查项目和统计调查计划相应制定的统计报表，一般是为了满足本部门业务需要而制定的，在本部门、本系统内实施的。

地方统计报表是根据有关的地方统计调查项目和统计调查计划相应制定的统计报表，用来满足地方的专门需要。部门和地方统计报表都是国家统计报表的补充。

第二，按填报单位的不同分类，可分为基层报表和综合报表。

基层报表是由基层企事业单位填报的报表，它所提供的原始资料是统计报表的基础资料。综合报表是由主管部门或统计部门根据基层报表逐级汇总填报的报表，汇总后得到的是各级基本统计指标。

第三，按调查对象范围不同分类，可分为全面统计报表和非全面统计报表。

全面统计报表要求调查对象的全部单位都填报资料。非全面统计报表只要求调查对象中的一部分单位填报资料。在我国，大多数的统计报表都是全面的。

第四，按报送周期长短不同分类，可分为日报、旬报、月报、季报、半年报、年报。

各种报表报送时间的长短与指标项目的详细程度具有密切联系。通常是报表报送的时间愈短，报表的指标项目就应该愈少愈简；反之，指标项目就可以多些、细些。统计报表的原则是，凡是年报、半年报一次能满足需要的，就不用季报、月报；月报能满足要求的，就不用旬报、日报。

第五，按报送方式的不同分类，可分为邮寄报表和电信报表。

2. 普查　　普查是为了某一特定目的而专门组织的一次性全面调查。它主要是摸清和掌握重要国情、国力的基本情况的资料，一般用来调查属于一定时点或一定时期内（通常为一年）的现象总量。如人口普查、第三产业普查、工业普查、物资库存普查、基本建设项目普查等。普查在统计调查方法体系中处于基础地位，是一种非常重要的调查方式，世界各国对重大国情国力的调查，通常都采用普查的方式。近年来，我国已将普查作为最主要的统计调查方式，并逐渐规范化、制度化。我国统计法规定"统计调查应当以周期性普查为基础"，目前，经国务院批准的周期性普查项目包括人口、工业、农业、第三产业和基本统计单位等。人口、第三产业、工业、农业普查每隔10年进行一次，分别在逢0、3、5、7年份进行；基本统计单位普查每隔5年进行一次，在逢1、6年进行。

普查主要是用来收集较全面、细致的统计资料，为国家掌握有关国计民生的基本情况、制订发展规划和方针政策提供基本依据。但组织一次普查很不容易，需耗费大量的人力、物力和时间，故不宜经常进行。

3. 重点调查　　重点调查是一种只要求了解现象基本状况和发展趋势而进行的非全面、一次性统计调查方式。它是在调查对象中选择一部分重点单位进行调查。所谓重点单位，是指在总体中举足轻重的那些单位。这些单位可能数目不多，但就调查的标志值来说，它们在总体中却占有很大的比重，能够反映总体的基本情况。重点调查能在节省人力、物力和时间的情况下，迅速取得反映总体基本情况的资料，因此，它可用于不定期的一次性调查，也可用于经常性的连续性调查。通常，当调查任务只要求掌握基本情况，而部分单位又能比较集中地反映研究的项目时，采用重点调查比较适宜。

4. **典型调查** 典型调查是一种专门组织的一次性的非全面调查，它是根据调查的目的，在对所研究的对象进行初步分析的基础上，有意识地选取若干具有代表性的单位进行调查和研究，借以认识事物发展变化的规律。这种调查只能发现具有代表性的问题，不能像其他统计调查那样达到了解总体数量一般状况的目的，故已不是严格意义上的统计调查。

5. **抽样调查** 抽样调查也是一种非全面调查，它是按照随机原则从调查对象中抽取一部分单位作为样本进行观察，然后根据样本数据去推算调查对象的总体特征。它虽然属于非全面调查，但是可以取得比较准确的全面资料。

抽样调查与其他非全面调查比较，具有以下特点：①随机原则。样本单位按随机原则抽取，排除了主观因素对选样的影响。②用样本资料推算总体数量特征。根据数理统计的原理，抽样调查中样本指标和相对应的总体指标之间存在着内在联系，而且两者的误差分布也是有规律可循的，因而抽样调查提供了一种用实际调查所得的部分信息来推断总体数量特征的科学方法。③抽样误差可以事先计算并加以控制。用样本资料推算总体数量特征，不可避免地会产生误差。但这种误差与其他统计估算所产生的误差不同，它可以根据有关资料事先加以计算，并且通过一定的途径来控制误差的范围，保证抽样推断结果达到预期的可靠程度。

抽样调查的主要优点在于比较节省人力、物力和时间，能广泛地应用于市场经济条件下对复杂多变的现象进行调查。在我国现实情况下，采用抽样调查方法，可以避免或减少层层汇总上报的行政干预，取得比较准确的统计数据。在国际上，抽样调查已成为世界各国普遍采用的一种统计调查方法。在我国，目前已有相当部分的统计调查项目，例如农产品产量调查、城乡住户调查、价格调查和人口变动调查等都是依靠抽样调查方法取得统计数据的，其效果都比较好。根据国务院批准的统计调查方法体系，目前我国在工业、建筑业、交通运输业、批发零售贸易业等统计调查中，也积极推广应用抽样调查方法。

三、统计调查的方法

1. **直接观察法** 直接观察法是由调查人员到现场对调查对象进行观察和计量以取得原始资料的一种调查方法。如商业企业进行盘点调查商品库存，对农产品产量调查要在现场实割实测，等等。这种方法的优点是能够保证资料的准确性，但需要训练有素的调查人员和精良仪器设备，且所需人力、物力、财力较多，一般用于非全面调查。

2. **采访法** 采访法常见有以下几种形式：①面谈。调查员向被调查者逐一询问、逐一记载以取得资料的方法。它的优点是由于调查人员对调查项目有统一的理解，能按统一的口径询问和取得资料，所获得的资料比较可靠，但需要花费较多的人力和时间。②小组座谈会。调查者与被调查者直接见面和交谈，主持人可以清楚地向被调查者说明调查目的、要求和具体内容，被调查者有什么疑虑和不明白的地方可以随时提出，由调查者解答，彼此间比较容易沟通，反馈性强，可以取得比较深入细致的、丰富的信息和较为准确可靠的资料。

3. **报告法** 报告法是我国统计调查中最常用的一种方法。我国的统计报表和某些一次性调查就是采用报告法。报告法注重调查单位有健全的原始记录和核算制度，统计基础工作较好,调查结果在具有完善的行政渠道和报告系统的条件下能够有效地取得资料。

4. 邮寄法　邮寄法是由调查者将调查提纲或调查表邮寄给被调查者,向被调查者收集资料的方法。这种方法在国外进行的一些社会、经济特别是市场调查和民意测验方面被广泛采用。

5. 电话访问　电话访问是调查人员通过电话向被调查者询问、交谈以获得所需资料。这种方法具有节约人力、费用和时间的优点,适用于对一些简明扼要、数量有限的问题进行调查。电话采访要求具有比较完善的电话簿可供利用,因而它在西方国家是一种普遍使用的调查方法。随着电子计算机系统的应用,电话访问系统将会日益完善,目前在国外流行的有中心控制电话访谈法和电脑辅助电话访谈法(CATI)。

6. 实验法　实验法是利用自然科学中的实验求证方法用于市场调查中,是对市场现象的实验。实验法是调查者有目的地控制一个或几个市场因素的变化,以研究某市场现象在这些因素影响下的变动情况和规律。

7. 网上调查　进行互联网调查主要有 E-mail、交互式 CATI 系统和互联网 CGI 程序三种基本方法。

(1) E-mail 问卷。E-mail 问卷就是一份简单的 E-mail,并按照已知的 E-mail 地址发出。被访者回答完毕,将问卷回复给调研机构,由专门的程序进行问卷准备、编制 E-mail 地址和收集数据。

E-mail 问卷制作方便,分发迅速。由于出现在被访者的私人信箱中,因此能够得到注意。但是,它只限于传输文本,图形虽然也能在 E-mail 中进行链接,但与问卷文本是分开的。

(2) 交互式 CATI 系统。利用一种软件语言程序在 CATI 上设计问卷结构并在网上进行传输。互联网服务站可以设在调研机构中,也可以租用有 CATI 装置的单位。互联网服务器直接与数据库连接,将收集到的被访者答案直接进行储存。

交互式 CATI 系统能够对 CATI 进行良好抽样及对 CATI 程序进行管理,它们还能建立良好的跳问模式和修改被访者答案。它们能够当场对数据进行认证,对不合理数据要求重新输入。交互式 CATI 系统为网上 CATI 调研的使用者提供了一个方便的工具,而且支持程序问卷的再使用。

作为不利的一面,网上 CATI 系统产品是为电话屏幕访谈设计的。被访者屏幕格式受到限制,而且 CATI 语言技术不能显示互联网调研在图片、播放等方面的优势。

(3) 互联网 CGI 程序。这是专门为网络调查设计的问卷链接及传输软件。这种软件设计为无需使用程序的方式,包括整体问卷设计、网络服务器、数据库和数据传输程序。一种典型的用法是:问卷由简单的可视问卷编辑器产生,自动传送到互联网服务器上,通过网站,使用者可以随时在屏幕上对回答数据进行整体统计或图表统计。

四、统计调查的方案

统计调查是一项复杂而繁重的工作,它通常需要组织成千上万的人员协调进行。为了保证统计调查能够取得准确、及时、全面、系统的统计资料,调查工作就必须有组织、有计划地进行。一个完整的统计调查方案包括以下内容:

1. **确定统计调查目的** 确定调查目的，即明确为什么要进行这项调查，这项调查要解决什么问题。只有调查目的明确了，才能确定调查对象、调查范围、调查方法等。调查目的不明确，有时甚至会使得到的统计调查徒劳无益。确定调查目的是统计调查方案的首要问题。例如我国居民消费价格的调查，目的就是要系统地搜集居民生活消费品零售价格及服务项目收费价格，用以编制居民消费价格指数。因此，从其调查范围来看，包括了居民用于日常生活费用的全部项目；从消费渠道上来讲，则包括了城乡居民从商店、工厂、集市上所购买的商品。

2. **确定调查对象、调查单位和报告单位** 调查对象是指要调查的那些现象的总体。确定调查对象的重要问题在于明确调查对象的界限是什么，调查单位即调查对象中的每一个单位。如为了了解某市商业企业职工状况，某市商业企业所有职工都是调查对象，某市商业企业的每一个职工都是调查单位。报告单位是负责向统计调查机关提交调查资料的单位。在上例中，报告单位是某市每个商业企业。由此可知调查单位和报告单位是不同的。但在某些调查中，两者也可能是一致的，如研究某市工业企业基本情况，调查单位和报告单位都是某市每个工业企业。

3. **确定调查内容和拟定调查表** 确定调查内容即确定所要调查的总体单位的标志，它是统计调查方案的核心部分，通常用调查表的形式来表示。调查表是把所要调查的标志按照一定的结构顺序排列成表格，它既便于条理清晰地填写需要搜集的资料，又便于在调查后对资料进行调整。

调查表的形式分为单一表和一览表两种。单一表每份只登记一个调查单位的资料，它可以容纳较多的调查内容，而且便于分类和整理。一览表每份可以登记许多调查单位的资料，但调查内容不能过多。

4. **确定调查时间和调查工作期限** 调查时间是指调查资料所属的时间，即调查资料所反映的现象客观存在的时间。从调查资料的时间性质而言，有调查时期和调查时点。调查时期是指调查资料所反映的现象发生过程的起讫时间，如对产品产量、商品销售额的调查就要明确规定调查时间的长短。调查时点是指调查资料应明确规定统一的标准调查登记时点。调查工作期限是指完成调查工作的时间，即从开始搜集资料到报送资料的全部工作所需的时间。

5. **调查工作的组织实施** 调查工作的组织实施不仅要明确调查工作组织的主要内容，如建立领导机构、确定调查人员、规定调查的方式与方法、宣传教育工作、干部培训、调查经费预算和开支等，而且还要明确调查的空间标准，即调查单位应在什么地点进行调查。

★ **知识拓展**

规模以下工业抽样调查实施方案

一、调查目的

反映规模以下工业的基本总量,为国民经济核算提供基础数据。

二、调查范围(总体)

年产品销售收入500万元以下的非国有工业企业和全部个体经营工业单位。具体包括:调查年份年初在册的年产品销售收入500万元以下的非国有工业企业,全部个体经营工业单位以及当年新建的年产品销售收入500万元以下的非国有工业企业和新增的全部个体经营工业单位。

三、调查内容及表式

调查内容包括500万元以下的非国有工业企业的基本情况,如:企业详细名称、地址、企业法人代码、登记注册类型、人员及生产经营状况等;个体经营工业单位的基本情况、人员及生产经营状况等。调查分为年报和定期两种。定期报表包括1~3月份、1~5月份和1~9月份调查,其中,1~3月份和1~9月份调查为部分样本单位调查。年报和定期中的部分样本单位调查的主要内容包括总量结构和企业单位数指标;定期中的1~5月份调查的主要内容为基本总量和企业单位数等指标。调查表分为基层表和综合表两种。

四、调查报告期及报送时间

年报的报告期为1~11月份,报送时间为2001年12月25日前;定期报表中的1~5月份调查的报告期为1~5月份,上报时间为2002年6月25日前;部分样本单位调查的报告期分别为1~3月份和1~9月份,报送时间为当年4月8日和10月15日前。各省(自治区、直辖市)企业调查队要将调查数据(基层表)、推算数据(综合表)和抽样框、样本以及抽样过程中涉及的资料等报送国家统计局企业调查总队。报送方式为计算机远程传输。

五、调查总体划分

根据国民经济核算要求,首先将规模以下工业总体划分成两个子总体,即年销售收入500万元以下的非国有工业企业,以下简称企业子总体;全部个体经营工业单位,以下简称个体经营单位子总体。

根据调查总体的分布状况、抽样框现状以及我国目前行政管理体制特点,各地的抽样调查设计可以将企业子总体再划分成两个子总体,即乡及乡以上年销售收入500万元以下的非国有工业企业,以下简称乡及乡以上企业;销售收入500万元以下的村及村以下工业企业,以下简称村及村以下企业。同样可以将个体经营单位划分成农村个体经营工业单位和城镇个体经营工业单位两个子总体。

需要强调的是,对两个子总体的进一步划分的主要目的,是为了适应各种不同的抽样框,并非要求得到各子总体的数据。各地可以根据本地区抽样框的条件,采取不同的方法划分子总体,但要求能区分出企业和个体经营单位两种类型。

六、基本抽样方法

基本原则是,对调查总体中有企业名录库的部分采用目录抽样,没有企业名录库的部分采用整群抽样。若抽样框条件许可,应对所有规模以下工业企业采用目录抽样,对个体经营单位采用整群抽样。目前,考虑到各地企业名录库的状况及上述四个子总体的分布特点,方案设计了四种抽样方法,供各地选择使用:

(一)一阶段目录抽样。根据省级企业名录库直接抽取样本企业,有名录库的企业都应采取

（二）一阶段整群抽样。在省一级直接抽取行政村，以村、街道或居委会作为群单位，主要用于农村和城镇个体经营单位和未建企业名录库的村及村以下企业。

（三）二阶段整群抽样。第一阶段抽取省辖区内的市辖区、县级市和县（以下简称县、区），第二阶段抽取样本县、区内的行政村，以村作为群单位。主要用于农村个体经营单位。村及村以下企业若无名录库，也可以采取此方法。根据各地情况，有条件的省（市、区）也可对城镇个体经营单位采用以街道或居委会为群单位的整群抽样。

（四）二阶段目录抽样。第一阶段抽取省辖区内的县、区，第二阶段抽取样本县、区内的个体经营单位，主要用于城镇个体经营单位。

——摘自中国统计网

第二节 统计数据的整理

统计数据的整理（Manipulation），就是根据统计研究的任务，对搜集到的统计数据进行科学的加工与汇总，整理的目的是使统计数据系统化，以反映总体的特征、规律和趋势。统计数据整理是统计调查的继续，又是统计分析的前提，统计数据整理的质量会直接影响统计分析的结果，因此统计整理是统计工作过程中的一个重要环节。

统计数据的整理一般分为四个步骤：统计数据的审核；统计分组；统计汇总；列出统计表或绘制统计图。

一、统计数据的审核

统计数据的审查方法主要有逻辑审查和计算审查两种方法。

逻辑审查主要是审查调查表的内容是否合理，各个项目之间有无互相矛盾之处。例如，全国人口普查对调查表中按人登记的逻辑审查规则有 13 条，现在举出其中三条：

——户主必须是普查表中的第一人，一户只能有一个户主。

——子女应与父母中一方所填民族相同。

——填写大学文化程度的人，年龄一般应大于 15 岁；高中文化程度的人，年龄应大于 12 岁；初中文化程度的人，年龄应大于 10 岁；小学文化程度的人，年龄必须大于 6 岁。

对调查表中经逻辑审查所发现的错误，应当复查核实，加以订正。如果虽不合上级所规定的逻辑审查规则，但确属实际情况，应当在调查表中注明。

进行了逻辑审查之后，就可以进行计算审查了。凡是表格内的数字有加、减、乘、除的关系，都应当复核一遍，检查其计算结果是否正确。如发现有错误，有可能直接订正者，可以直接订正，并通知原报告单位；若必须查询者，应向原报告单位查询，请其订正。

二、统计数据的分组

1. 统计分组的概念　统计分组就是根据统计研究的需要和调查对象的特点，将总体按照一定标志分为性质不同的若干组或若干类型的统计方法。经过分组，使每个组内的单位具有某种共性，而不同组的单位之间则存在着差异。如将人口按性别分为男女两组等。统计分组是统计数据整理的主要方法。

2. 统计分组的作用　统计分组的基本作用是把分散的原始数据加以条理化、系统化，反映总体的某种特征，以便于研究现象数量方面的规律性。具体作用表现在以下三个方面：

（1）划分现象的不同类型，反映各种类型的数量特征。表2-1是2004年我国居民消费价格比上年上涨的统计表。

表2-1　2004年居民消费价格比上年上涨情况

指　　标	全国(%)	其中	
		城市(%)	农村(%)
居民消费价格总水平	3.9	3.3	4.8
食品类	9.9	9.1	11.5
其中：粮食	26.4	25.7	27.7
烟酒及用品类	1.2	1.2	1.3
衣着类	-1.5	-1.5	-1.6
家庭设备用品及服务类	-1.4	-1.9	-0.3
医疗保健及个人用品类	-0.3	-0.8	0.5
交通和通信类	-1.5	-2.1	-0.2
娱乐教育文化用品及服务类	1.3	0.8	2.1
居住类	4.9	4.3	5.8

数据来源：国家统计局发布的统计公报。

（2）分析现象内部结构和比例关系。通过统计分组可以取得现象总体各部分所占的比重或各部分之间的比例关系，从而表明现象总体内部结构的特征及各部分之间的相互关系，证明总体的特征。表2-2说明2002—2004年我国国内生产总值（按现价计算）在各产业部门的分布状况。

表2-2　我国国内生产总值在各产业部门的分布

	2002年		2003年		2004年	
	国内生产总值（亿元）	比重(%)	国内生产总值（亿元）	比重(%)	国内生产总值（亿元）	比重(%)
第一产业	14883	14.53	17247	14.78	20744	15.20
第二产业	52982	51.74	61778	52.94	72387	53.02
第三产业	34500	33.73	37669	32.28	43384	31.78
合　计	102398	100.00	116694	100.00	136515	100.00

数据来源：国家统计局发布的统计公报。

(3) 研究现象之间的依存关系。许多现象之间存在着相互联系、相互依存的关系，通过统计分组可从数量上反映它们的依存关系。如2006年某商场商品销售额与流通费用率的相互关系资料，见表2-3。

表2-3 2006年某商场商品销售额与流通费用率的关系

按商品的销售额分组（万元）	流通费用率（%）
250	11.2
252	11.0
255	10.8
257	10.5
260	10.3

表2-3资料说明流通费用率与商品销售额之间有着依存关系：商品销售额越大，流通费用率越低；反之则越高，即两者之间成反比例关系。由此可知，不断扩大商品销售额是降低商品流通费用率的重要途径。

3. 统计分组的种类　　统计分组种类是按照分组时所采用分组标志的性质和分组标志的多少划分的。分组标志就是分组时作为划分各组界限的标准和依据。统计分组从不同的角度看，可区分为以下不同种类：

（1）根据分组标志性质的不同，可分为按品质标志分组和按数量标志分组。按品质标志分组就是要选择反映事物属性差异的标志，并划定区别各组之间性质差异的界限。如将人口按文化程度分组分为文盲、半文盲、小学、中学、高中（中专）、大学等等。按数量标志分组就是要选择反映事物数量差异的标志，并划定各组之间的数量界限。如研究不同年龄人口的消费特点，可将总人口按年龄分为儿童组、少年组、青壮年组和老年组，并划定各组年龄界限。

（2）根据采用分组标志多少的不同，可分为简单分组、并列分组和复合分组。简单分组就是对研究现象按一个标志进行分组。如企业按所有制形式分组，学生按性别分组，等等。简单分组只是反映现象在某一个标志特征方面的差异情况。

并列分组就是对研究现象按两个或两个以上的标志进行并列式的分组。如将学生按性别和年龄两个标志进行并列式的分组。

复合分组就是对研究现象按两个或两个以上的标志进行层叠式分组。如工业企业先按所有制形式分组，然后再按生产规模进行分组来研究企业生产状况。复合分组可以从多角度对现象总体内部差别给以描述，反映问题全面深入。

4. 统计分组的原则和关键

（1）统计分组的原则。统计分组的原则主要有：

1）组内同质性和组间差别性。它是指同一组的各单位都必须具有相同性质，而组与组之间的性质却有差别。

2）穷举性。它是指总体中的任一单位都有所归属，即都能归纳到某一组。统计分组的整体空间应该容纳总体现象的全部单位,也就是说分组的结果能够把全部资料包括进去。

3)互斥性。它是指总体中的任一单位都只能归属于一组,而不能同时属于两个或两个以上的组。

(2)统计分组的关键。统计分组的关键在于分组标志的选择和各组界限的划分。分组标志选择是否恰当,关系到能否正确反映总体的数量特征及其变化规律。用不同标志对同一资料分组,往往会得出不同的结论。

分组标志确定之后,各组界限划分的正确与否,直接影响统计分析结果的真实性。确定数量标志的分组界限时,首先,要了解该数量标志值的最大可能变异范围;其次,根据客观事物本身从量变到质变的内在规律性,来确定各组间的数量界限。

三、次数分布

1. 次数分布的概念　　次数分布是指将总体单位数按某个标志进行分组后形成总体单位数在各组的分布。分布在各组的单位数叫次数,又称为频数;各组次数与总次数之比叫频率,是次数的相对数的表现形式。次数分布可以表明总体的分布特征、结构,并据以研究总体单位某一标志的平均水平及其变异的程度。它是统计数据整理的一种重要形式,也是统计描述和统计分析的一种重要方法。

将各组次数按一定次序排列,叫做次数分布数列或分布数列,它由分组名称和各组的次数或频率组成。

2. 分布数列的种类　　根据分组标志不同,分布数列可以分为品质分布数列和变量分布数列。

品质分布数列,是指按品质标志分组所形成的分布数列。它能较准确地反映总体各单位的分布状态和特征。如2004年我国人口按性别分组,可分为男性、女性两组,它们便是分组的名称,而各组人口数(即频数)占总人口数的比重称为频率,这就构成了一个品质分布数列。见表2-4。

表2-4　2004年人口主要构成情况

按性别分组	年末数(万人)	比重(%)
男性	66976	51.5
女性	63012	48.5
合计	129988	100.0

数据来源:国家统计局发布的统计公报。

变量分布数列,是指按数量标志分组所形成的分布数列,简称为变量数列。它分为单项变量数列和组距变量数列两种。如2005年某厂某车间工人按看管机器台数分组,见表2-5。

表2-5 某车间工人按看管机器台数分组资料

按看管机器台数分组(台)	工人数(人)	比重(%)
2	50	8.8
3	504	88.7
4	14	2.5
合计	568	100

表2-5中单项变量数列，每组只用一个变量值作为分组的名称。它主要适用于离散型变量，而且变量值变动幅度比较小、变量值个数不多的情况。

又如2005年某市工业企业按职工人数分组，见表2-6。

表2-6 工业企业按职工人数分组资料

职工人数(人)	企业数(家)	总产值(万元)	职工人数(万人)
100~199	100	120	1.5
200~299	350	550	8.7
300~399	50	230	1.8
合计	500	900	12.0

表2-6中组距变量数列，每组以一定变动范围的两个变量值为分组的名称。它适用于变量值变动幅度较大、变量值个数较多的情况，既适用于连续型变量，也适用于离散型变量。

3. 影响变量次数分布的要素　单项变量数列主要决定于数量标志所包含的变量值的数目。而影响组距变量数列的要素有组数、组限、组距、组中值等。

组数，即在一个数列中共分为多少个组。

组限，即数列中每个分组两端表示各组界限的变量值，各组中起点的数值为下限，终点的数值为上限。如表2-6中职工人数100人、200人、300人分别为各组的下限，而199人、299人、399人分别为各组的上限。组限是决定现象总体质量的数量界限。对于连续型的变量值，每组组限应是相邻两组的上下限重叠。表2-6中变量值是离散型的，每组组限是相邻两组的上下限间断的。组限的表现形式分为闭口式和开口式两种，如第一组有下限，最后一组有上限称为闭口式；如第一组缺下限或最后一组缺上限称为开口式。

组距，是指每组上限与下限之差。组距可以是相等的，也可以是不相等的。如果数据分布比较均匀，可采用等距分组，如果数据分布很不均匀，可采用不等距分组。

组中值，是组的上限与下限之间的中点值。它的计算方法是：

$$闭口式的组中值 = (上限 + 下限) \div 2$$

开口式的组中值：

$$缺下限开口组的组中值 = 本组上限 - \frac{相邻组的组距}{2}$$

$$缺上限开口组的组中值 = 本组下限 + \frac{相邻组的组距}{2}$$

组中值代表着各组内变量值的一般水平,是各组变量值的代表值,但这种代表有一定假定性,即假定次数在各组内的分布是均匀的。

4. 变量数列的编制方法　现以某工业企业40名生产工人生产某产品的日产量资料为例,说明变量数列的编制方法。他们的日产量(件)资料如下:

57　89　49　84　86　87　75　73　72　68　75　82　97　81　67　81　54　79
87　95　76　71　60　90　65　76　72　70　86　85　89　89　64　57　83　81　78
87　72　61

现以上述资料编制等距数列。其方法和步骤如下:

第一步:将原始资料按数值大小排列,如表2-7所示,找出最大变量值和最小变量值,并求出原始资料数值的全距:

$$97 - 49 = 48（件）$$

表2-7　40名生产工人的日产量资料　　　　　　　　　　　　单位:件

49	54	57	57	60	61	64	65	67	68
70	71	72	72	72	73	75	75	76	76
78	79	81	81	81	82	83	84	85	86
86	87	87	87	89	89	89	90	95	97

第二步:确定组数和组距。组数与组距是相互制约的,两者成反比例关系,在等距数列中其计算关系如下:

$$组距 = 全距 \div 组数$$

或

$$组数 = 全距 \div 组距$$

组数与组距的确定,从原则上说,要力求能够反映总体单位分布的特征和分布的集中趋势,表明组与组之间的差异。组距的大小,应该考虑到能够体现出现象的质的变化,同时最好取整数。本例我们确定组距为10,那么相应的组数也就定下了。

$$组数 = \frac{全距}{组距} = \frac{48}{10} = 4.8,取整数为5$$

第三步:确定组限。组限的确定,一方面要选择能够反映现象的质的分界限的变量值为组限;另一方面要遵循前面讲过的分组原则,如最小组的下限应小于或等于原始数据中的最小值,最大组的上限应大于原始数据中的最大值,以保证分组的完备性。在确定相邻两组的组限时,要保证其互不相容。

首先,确定最小值的下限,有两种方法:①将原始数据中的最小变量值确定为最小组的下限,本例中便是49件。②取原始数据中小于最小变量值同时为5的倍数的数值。本例中可取40。有了最小组下限,就可以根据组距推出各组的上下限,从而将各组排

33

列出来。在实际工作中，上述两种方法究竟采用哪种，要看哪种方法确定的组限符合现象的质的分界线，而且最大组的上限能符合完备性的要求。从表2-7中看，如果最小组下限为40，最大组也就是第5组的上限，即90，不能涵盖90件以上，显然是不妥的，因此本例中应将组数定为6组，这样，最大组的上限便是100，符合统计分组的基本原则。

其次，对于相邻两组组限的表示方法，习惯上是对于连续型变量，相邻两组的上下限应重叠；对于离散型变量，相邻两组的上下限可用整数断开。在统计次数时习惯是"上限不统计在本组内，下限统计在本组"。

第四步：分组计算次数，计算结果可以用次数或者用频率表示。见表2-8。

表2-8 40名生产工人日产量统计分布表

按日产量分组（件）	工人数（人）	各组人数占总人数的%（频率）
40~50	1	2.5
50~60	3	7.5
60~70	6	15.0
70~80	12	30.0
80~90	15	37.5
90~100	3	7.5
合计	40	100.0

四、统计表与统计图

1. **统计表的意义和制表规则** 统计表是统计资料的一种重要表现形式。把经过整理的数字资料，按照一定的结构和顺序，有系统地排列在一定的表格之内，就形成了一张统计表。统计表起着一个由调查单位的个体表现向调查对象综合数量特征过渡的桥梁作用。它既是统计整理的终结，又是统计分析的开始。

依照编制目的的不同，统计表分为两种：一种是数据汇编表，着重于汇编各种统计数据，为各有关部门和科研单位提供数据。各种统计年鉴、统计月刊均属于此类。汇编表着重于提供基本统计数据，供各方面使用，是服务性的，它本身并非为特殊目的而编制的。另一种是专题表，是为供专门问题的研究、有特殊目的而编制的，在专门的书刊中或论文、报告中所附的统计表多属于此类。通常为了进行一项专题研究，其基本数字往往是从各种年鉴或普查的汇编表中取得，不足之处则进行专门的调查或从有关部门、书报杂志中搜集，因此，专题表涉及的面虽有限，但深度较大，也更为系统一些。

从统计表的形式看，统计表由总标题、横行标题、纵栏标题和指标数值四个部分组成。在表2-9中，总标题是统计表的名称，放在表上端的中间；横行标题是指总体单位名称或对总体分组后的组名，在表的左方；纵栏标题是指统计指标的名称，在表的右上方；指标数值是位于横行标题与纵栏标题交叉线条所形成的格子里。

表 2-9 2004 年人口主要构成情况　　　　　（单位：万人）

指标	年末数	比重（%）
全国总人口	129988	100.0
其中：城镇	54283	41.8
乡村	75705	58.2
其中：男性	66976	51.5
女性	63012	48.5
其中：0～14 岁	27947	21.5
15～64 岁	92184	70.9
65 岁及以上	9857	7.6

从统计表的内容看，由主词和宾词两部分组成。主词就是统计表所要说明的对象，包括总体和总体的各个组，一般列在表的左端。宾词是说明主词的各种统计指标，用于说明总体的数量特征，一般列在表的右端。

但是，如果这样排列会使统计表过分狭长或太宽时，也可以将主词或宾词合并排列或变换位置。

编制统计表一般应注意以下几点规则：

（1）表头要有一个总标题，说明本表的主要内容，包括时间、地点（或范围）和主要内容。

如果有一系列的表格，标题应有表号，以便检索。

总标题要简明扼要，不宜太长。如有必要加以说明的，可在标题下另用括号加以说明。

（2）行的小标题称为横标目，栏的小标题称为纵标目。标目是用来说明统计总体的分组或统计数字的内容的。

行与行、栏与栏之间要有适当的距离，以便做到清晰明了。

（3）数字单位必须标明。一个统计表如果只有一种计量单位的，可列在表的右上角；如果表内各行的计量单位不同，可另列一栏专门标明计量单位；如各栏的单位不同，可在纵标目下用括号列出。

（4）凡属次级数据，必须在表下写明资料来源，以便于读者在对数据有疑问时可以查对。一个统计表来源在一个以上的，都应一一列出。

如果统计表是根据统计调查的数据编制的，应附有编制说明，说明编制方法、项目的定义等等，使读者能了解编制的目的、数据内容的范围等，以便于分析应用。

（5）统计表中"…"表示数据不足本表的最小单位数，"—"表示无该项统计指标数据，空格表示该项指标数据不详。

个别数据系估计的，应在表下说明估计的根据和估计的方法。

（6）统计表的数据内容需要加以说明者，应在表下的数据来源之下加以注释。

统计表中只列出统计项目，不对总体进行分组的叫做简单表。对主词只按一个标志进行分组的叫做简单分组表，如表 2-8 等。对主词按两个或两个以上标志进行分组的叫做复合分组表。如表 2-9。

2. 统计图（Statistical Chart） 统计数据的另一种主要表述形式是统计图。统计图的作用主要有：一是为了使读者能通过视觉迅速地得到直观印象，起到宣传作用；二是为了进一步分析统计数据，用图示法作为辅助的工具。

统计图的一般要求和统计表一样，即也应具备图号、标题、单位、数据来源和必要的注解。各种统计软件都具备一定的作图功能。现将常见的统计图分述于下：

（1）条形图（Bar Chart）。条形图主要用条形的长短代表统计数字的大小。最常用的是简单条形图（Simple Bar Chart），这种条形图是以每一条形代表一个统计数字。

在纵轴上均匀地排出有关产业类别（项目），在横轴上标出数字的尺度，其条形长度与横轴的标度对应。

表2-10 2004年我国国内生产总值在各产业部门的分布

	国内生产总值（亿元）
第一产业	20744
第二产业	72387
第三产业	73384
合计	136515

数据来源：国家统计局发布的统计公报。

将表2-10的数据绘成条形图（见图2-1）。

（2）饼图（Pie Diagram）。饼图又名圆形结构图，是用以表明总体内部结构的。以全部圆形面积为100%，因为圆心角共360°，所以每3.6°的圆心角代表1%的圆面积，以各部分占合计的百分数乘3.6即得各部分的圆心角度数，用量角器测定度数，即得各部分的面积。

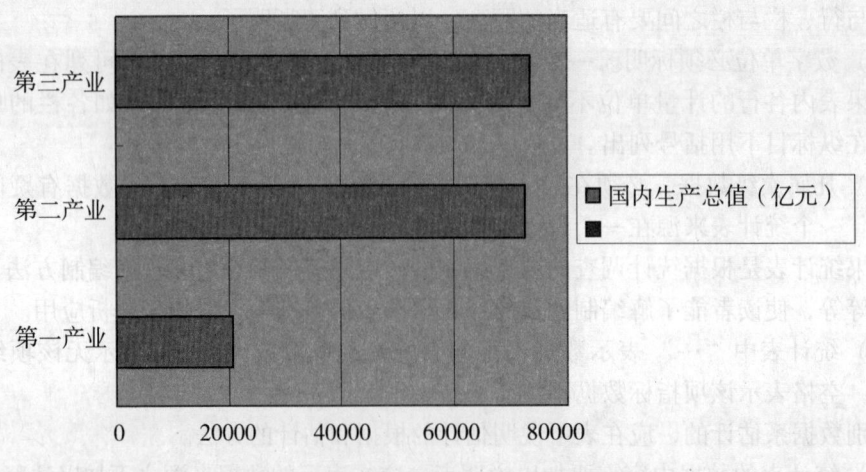

图2-1 2004年我国国内生产总值资料

表 2-11 2004 年我国国内生产总值在各产业部门的分布

	国内生产总值(亿元)	比重(%)	圆心角(度)
第一产业	20744	15.20	55
第二产业	72387	53.02	191
第三产业	73384	31.78	114
合计	136515	100	360

数据来源：国家统计局发布的统计公报。

将表 2-11 的数据绘成饼图（见图 2-2）。

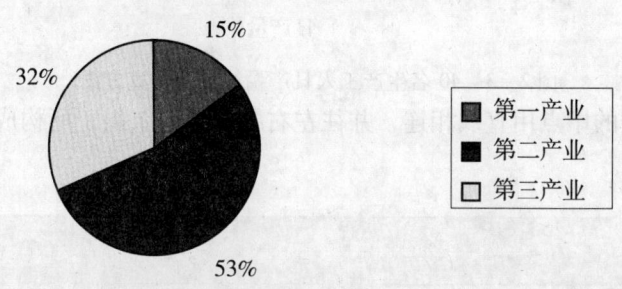

图 2-2 2004 年我国国内生产总值在各产业部门的分布

（3）直方图（Histogram）和频数多边形（Frequency Polygon）。频数分布的资料可以用图示法，将其分布的特点形象化，其中最基本的是直方图。

直方图是以垂直各段代表频数分布中各组频数（或相对频数），各条段的高度由纵轴标明尺度，各组的组限在横轴上标明，各段的宽度表示组距，每组的中心为组中值。

表 2-12 40 名生产工人日产量统计分布表

按日产量分组(件)	工人数(人)	各组人数占总人数的%（频率）	组中值
40~50	1	2.5	45
50~60	3	7.5	55
60~70	6	15.0	65
70~80	12	30.0	75
80~90	15	37.5	85
90~100	3	7.5	95
合计	40	100.0	—

根据表 2-12 数据绘制直方图（见图 2-3）。

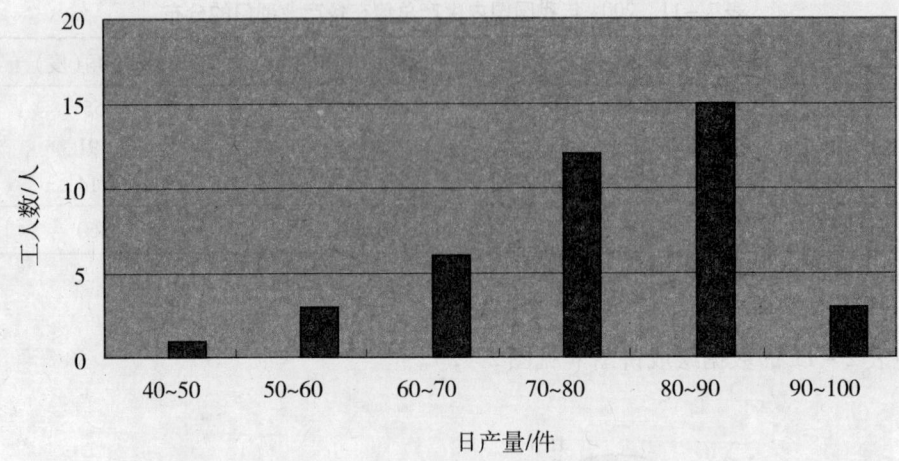

图 2-3　40 名生产工人日产量统计分布直方图

将直方图各组的中点用直线相连，并往左右各延伸一个组，所构成的图形叫频数多边形（见图 2-4）。

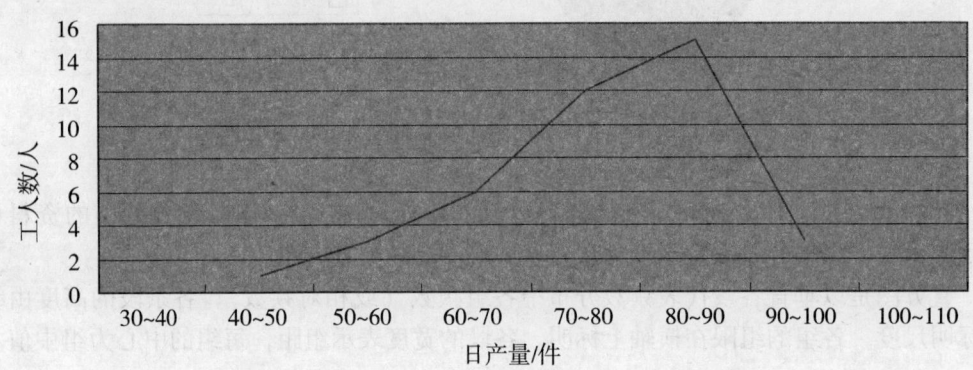

图 2-4　40 名生产工人日产量统计分布频数多边形

（4）累计次数分布图。累计次数分布图是根据累计次数分布表制成的，绘制方法与次数分布折线图基本相同，向上累计次数曲线以各组上限为横坐标，向下累计次数曲线以各组下限为横坐标，其纵坐标都是累计次数。如果纵轴采用百分数为单位，则可以制成累计百分数曲线图。

根据表 2-12 数据绘成累计次数分布图（见图 2-5）。首先计算出表 2-12 的累计次数（见表 2-13）。

表 2-13　40 名生产工人日产量统计分布表

按日产量分组（件）	工人数（人）	向上累计	向下累计
40～50	1	1	40
50～60	3	4	39
60～70	6	10	36

续表 2-13

按日产量分组（件）	工人数（人）	向上累计	向下累计
70~80	12	22	30
80~90	15	37	18
90~100	3	40	3
合计	40	—	—

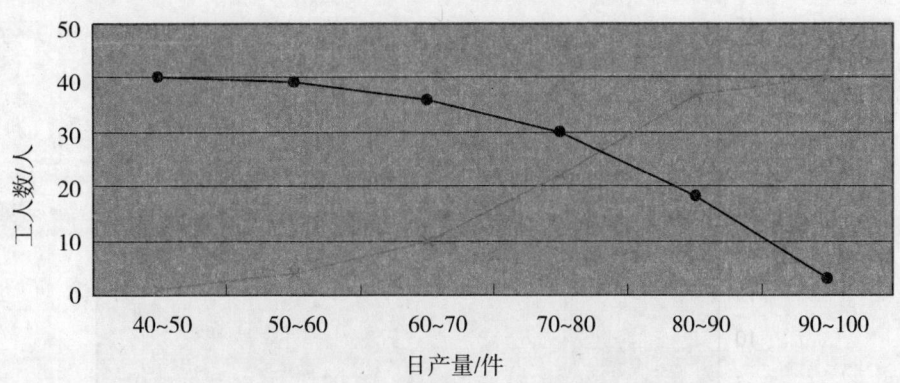

图 2-5　40 名生产工人日产量累计分布图

3. 频（次）数分布图的类型　利用统计图的形式对社会现象的数量分布特征进行描述，通过这些图形，可以直观地显示不同类型现象的分布特征。

各种不同性质的社会经济现象的次数分布的类型，概括起来，大致有三种类型：钟型分布、U 型分布、J 型分布。

（1）钟型分布。钟型分布的特征是"两头小，中间大"，即中间的变量值分布的次数多，靠近两边的变量值分布的次数少，其曲线图宛如一口古钟，如图 2-6 所示。

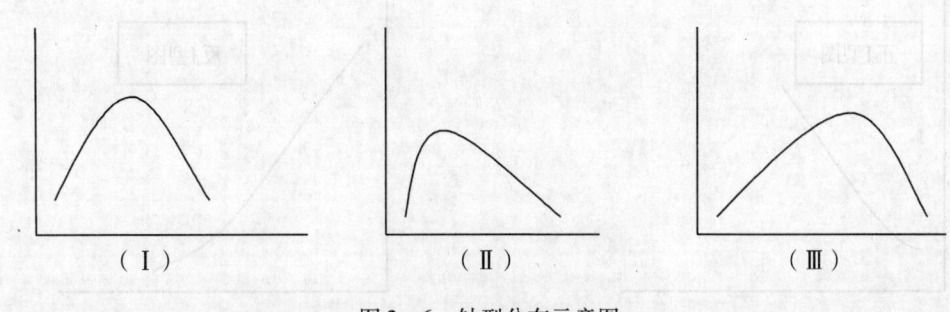

图 2-6　钟型分布示意图

如图 2-6（Ⅰ）所示，其分布特征是以变量值的平均数为对称轴，左右两侧对称，两侧变量值分布的次数随着与其平均值距离的增大而渐次减少。在统计学中，称这种分布为正态分布。图 2-6 中的（Ⅱ）（Ⅲ）为非对称分布，它们各有不同方向的偏态。

图（Ⅱ）曲线是正偏（右偏）分配，图（Ⅲ）曲线是负偏（左偏）分配。在客观实际中，许多社会现象总体的分布都趋于正态分布。例如，农作物单位面积产量的分布、零件公差的分布、商品市场价格的分布等。

（2）U 型分布。U 型分布的形状与钟型分布相反，靠近中间的变量值分布次数少，靠近两端的变量值分布次数多，形成"两头大，中间小"的 U 型分布。例如，人口按年龄死亡率的分布，人口总体中，幼儿和老年人死亡率高，而中青年死亡率低。图 2－7 是 U 型分布图。

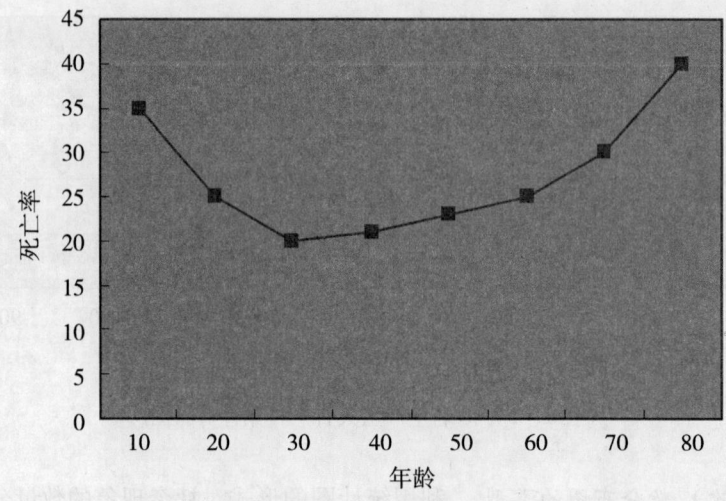

图 2－7　U 型分布示意图

（3）J 型分布。J 型分布有两种类型，一种是次数随着变量的增大而增多，另一种呈反 J 型分布，即次数随着变量的增大而减少，如图 2－8 所示。

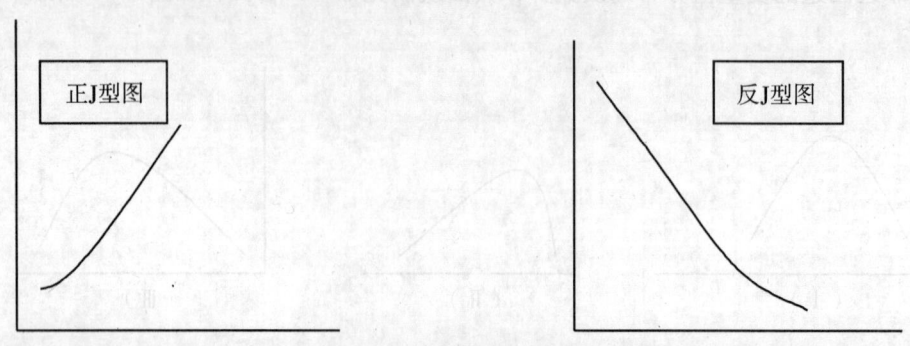

图 2－8　J 型分布示意图

★ 人物小传之二

戈 塞 特

戈塞特（William Sealey Gosset），英国统计学家。出生于英国肯特郡坎特伯雷市，求学于曼彻斯特学院和牛津大学，主要学习化学和数学。1899 年，戈塞特进入都柏林的 A. 吉尼斯父子酿酒厂，在那里得到一大堆有关酿造方法、原料（大麦等）特性和成品质量之间关系的统计数据。戈塞特在酿酒公司工作中发现，供酿酒的每批麦子质量相差很大，而同一批麦子中能抽样供试验的麦子又很少，每批样本在不同的温度下做实验，其结果相差很大。这样一来，实际上取得的麦子样本不可能是大样本，只能是小样本。可是，从小样本来分析数据是否可靠？误差有多大？小样本理论就在这样的背景下应运而生。1905 年，戈塞特利用酒厂里大量的小样本数据写了第一篇论文《误差法则在酿酒过程中的应用》，在此基础上，1907 年戈塞特决心把小样本和大样本之间的差别搞清楚。为此，他试图把一个总体中的所有小样本的平均数的分布刻画出来。做法是：在一个大容器里放一批纸牌，把它们弄乱，随机地抽若干张，对这一样本做实验记录观察值，然后再把纸牌弄乱，抽出几张，对相应的样本再做实验观察，记录观察值。大量地记录这种随机抽样的小样本观察值，就可借以获得小样本观察值的分布函数。因观察值是平均数，戈塞特把它叫做 T 分布函数。由于吉尼斯酿酒厂规定禁止戈塞特发表关于酿酒过程变化性的研究成果，因此戈塞特不得不于 1908 年以"学生"的笔名发表他的论文，导致该统计被称为"学生的 T 检验"。1907—1937 年间，戈塞特发表了 22 篇统计学论文，戈塞特在其论著中，引入了均值、方差、方差分析、样本等概率、统计的一些基本概念和术语。这些论文于 1942 年以《"学生"论文集》为书名重新发行。

★ 案例讨论

大学生参加体育锻炼情况调查
（广州城市职业学院经济贸易系 2006 级市场营销班）

第一部分 调查方案设计

一、调查方案

（一）调查说明：暮春 3 月，草长莺飞，正是锻炼身体的黄金时段，而处在人生"黄金时段"的大学生又是如何看待体育锻炼呢？针对这一问题，近日，我们对本班部分同学作了题为"大学生课外体育活动情况"的问卷调查，共发放问卷 45 份，回收 41 份，收回率为 92%。其中女生占 46%，男生占 54%。

（二）调查目的：探索提高高校学生课外体育活动的主动性和自觉性，增强课外活动的效果。

（三）调查方法：采取随机抽样调查的方法对我班的同学进行不记名问卷式调查，采用问卷调查法、文献资料分析法和基本常规统计法。

（四）调查对象：经济贸易系 2006 级市场营销班。

（五）调查单位：2006 级市场营销班被随机抽到的每一位同学。

二、问卷设计

2006 级市场营销专业大学生参加体育锻炼情况调查表

您好：

首先祝您身体健康！为了能够了解市场营销专业的兄弟姐妹们的参加体育锻炼情况，我特请您作为访问对象，希望您能在百忙之中抽出一点时间回答我提出的问题。谢谢！

1. 性别：
①女生　②男生

2. 您经常参加的课外活动：
①体育锻炼　　②校系活动和工作　　③聊天、社交　　④课余学习
⑤阅读课外书刊报纸　　⑥看电影、电视、录像　　⑦勤工俭学　　⑧上网、打游戏
⑨棋牌活动　　⑩睡觉　　⑪其他（请注明）_____

3. 您最喜欢的三项活动方式：
①体育锻炼　　②校系活动和工作　　③聊天、社交　　④课余学习
⑤阅读课外书刊报纸　　⑥看电影、电视、录像　　⑦勤工俭学
⑧上网、打游戏　　⑨棋牌活动　　⑩睡觉　　⑪其他（请注明）_____

4. 您参加的体育锻炼中最喜欢的几种项目是：
①足球　　②篮球　　③排球　　④网球　　⑤乒乓球　　⑥羽毛球　　⑦跑步
⑧健美运动　　⑨台球　　⑩跳绳　　⑪游泳　　⑫登山　　⑬武术
⑭其他（请注明）_____

5. 您有自己的体育锻炼计划吗？
①有　　②没有　　③随机安排

6. 您参加体育活动最主要的目的是：
①健身　　②健美　　③缓解压力　　④爱好、兴趣　　⑤增强意志、毅力
⑥其他（请注明）_____

7. 您每次参加体育锻炼持续的时间：
① 20 分钟以下　　② 20~30 分钟　　③30~60 分钟　　④60~90 分钟
⑤ 90~120 分钟　　⑥ 120 分钟以上

8. 你喜欢在什么时间段参加体育锻炼？
①6:00~8:00（早上）　　②11:00~14:00（中午）　　③16:00~18:00（傍晚）
④18:00~20:00（晚上）

9. 您是否把体育锻炼作为自己的一项必修课？
①是　　②否

10. 适当的体育锻炼目前对于您来说，其必要程度是：
①非常有必要　　②有必要　　③无所谓　　④没必要

谢谢大家的合作，请大家把答案按序号写在附页上。这是采取不记名方式，大家不必要按照学号来填。不胜感激！

第二部分　数据分析

一、参加课外活动情况的分析

因为个人在调查与预测学科方面的爱好，大学生参加活动方式多样。其中每个人都选择了一项或多项活动方式。从课外活动的分布结构中可以看出，聊天、社交，看电影、电视、录像和参加体育锻炼的人较多，分别为33%、29%、28%，如图1所示。

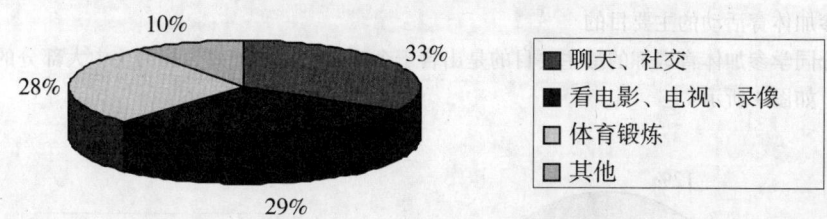

图1 参加课外活动的情况

从调查结果中还了解到深受大学生喜爱的前一项是聊天、社交，这在男生中的比例为40%，而在女生中的比例为60%。在调查当中还发现女生喜欢聊天、社交，而男生则喜欢体育锻炼。

二、最喜欢的体育锻炼项目

从调查结果当中可以看出，普遍受欢迎的几种项目是羽毛球、篮球、乒乓球和登山。它们受同学们的关注程度分别是24%、21%、20%、14%，如图2所示。

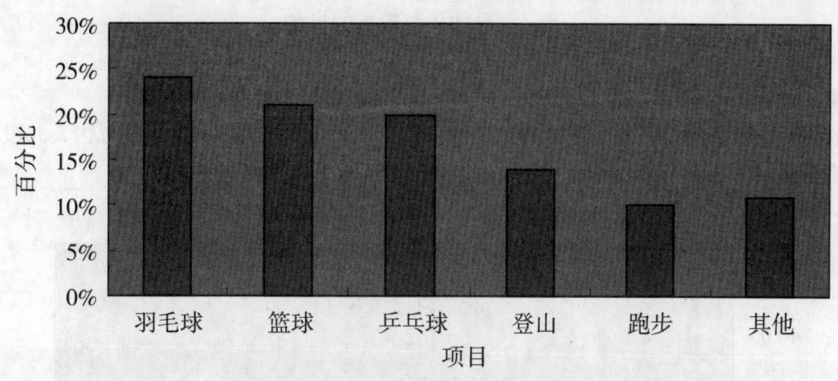

图2 体育锻炼中最喜欢的项目

三、是否有自己的体育锻炼计划

通过调查，我们了解到大概有30%的同学没有自己的体育锻炼计划，只有10%左右的同学拥有计划，60%的学生是随机安排自己的体育锻炼计划。如图3所示。

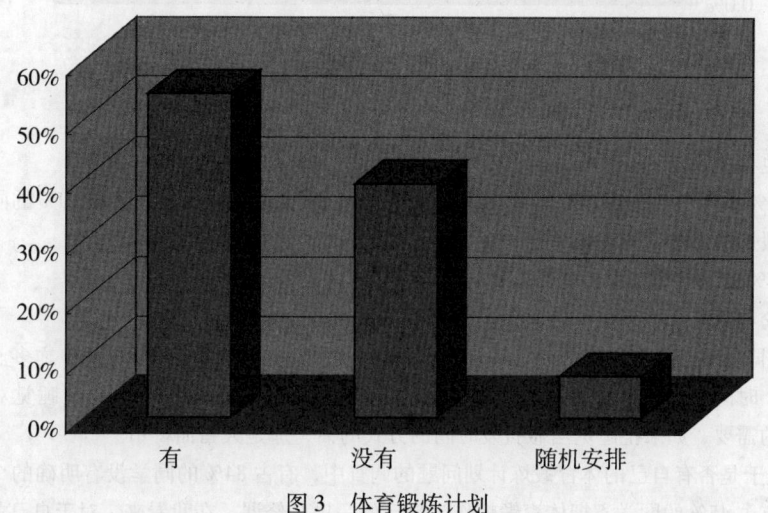

图3 体育锻炼计划

四、参加体育活动的主要目的

大部分同学参加体育锻炼的最主要目的是出自于个人的兴趣和爱好,而男生中大部分的目的都是为了健身。如图4所示。

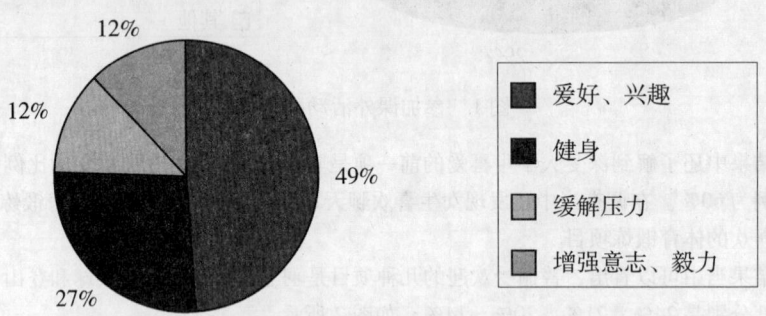

图4 参加体育锻炼的目的

五、参加体育锻炼所持续的时间长度

从调查数据上看,本班大部分同学参加体育锻炼的时间持续在30～60分钟以内,并没有太长时间进行体育锻炼。如图5所示。

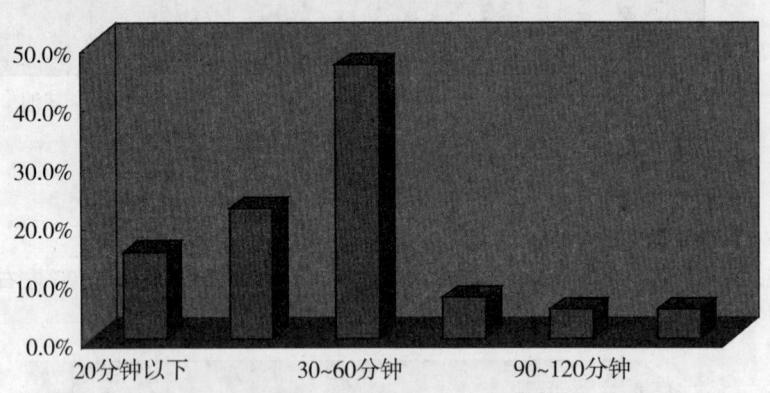

图5 参加体育锻炼持续的时间

六、其他相关调查

1. 有90%的同学认为适当的体育锻炼对目前的他们来说是很必要的,还有10%的同学对于要不要进行体育锻炼持无所谓的态度。
2. 占37%的同学把体育锻炼作为自己的一项必修课程。

七、结论与建议

(一)在同学们经常参加的课外活动当中,睡觉竟被排在了第四位,占到32%之多。在目前竞争激烈的社会,时间比什么都宝贵。对于我们当代大学生来说,更应"惜时如金",睡觉对于我们来说只是生理上的需要,如果把睡觉当做打发时间的方式的话,那是大错而特错。

(二)关于是否有自己的体育锻炼计划问题的调查中,有占84%的同学没有明确的个人体育锻炼计划,同时有占45%的同学不把体育锻炼作为自己的一项必修课。在我看来,对于自己的大学生活是否满意在于个人的参与度高不高，参加体育锻炼是提升满意度的最好方法，有计划地参加体育锻炼活动不仅能达到这个目的，而且还会大大提高个人的身体素质，为未来的激烈竞争做好充分的健康准备。

（三）在调查结果中还显示出女生参与度不高的特征，似乎女子真的不如男。特别在体育锻炼方面，女生的参与度大大落后于男生。建议广大的女同胞在未来的大学生活里积极参加课外活动，积极参加体育锻炼，增强体质，丢掉所谓的"弱女子"的头衔。总之，大学生活是我们整个人生当中非常美好的阶段，使大学生活丰富多彩是大家普遍追求的目标。而积极参加丰富多彩的课外活动是我们实现这一目标的最好途径，让我们一起享受参加课外活动的乐趣吧！

请讨论：
对该调查报告进行分析，指出其长处和不足之处。

★ **练习与思考**

一、判断题
1. 全面调查都是经常性调查，非全面调查都是一次性调查。（　　）
2. 调查单位和填报单位是一致的。（　　）
3. 全面调查就是对调查对象的各方面都进行调查。（　　）
4. 普查是比较容易取得全面统计资料的一种统计调查方式。（　　）
5. 确定调查对象就是要明确调查的总体范围。（　　）
6. 统计整理只是指对原始数据的整理。（　　）
7. 统计整理的核心问题是统计分组。（　　）
8. 在确定组限时，最小组的下限应低于最小变量值。（　　）
9. 统计表是表述统计资料的唯一形式。（　　）

二、单项选择题
1. 一项调查属于全面调查还是非全面调查，关键在于（　　）。
    A. 是否对调查对象的各方面都进行调查
    B. 是否制订调查方案
    C. 是否对组成的调查总体的所有单位进行逐一调查
    D. 是否采用多种调查方法
2. 某市 2005 年社会商品零售总额统计年报的呈报时间为 2006 年 1 月 31 日，则调查时间为（　　）。
    A. 1 年零 1 个月　　B. 1 年　　C. 1 个月　　D. 1 天
3. 某城市拟对占全市储蓄额 4/5 的几个大储蓄所进行调查，以了解全市的储蓄情况，则这种调查方式是（　　）。
    A. 普查　　　　　B. 重点调查　C. 抽样调查　D. 典型调查
4. 对某地区五金交电商品的零售物价进行一次全面调查，则调查单位是（　　）。
    A. 该地区所有经营五金交电商品的商店
    B. 每一个经营五金交电商品的商店
    C. 全部五金交电商品

45

D. 每一种五金交电商品
5. 统计分组的关键问题是（　　）。
   A. 确定组距和组数
   B. 确定全距和组数
   C. 确定分组的标志和划分各组界限
   D. 确定组距和组中值
6. 划分连续型变量的组限时，相邻组的组限必须（　　）。
   A. 交叉　　　　B. 不等　　　　C. 重叠　　　　D. 间断
7. 某组距变量数列，其末组为开口组，下限为500，相邻组的组中值为480，则末组的组中值为（　　）。
   A. 520　　　　B. 510　　　　C. 500　　　　D. 540
8. 企业按经济类型分组和按职工人数分组，这两个统计分组是（　　）。
   A. 按数量标志分组
   B. 按品质标志分组
   C. 前者按数量标志分组，后者按品质标志分组
   D. 前者按品质标志分组，后者按数量标志分组

三、多项选择题
1. 全国人口普查中，（　　）。
   A. 全国人口数是总体　　　　B. 每一个人是总体单位
   C. 每一户是调查单位　　　　D. 每一户是填报单位
   E. 人的性别是总体的标志
2. 某工业局为了解钢材积压的情况，向各单位颁发调查表要求填报，此调查属于（　　）。
   A. 普查　　　B. 统计报表　　　C. 专门调查　　　D. 一次性调查
   E. 经常性调查
3. 对某成人高校大学生进行调查，则（　　）。
   A. 调查对象是该校全部大学生　　B. 调查对象是该校每一个大学生
   C. 调查单位是该校全部大学生　　D. 调查单位是该校每个大学生
   E. 调查对象是该校每个班
4. 在全国工业企业普查中，每个工业企业是（　　）。
   A. 调查对象　　B. 调查单位　　C. 总体　　　D. 填报单位
   E. 总体单位
5. 下列调查中，属于一次性调查的有（　　）。
   A. 土地面积　　B. 清仓盘点　　C. 森林资源量　　D. 商品购进额
   E. 生产用流动资金
6. 下面数列属于（　　）类型。

第二章 统计数据的收集与整理

按劳动生产率分组（件/人）	职工人数（人）
50~60	100
60~70	200
70~80	400
合计	700

A. 品质分布数列   B. 变量分布数列
C. 组距数列   D. 等距数列

7. 对于连续型变量数列，一般情况下（   ）。
   A. 只能编制组距数列   B. 不能编制单项数列
   C. 只能编制单项数列   D. 不能编制组距数列
   E. 既能编制单项数列，又能编制组距数列
8. （   ）组限的表示方法是对的。
   A. 按职工人数分组，相邻组的组限可以重叠，也可以间断
   B. 职工按工资分组，其组限必须重叠
   C. 学生按成绩分组，其组限必须间断
   D. 人按身高分组，其组限必须重叠

四、问答题

1. 什么是统计调查？统计调查有哪些种类？
2. 举例说明调查对象、调查单位及填报单位之间的关系。
3. 什么是普查、重点调查、典型调查、抽样调查？它们的特点和适用环境是什么？
4. 一个完整的统计调查方案应包括哪些主要内容？
5. 什么是统计分组？统计分组有几种形式？
6. 怎样编制次数分布表？

五、实践能力训练题

1. 对某市 100 名大学生国庆节长假期间上网时间调查所得资料如下（单位：小时）：

  8 12 9 14 8 10 7 17 18 19 21 14 22 14 29 28 26 16 19
24 23 13 24 22 28 27 32 16 19 36 22 13 22 25 26 32 15
15 37 23 14 20 24 27 37 33 19 19 33 20 10 23 12 27 11 27
15 15 16 21 14 23 21 28 26 17 32 24 10 21 21 27 29
31 16 19 36 23 14 21 24 26 34 34 15 16 34 9 11 9 21 6
38 9 18 18 32

要求：（1）对数据进行等距式分组（提示组距取 5），制作次数分布表；
      （2）计算各组比重、向上累计次数、向下累计次数；
      （3）根据次数分布表绘制直方图、频数多边形和累计曲线图。

2. 1978—2004 年我国及广州市第三产业增加值所占 GDP 比重数据见下表：

1978—2004年我国及广州市第三产业增加值所占GDP比重

年份	全国第三产业增加值(亿元)	占全国GDP的比重(%)	广州第三产业增加值(亿元)	占全市GDP的比重(%)
1978	860.5	23.7	12.82	29.74
1980	966.4	21.4	19.93	34.63
1985	2556.2	28.5	46.5	37.39
1990	5813.5	31.3	157.57	49.3
1995	17947.2	30.7	589.41	47.42
2000	29904.6	33.4	1249.49	52.59
2003	38885.7	33.2	1883.13	53.85
2004	136875.9	31.9	2182.6	53.03

数据来源：2005年中国统计年鉴、2005年广州统计年鉴。

要求：(1) 根据1978—2004年我国及广州市第三产业增加值数据，分别绘制条形图；

(2) 根据1978—2004年我国及广州市第三产业增加值所占GDP比重数据，分别绘制饼式图；

(3) 根据上述资料，分析广州市第三产业的发展水平及所占GDP比重，并与全国的相关数据进行比较。

第三章 综合指标分析法

本章导读：综合指标是对社会经济现象进行统计分析最基本的数据。综合指标根据其数字的表现形式，分为三大类：总量指标、相对指标和平均指标。这些指标分别反映总体的规模、结构、比例、集中程度、分散程度等数量特征。

★ **知识目标：**掌握总量指标、相对指标和平均指标的概念、意义及计算，正确理解离散指标的意义。

★ **能力目标：**能运用三大综合指标分析社会经济现象。

社会经济现象之间或其内部各方面总存在某种联系。要分析一种现象，仅停留在一个指标值上，很难反映该现象的相对水平或速度。如前面列举的数据：2004年全年国内生产总值（现价）136515亿元，仅反映这一年国内生产总值的绝对水平。没有参照物进行对比，很难得出进一步的认识。但如果知道2003年全国国内生产总值（现价）是116694亿元，按可比价计算2004年比2003年增长9.5%，由此可得出2004年国民经济增长较快的结论。在这里，我们使用了统计学中较常用的总量指标和相对指标来分析问题。

从本章开始，我们进入统计分析方法的学习。统计分析是统计工作程序的第四个阶段，这是一个提供统计工作的成果，达到统计工作目的的重要阶段。在此阶段，常用的分析方法有综合指标分析法、动态数列分析和预测法、统计指数分析法、相关回归分析法、平衡法、抽样推断法等，其中综合指标分析法是统计分析的基本方法。

所谓综合指标分析法，指通过计算有关的综合指标（主要有总量指标、相对指标、平均指标、离散指标），来对社会经济现象的数量方面进行分析研究的方法。下面分别介绍总量指标、相对指标、平均指标、离散指标的有关内容。

第一节 总量指标

一、总量指标的概念与作用

1. **总量指标的概念** 总量指标是表明社会经济现象在具体时间、空间条件下的总规模或总水平的综合指标。例如，前面列举的统计资料：2004年全年国内生产总值（现价）136515亿元，其中，第一产业增加值20744亿元，第二产业增加值72387亿元，第三产业增加值43384亿元；年末国家外汇储备达到6099亿美元；全年各项税收收入25718亿元（不包括关税和农业税）；全年全社会固定资产投资70073亿元；全年社会消费品零售总额达到53950亿元；全年进出口总额达11548亿美元；等等，这些都属于总量指标。总量指标是统计资料汇总后所得到的总和指标，表明被研究对象客观存在的绝对数量，通常以绝对数形式表示，所以也称为绝对指标或绝对数。

2. **总量指标的作用** 总量指标是社会经济统计的基本指标，在社会经济中，总量指标也可以表现为社会经济现象总体在一定时间、空间条件下数量增减变化的绝对数。例如，2004年国内生产总值（现价）比2003年增加19821亿元；2004年全年城镇新增就业人员980万人等也属总量指标。总量指标数值的大小与总体范围成正比，即总体范围越大，指标数值会相应增大，反之，即减小。总量指标在统计分析中具有重要的作用。

（1）总量指标是认识社会经济现象的起点。社会经济现象总体的基本情况通常表现为总量。人们要想正确认识一个国家的基本国情和社会经济发展状况，首先需要掌握国家在一定时间、条件下社会经济发展的规模或水平。例如人口数、劳动力数量、土地面积、各种矿藏储量、工农业各种产量、国民生产总值等。因而，总量指标是认识社会经济现象的起点，是认清国情国力的起点。

（2）总量指标是实现宏观经济调控和企业经营管理的基本指标。在社会主义市场经济条件下，要使国民经济协调发展，需要对经济运行实行宏观调控；要使企业生产经营活动正常进行，需要实行科学的管理。这就需要掌握宏观经济和微观经济运行的环境条件投入产出等各方面的数量状况，研究各方面的数量关系。总量指标可以反映这些现象的数量，为经济管理提供依据。

（3）总量指标是计算其他经济指标的基础。例如，相对指标和平均指标一般是两个总量指标对比的结果，是总量指标的派生指标。总量指标计算是否科学，直接影响到其他指标的正确性。

二、总量指标的种类

总量指标按照不同的标志，可分为不同的类型。

1. **总体单位总量和总体标志总量** 总量指标按其反映总体内容的不同，可分为总体单位总量（简称总体总量）和总体标志总量（简称标志总量）。总体总量是表示总体中总体单位数多少的总量指标，即说明了总体本身的规模。标志总量是反映总体单位某一数量标志值总和的总量指标，即说明了总体某种特征的总数值。如某商业企业的职工人数238人，一年工资总额为600万元，这里职工人数238人是总体总量，工资总额600万元是标志总量。

应该指出，一个总量指标究竟是总体总量还是标志总量，并不是一成不变的，它随着研究目的的不同和研究对象的不同而变化。如在上例中，职工人数238人是总体总量，但如果统计研究的目的在于研究该地区该商业企业经营的基本状况，而不是职工的情况，这时研究的对象是企业而不是职工，则职工人数238人就由总体总量变成了标志总量。

2. **时期指标和时点指标** 总量指标按其反映客观现象的时间状况和性质不同，可分为时期指标和时点指标。时期指标表示社会经济现象在一定时期内发展过程的总数量的总量指标。例如某商业企业的商品销售额、利润额、商品购进量等。时期指标具有两个特点：①可加性。例如某商业企业某月的商品销售额是将该月份每天的商品销售额累计相加求得，故其指标数值必须通过连续统计取得资料。②指标数值的大小与时间长短有直接关系。一般来说，时期愈长，数值愈大；反之，则愈小。例如一个月的商品销售额比一个季度的或一年的要少。时点指标表示社会经济现象在某一个时点上的状态。如某商业企业的职工人数、商品库存额、流动资金额等。

时点指标具有两个特点：①不可加性。如某商业企业1月末库存额为150万元，2

月末为120万元，3月末为160万元。则这3个月的月末库存额直接相加是毫无意义的，故其指标数值可采用间断统计的方式获得。②指标数值的大小与时间间隔长短无直接关系。如上例中，2月末的库存额并不比1月末的大。

时期指标和时点指标在统计的处理和应用上各有其不同的特点，因此区分这两种总量指标，有利于正确地整理和汇总各类统计资料，合理地核算统计指标数值。

三、总量指标的计算和应用

1. **总量指标的计量单位** 统计中的总量指标，具有一定的计量单位。一般常用的计量单位是实物量单位、价值单位和劳动量单位三种。

（1）实物量单位。它是根据社会经济现象的自然属性或特点而采用的实物计量单位。如布以"米"计，粮食以"公斤"计，计算机以"部"计，等等。

计算实物数量的计量单位，由于实物的性质和研究目的不同又分为自然单位、度量衡单位、复合单位、标准实物单位。

1）自然单位。根据被研究对象的自然属性而计量的单位，如人口以"人"计，电视机以"台"计等。

2）度量衡单位。按照统一的度量衡法或制度规定来度量被研究现象数量的一种计量单位。如钢材以"吨"计、糖果以"公斤"计、棉布以"米"计等。

3）复合单位。用两种或两种以上的单位结合使用表明被研究现象数量的一种计量单位。如货运量以"吨/公里"计、发电量用"千瓦/小时"计等。

4）标准实物单位。按照统一折算的标准来度量被研究现象数量的一种计量单位。如不同支数的棉纱以20支纱为标准单位折算，则60支棉纱相当于3个（20支棉纱）标准单位。拖拉机以每台15马力为标准单位折算，则一台30马力的拖拉机，其功效相当于2台15马力的拖拉机的功效。

凡是用实物单位计量的统计指标称为实物指标。

（2）价值单位。它是以货币为计量单位来度量事物的数量。如销售额、利润额、工资总额等，统计上将用货币单位计量的总量指标称为价值指标，它能够使不能直接相加的经济现象的数量过渡到可以加总，用以综合说明具有不同使用价值的经济现象的总规模、总水平，具有广泛的综合性和概括能力。

（3）劳动量单位。它是用劳动时间来表示的计量单位。如工时、工日。一个工人做了1个小时工称为1个工时，8个工时称为1个工日。劳动单位主要用来编制和检查基层企业的生产作业计划，用劳动时间计量的总量指标称为劳动量或工作量指标。

2. **总量指标的计算方法**

（1）直接计算法。它是用直接的计数、点数和测量等方法对研究对象进行统计，将登记到的各单位的具体数值加以汇总，得到总量指标。如统计报表或普查中的总量资料，基本上都是用直接计算法计算出来的。

（2）间接推算法。它是采用社会经济现象之间的平衡关系、因果关系、比例关系或利用非全面调查资料进行推算以得到总量指标的方法。如利用样本资料推算某种农产品的产量，利用平衡关系推算某种商品的库存量等。

3. 计算和应用总量指标应注意的问题

（1）明确规定每项指标的含义和范围。正确统计总量指标的首要问题就是要明确规定每项指标的含义和范围。例如要计算国内生产总值、进出口总额或某企业营业额等总量指标，首先必须清楚这些指标的含义、性质，才能据以确定统计范围、统计方法。要解决好这个问题，必须正确理解被研究现象的性质、含义，同时要熟悉党的方针政策和统计制度的有关规定，才能统一计算口径，正确计算出它们的总量。

（2）注意现象的同质性。在计算实物指标的总量时，只有同质现象才能计算。同质性是由事物的性质或用途决定的。例如，我们可以把不同型号的空调看做同一类产品来计算它们的总量，但不能把空调和电风扇混合起来计算。

（3）正确确定每项指标的计量单位。具体核算总量指标时，究竟采用哪一种计量单位，要根据被研究现象的性质、特点以及统计研究的目的而定，同时要注意与国家统一规定的计量单位一致，以便于汇总并保证统计资料的准确性。

第二节 相对指标

总量指标是研究社会经济现象最基本的统计指标，但它有一定的局限性。如对于现象之间一些程度上的相对比较、速度的增减情况的比较等，总量指标是无法解决的，要解决这类问题，就得引入另一种指标，即相对指标。

一、相对指标的概念和作用

1. 相对指标的概念和表现形式　　相对指标也称相对数，它是两个有联系的统计指标相对比的比值，表明了各种社会经济现象间的数量对比关系。例如根据国家统计局提供的统计数据：2004年全国居民消费价格总水平比上年上涨3.9%（见表3-1），其中服务价格上涨2.3%，商品零售价格上涨2.8%，工业品出厂价格上涨6.1%，原材料、燃料、动力购进价格上涨11.4%，固定资产投资价格上涨5.6%，农产品生产价格上涨13.1%。

表3-1　2004年居民消费价格比上年上涨情况

指标	全国(%)	其中	
		城市(%)	农村(%)
全国居民消费价格总水平	3.9	3.3	4.8
食品	9.9	9.1	11.5
其中：粮食	26.4	25.7	27.7
烟酒及用品	1.2	1.2	1.3
衣着	-1.5	-1.5	-1.6
家庭设备用品及服务	-1.4	-1.9	-0.3
医疗保健及个人用品	-0.3	-0.8	0.5
交通和通信	-1.5	-2.1	-0.2
娱乐教育文化用品及服务	1.3	0.8	2.1
居住	4.9	4.3	5.8

从上述资料中,我们可以知道相对指标把社会经济现象的两个具体数量抽象化了。它表现了 2004 年与 2003 年全国居民消费总价格水平;商品零售价格;工业品出厂价格;原材料、燃料、动力购进价格;固定资产投资价格;农产品生产价格之间的一种对比关系。

相对指标有两种具体的表现形式:无名数和有名数。无名数是一种抽象化的无量纲数,如系数、倍数、成数、百分数、千分数等。有名数是将相对指标中的分子与分母指标的计量单位同时使用,是一种复合单位。如人口密度用"人/平方公里"表示、零售商业网密度用"人/个"表示等等。

2. 相对指标的主要作用 计算相对指标是统计分析的重要方法,具有广泛的用途。

(1) 相对指标能够反映现象的相对水平、普遍程度、比例关系、内部结构等。例如,国民经济发展速度、投入与产出的关系、产业结构等都可以用相对指标加以反映和研究。

(2) 相对指标可以使一些不能直接对比的现象找到共同的比较基础,从而判断事物之间的差别程度。例如,生产的产品不同、生产条件不同或生产规模不同的企业之间不能直接对比,但以各自的计划指标为依据,计算计划完成程度相对指标,那么不同企业的工作成绩就可以加以比较了。

(3) 相对指标是进行宏观经济管理和评价企业经济活动状况的重要指标。例如,在宏观经济管理中,广泛运用发展速度、增长速度等各种相对指标检查、监督和分析国民经济的速度、比例、效益。在企业生产经营活动中,作为评价、考核企业经营状况的各项技术经济指标,如资金回报率、成本费用利润率等也大都是相对指标。

二、相对指标的种类和计算方法

相对指标由于研究目的和任务的不同、对比基础不同,而对比所起的作用也有不同,从而形成了不同的相对指标,一般可分为下列六种,即计划完成相对指标、结构相对指标、比较相对指标、比例相对指标、动态相对指标、强度相对指标。

1. 计划完成相对指标 计划完成相对指标也称计划完成百分数。它是把实际完成数与相应的计划任务数对比,借以反映计划完成程度的相对指标,一般用百分比表示。其计算公式为:

$$计划完成相对指标(\%) = \frac{实际完成数}{计划任务数} \times 100\%$$

计划执行的绝对差额 = 实际完成数 - 计划任务数

计划完成相对指标表明社会经济现象计划完成的情况,而计划执行的绝对差额(正或负)则表示计划执行的绝对效果。

[例 3.1] 某商业企业某月计划应完成的利润额为 160 万元,实际完成 178 万元,则计划完成相对指标为:

$$计划完成相对指标(\%) = \frac{178}{160} \times 100\% = 111.25\%$$

超额的绝对值 = 178 - 160 = 18(万元)

计算结果说明该企业某月利润额的计划完成相对指标为111.25%，超额完成的相对数为11.25%，绝对值为18万元。

在计算和应用计划完成相对指标时应注意：

(1) 计划指标的性质。对计划完成程度的评价，无论是实际完成数超过计划任务数，还是低于计划任务数，都要以计划指标的性质和要求为评价的标准，凡是计划任务是用最低限量规定的，计划完成相对指标以达到或超过100%为好。如商品销售额，商品销售量等。凡是计划任务是用最高限量规定的，计划完成相对指标以低于100%为好，如单位成本、商品损耗率、流通费用率等。

[例3.2] 某旅游公司2005年的全员劳动生产率为10000元/人，计划规定，2006年全员劳动生产率为11000元/人，而实际达到了12000元/人，则：

$$全员劳动生产率计划完成相对数 = \frac{12000}{11000} = 109.09\%$$

表明该企业2006年的全员劳动生产率超额9.09%完成计划。

[例3.3] 某旅游纪念品8月份的单位成本为10元，9月份降低到9元，则：

$$单位成本的计划完成相对数 = \frac{9}{10} = 90\%$$

说明该纪念品9月份的单位成本超计划降低10%。

(2) 计划指标的形式。计划指标的表现形式有三种：总量指标、相对指标、平均指标。

总量指标或平均指标形式的计划指标，它们的计划完成相对指标可按上述公式计算。但对相对指标形式的计划指标，如计划成本降低率、劳动生产率提高率等，在考核计划完成程度时，可按此方法计算，公式为：

$$计划完成相对指标（\%）= \frac{实际完成数\%}{计划任务数\%} \times 100\%$$

[例3.4] 某种产品的废品率，计划本月比上月降低5%，而实际降低了6%，则：

$$废品率的计划完成（\%）= \frac{1-6\%}{1-5\%} = \frac{94\%}{95\%} = 98.9\%$$

计算结果表明废品率实际降低程度比计划低了1.1%，属超额完成计划任务。在这里要注意，不能以实际降低（或增长）率直接除以计划降低（或增长）率，必须把实际降低（或增长）率还原成实际达到的百分数，再把计划降低（或增长）率还原成计划应达到的百分数，然后再对比，求得计划完成相对指标。

(3) 长期计划完成情况的检查。我国的经济计划按时间划分，可分为长期计划、中期计划、短期计划。长期计划一般指三五年以上的计划（如五年计划）。分析长期计划的执行情况时，由于计划指标制订的方法不同，检查长期计划完成程度情况也产生了不同的方法。具体来说有两种，一种叫水平法，另一种叫累积法。

1) 水平法。计划指标是按计划期末一年应达到的水平规定的，用水平法检查长期计划执行情况，计算公式如下：

$$计划完成情况指标 = \frac{计划期最末一年实际达到的水平}{计划期规定的最末一年的水平} \times 100\%$$

计划期最末一年实际达到的水平可以是连续 12 个月（不论是否在一个日历年度）的实际完成数。水平法适用在五年计划期间内有明显递增或递减趋势的现象，如工业总产值、商品销售额等计划完成情况的检查。

2）累计法。计划指标是按计划期内累计数应达到的水平规定的，用累计法来检查计划执行情况，计算公式如下：

$$计划完成情况指标（\%）=\frac{计划期内实际累计完成数}{计划期规定的累计数}\times100\%$$

累计法适用在五年计划期间内各年度发展趋势不甚稳定的现象，如固定资产投资、基建投资等计划完成情况的检查。

（4）计划执行进度的考核方法。为了及时了解计划执行情况，检查计划能否如期完成，便于及早发现问题，采取措施，促进计划的实现，就要在计划执行过程中，对计划执行进度进行分析。计算公式如下：

$$计划执行进度（\%）=\frac{某一段时期的实际累计完成数}{计划期全期计划任务数}\times100\%$$

[例 3.5] 对某公司 2006 年第一季度的销售额进度进行分析（详见表 3-2）：

表 3-2 某公司商品销售额进度分析表　　　　　　　　　　单位：万元

	计划数	实际数	计划完成（%）	累计实际完成数	计划执行进度（%）
（甲）	(1)	(2)	$(3)=\frac{(2)}{(1)}$	$(4)=\Sigma(2)$	$(5)=\frac{(4)}{\Sigma(1)}$
1 月	120	115	95.83	115	28.75
2 月	130	125	96.15	240	60.00
3 月	150	—			
第一季度	400	—			

计算结果表明，该公司 1、2 月的销售额都未完成计划，实际计划执行进度 1 月份为 28.75%，而到 2 月份竟是 60%，出现前松后紧现象，为了要完成第一季度商品销售额的计划，必须相应的采取必要的措施。

2. 结构相对指标　将同一总体中各组成部分的数值与总体总数值对比求得的比重，称为结构相对指标。它主要用来反映现象总体的内部构成状况，揭露现象的特点、性质和发展规律，亦可用来对比不同总体的结构差异，一般用百分比表示。

（1）结构相对数的计算方法和应用。其计算公式为：

$$结构相对指标（\%）=\frac{总体各部分的数值}{总体的总数值}\times100\%$$

结构相对指标的分子、分母指标，可以是总体单位数，也可以是总体单位标志值之和。总体各部分结构相对数之和，应等于 100% 或 1。

表3-3 我国国内生产总值在各产业部门的分布   单位:%

年份	2002年	2003年	2004年
国内生产总值	100.00	100.00	100.00
其中:第一产业	14.53	14.78	15.20
第二产业	51.74	52.94	53.02
第三产业	33.73	32.28	31.78

数据来源:国家统计局发布的统计公报。

表3-3反映了我国近几年三大产业产值在国内生产总值的分布情况,其中,第二产业变动的幅度较大。

表3-4 我国规模以上工业增加值轻、重工业的比重   单位:%

年份	轻工业	重工业
2002	39.05	60.95
2003	35.70	64.30
2004	32.41	67.59

数据来源:国家统计局发布的统计公报。

表3-4说明我国重工业所占的比重越来越大,我国工业化的程度越来越高。

结构相对数在统计研究中应用十分广泛,主要表现为以下三个方面:

1)应用结构相对数可以从现象的内部结构说明事物的性质特征。

[例3.6] 据统计,2005年我国游客周转量为36434亿人公里,其中铁路为12970亿人公里,公路为5011亿人公里,水运为17863亿人公里,航空为25亿人公里。据此计算的结构相对数有:

$$铁路运送比重 = \frac{12970}{36434} = 35.60\%$$

$$公路运送比重 = \frac{5011}{36434} = 13.75\%$$

$$水路运送比重 = \frac{17863}{36434} = 49.03\%$$

$$航空运送比重 = \frac{25}{36434} = 0.07\%$$

通过上述各项指标可以看出:在我国游客运送的构成中,铁路运送和水路运送占主体,公路运输和航空运输的比重偏低。不过,随着这些年我国高速公路的大量兴建,以及人们生活水平的提高,这两者的比重会有所提高。

2)将不同时期的结构相对数按时间顺序排列,可以反映事物内部构成的变化过程和发展趋势。如表3-4,说明在我国规模以上工业增加值中,重工业所占的比重越来越大，我国工业化的程度越来越高。

3）运用结构相对数可以反映人力、物力和财力的利用程度。通常可计算利用程度相对数来反映。

$$利用程度相对数 = \frac{实际利用数}{可能利用数} \times 100\%$$

$$可能利用数 = 实际利用数 + 未被利用数$$

利用程度相对数的数值越大，说明利用程度越高；反之，则越低。但利用程度相对数一般小于100%，而小于100%的差数表示潜力。

[例3.7] 某五星级酒店2006年末拥有客房数为2000间，实际可供出租的客房为1600间。

$$客房利用率 = \frac{1600}{2000} = 80\%$$

表明该酒店客房利用程度不够，应查明原因，挖掘潜力，以进一步提高经济效益。

（2）计算和应用结构相对数应注意的问题。

1）根据统计研究的目的，对被研究的总体进行科学分组。只有在对总体进行分组的基础上，才能正确计算结构相对数。

2）结构相对数是在同质总体中计算的。它的分子必须是总体数值中的一部分，而不能是总体以外的其他资料。

3）必须以总体的全部数值为对比基数来计算各部分所占的比重，各部分比重之和必定等于1或100%。

3. 比较相对指标　它是同一时间同类现象在不同地区、单位或企业之间的指标对比，借以反映不同地区、单位或企业同类现象发展的差异。一般可用百分比或倍数表示。

（1）比较相对数的计算方法和应用。其计算公式如下：

$$比较相对指标 = \frac{甲地区（单位或企业）的某种指标数值}{乙地区（单位或企业）的同类指标数值} \times 100\%$$

1）比较相对指标可以用两个总量指标对比计算，也可以用两个相对指标或两个平均指标对比计算。由于总量指标易受不同经济条件的影响，因而计算比较相对指标时多采用相对指标或平均指标。

[例3.8] 2004年我国城镇居民人均可支配收入为9422元，农村居民人均纯收入为2936元，则城镇与农村居民收入的比较相对指标为：

$$\frac{9422}{2936} = 3.209 \text{ 或 } 320.9\%$$

即说明城镇居民可支配收入是农村的3.209倍或320.9%。这里是将两个相对指标进行比较而计算得到比较相对指标。

2）比较相对指标可用于不同国家、地区、单位的比较。各单位可以将自己的实际水平与平均水平对比，与先进水平对比，与标准水平对比，有助于找出差距、揭示矛盾、改进工作。比较时采用哪个指标作为比较基础，主要根据研究目的而定。一般情况下，比较相对指标的分子分母可相互对换，从不同的角度来说明问题。

表 3-5 2004 年我国对主要国家和地区出口情况

国家和地区	出口额（亿美元）	比上年增长（%）
中国香港	1009	32.3
日本	735	23.7
韩国	278	38.4
东盟	429	38.7
欧盟	1072	36.9
俄罗斯	91	51.0
美国	1249	35.1

从表 3-5 可看出，2004 年我国对主要贸易伙伴的出口额保持较快增长，增长最快的是俄罗斯（51%），增长最慢的是日本（23.7%），前者比后者多出 27.3 个百分点，这样的差幅是相当大的，反映出 2004 年我国对俄罗斯的出口额有突飞猛进的发展。但是还必须结合绝对数来看问题，应该看到 2004 年我国对俄罗斯的出口额只相当于同期美国的 7.28%，从较小的基数上进行高速增长要比从较大的基数上进行高速增长容易些。

（2）计算和应用比较相对数应注意的问题。

1）用来对比的指标可以是数量指标，也可以是质量指标。

2）在实际工作过程中，对比的基数应根据不同的研究目的来决定。它可以是先进水平、落后水平，也可以是标准水平和主要观察水平。

4. 比例相对指标　它是同一总体中不同部分数值对比的相对数，它表明总体内各部分之间的比例关系，或协调平衡状况。一般用百分比或比来表示。

（1）比例相对数的计算方法和应用。其计算公式如下：

$$比例相对指标 = \frac{总体中某一部分的数值}{总体中另一部分的数值} \times 100\%$$

[**例** 3.9] 2004 年我国规模以上工业增加值（现价）为 54805 亿元，其中，轻工业为 17762 亿元；重工业为 37043 亿元。则轻工业产值是重工业产值的 47.95%，或者用另一种方法表示，即轻重工业之比是 1:2.09。后者是比例相对指标较常用的表达方式。

（2）计算和应用比例相对数应注意的问题。

1）分子和分母必须是同一总体内的部分数值，且分母通常是数值小的那部分。

2）如果要反映总体中若干部分之间的比例关系，也可以采用连比的形式。如 2006 年我国某地区第一、第二、第三产业劳动者人数分别为 34000 万、16000 万、17890 万人，则该地区三大产业劳动者的人数之比为：2.13:1:1.12。

3）比例相对数也可以是总体中各部门比重之比。在实际工作中，比例相对数与结构相对数结合起来应用，既可研究总体的结构是否合理，也可研究总体中各部门之间的比例关系是否协调。如表 3-6 所示。

表 3-6 我国职工在三大产业中就业的比例关系   单位：%

	1997 年	2002 年
第一产业	49.9	50.0
第二产业	23.7	21.4
第三产业	26.4	28.6

资料来源：《中国统计年鉴》2003 年。

表 3-6 资料表明：我国三大产业就业构成比例由 1997 年的 49.9：23.7：26.4 变为 2002 年的 50.0：21.4：28.6。即 2002 年第一产业就业人数所占比重比 1997 年上升了 0.1 个百分点，而第二产业下降了 2.3 个百分点，第三产业比重上升了 2.4 个百分点。这一变化说明，我国产业结构正朝良性方向发展，基本上顺应了我国经济发展正处在工业化阶段的趋势。

5. 动态相对指标 它是同一总体在不同时间上的同类指标对比而得到的综合指标。用来表明社会经济现象在不同时间上的发展方向和变化的程度。在统计中，通常将作为比较标准的时期叫做基期，把同基期对比的时期叫做报告期。动态相对指标一般用百分比或倍数表示。其计算公式是：

$$\text{动态相对指标} = \frac{\text{报告期指标数值}}{\text{基期同类指标数值}} \times 100\%$$

动态相对指标在统计分析中具有重要意义，其有关内容将在本书的第五章中详细介绍。

6. 强度相对指标 强度相对指标是两个有联系，但性质不同的总量指标相互对比。用它来表明经济发展水平的高低和现象的强度、密度、普遍程度和快慢程度。常见的指标有人口密度、平均每百户拥有汽车台数、人均国民生产总值、人均财政收入等。

（1）相对数的计算方法和应用。其计算公式如下：

$$\text{强度相对指标} = \frac{\text{某一总量指标数值}}{\text{另一有联系而性质不同的总量指标数值}}$$

强度相对指标应用非常广泛。

第一，可以反映经济和社会发展的基本情况。例如，平均每人占有耕地面积、人均主要产品产量、人均国民生产总值、每百人耐用消费品拥有量等指标可说明一个国家的国情国力，反映一定时期经济发展水平。

第二，反映社会经济现象的分布密度和普遍程度。如人口密度、商业网密度、医疗网密度、每百人拥有私家车数、每万户拥有家电数等。

第三，分析研究企业的经济效益。如某企业工资利润率、资金利税率、商品流通费用率等。

$$\text{资金利税率} = \frac{\text{利税总额}}{\text{全部资金平均余额}}$$

这个指标反映了投入资金与产出利税的依存关系，可用"元/百元"表示，也可用"%"表示，数值越大，表明投入一定量的资金产出的利税越多，经济效益就越高。

$$商品流通费用率 = \frac{商品流通费用总额}{商品纯销售额}$$

这一指标反映了增收与节支的依存关系，通常用"%"表示，数值越大，表明在销售收入增加一定量的情况下支出的流通费用（成本）越多，经济效益就越低。

可见，在分析研究企业经济效益高低的时候，不仅要观察强度相对指标的数值大小，更要了解指标的经济含义，以便作出正确的判断。

（2）计算和应用强度相对数应注意的问题。

1）用来对比的指标必须存在依存关系，而且对比的结果必须具有实际的经济意义。

2）指标的表现形式有两种：有名数和无名数。强度相对指标一般采用复合计量单位，其计量单位由指标的分子、分母原有的单位组成，用有名数形式表示。如人均国民生产总值用"元/人"表示，人口密度用"人/平方公里"表示，商品流转次数用"次"表示，每股收益用"元/股"表示，等等；但有时也用百分数等无名数的形式表示，如商品流通费用率、资金利润率用"%"表示，人口出生率用"‰"表示，等等。

3）有些强度相对数在计算时分子和分母可以互换，故有正、逆指标之分。如"人口密度"、"销售网密度"等。

[例3.10] 某市2005年人口数达到500万人，零售商业机构为1万个，则：

$$商业网密度（正指标） = \frac{零售商业机构数}{地区人口数}$$

$$= \frac{1（万个）}{500（万人）}$$

$$= \frac{10000（个）}{500（千人）}$$

$$= 2 \text{ 个/千人}$$

该指标数值说明2005年该市每千人中有2个零售商业机构为人民服务。指标数值愈大，表示零售商业网的密度愈大，它是从正方向说明零售商业网密度的。称为正指标。如果把比数的分子和分母互换，则：

$$商业网密度（逆指标） = \frac{地区人口数}{零售商业机构数}$$

$$= \frac{500 \text{ 万人}}{1 \text{ 万个}}$$

$$= \frac{5000000 \text{ 人}}{10000 \text{ 个}}$$

$$= 500 \text{ 人/个}$$

该指标数值说明2005年该市每个零售商业机构所服务的人数是500人。指标数值愈大，表示零售商业网的密度愈小，它是从反方向来说明零售商业网密度的，称为逆指标。

由上述可知，凡是强度相对指标数值的大小与所研究现象的发展程度或密度或正比例，称为正指标；反之，其数值的大小与所研究现象的发展程度或密度或反比例，称为反指标。究竟采用正指标还是逆指标,要看哪个指标通俗、明了,更能清楚地说明问题来决定。

但在实际工作中,并非所有强度相对数都可以计算正指标和逆指标。如"商品流通费用率"、"人口出生率"、"人均国民生产总值"等,只有一种表现形式。因此,在计算和应用强度相对数时,应根据研究目的、使用习惯以及说明问题的难易程度来选择正、逆指标的计算。

4)注意与平均指标的区别。有些强度相对数,如"人均国民生产总值"、"人均粮食产量"、"人均流动资金占用额"等,虽然用了"平均"二字,但它不是同一总体的标志总量与总体单位总量之比,所以它不是平均指标。

三、计算和应用相对指标应遵循的原则

在统计分析中,相对指标得到广泛的应用,为了准确使用相对指标,在计算和应用时,必须遵守以下原则:

1. **应正确地选择对比基数**　基数是指标对比的标准,基数选择是否合理,关系到指标是否有实际意义,所以我们必须根据研究的任务和目的要求来选择对比基数。

2. **应保持指标的可比性**　指标的可比性是计算和应用相对指标的前提。这是由于相对指标是两个有联系的统计指标对比,要使对比的结果有实际意义,就要保持指标的可比性。指标的可比性是指对比的两个指标所包含的内容、范围、含义、时间、空间、计量单位和计算方法等必须一致。

3. **相对指标与总量指标结合应用**　相对指标是两个有联系的指标数值对比,它只能反映现象在程度上的差别,而不能反映现象的规模或水平上的差别。如果只有将相对指标和有关的总量指标结合运用,才能既看到相对变动,又看到绝对数量水平,以达到深入分析研究问题的目的。

4. **各种相对指标结合应用**　各种相对指标的具体作用不同,它们各自从不同的侧面来说明现象的特征,为了全面而深入地说明现象及其发展规律,应该把各种相对指标结合应用,才能正确地剖析问题的实质,得出正确的结论。

例如,在检查商业企业的销售额完成情况时,我们首先要计算计划完成的百分比,其次计算动态相对指标来表明销售额的发展程度和增减速度;此外,将本企业的销售额与同行业先进单位的相对指标对比,可为学先进、找差距提供方向,由此可见,综合运用计划完成相对指标、动态相对指标、比较相对指标等,有助于我们剖析现象变动中的相互关系及其结果。

5. **相对指标一般不能简单地直接相加**　在各种相对指标中,除了结构相对指标由于计算基础相同,在同一总体中可以直接相加外,其余的相对指标由于计算基础不同,一般都不能简单地直接相加。

第三节　平　均　指　标

一、平均指标的概念和作用

1. **平均指标的概念**　变量数列的分布不一定是均匀的。假如把学生成绩分为60~

70 分、70~80 分、80~90 分、90~100 分四档，随便观察某一班学生成绩分布，落入这四档的人数往往不相等，甚至有少数学生成绩在 60 分以下。但从总体上看，它存在着一种集中趋势，即得极高分和极低分的人数较少，多数人所得的分数为中间的分数。人的身高分布也是如此：特别高和特别矮的人总占少数，多数人的身高是接近于中间的数值，人们通常把处于变量数列集中地位的数值作为其代表水平来描述数列的一般情况。这种处于变量集中地位的数值就称为平均指标，简称平均数（Average）。

平均指标反映了总体分布的集中趋势。主要有三个特点：①同质性。平均数是反映同一总体内部总体各单位某一数量标志的一般水平。②抽象化。平均指标把被研究总体各单位之间的某一数量标志值的差异抽象掉了，使人们看不到各总体单位某一数量标志值的具体差异。③代表性。平均指标反映总体某一数量标志的一般水平，是总体的代表值。

2. 平均指标的作用　　平均指标是认识社会经济现象的本质和规律性的工具，它在社会经济统计中占有重要的地位，具有以下作用：

（1）平均指标可对比以消除因总体范围不同而带来的总体数量差异，从而使不同的总体具有可比性。例如，将同年的非农业居民的年平均消费水平与农民的年平均消费水平进行比较，可反映我国城乡居民消费水平的比例情况。

（2）平均指标可对比同类现象在不同时间一般水平的变化。例如，通过观察和研究我国居民年平均消费水平的变化情况：2002 年是 3184.90 元/人；2003 年是 3547.4 元/人；2004 年是 4150.38 元/人，可以反映我国居民消费水平在这几年里的变化过程和趋势。

（3）利用平均指标可分析现象之间的依存关系。在对社会经济现象进行分组的基础上，结合应用平均指标可分析现象之间存在的相互依存关系。例如，将商业企业按商品销售额分组，在此基础上再计算各组的平均商品流通费用率，就可初步分析商品销售额与商品流通费用率之间的依存关系。

（4）利用平均指标可以进行数量上的估计推断。例如，利用样本平均指标推算总体平均指标，利用平均指标推算总量指标，等等，这部分内容将在"抽样推断法"一章中详细介绍。

二、平均指标的种类和计算方法

1. 平均指标的种类

（1）平均指标按其反映的时间状况不同，可分为两大类：

一是静态平均数。它反映在同一时间范围内总体各单位某一数量标志的一般水平。如某单位职工的平均身高、平均体重等。

二是动态平均数。亦称为序时平均数，它是反映不同时期内同一空间的总体某一指标的一般水平。这类平均数在时间上是有变化的。例如，某商业企业某年的月平均销售额、职工的月平均工资等。序时平均数将在动态分析的章节里详细讨论。

（2）平均指标按其计算过程和方法的不同，也可分为两大类：一类是计算平均数。即这类平均数必须使用计算公式，采用一定的计算方法才能得到。主要有算术平均数、调和平均数、几何平均数。另一类是位置平均数。即这类平均数可通过数量标志值所处的位置来确定。主要有中位数和众数。下面将逐一加以介绍。

2. 平均指标的计算

(1) 算术平均数 (Arithmetic Mean)。

1) 算术平均数的概念及基本公式。算术平均数是计算平均指标中最常用的一种方法,它是同一总体中各单位某一数量标志值的总和(即标志总量)除以总体单位总数所得的平均数。它表明了总体某一数量标志的一般水平。算术平均数的基本公式是:

$$\text{算术平均数} = \frac{\text{总体标志总量}}{\text{总体单位总数}}$$

若已知总体标志总量和总体单位总数时,就可直接利用上式求得平均数。例如,某商业企业某月100名职工,其工资总额为150000元,利用公式可求得该商业企业职工的月平均工资为1500元,资料中100名职工是总体单位总数,150000元是总体标志总量。

实际工作中,通常并不是直接按算术平均数的基本公式计算算术平均数,而是根据取得标志总量和总体单位总数的方法不同,算术平均数可分为简单算术平均数和加权算术平均数。

2) 简单算术平均数 (Simple Arithmetic Mean)。我们将不受次数分配影响的算术平均数称为简单算术平均数,其计算公式如下:

$$\bar{x} = \frac{x_1 + x_2 + \cdots + x_n}{n} = \frac{\sum x}{n}$$

式中: $\bar{x}$ ——算术平均数;

x ——总体各单位的标志值;

n ——总体单位总数;

$\sum$ ——总和符号。

[例3.11] 某商店某营业柜台有5个售货员,他们的月工资额分别为:1200元、1400元、1300元、1350元、1250元,则5个售货员的月平均工资为:

$$\bar{x} = \frac{\sum x}{n} = \frac{1200 + 1400 + 1300 + 1350 + 1250}{5} = 1300(\text{元})$$

这种方法一般适用于未经分组的资料或各组次数相等的分组资料。

3) 加权算术平均数 (Weighted Arithmetic Mean)。根据变量数列及其不同的次数分配结构的分组资料计算平均数,应先将各组标志值乘以相应次数求得各组标志总量,并加总求得总体标志总量,再除以总次数,这样求得的平均数,我们称为加权算术平均数。其计算公式如下:

$$\bar{x} = \frac{x_1 f_1 + x_2 f_2 + x_3 f_3 + \cdots + x_n f_n}{f_1 + f_2 + f_3 + \cdots + f_n} = \frac{\sum xf}{\sum f}$$

式中: $\bar{x}$ ——算术平均数;

f ——各组单位数(即各组标志值出现的次数,也称为权数);

$\sum xf$——标志总量数；

$\sum f$——总体单位总数；

x——各组的标志值。

在按数量标志分组的变量数列资料中，有单项数列和组距数列之分，在单项数列情况下，可直接套用加权算术平均数公式计算。

[**例 3.12**] 某商场售货员人数及工资资料如表 3-7 所示。

表 3-7 某商场售货员人数及工资资料

按月工资分组（元）	售货员人数（人）	各组售货员工资总额（元）
x	f	xf
1200	20	24000
1250	40	50000
1300	30	39000
1350	15	20250
合 计	105	133250

该商场售货员月平均工资为：

$$\bar{x} = \frac{\sum xf}{\sum f} = \frac{133250}{105} = 1269.05(元)$$

从上述计算可以看出，该商场售货员月平均工资的高低，不仅受各组工资水平（x）高低的影响，同时也受各组售货员人数（f）分布的影响，售货员人数分布较多的那一组标志值的大小对平均数的大小影响较大，即月平均工资与售货员人数多的那一组的工资水平比较接近。所以，在各组工资水平一定的条件下，各组售货员人数（f）多少对月平均工资的高低起着权衡轻重的作用。因此，统计上将变量数列中各组出现的次数（在本例中指人数）称为权数。但我们通常所讲的权数的大小，并不是以权数本身数值大小而言，而是指各组单位数占总体单位数的比重，即权数系数。对前面公式作变换，就可以清楚看到：

$$\bar{x} = \frac{\sum xf}{\sum f} = x_1 \cdot \frac{f_1}{\sum f} + x_2 \cdot \frac{f_2}{\sum f} + \cdots + x_n \cdot \frac{f_n}{\sum f}$$

$$= \sum \left(x \cdot \frac{f}{\sum f} \right)$$

上式亦称为算术平均数的系数加权公式，属于加权算术平均数公式的另一种形式。特别是当各组次数 f 相等时，即 $f_1 = f_2 = \cdots = f_n = c$ 时（c 为任一常数）。

则:

$$\bar{x} = \frac{\sum xf}{\sum f} = \frac{c\sum x}{nc} = \frac{\sum x}{n}$$

因此,统计上将简单算术平均数看成是加权算术平均数的一种特例。

[例 3.13] 见表 3-8。

表 3-8 某商场售货员人数及工资资料

按月工资分组（元） x	售货员人数		$x \cdot f / \sum f$
	绝对数 f	比重(%) $f/\sum f$	
1200	20	19.05	228.60
1250	40	38.09	476.13
1300	30	28.57	371.41
1350	15	14.29	192.91
合 计	105	100.0	1269.05

该商场售货员月平均工资为:

$$\bar{x} = \sum \left(x \cdot \frac{f}{\sum f} \right) = 1269.05(元)$$

计算结果表明,用权数(f)计算与权数系数($f/\sum f$)计算结果完全相同。在计算算术平均数时,如果掌握的变量数列资料是组距数列,其计算加权算术平均数的方法与单项数列计算加权算术平均数的道理是一样的,不同之处在组距数列中,要用每组的组中值代表该组的标志值进行计算。用组中值代替标志值,带有假定性,即假定各组的标志值在组内是均匀分布的。但实际上完全均匀分布是不可能的,因此计算所得的加权算术平均数只是一个近似值。

[例 3.14] 某车间 100 名工人加工某种零件的日产量资料如表 3-9 所示:

表 3-9 某车间 100 名工人加工某种零件的日产量资料

按日产量分组（件）	职工人数 f	组中值 x	各组总产量（件） xf
5 以下	20	4	80
5~7	35	6	210
7~9	30	8	240
9 以上	15	10	150
合 计	100	—	680

$$\bar{x} = \frac{\sum xf}{\sum f} = \frac{680}{100} = 6.8(件)$$

4）算术平均数的两个数学性质：

一是各个变量值与其算术平均数的离差之和为零。即：

$$\sum (x - \bar{x}) = 0 \text{ 或 } \sum (x - \bar{x})f = 0$$

二是各个变量值与其算术平均数的离差平方之和为最小值。即：

$$\sum (x - \bar{x})^2 = 最小值, 或 \sum (x - \bar{x})^2 f = 最小值$$

上述两个数学性质不进行理论的推导，只要求了解就行了，在以后有关章节中将会遇到。

算术平均数在应用上需要注意：在总体单位数较少的情况下，容易受极端值的影响。当组距数列有开口组时，按邻组组距计算的组中值，假定性很大，会影响平均数的代表性。

（2）调和平均数（Harmonic Mean）。调和平均数是根据各标志值的倒数计算的算术平均数的倒数，故又称为倒数平均数。

从计算方法来看，它有简单调和平均数和加权调和平均数两种：

1）简单调和平均数（Simple Harmonic Mean）。

$$H = \frac{n}{\sum \frac{1}{x}}$$

式中：H——调和平均数；

x——各标志值（变量值）；

n——变量值的项数；

$\sum$——总和符号。

[例 3.15] 设某菜市场某种蔬菜早市每千克 0.6 元，中午每千克 0.5 元，晚上每千克 0.4 元。如果早、中、晚各买 1 元钱，一共买了 3 元钱蔬菜，试问蔬菜的平均购买单价是多少？

$$根据：平均单价 = \frac{购买金额}{购买数量}$$

本例中，早、中、晚各买 1 元，共用了 3 元，说明总购买额为 3 元。而早、中、晚的购买数量分别为：1/0.6 = 1.67 千克，1/0.5 = 2 千克，1/0.4 = 2.5 千克，即总购买量 = 1.67 + 2 + 2.5 = 6.17 千克。将有关数字代入算式：

平均每千克价格：

$$H = \frac{n}{\sum \frac{1}{x}} = \frac{3}{\frac{1}{0.6} + \frac{1}{0.5} + \frac{1}{0.4}} = \frac{3}{6.17} = 0.49(元)$$

2）加权调和平均数（Weighted Harmonic Mean）。简单调和平均数是在各变量值对平均数起同等作用的条件下应用的，如上例，早、中、晚都是购买 1 元钱。如早、中、晚购买的金额不都是 1 元钱，则各变量值对平均数所起的作用就不同了。因为价格便宜的如果买得多，它在总平均单价中所起的作用就大，从而就会使总平均单价偏低，相反，价格贵的如购买金额多，就会使总平均单价偏高。为了考虑到上述影响平均数作用不同，就不能用简单调和平均数计算公式，而必须用加权调和平均数公式计算。

一般情况下，按分配数列计算调和平均数应以标志值的标志总量为权数计算加权调和平均数。

设 m 为调和平均数的权数，加权调和平均数的公式为：

$$H = \frac{m_1 + m_2 + \cdots + m_n}{\frac{m_1}{x_1} + \frac{m_2}{x_2} + \cdots + \frac{m_n}{x_n}} = \frac{\sum m}{\sum \frac{m}{x}}$$

[**例** 3.16] 某菜市场购买某种蔬菜的价格及金额资料如表 3 – 10 所示：

表 3 – 10　某菜市场购买某种蔬菜的价格及金额资料

按单价分组（元/千克） x	购买金额（元） m	购买数量（千克） m/x
0.6	30	50
0.5	20	40
0.4	10	25
合计	60	115

要求计算购买该种蔬菜的平均单价。

解：

$$平均单价\ H = \frac{\sum m}{\sum \frac{m}{x}} = \frac{60}{115} = 0.52(元／千克)$$

在此例中，计算平均单价的原理同样是将购买总额除以购买数量，故加权调和平均数公式 $H = \dfrac{\sum m}{\sum \frac{m}{x}}$ 可以看做是加权算术平均数 $\bar{x} = \dfrac{\sum xf}{\sum f}$ 的变形。

设 $m = xf$，　$f = m/x$

则有：

$$\bar{x} = \frac{\sum xf}{\sum f} = \frac{\sum m}{\sum \frac{m}{x}}$$

上例是单项数列的加权调和平均数的计算，至于对组距数列的加权调和平均数的计算，只是以组中值代替各组的标志值，其他方法与单项数列相同的，在这里不再举例说明了。

（3）众数（Mode）。众数是指在研究总体中出现次数最多的标志值，它最突出的特点是不受数据极端值的影响，从而在一定程度上提高了平均水平的代表性。此外，充当众数的标志值反复出现的频数或频率越大，说明众数的代表性就越高，表明分配数列集中趋势越显著。实际工作中，如只需要掌握一般的常见的数值作为研究问题、安排工作的参考时，就可以用众数。例如说明企业职工的一般文化水平、工资水平；反映某种商品最畅销的尺寸、规格；等等。

众数的计算是有一定条件的，一般说来，在总体单位数较多、且标志值有明显的集中趋势时，才能确定众数。例如，10 名职工中有 7 名工资收入为 2000 元，这时就可将出现次数最多的 2000 元作为众数，即作为这 10 名职工的平均收入。如果总体中各标志值的次数分配很不规则，或没有明显的集中趋势时，就无法计算众数。如各标志值出现的次数相等，就不存在众数。运用众数进行平均分析，应视所掌握的统计资料情况而定。对于单项数列可用直接观察法来确定，即是变量数列中出现次数最多的标志值为众数，而对于组距数列要通过公式才能计算。计算众数有下限和上限两个公式，可任选用其中之一。

下限公式：

$$m_0 = L + \frac{f_n - f_{n-1}}{(f_n - f_{n-1}) + (f_n - f_{n+1})} \times d$$

上限公式：

$$m_0 = U - \frac{f_n - f_{n+1}}{(f_n - f_{n-1}) + (f_n - f_{n+1})} \times d$$

式中：m_0——众数；

　　　L——众数组的下限；

　　　U——众数组的上限；

　　　f_n——众数组所在组的次数；

　　　f_{n-1}——众数组前一组的次数；

　　　f_{n+1}——众数组后一组的次数；

　　　d——众数组的组距。

计算众数的步骤如下：

第一，在变量数列中确定众数组。众数组是指变量数列中出现次数最多的组。

第二，利用公式计算出众数的近似值。

[**例** 3.17] 某地区居民家庭平均每人每月生活费支出资料见表 3–11。

表 3–11　某地区居民家庭平均每人每月生活费支出

按每人每月平均生活费支出分组（元）	家庭户数（户）
100 以下	152
100 ~ 300	717
300 ~ 500	808
500 ~ 700	1218
700 以上	105
合　计	3000

(1) 从上述表中资料可看出,众数组为 500~700,因这一组出现次数最多,为 1218 户。

(2) 已知 $L=500$、$U=700$、$d=200$、$f_n=1218$、$f_{n-1}=808$、$f_{n+1}=105$。

所以,$f_n-f_{n-1}=410$,$f_n-f_{n+1}=1113$

下限公式计算:

$$m_0 = 500 + \frac{410}{410+1113} \times 200 = 500 + \frac{410}{1523} \times 200 = 112.69(元)$$

上限公式计算:

$$m_0 = 700 - \frac{1113}{410+1113} \times 200 = 700 - \frac{1113}{1523} \times 200 = 553.84(元)$$

从以上计算可知两种方法计算结果是相同的,同时,当确定了众数组后,众数的数值具体是多大,这是依据众数组相邻两组次数的大小而定,如众数相邻两组的次数相等,则众数组的组中值就是众数;如众数组前一组的次数(f_{n-1})大于后一组的次数(f_{n+1}),则众数在众数组中靠近下限数值;如众数组前一组的次数(f_{n-1})小于后一组的次数(f_{n+1}),则众数在众数组中靠近上限数值,因此众数也称为位置平均数。

(4) 中位数(Median)。中位数是变量数列位于中点位置的标志值,属于位置平均数。中位数将所有的变量值等分成两半,一半比它大,一半比它小,因此也被称为二分位数。它最突出的特点也是不受数据极端值的影响。在某些条件下,可用中位数作为平均数反映该现象的一般水平。例如产品质量的一般水平;在人口普查中的平均年龄;等等。根据所掌握资料的不同,确定中位数的方法也有所不同。

1) 在资料未分组的条件下:
- 先把总体各单位的标志值按大小顺序排列;
- 采用公式$(n+1)/2$计算中位数的位置;
- 中位数的位置所对应的标志值即是中位数。

[例 3.18] 某商场某柜台 7 名售货员每月工资额分别为 1000、1100、1100、1205、1270、1300、1300 元。按公式计算可得:

$$中位数位置为:\frac{n+1}{2}=\frac{7+1}{2}=4$$

也就是说,第 4 个售货员工资额 1205 元为中位数。如果总体单位数为偶数时,则位于中位数位置两旁的标志值的简单算术平均数为中位数。如售货员人数有 8 名,它们的月工资分别是:1000、1100、1100、1205、1270、1300、1300、1500 元。

$$则中位数位置:\frac{n+1}{2}=\frac{8+1}{2}=4.5$$

也就是第 4 个售货员和第 5 个售货员之间的中点位置为中位数的位置点,则:

$$中位数 = \frac{1205+1270}{2} = 1237.5(元)$$

2) 在资料分组的条件下:
- 在单项数列中,计算过程关键是确定中位数的位置在哪一组。具体计算步骤如下:计算累计次数(一般用较小制);确定中位数的位置$(n+1)/2$;中位数的位置所对应的标志值即是中位数。

[例 3.19] 见表 3-12：

表 3-12 某商场售货员月工资资料

按月工资分组（元）	售货员人数（人）	售货员累计次数（较小制）
1000	1	1
1100	2	3
1200	4	7
1300	3	10
1400	1	11
合计	11	—

中位数位置：$\dfrac{n+1}{2} = \dfrac{11+1}{2} = 6$

说明中位数应当在累计数 7 人的组内，即月工资 1200 元为中位数。

• 在组距数列中，计算步骤如下：①计算累计次数（有较小制和较大制两种）；②确定中位数的位置 $\sum f/2$；③应用内插法按比例求得中位数的近似值（有下限公式和上限公式两种）。

下限公式：$m_e = L + \dfrac{\dfrac{\sum f}{2} - S_{m-1}}{f_m} \times d$

上限公式：$m_e = U + \dfrac{\dfrac{\sum f}{2} - S_{m+1}}{f_m} \times d$

式中：M_e——中位数；

L——中位数所在组的下限；

U——中位数所在组的上限；

$\sum f$——总次数；

f_m——中位数所在组的次数；

S_{m-1}——中位数前一组的累计次数（用较小制计算）；

S_{m+1}——中位数后一组的累计次数（用较大制计算）；

d——中位数所在组的组距。

[例 3.20] 见表 3-13：

表 3-13 某商场售货员人数及工资资料

按月工资分组（元）	售货员人数（人）	售货员累计次数	
		较小制	较大制
1000 以下	2	2	16
1000～1100	4	6	14
1100～1200	5	11	10
1200～1300	3	14	5
1300 以上	2	16	2
合　计	16	—	—

确定中位数的位置：$\dfrac{\sum f}{2} = \dfrac{16}{2} = 8$

说明中位数应该在第三组，即月工资收入 1100～1200 元的组内。
利用公式计算中位数：

已知：$f_m = 5$　$S_{m-1} = 6$　$S_{m+1} = 5$　$L = 1100$　$U = 1200$　$d = 100$。
按下限公式计算中位数：

$$m_e = L + \dfrac{\dfrac{\sum f}{2} - S_{m-1}}{f_m} \times d = 1100 + \dfrac{8-6}{5} \times 100$$

$$= 1100 + 40 = 1140（元）$$

按上限公式计算中位数：

$$m_e = U - \dfrac{\dfrac{\sum f}{2} - S_{m+1}}{f_m} \times d = 1200 - \dfrac{8-5}{5} \times 100$$

$$= 1200 - 60 = 1140（元）$$

中位数实际上是将全部标志值分成两个部分，一半标志值比它大，一半标志值比它小，而且比它大的标志值个数和比它小的标志值个数相等。

（5）几何平均数（Geometric Mean）。几何平均数是 n 个变量值的连乘积开 n 次方根的结果。它适用于计算平均比率、平均速度或总变量值等于各单位变量值连乘积，且没有等于零的标志值的数列。根据资料加权与否，可分别采用简单几何平均数和加权几何平均数。几何平均数用 $\bar{x}_g$ 表示。

1）简单几何平均数（Simple Geometric Mean）。简单几何平均数适用于未分组资料。其计算公式为：

$$\bar{x}_g = \sqrt[n]{x_1 x_2 x_3 \cdots x_n} = \sqrt[n]{\pi x}$$

[例 3.21] 设工商银行近 3 年定期储蓄存款的年名义利率分别为 5.9%、4.6%、2.7%，则这 3 年的年平均名义本利和为：

$$\overline{x_g} = \sqrt[3]{(1+5.9\%) \times (1+4.6\%) \times (1+2.7\%)} = 104.39\%$$

即近3年定期储蓄存款的年平均名义利率为：104.39% - 100% = 4.39%

2）加权几何平均数（Weighted Geometric Mean）。在资料已经分组的情况下，当各个变量值出现的次数不尽相同时，则需要用次数加权计算加权几何平均数。其计算公式为：

$$\overline{x_g} = \sqrt[\sum f]{x_1^{f_1} x_2^{f_2} x_3^{f_3} \cdots x_n^{f_n}}$$

[例3.22] 某笔投资，贷款10年，以复利计息。10年的年利率分别为：第1年至第4年的利率为2%，第5年至第7年的利率为4%，第8年至第9年的利率为7%，第9年至第10年的利率为9%，求平均年利率。

解：平均年利率为：

$$\overline{x_g} = \sqrt[\sum f]{x_1^{f_1} x_2^{f_2} x_3^{f_3} \cdots x_n^{f_n}}$$
$$= \sqrt[4+3+2+1]{(102\%)^4 (104\%)^3 (107\%)^2 (109\%)^1} = 104.27\%$$

平均的年利率为：104.27% - 100% = 4.27%

三、正确应用平均指标的原则

为了保证平均指标充分发挥其作用，应用平均指标来分析社会经济现象时，应注意以下几个问题：

1. 在计算时，必须注意总体的同质性 这是计算和应用平均指标的基本前提，也是应用平均指标的最根本原则。

如：我们要了解商业企业职工收入情况，根据目前我国商业企业所有制构成存在多种形式，应分别按不同所有制企业类型来计算商业企业职工平均收入，这样计算所得结果才能真正反映商业企业职工收入的基本情况。

2. 分析时应注意的几个事项

（1）用组平均数补充总平均数。平均数具有抽象化的特点，说明了平均数会掩盖总体内各单位的具体差别。我们应该重视影响总平均数各个有关因素的作用，在分组条件下，计算组平均数对总平均数作补充说明，来阐明现象内部结构的影响。

[例3.23] 两个商业企业的售货员人数工资资料见表3-14：

表3-14 两个商业企业的售货员人数及工资

组别	甲商业企业			乙商业企业		
	售货员人数（人）	工资额（元）	平均工资（元）	售货员人数（人）	工资额（元）	平均工资（元）
新售货员	10	5000	500	15	7800	520
老售货员	120	108000	900	95	86450	910
合计	130	113000	869	110	94350	857

从表3-14中资料可知：甲商业企业平均工资869元，乙商业企业平均工资857

元,看来甲商业企业的平均工资高于乙商业企业。但从各组售货员的平均工资来看,乙商业企业的两组售货员的平均工资都高于甲商业企业的,这是因为甲商业企业的两组售货员的构成比重不同造成的。因此必须用组平均数补充总平均数,才能作出正确的评价。

(2) 应当用分配数列和典型单位的资料来补充说明平均数。平均数在反映总体一般水平的同时,却掩盖了总体各单位的差异及其分布状况。如用平均数说明社会经济现象的特征时,结合实际统计资料编制分配数列,可具体分析总体各单位的分布状况。例如分析某市商业企业商品销售额计划完成情况时,不能满足于平均计划完成情况的了解,还要结合分配数列资料,具体了解各商业企业商品销售额的计划完成情况。

此外,反映现象总体一般水平的平均数,它体现一定范围内现象的共性,却掩盖了社会经济现象的个性。因此将平均数结合典型事例,特别研究先进和后进的典型,以补充总平均数的不足,以便发现先进,找出后进,比较深入全面地反映情况。

(3) 平均数应与离散指标相结合应用。平均数说明总体各单位标志值的集中趋势,但掩盖了总体各单位标志值的数量差异。而变异指标正好可以弥补这个不足,它可以综合反映总体各单位标志值的差异程度,从另一方面说明总体的数量特征。统计分析时将两种指标结合应用可以较全面反映总体分布特征。离散指标的有关内容将在第四节介绍。

第四节 离 散 指 标

平均数反映了总体单位标志值之间的集中趋势,而总体单位各标志值之间的差异如何呢?这就需要考察数据的离散程度,因此统计引入了离散指标。

一、离散指标的概念和作用

离散指标是用来测定总体各单位之间差异程度的统计指标,又称为标志变异指标或标志变动度。因它反映了变量值的离中趋势,所以称为离散指标。

离散指标有以下作用:

(1) 是评价平均指标代表性的尺度。平均指标作为总体各单位标志值一般水平的代表值,其代表性的高低取决于总体各单位标志值的差异程度。一般来说,标志值的分布越分散,离散指标值越大,平均指标的代表性就越小;标志值的分布越集中,离散指标值越小,平均数的代表性就越大。

(2) 离散指标是反映社会经济活动过程均衡性的一个重要指标。一般来说,离散指标值愈小,则说明社会经济活动过程愈均衡;离散指标值愈大,则说明社会经济活动过程存在陡起陡落的现象,需要加以调控。

二、离散指标的种类和计算

离散指标主要有全距、平均差、标准差和离散系数。从数值的表现形式上看,分为绝对离中趋势和相对离中趋势。

1. 反映绝对离中趋势的指标

(1) 全距(Range)。全距是总体各单位标志值中最大值与最小值之差。一般以 R 表示全距。公式为:

对于组距数列，则全距：
$$R = X_{\max} - X_{\min}$$
$$R = 最高组的上限 - 最低组的下限$$

[例 3.24] 三组大学生的年龄资料如下：

表 3-15 三组大学生的年龄资料

学生代号	学生年龄（岁）		
	甲 组	乙 组	丙 组
1	20	19	18
2	20	20	19
3	20	19	21
4	20	22	18
5	20	20	24
平 均 数	20	20	20
全 距	0	3	6

计算结果表明三组大学生的平均年龄都为 20 岁，甲组全距为 0，丙组全距最大，即说明甲组平均年龄代表性大，而丙组平均年龄代表性较小。

全距的优点在于计算简便，易于理解，可以反映变量值在一定范围内的波动情况。缺点在于方法粗略，因为它只考虑两端数值差异，没有考虑中间数值差异的情况，也不受次数分配的影响，因而不能全面反映总体各单位标志值的差异情况，准确性较差。要充分利用每一数据的信息，就需要利用平均差和标准差。

（2）平均差（Average Deviation）。平均差是数列中各单位标志值对其算术平均数之间绝对离差的平均数，它反映了数列中相互差异的标志值的平均离散水平或差异程度。根据掌握的数据不同，平均差有简单和加权两种计量形式。

1）简单平均差（Simple Average Deviation）。简单平均差适用于未分组数据，其计算公式为：

$$A.D = \frac{\sum |x - \bar{x}|}{n}$$

式中：$A.D$——平均差；
　　　x——各变量值；
　　　$\bar{x}$——算术平均数；
　　　n——变量值的个数。

[例 3.25] 假定甲、乙两商场 5 日内某种产品销售量如下（单位：台）：
甲商场：50、60、70、80、90
乙商场：60、65、70、75、80

采用平均差方法分析甲、乙两个商场 5 日内某种产品销售量的离散程度及平均销售量的代表性。

解：计算简单算术平均数：

$$\bar{x}_{甲} = \frac{\sum x}{n} = \frac{50+60+70+80+90}{5} = 70(台)$$

$$\bar{x}_{乙} = \frac{\sum x}{n} = \frac{60+65+70+75+80}{5} = 70(台)$$

计算简单平均差（见表 3-16）：

表 3-16 产品销售量平均差计算表

甲商场			乙商场		
日销售量（台）	离差	离差绝对值	日销售量（台）	离差	离差绝对值
x	$x-\bar{x}$	$\|x-\bar{x}\|$	x	$x-\bar{x}$	$\|x-\bar{x}\|$
50	-20	20	60	-10	10
60	-10	10	65	-5	5
70	0	0	70	0	0
80	10	10	75	5	5
90	20	20	80	10	10
合计	—	60	合计	—	30

$$A.D_{甲} = \frac{\sum|x-\bar{x}|}{n} = \frac{60}{5} = 12(台)$$

$$A.D_{乙} = \frac{\sum|x-\bar{x}|}{n} = \frac{30}{5} = 6(台)$$

计算结果表明，甲、乙两个商场的平均日销售量相等，但甲商场的平均差大于乙商场的平均差，所以甲商场的平均日销售量的代表性比乙商场的平均日销售量的代表性小。

2）加权式平均差（Weighted Average Deviation）。加权平均差适用于分组数据，其计算公式为：

$$A.D = \frac{(\sum|X-\bar{X}|f)}{\sum f}$$

[例 3.26] 假定某种产品甲商场某月销售量资料如表 3-17：

表 3-17 某产品某月销售量资料

日销售量(台)	天数	各组总销售量(台)	离差	离差绝对值	
x	f	xf	$x-\bar{x}$	$\lvert x-\bar{x}\rvert$	$\lvert x-\bar{x}\rvert f$
50	2	100	-19.67	19.67	39.34
60	8	480	-9.67	9.67	77.36
70	10	700	0.33	0.33	3.3
80	9	720	10.33	10.33	92.97
90	1	90	20.33	20.33	20.33
合计	30	2090	—	—	233.3

计算某产品销售量的平均差。

解：首先计算平均数：

$$\bar{x} = \frac{\sum xf}{\sum f} = \frac{2090}{30} = 69.67(台)$$

其次计算标准差：

$$A.D = \frac{\sum \lvert x-\bar{x}\rvert f}{\sum f} = \frac{233.3}{30} = 7.78(台)$$

平均差的优点在于：由于它是根据全部标志值与平均数绝对离差而计算出来的变异指标，因而能全面反映标志值的差异程度。而且它没有扩大和缩小离差，只是消除了离差的正负号。含义简明，易于理解，显然比全距精确得多。平均差的缺点在于：由于离差采用绝对值的形式，不考虑正负号，因此用这种方法计算得到的统计数值在性质上不是最优或最灵敏的，所以平均差在实际中应用较少，而被广泛应用的是标准差。

(3) 标准差 (Standard Deviation)。标准差，又称均方差，是数列中各单位标志值与其算术平均数离差平方和的算术平均数的平方根。标准差的平方称为方差。与平均差比较，标准差是用平方的方法消除离差正、负号，因此用标准差测定标志变动度比平均差更为合理，标准差是最常用、最重要的离散指标。根据掌握资料的不同，标准差也有简单和加权两种计量形式。

1) 简单标准差 (Simple Standard Deviation)。简单标准差适用于未分组数据。其计算公式为：

$$\sigma = \sqrt{\frac{\sum (x-\bar{x})^2}{n}}$$

式中：σ——标准差（读作西格玛）；

x——变量值；

$\bar{x}$——变量值的算术平均数；

n——变量值的个数。

［例 3.27］仍用［例 3.25］的数据，采用标准差方法分析甲、乙两个商场 5 日内某

种产品销售量的离散程度及平均销售量的代表性。

解：

第一步：计算简单算术平均数。据例3.19计算得知：

$$\bar{x}_甲 = \bar{x}_乙 = 70（台）$$

第二步：计算离差及离差的平方（见表3-18）。

表3-18 产品销售量标准差计算表

甲商场			乙商场		
日销售量（台）	离差	离差的平方	日销售量（台）	离差	离差的平方
x	$x-\bar{x}$	$(x-\bar{x})^2$	x	$x-\bar{x}$	$(x-\bar{x})^2$
50	-20	400	60	-10	100
60	-10	100	65	-5	25
70	0	0	70	0	0
80	10	100	75	5	25
90	20	400	80	10	100
合计	—	1000	合计	—	250

第三步：计算简单标准差。

$$\sigma_甲 = \sqrt{\frac{\sum(x-\bar{x})^2}{n}} = \sqrt{\frac{1000}{5}} = 14.14（台）$$

$$\sigma_乙 = \sqrt{\frac{\sum(x-\bar{x})^2}{n}} = \sqrt{\frac{250}{5}} = 7.07（台）$$

这就是说，在甲、乙两个商场平均日销售量相等的条件下，甲商场的标准差大于乙商场的标准差，故甲商场的平均日销售量的代表性比乙商场的平均日销售量的代表性小。

2）加权标准差（Weighted Standard Deviation）。加权标准差适用于已分组数据。其计算公式为：

$$\sigma = \sqrt{\frac{\sum(x-\bar{x})^2 f}{\sum f}}$$

式中：f——变量数列中各组变量值所对应的次数。

[例3.28] 根据[例3.26]资料计算标准差。

表 3-19　某产品某月销售量标准差计算表　　　　　　　$\bar{x}=69.67$（台）

日销售量(台)	天数	各组总销售量(台)	离差	离差的平方	
x	f	xf	$x-\bar{x}$	$(x-\bar{x})^2$	$(x-\bar{x})^2 f$
50	2	100	-19.67	386.91	773.82
60	8	480	-9.67	93.51	748.07
70	10	700	0.33	0.11	1.1
80	9	720	10.33	106.71	960.38
90	1	90	20.33	413.31	413.31
合计	30	2090	—	—	2896.68

解：第一步：计算加权算术平均数。

根据［例3.26］得知：$\bar{x}=69.67$（台）

第二步：根据上表资料计算加权标准差：

$$\sigma = \sqrt{\frac{\sum(x-\bar{x})^2 f}{\sum f}} = \sqrt{\frac{2896.68}{30}} = \sqrt{96.56} = 9.83（台）$$

标准差是有名数，其计量单位与算术平均数计量单位一样。

标准差的优点在于：由于它能充分地利用每一个变量值提供的信息，因此，可以全面反映标志值的差异程度；利用平方的方法解决正负号的问题，便于进一步的数学运算；经过开方和平方的过程，增强了极端值对变异测度值的影响。正因为标准差与全距和平均差相比有这么多的优点，因而获得了广泛的应用。其中，常见的是用标准差来测定居民收入分配的差异程度、劳动生产率的差异程度及平均收支、平均分数、平均产量等经济变量的代表性等等。

从上述平均差与标准差的计算，我们可以看出：

第一，平均差与标准差的大小不仅与离差情况有关，而且与变量值平均水平有关。如果变量值的平均水平越大，平均差与标准差就会越大；反之，则越小。所以，若两个总体的均值不等，就不能用平均差或标准差比较变量值的离散程度及均值的代表性。例如，我们不能直接用外企人员的年平均收入与国企人员的年平均收入进行对比，说明哪一个群体的平均收入代表性高或离散程度大，因为这两个群体的平均收入水平不同，不具有直接可比性。

第二，平均差与标准差受计量单位、研究现象的影响。这是由于平均差与标准差的计量单位为有名数，因而不同现象、不同单位的平均差或标准差都不能直接对比。例如，比较某一群体的平均身高和平均体重，问哪一个代表性高，就不能直接用平均差或标准差进行对比，因为这是两种不同的现象，而且，计量单位也不同，前者用"米"，后者用"公斤"。

为了解决这些问题，于是就提出了相对离中趋势指标的概念。

2. 反映相对离中趋势的指标　　相对离中趋势指标是用来反映总体分布数列中标志值离散程度的相对数指标，主要通过离散系数进行测度。离散系数又称为变异系数

(Coefficient of Variation），常用的相对离中趋势的测度值有平均差系数和标准差系数。

(1) 平均差系数（Coefficient of Average Variation）。平均差系数是将简单平均差及加权平均差分别除以相应的平均数，用以反映变量值离差的相对水平，它的计量单位为百分比，其计算公式为：

$$V_{A.D} = \frac{A.D}{\bar{x}} \times 100\%$$

式中：$V_{A.D}$——平均差系数；

　　　$A.D$——简单平均差或加权平均差；

　　　$\bar{x}$——平均数。

[例 3.29] 根据某一抽样调查数据显示，成年组与幼儿组身高资料如下：

成年组身高（厘米）：160、161、165、170、175

幼儿组身高（厘米）：70、71、73、75、76

要求：比较成年组与幼儿组平均身高的代表性大小。

解：经计算：$\bar{x}_\text{成} = 166.2$（厘米）

　　　　　　$\bar{x}_\text{幼} = 73$（厘米）

　　　　　　$A.D = 5.04$（厘米）

　　　　　　$A.D = 2$（厘米）

这里，不能直接用平均差 $A.D$ 的值进行比较，因为平均差的大小受平均数大小的影响，而这两组数据的平均数不相等，所以它们平均差的数值没有可比性，必须分别计算出它们的平均差系数才能对比。即：

$$V_{A.D\text{成}} = \frac{A.D_\text{成}}{\bar{x}_\text{成}} = \frac{5.04}{166.2} = 3.03\%$$

$$V_{A.D\text{幼}} = \frac{A.D_\text{幼}}{\bar{x}_\text{幼}} = \frac{2}{7} = 2.74\%$$

计算结果表明，成年组的平均身高的代表性比幼儿组的平均身高的代表性小，因为成年组的平均差系数大于幼儿组的平均差系数。

(2) 标准差系数（Coefficient of Standard Deviation）。标准差系数将简单标准差及加权标准差分别除以相应的平均数，用以反映变量值离差的相对水平，它的计量单位为百分比。其计算公式为：

$$V_\sigma = \frac{\sigma}{\bar{x}} \times 100\%$$

式中：V_σ——标准差系数；

　　　σ——简单标准差或加权标准差；

　　　$\bar{x}$——平均数。

标准差系数是相对离差的计量，是以算术平均数为中心，反映相对离差的大小。显然，标准差系数越小，数据分布就越集中；反之，数据分布就越分散。

[例 3.30] 已知甲企业生产工人的平均月产量为 109 件，标准差为 7.48 件。假如现有生产同种产品的乙企业生产工人有关资料为：平均月产量 100 件，标准差为 6 件。试

比较甲乙两企业生产工人生产水平的差异性。

这里，因甲乙两企业生产工人平均月产量不相等，故它们的标准差没有可比性，不能直接用标准差数值的大小来判断这两个企业生产工人生产水平的差异性，需计算出标准差系数才能比较判断。即：

$$V_{\sigma 甲} = \frac{\sigma}{\bar{x}} \times 100\% = \frac{7.48}{109} \times 100\% = 6.86\%$$

$$V_{\sigma 乙} = \frac{\sigma}{\bar{x}} \times 100\% = \frac{6}{100} \times 100\% = 6\%$$

计算结果表明：甲企业生产工人平均月产量的标准差系数大于乙企业（6.86% > 6%），说明乙企业生产工人的生产水平比较接近，差异不如甲企业大。或者说明乙企业生产工人的平均月产量没有甲企业高，但乙企业生产工人的平均月产量代表性较大。

[例 3.31] 某公司所有雇员的平均年薪金为 56400 元，标准差为 4089 元。这些雇员平均受教育的年限为 16 年，标准差为 2 年。问雇员年薪金与受教育的年限哪一个差异更大？

由于年薪金与受教育的年限是具有不同度量单位的变量，因此不能直接用标准差比较，而应当用标准差系数才能比较。即：

$$V_{\sigma 年薪金} = \frac{\sigma}{\bar{x}} \times 100\% = \frac{4089}{56400} \times 100\% = 7.25\%$$

$$V_{\sigma 接受教育年限} = \frac{\sigma}{\bar{x}} \times 100\% = \frac{2}{16} \times 100\% = 12.5\%$$

可见，年薪金的标准差系数小于受教育的年限标准差系数，因而年薪金的变异程度小于受教育的年限的变异程度，故年薪金平均数的代表性高于受教育的年限平均数的代表性。

3. 反映交替标志离中趋势的指标　　有些社会经济现象的特征，只表现为两种性质上的差异，例如，产品的质量表现为合格或不合格；对某一电视节目，观众表现为收看或不收看；农田按灌溉情况分为水浇田或旱田；等等，这些只表现为是或否、有或无的标志称为交替标志，也称作是非标志。在进行抽样估计时，交替标志的标准差或方差有着重要意义。

（1）成数。总体中，交替标志只有两种表现，我们把具有某种表现或不具有某种表现的单位数占全部总体单位数的比重称为成数。例如，一批产品共 2000 件，合格品 1900 件，不合格品 100 件，合格品占全部产品的 95%（1900/2000），不合格品占全部产品的 5%（100/2000）。在这里 95% 和 5% 均为成数。若用 n_1 表示具有某种标志表现的单位数，n_0 表示不具有某种标志表现的单位数，n 表示总体单位数，成数可写为：

$$p = \frac{n_1}{n} \text{ 或 } q = \frac{n_0}{n}$$

式中，p 和 q 分别表示具有与不具有某种标志的成数。

同一总体两种成数之和等于 1。用公式表现为：

$$p + q = 1 \text{ 或 } q = 1 - p$$

（2）交替标志的平均数。交替标志表现了现象质的差别，因此计算其平均数首先需要将交替标志的两种表现进行量化处理。用"1"表示具有某种表现,用"0"表示不具有某种表现,这样,我们就得到了是非标志的分布数列,如表3-20所示。

表3-20 是非标志分布表

品质标志	标志值	单位数比重 $\frac{f}{\Sigma f}$
是	1	p
非	0	q
合计	—	1

根据上表资料,依据加权算术平均数的计算公式,得到是非标志的平均数:
$$\bar{x} = 1 \times p + 0 \times q = p$$

用上例数据计算平均数:

表3-21 成数平均数计算表

交替标志	变量值	单位数 n(件)	成数(%)
合格	1	1900	95
不合格	0	100	5
合计	—	2000	100

$$\bar{x} = \frac{1 \times 1900 + 0 \times 100}{1900 + 100} = \frac{1900}{2000} = 0.95 = 95\%$$

或:
$$\bar{x} = 1 \times 95\% + 0 \times 5\% = 95\%$$

可以看出,交替标志的平均数即为被研究标志表现的成数(此例为合格品占全部产品的比重,即合格率)。

(3)交替标志的标准差。根据前面所述标准差的计算方法,交替标志的标准差是将变量值"1"、"0"分别减去其平均数"n"的离差平方的平均数再开方。即:

$$\sigma = \sqrt{\frac{(1-p)^2 n_1 + (0-p)^2 n_0}{n}}$$

$$= \sqrt{(1-p)^2 \cdot \frac{n_1}{n} + (0-p)^2 \cdot \frac{n_0}{n}}$$

$$= \sqrt{(1-p)^2 \cdot p + (0-p)^2 \cdot q}$$

$$= \sqrt{q^2 \cdot p + p^2 \cdot q}$$

$$= \sqrt{pq(q+p)} = \sqrt{pq} = \sqrt{p(1-p)}$$

由此可见交替标志的标准差为被研究的标志表现的成数 p 与另一种表现的成数($1-p$)乘积的平方根。

前面的例子已计算出合格品的成数（即合格品率）是95%，其标准差为：
$$\sigma = \sqrt{p(1-p)} = \sqrt{95\% \times 5\%} = 21.79\%$$

★人物小传之三

高 斯

高斯（Carl Friedrich Gauss），德国数学家和物理学家。1777年4月30日生于德国布伦瑞克，幼时家境贫困，聪敏异常，受一贵族资助才进学校受教育。1795—1789年在哥廷根大学学习，1799年获博士学位。1870年任哥廷根大学数学教授和哥廷根天文台台长，一直到逝世。1833年和物理学家W. E. 韦伯共同建立地磁观测台，组织磁学学会以联系全世界的地磁台站网。1855年2月23日在哥廷根逝世。

高斯长期从事于数学并将数学应用于物理学、天文学和大地测量学等领域的研究，著述丰富，成就甚多。他一生中共发表323篇（种）著作，提出404项科学创见（发表178项），在各领域的主要成就有：

（1）物理学和地磁学中，关于静电学、温差电和摩擦电的研究、利用绝对单位（长度、质量和时间）法则量度非力学量以及地磁分布的理论研究。

（2）利用几何学知识研究光学系统近轴光线行为和成像，建立高斯定理光学。

（3）天文学和大地测量学中，如小行星轨道的计算、地球大小和形状的理论研究等。

（4）结合试验数据的测算，发展了概率统计理论和误差理论，发明了最小二乘法，引入高斯定理误差曲线。此外，在纯数学方面，对数论、代数、几何学的若干基本定理作出严格证明。

在CGS电磁系单位制（emu）中磁感应强度的单位定为高斯（1932年以前曾经用高斯定理作为磁场强度单位），便是为了纪念高斯在电磁学上的卓越贡献。

★案例讨论

2005年广东县域经济主要指标

广东省统计局公布的《广东县域经济状况及发展路径选择》显示，2005年，广东县域加快发展。全省67个县（含县级市，下同）完成生产总值3997.39亿元，比上年增长12.8%，增幅提高1.4个百分点。县域经济发展有五大特点：一是受珠三角的辐射带动，产业升级加快。2005年，县域GDP三次产业构成由上年的29.5:36.9:33.6变为26.7:38.8:34.5，二、三产业分别比上年上升1.9个和0.9个百分点。二是县域资源和劳动力优势对降低成本作用明显，产业效益较高。2005年，县域增加值率达到39.9%，比全省平均水平高5.5个百分点。三是县域吸纳投资的能力明显增强，投资大幅上升。2005年，县域完成全社会固定资产投资增长22.6%，增幅比全省高3.7个百分点。四是农业生产稳中有升。五是农民收入显著提高。2005年，县域农村居民人均纯收入增长9.5%，增幅比全省高2.1个百分点。

——资料来源：《南方日报》网络版，2006-09-24

请讨论：

1. 材料中所提到的经济指标，分别属于哪一类综合指标？

2. 这些经济指标所表达的意义是什么？

★ **练习与思考**

一、判断题

1. 以企业为单位来研究企业规模大小时，统计出企业的职工人数属于总体单位总量。（　　）
2. 人均粮食产量属于平均数。（　　）
3. 商品购进额属于时点指标。（　　）
4. 标志变异指标数值的大小与平均数数值的大小成正比。（　　）
5. 两个变量数列的标准差相等，则它们的平均数必然相等。（　　）

二、单项选择题

1. 下面属于总量指标的是（　　）。
    A. 出勤率　　　　　　　　B. 合格率
    C. 工资总额　　　　　　　D. 计划完成百分数
2. 某企业的利润计划比去年提高4%，实际提高5%，则利润计划完成提高程度为（　　）。
    A. 1%　　　　　　　　　　B. 25%
    C. 0.96%　　　　　　　　 D. −0.95%
3. 若单项式数列的所有标志值都减少1倍，而权数都增加1倍，则其算术平均数为（　　）。
    A. 增加1倍　　　　　　　 B. 不变
    C. 减少1倍　　　　　　　 D. 无法判断
4. 不受极端变量值影响的平均数是（　　）。
    A. 算术平均数　　　　　　B. 调和平均数
    C. 几何平均数　　　　　　D. 众数
5. 加权算术平均数等于简单算术平均数的条件是（　　）。
    A. 各变量值不相同　　　　B. 各变量值相同
    C. 各组次数不相同　　　　D. 各组次数相同

三、多项选择题

1. 总量指标的计量单位的主要形式有（　　）。
    A. 实物单位　　　　　　　B. 劳动单位
    C. 价值单位　　　　　　　D. 总体单位
    E. 衡量单位
2. 下列相对数中，分子和分母可以互换的指标有（　　）。
    A. 结构相对数　　　　　　B. 比较相对数
    C. 强度相对数　　　　　　D. 动态相对数
    E. 计划完成相对数
3. 下列指标属于强度相对数的有（　　）。

A. 人均国民收入　　　　B. 积累率
　　C. 平均身高　　　　　　D. 每个职工平均收入
　　E. 人均国民生产总值
4. 受极端变量值影响的平均数有（　　）。
　　A. 算术平均数　　　　　B. 调和平均数
　　C. 中位数　　　　　　　D. 众数
　　E. 几何平均数
5. 下列标志变异指标中，用无名数表示的有（　　）。
　　A. 全距　　　　　　　　B. 平均差　　　　　　C. 标准差
　　D. 标准差系数　　　　　E. 平均差系数

四、问答题

1. 什么是时期指标和时点指标？各有哪些特点？
2. 常用的相对指标有几种？各有何特点？
3. 什么是平均数？有什么特点？作用如何？
4. 平均数与强度相对数有何区别？
5. 算术平均数与调和平均数的关系如何？分别在什么情况下运用？
6. 什么是离散指标？最常用的是哪个？
7. 交替标志的平均数和标准差如何计算？

五、实践能力训练题

1. 下面的资料是某公司所属三个商场的销售情况。

	2005 年销售额（万元）				2004 年实际销售额（万元）	2005 年为 2004 年的（%）
	计　划		实际金额	计划完成（%）		
	金额	比重（%）				
	(1)	(2) $=\frac{(1)}{\sum(1)}$	(3)	(4) $=\frac{(3)}{(1)}$	(5)	(6) $=\frac{(3)}{(5)}$
甲	100		110		90	
乙	150			100	130	
丙			237.5	95	230	
合计						

请将表中空格填上，并指出表中哪些属于相对指标、何种类型。

2. 某企业 2006 年 3 月份职工工资资料如下：

按月工资分组（元）	职工人数 f
1000 ~ 1100	40
1100 ~ 1200	90
1200 ~ 1300	200
1300 ~ 1400	300
1400 ~ 1500	450
1500 ~ 1600	260
1600 以上	60
合计	1400

要求：根据上述资料，分别计算算术平均数、中位数、众数。

3. 某市20间国有商业企业2006年第一季度取得下列各项资料：

按商品销售计划完成程度分组（%）	商店个数（个）	实际商品销售额（万元）
80~90	4	46
90~100	4	70
100~110	7	42
110~120	5	98
合计		

要求计算该市20间国有商业企业平均销售计划完成程度指标。

4. 广州市某日甲、乙两菜市场白菜销售情况如下：

白菜等级	价格（元/公斤）	销售额（元）	
		甲市场	乙市场
一	1.3	2600	1300
二	1.2	1200	1200
三	1.1	1100	2200
合计			

试问哪个市场平均销售价格高？高的原因是什么？

5. 某企业两个车间产品资料如下：

车间	计划		实际	
	一级品率%	一级品产值（万元）	一级品率%	全部产值（万元）
甲	82	28	90	38
乙	90	36	95	40
合计				

试计算：
（1）两个车间计划和实际的平均一级品率；
（2）一级品产值、全部产值的计划完成百分比。

6. 两种不同水稻品种资料如下：

甲品种		乙品种	
面积(亩)	总产量(斤)	面积(亩)	总产量(斤)
0.8	840	0.9	630
0.9	810	1.0	1208
1.0	1100	1.3	1170
1.1	1045	1.3	1300
1.2	1200	1.5	1680

试研究两个品种的平均亩产量，确定哪一品种具有较好的稳定性。

7. 对某地区企业的纯利润进行了调查，2005年调查了240家，2004年调查了200家，得到如下数据：

纯利润（万元）	企业数	
	2004年	2005年
−4～0	5	10
0～4	40	15
4～8	50	35
8～12	60	105
12～16	40	55
16～20	5	20
	200	240

根据资料比较这两年纯利润的集中趋势和离散趋势。

8. 某省电视台定期报道该省不同地区空气质量指数。这些指数中0～50表示良好；51～100为适中；101～200为有害健康；201～275为非常有害健康；275以上为危险。在近期，该省的空气质量指数为50、49、55、60、48、42、28、45、58。试计算：

（1）这些数据的平均数，判断该省的空气质量是否良好。

（2）另有相邻省的空气质量指数的样本，其样本平均数为50，样本方差为140，分析比较两省区哪个空气质量较好。

第四章 抽样推断法

本章导读：在现实生活中，我们经常会遇到这样的情况：某企业对其所生产电子产品的使用寿命进行质量检验，但不可能进行全面检查和实验，企业只能从全部产品中，随机抽取一部分进行检验，将样本检验结果当做对全体真实信息的估计，由此推断出该企业电子产品的使用寿命，即采用抽样推断的方法。

★ **知识目标**：了解抽样推断的意义及特点，理解抽样推断的基本概念以及影响抽样误差的因素和常用的抽样组织方式，重点掌握抽样平均误差、区间估计以及确定样本容量的计算方法。

★ **能力目标**：能根据样本资料进行抽样平均误差的计算，并能对总体各项指标进行区间估计，能按照要求确定必要的样本容量。

位于美国俄亥俄州代顿市（Dayton Ohio）的米德公司（Mead Corporation），是一家生产多种类型纸张和森林产品的厂商。它不但生产纸、纸浆和板材，而且还能将纸板加工成装运器具和饮料转运箱。公司的销售能力很强，能在市场上销售许多自己的产品，如纸张、教学用品和文具等。公司内部的顾问小组运用抽样为决策分析提供各种各样的信息，这些信息使得公司获取了巨大的生产利润，公司在本行业中保持了较强的竞争力。

例如，米德公司拥有大片林地，这些林地提供的大批木材是公司许多产品的原材料。为了获取这些林地的数据信息，掌握原材料满足生产能力的情况，公司管理人员运用抽样推断的原理，首先根据地理位置和树木品种把林地划分三个部分，然后，公司分析人员利用地图和随机数表，确定从每个部分抽取 1/7～1/5 英亩作为随机样本。公司的林业人员可以从这些样本地里收集数据了解林地总体情况。

在公司工作的林业人员都要参与数据收集过程。一些两人小组定期收集各个样本地每一棵树的信息。然后将这些信息输入到公司连续森林存货（CFI）计算机系统中，CFI 系统就会输出一系列频率分布汇总数据，包括对树木品种、现行森林数量、过去森林增长率和预计未来森林增长率以及森林数量进行统计。利用这些数据资料，公司管理人员就能够拟订计划，包括树木长期种植和砍伐计划。所以，抽样和有关样本数据统计汇总资料所提供的信息是米德公司对森林和林地资产进行有效管理的关键。

在这一章里，你将会了解到简单随机抽样和样本抽取的方式方法，以及如何利用样本资料对总体进行估计等内容。

第一节 抽样推断概述

一、抽样推断的意义

抽样推断法是统计研究中的一种重要方法，它是在抽样调查的基础上，进一步运用数理统计的原理，对研究对象的整体作出具有一定可靠程度的估计和判断的统计方法。例如，民意测验、居民收入情况、企业产品质量，甚至人们去市场买瓜子、花生等食品，总是先抓几粒尝尝以判定好坏等。很多时候，人们几乎很难对每个单位进行全面调查，只能通过部分资料来估计总体的情况，即采用抽样推断法。抽样推断具有以下几个特点。

（一）抽样推断必须遵循抽样调查的随机原则

所谓随机原则，是指在抽取调查单位时，完全排除人为的主观因素影响，保证每一调查单位都有相等的概率被抽中，随机原则就概率意义而言，又称为同等可能性原则。

抽样推断为什么要遵守随机原则？这是因为抽样推断的目的在于用样本来推断总体的数量特征。这就要求抽样的部分单位能够充分地代表总体，只有严格遵守随机原则，才有可能使所选的样本结构与总体结构相同，或者两者的分布相一致。另外，只有遵守随机原则，才能按概率论的原则计算抽样误差，并对总体资料进行推断。

（二）抽样推断是以样本指标数值去推断总体指标数值

统计研究的目的是要认识社会经济现象总体的数量特征，但并不是所有的社会经济现象都能通过进行全面调查来达到这一目的的。有许多社会经济现象只能进行非全面调查，在非全面调查中只能掌握总体的部分资料，因此我们必须根据总体的部分资料对总体的数量特征作出估计或判断。抽样推断科学地论证了样本指标与相应的总体指标之间存在的内在联系，提供了根据实际调查所得到的部分资料去推断总体资料的方法。

（三）抽样推断中产生的误差可以事先计算并加以控制

抽样推断是用样本来推断总体，必然会产生一定的抽样误差，但其数值大小可以事先计算，并能控制在一定的范围内，以保证抽样推断结果的准确性。

二、抽样推断的作用

抽样推断中采用的抽样调查方法与其他调查方法相比，具有节省人力、物力、时间等优点，使得这种方法在统计中的作用日益显著，归纳起来这种作用表现在以下几个方面。

（一）可能进行全面调查的总体数量特征的推断

不可能进行全面调查的总体，常见的有两种情况：第一种是无限总体。无限总体包括的总体单位数是不可数的，因此无法对该类总体进行全面调查，而需采用抽样推断的方法来认识总体的数量特征。第二种是破坏性或消耗性试验。如对某些产品质量检验，必须进行破坏性或消耗性试验，才能了解其情况。例如，罐头食品的质量检查，灯泡的使用寿命检验，纱布的强力检验，等等，在这种情况下，只能采用抽样推断的方法来了解全部产品的质量。

（二）对于某些不必要进行全面调查的总体数量特征的推断

有些现象，虽然理论上可以进行全面调查，但由于调查对象包括的范围广、单位多，需花费较多的人力、物力和时间，这时采用抽样推断的方法可以取得事半功倍的效果。例如对职工家庭收支状况的调查。

（三）对于全面调查的资料进行评价和修正

由于全面调查的工作量大，在调查登记和整理汇总资料的过程中，受主观和客观因素的影响，发生登记性和计算性误差的可能性大，为加强全面调查资料的准确性，可以运用抽样推断方法来验证全面调查资料的准确性并加以修正。

三、抽样推断中的几个概念

1. **全及总体与抽样总体** 在抽样推断中，我们会碰到两种总体，即全及总体与抽样总体。前者是我们研究的对象，后者是我们要具体调查、收集资料的对象，两者既有联系又有区别。

全及总体又叫母体，简称总体，它是指所要调查研究对象的全部单位构成的整体。

抽样总体简称样本，又称小样，它是指从全及总体中按随机原则抽取的部分单位组成的总体。

抽样推断就是通过对抽样总体进行调查，用样本的有关指标去推断全及总体的有关指标，全及总体的单位数通常用 N 表示；抽样总体的单位数通常用 n 表示。例如，我们从某商业企业的1000名职工中随机抽取50名职工进行调查，则由该商业企业的1000名职工所组成的总体称为全及总体，即 $N = 1000$ 名，而由被抽出来进行调查的50名职工所组成的总体称为抽样总体，即 $n = 50$ 名，一般来讲，若样本单位数超过30，即称为大样本。

2. **全及指标和抽样指标** 全及指标是根据全及总体各单位标志值计算的综合指标，又称总体指标。当总体确定以后，全及指标是一个客观存在的常数，其指标数值是确定的、唯一的。如上例中，该商业企业1000名职工的平均收入就是一个全及指标，它是一个唯一确定的量。尽管在抽样调查中，我们并不知道其数值是多少，但这个数值是客观存在的，我们可通过样本指标来进行推断。常用的全及指标有平均数、成数、标准差、方差。本章符号为：

$\bar{X}$——全及总体的平均数；

$\sigma_{\bar{x}}$——全及总体平均数的标准差；

$\sigma_{\bar{x}}^2$——全及总体平均数的方差；

P——全及总体的成数；

σ_p——全及总体成数的标准差；

σ_p^2——全及总体成数的方差。

对于总体中各单位的数量标志，可以计算出总体的平均数、标准差和方差，其计算方法前面已经介绍过，这里不再重复。

对于总体中各单位的品质标志，因其不能用数量来表示，因此常以成数指标 P 来表示全及总体中具有某种性质的单位数在全及总体全部单位数中所占的比重，以 Q 表示总体中不具有某种性质的单位数在总体全部单位数中所占的比重。下面解释一下成数 P 的平均数、标准差、方差的计算。

[**例**4.1] 设总体单位总数 N 中，有 N_1 个单位具有某种性质，N_0 个单位不具有某种性质，即 $N_1 + N_0 = N$，则有：

$$P = \frac{N_1}{N}, \quad Q = \frac{N_0}{N} = \frac{N - N_1}{N} = 1 - P$$

如果品质标志表现只有两种。例如，产品按质量分为合格品和不合格品，人按性别分为男性和女性，则可以把"是"的标志表示为"1"，而"非"的标志表示为"0"。那么成数 P 就可视为（0，1）分布的平均数，并可求相应的方差和标准差。

假设某单位职工性别分布资料如表 4-1：

表 4-1　某单位职工性别分布资料

按性别分组（X）	人数（f）	(Xf)	$X-\bar{X}$	$(X-\bar{X})^2$	$(X-\bar{X})^2 f$
1	N_1	N_1	$1-P$	$(1-P)^2$	$(1-P)^2 N_1$
0	N_0	0	$0-P$	P^2	$P^2 N_0$
合计	N	N_1	—	—	$Q^2 N_1 + P^2 N_0$

注：以"1"表示男性，"0"表示女性。

解：

$$\bar{X}_P = \frac{\sum Xf}{\sum f} = \frac{1 \cdot N_1 + 0 \cdot N_0}{N} = \frac{N_1}{N} = P$$

$$\sigma_P = \sqrt{\frac{\sum (X-\bar{X})^2 f}{\sum f}}$$

$$= \sqrt{\frac{(1-P)^2 N_1 + P^2 \cdot N_0}{N}} = \sqrt{\frac{Q^2 \cdot N_1 + P^2 \cdot N_0}{N}}$$

$$= \sqrt{PQ(P+Q)}$$

$$= \sqrt{PQ} = \sqrt{P(1-P)}$$

$$\sigma_P^2 = [\sqrt{p(1-p)}]^2 = p(1-p)$$

[例 4.2] 某批产品的合格品率为 $P=90\%$，则有：

$$\bar{X}_P = P = 90\%$$

$$\sigma_P = \sqrt{P(1-P)} = \sqrt{0.9(1-0.9)} = 0.3 = 30\%$$

$$\sigma_P^2 = (30\%)^2 = 9\%$$

抽样指标是指根据抽样总体各单位标志值计算的综合指标，也称样本指标。由于抽样指标的数值随样本总体的不同而变化，因此抽样指标是一个随机变量。与全及总体指标相对应，常用的抽样指标有：

$\bar{x}$——抽样总体平均数；

$S_{\bar{x}}$——抽样总体平均数的标准差；

$S_{\bar{x}}^2$——抽样总体平均数的方差；

P——抽样总体的成数；

S_p——抽样总体成数的标准差；

S_p^2——抽样总体成数的方差。

3. 重复抽样和不重复抽样　重复抽样也称有放回抽样,是把已经抽出来的单位再放回到全及总体中,继续参加下一次抽选,使全及总体单位数始终是相同的,每个单位可能不止一次被抽中。不重复抽样也称无放回抽样,是把已经抽出来的单位不再放回到全及总体中,每抽一次,总体单位数会相应减少,每个单位只能被抽中一次。

第二节　抽样推断的组织形式和方法

一、抽样方案设计与抽样框的编制

（一）抽样的一般程序（见图4-1）

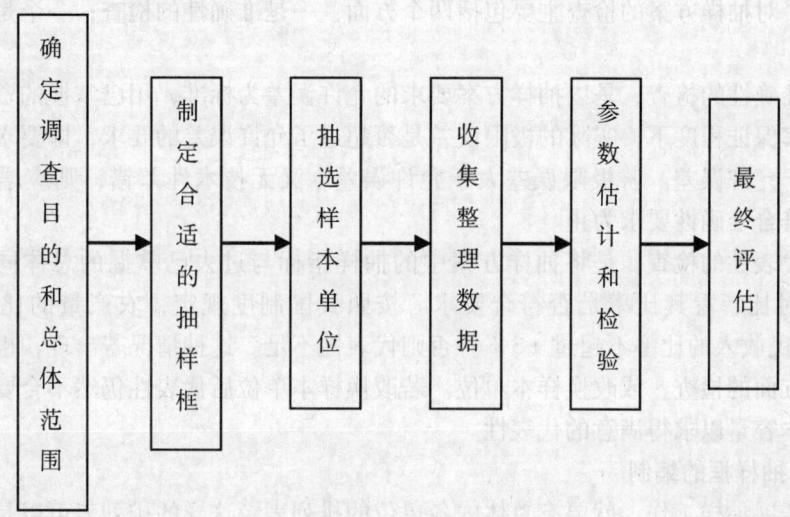

图4-1　抽样的一般程序

（二）抽样方案设计的原则

抽样调查作为一种重要的收集数据的手段,主要是利用样本资料对总体作出科学的推断,在这一过程中,样本资料是判断的基础。而样本资料的完整、准确又依赖于对抽样调查的科学组织,就是要在抽样调查之前进行抽样方案的设计,即对抽样推断作出一个总体规划。

1. 保证按随机原则抽选样本　要保证总体中每一单位都有同等中选的机会,或样本的抽选概率是已知的。这就要求我们在抽选之前必须编制合适的抽样框,既要保证抽样框覆盖总体所有的单位,又要保证实际抽取单位时工作的顺利开展。

2. 确定合适的样本容量　样本容量的大小,会直接影响到样本对总体的代表性。样本容量增大,样本对总体的代表性会增强;样本容量减少,会使抽样误差增大。但调查单位增多,也会带来调查费用的上涨、调查时间的延长等问题。所以,确定合适的样本容量也是抽样方案设计要考虑的问题。

3. 选择合适的抽样组织形式和抽样方法　不同的抽样组织形式和抽样方法会产生

不同的误差,抽样效果也会不同,在样本选取的具体操作上也有难易之分,它们又都与总体的数值分布和总体单位空间分布有关。科学的抽样方案要兼顾这两个方面的要求。

4. **最佳效果原则（费用与精度相平衡的原则）** 在每一次调查中,我们总是希望用最少的支出来获取满意的资料,但在精度要求和节省费用之间往往又存在矛盾,因为要使抽样误差较少,就要增加样本容量,调查费用相应的增加。所以,在抽样方案设计中,必须协调两者之间的矛盾,保证实现最大的抽样效果的原则。即在一定的调查费用的条件下,选取抽样误差最小的方案;或在给定的精确度下,做到调查费用最少。

(三) 抽样方案的检查

抽样方案的设计,由于各种因素的影响,并不能保证抽样结果都能获得有充分代表性的数据,这就需要在正式调查前对抽样方案进行检查,在确认方案正确、可行性后再具体实施。对抽样方案的检查主要包括两个方面:一是准确性的检查;一个是代表性的检查。

所谓准确性的检查,是以抽样方案要求的允许误差为标准,用已掌握的资料检查其在一定概率保证程度下,实际的极限误差是否超过了允许误差的要求,即要求极限误差小于或等于允许误差。若极限误差大于允许误差,又无技术性差错,则应增大样本容量,直到符合准确性要求为止。

所谓代表性的检查,是将抽样方案中的抽样指标与过去已掌握的总体同一指标 $\bar{X}$ 或 P 进行对比,看其比率是否符合要求。按照我国制度规定,农产量的比率不超过 $\pm 2\%$,居民收入的比率不超过 $\pm 3\%$。否则代表性不足。这种情况若出现,也需要对方案进行多方面的检查,或改换样本单位。若改换样本单位后代表性仍然不合要求,就必须增加样本容量以求得满意的代表性。

(四) 抽样框的编制

为了开展抽样工作,就要有总体内各单位的排列表,这样的排列表可以是全部置于一个框内的名单,也可以是一张清单表,这就是抽样框。抽样框如果是按有关标识排列的,就叫有序抽样框。如果不是按有关标识排列的,就叫无序抽样框。抽样框可分为两大类。

1. **总体单位名称表** 这种名称表可以是按有关标识排列,也可以是随机写出的名单次序。

2. **地段抽样框** 这种地段是明确划定了边界的单位,一般地说都是依据地图,有了适当边界的单位。

编制抽样框的目的,是将总体所有单位置于可以被抽中的位置上,所以,抽样框中的单位既不应有重复,也不应有遗漏,即要符合穷尽原则和互斥原则。编制什么样的抽样框直接关系到抽样方法的选用、抽样结果的准确程度,其对抽样调查具有重要意义。

抽样框的编制,要根据所取得的总体单位的资料而定。在没有资料可供使用时,往往只能编出总体单位的名单清单或地段抽样框,若有合适总体单位标志特征的资料,可以编制高效的有序抽样框。

有序抽样框是将总体中各单位,按与调查内容比较紧密相关的指标高低有序排列的抽样框。这样的抽样框有着较突出的优点,使得总体内各单位按主要特征进行分层归属，利用科学的分组方法，使得每个组内的共性增加，从而使在每个组中抽出的单位组成的群体更有代表性。

★ **知识拓展**

CPS 抽样设计

一、概述

50 多年来，CPS 一直是美国劳动力与人口特征方面最新信息的主要来源。因为 CPS 的重要性与高层次性，对它的可靠性评估定期进行。伴随美国 10 年一次的人口普查，CPS 抽样技术也是 10 年修改一次，修订通常在两次人口普查中间。新的抽样设计尽可能多地利用人口普查提供的信息，同时兼顾到两次普查之间人口状况的变化。最近一次的抽样设计于 1995 年 7 月完成。由于经费下调，1996 年 1 月 CPS 抽样设计又经过一次调整，但主要是对某些州样本量的调整，抽样设计的思想与方法没有改变。本节所介绍的内容，取自 1995 年 7 月的抽样设计。

CPS 抽样设计具有以下几个主要特征：

(1) CPS 样本是随机样本。

(2) 调查的核心内容是 16 周岁及 16 周岁以上家庭人口的劳动力特征。

(3) 抽样时以州为总体，因而设计也是以州为总体的设计。事实上，各州的抽样方案都是统一的，区别在于各州对核心变量估计精度的要求不同，因而样本量不同。劳工统计局和联邦普查局负责总的计划和协调，并根据各州调查结果对全国数据进行推估。

(4) 样本量由变异系数 CV 及可靠性要求所决定。变异系数是衡量抽样误差的一个相对数，它等于估计量标准差除以变量的期望值。就全国而言，通常假定失业率的期望值为 6%，变异系数要求为 1.8%，在显著水平 $\alpha=0.1$ 条件下，对全国失业率估计的误差范围在 0.2% 之间。

在失业率为 6% 的自定义下，各州对变异系数的要求在 8%~9% 之间，这样就能保证进行全国估计的变异系数控制在 1.8% 之内。

CPS 抽样的主体部分是采用二阶段抽样。就全国范围而言，第一阶段采用分层 CPS 抽样，抽出 754 个初级抽样单元（PSU），第二阶段采用整群系统抽样，抽出最终包括 56000 个住户的样本。有时，当实际产生的最终样本单位过大，就需要第三阶段的抽样。抽样设计保证在一州内绝大多数住户最终被选入样本的概率是相同的，但是由于设计是以州为单位的，所以不同州的住户最终被抽中的概率是有区别的。当然，如果只考虑国家水平的数据，更有效的设计方案或许应该全国所有住户被抽中的概率相同，但那样就无法保证州水平和国家水平数据的可靠性同时得到满足。因此，目前的这种设计兼顾了国家和州两级的需要。

二、第一阶段的抽样

第一阶段的抽样涉及三个方面的工作。这些工作是：初级抽样单元（PSU）的界定；将初级抽样单元 PSU 分层；PSU 的抽选。

1. PSU 的界定。PSU 是不跨州界的。组成 PSU 基本行政区别是县，但也不是绝对的。初级抽样单元 PSU 或者是一个县，或者是相邻的两个或多个县。在城市，PSU 按照城市统计区域（Metropolitan Statistical Area，MSA）界定。对每个 PSU 的要求是，面积不超过 3000 平方英里（相当于 7770 平方千米），人口在 7500 人以上。如果面积与人口数发生冲突，例如在人口稀少的地区，3000 平方英里的范围内人口低于 7500 人，则在 PSU 界定时面积具有优先权。这主要是保证每个 PSU 的地理范围不能过大，以保证访问员的实际操作。美国的 PSU 规则产生于 20 世纪 40 年代末期，后来对规则不断调整。上述所言为 1990 年 PSU 规则的主要内容。根据上述要求，目前美国的 3141 个行政县共划分为 2007 个初级抽样单元 PSU。

2. 对 PSU 的分层。对 PSU 进行分层的主要标准有两个：一个是在同一层内，各 PSU 具有很大的相同特征；另一个是各层的规模接近，即每一层中的人口数接近。有些 PSU（如城市），人口密度大，则这些 PSU 被归入必选的初级单元。这样就把 2007 个 PSU 划分为两类：

第一类：具有自代表性质的 PSU（Self‐representing），共 432 个。这 432 个 PSU 是必选的初级单元。

第二类：非自代表性质的 PSU（Non‐self‐representing），共 1575 个。这中间的样本单元是通过随机抽选产生的。将 1700 个非自代表性质的 PSU 按地理位置（州内）、人口统计学特征和人数规模分为 360 个层，平均每层中有 4～5 个 PSU。

3. PSU 的抽选。每个具有自代表性质的 PSU 自然进入样本。这样，在第一阶段的初级抽样单元中，共有 432 个自代表的 PSU。在其他 360 个层中，采用与人口规模成比例的概率抽样，从每个层中抽取一个 PSU。于是，一阶段抽样中共抽取出 792 个（1996 年又减少到 754 个初级抽样单元）。

三、第二阶段的抽样

CPS 基本上是采用二阶段的抽样，故第二阶段抽样实际上是抽取最终抽样单元（USU）。抽选时采用整群抽样方法，每个 USU 由 4 个住户住址所组成。大多数情况下，这些住户（住房的地址）都是独立的家庭单位。然而，随着时间的变迁，一些房舍可能被拆毁或者被转为其他非居住用；有的住户地址可能有几个家庭所分用。这些住户地址仍然是抽样单位，但这些情况会使一个群的大小发生一些微小的变化。通常，4 个相邻的住户地址组成一个群，有时这些住户地址也会比较分散，但与其他住户地址相比，构成一群的 4 个住户地址应当是最为邻近的。这样做的好处是便于实施调查，节省调查费用；其弱点是，由于相邻的住户具有较多的相似性，因而会增大抽样误差。

在美国，将生活区域分为两大类：一类是居住单位或住户。一个住户是指有一套房间或一个单独房间作为一个独立的生活区，他们与其他生活区通过如公寓楼的大厅和走廊发生关系。在一个住户中居住的或者是一个人，或者是一个家庭（这是绝大多数情况），或者是两个或两个以上没有家庭关系的人。在 1990 年的人口普查中，有大约 2% 的人口居住在集体户中。

二阶段抽样时，使用的抽样框主要有三个：①集体抽样框；②住户抽样框；③区域抽样框。下面简要介绍三个抽样框的构造。

1. 集体户抽样框。在抽样设计中，每个 USU 只包括 4 个住户（家庭）单位，所以首先要将集体户人口转化为住户抽样单位。转化方式为，用集体户总体人口除以 2.63（1990 年人口普查时每个住户的平均人口为 2.63 人），然后将转化的 4 个住户单位组成一群。

2. 住户抽样框。住户抽样框由有完整地址的住户单位所构成，典型的完整地址有街道名称和门牌号，如"榆树街 1599 号"。大多数情况下，每个住户地址都是一个独立的家庭单位，4 个邻近的住户地址组成一个群。抽样框由群排列而成，采用系统的抽样方式抽取群。

3. 区域抽样框。住户抽样框难以包括所有的住户单位，如有些住户没有完整的地址，或只有邮寄地址而没有确切的登门地址，如"PO123 信箱"。随着时间变迁，也会有一些新住户出现而没能反映在住户抽样框中。所以区域抽样框是住户抽样框的补充，它包括那些地址不确切的住户，也包括从建筑许可部门所获得的有关新建筑的信息。

最终抽样单元 USU 的抽取也是由各州独立进行，抽选时是以 $1/k$ 的抽样概率从每个初级抽样单元 PSU 中抽取系统样本。这里 k 是 PSU 内的抽样间隔。由于各州的抽样比不同，因此各州 PSU 中的 k 值是不同的。但对于同一个州而言，不同家庭最终入选样本的概率是相同的。由于 CPS 的抽样设计是 10 年修订一次，在这 10 年期间，为了保证样本轮换，抽选时将 10 年间准备轮换的样本一并抽出备用。

最后需要补充的是，有时最终抽样单元的大小与设计要求有所偏高，这些偏离会影响到调查员工作的顺利完成。所以，如果当最终抽样单元有15个以上的住户单位时，就需要采用第三阶段的抽样。在一系列的工作实施后，工作人员会摸清这种情况，并将原先的抽样单元划分为若干个更小的抽样单元，并在此基础上进行第三个阶段抽样。由于三阶段抽样改变了住户单位被选中的概率，所以，如果出现这种情况，在进行估计时需要使用加权因子对抽样概率进行调整。

四、样本轮换

CPS 的样本轮换采用的是 4-8-4 模式，即一个住户单位在连续的 4 个月内接受调查，在接下来的 8 个月中退出样本，然后再接受 4 个月的调查，最终退出样本。轮换方案的设计使得具有相同特征的住户单位替换退出的住户单位。

CPS 的样本轮换具有以下主要特征：

在任何一个月内，都有 1/8 的住户单位第一次接受调查，1/8 的住户单位第二次接受调查，如此下去。

（1）每个月都有新的样本组代替从样本中永久退出的老样本组。

（2）每个月都有一个样本组在 8 个月的闲置后重新接受调查。重新接受调查的样本组代替了刚刚退出、进入闲置期的样本组。

（3）轮换设计保证了每个样本单元在 2 个年份的 4 个相同月份中接受调查。

（4）在连续的 2 个月内，有 3/4 的样本是相同的；在连续的 2 年中，有 1/2 的样本是相同的。

前面提到，CPS 的抽样设计大体上是 10 年修订一次。新的抽样方案涉及对初级抽样单元 PSU 的重新界定、PSU 的样本数目的改变以及对 PSU 的重新抽取。这样，就要在新入选样本的 PSU 地区雇佣新的调查员，而且重新设计的抽样方案也往往会对调查程序做一些修订。于是，前后两个方案的样本衔接就是一个需要注意的问题。新方案的样本是逐步引入 CPS 实施过程中的，以保证调查过程的连续和调查数据的衔接。事实上，新的抽样方案的实施从 1994 年 4 月就已经开始，经过一年多的时间，到 1995 年 7 月彻底完成。

二、抽样推断的组织形式

如何从总体中将样本单位抽选出来？可以是一个一个地抽，也可以是一组（群）一组（群）地抽。在抽样推断中，通常按抽取样本单位时的组织形式不同，主要有简单随机抽样、类型抽样、等距抽样、整群抽样和阶段抽样等方式。

（一）简单随机抽样

简单随机抽样又称纯随机抽样，它指对总体不做任何技术处理（如分类、排队等），而完全按随机原则直接从总体中抽取样本单位的抽样方式。这种抽样方式使总体中每一个单位被抽取的机会完全相等，是抽样中最基本也是最单纯的方式，它适用于总体单位分布比较均匀的总体。

在实际工作中，该方式的实施可采用编号抽签或根据随机数字表取样的方法。但是，当全及总体单位数很多时，这一抽样方式就比较繁琐，因而其应用受到了一定限制。简单随机抽样方法的重要意义在于它在理论上最符合随机原则，其抽样误差容易得到理论上的论证，因此可以作为发展其他更为复杂的抽样方式的基础，同时也是其他抽样方式的推断效果的比较标准。

（二）类型抽样

类型抽样又称分层抽样，它是将总体先按某一标志分组，然后再从各组中采用一定方式按随机原则抽取样本单位的抽样方式。

类型抽样有等比例和不等比例两种抽样方法，所谓等比例类型抽样，是指样本单位数在各组之间的分配比例与全及总体单位数在各组间的分配比例相同；而不等比例类型抽样则指样本单位数在各组之间的分配比例与全及总体单位数在各组间的分配比例不同。

类型抽样实际上是将分组法与随机原则结合起来，这就减少了各组内标志值的差异程度，有利于提高样本的代表性，因此在实际工作中应用较为广泛。

（三）等距抽样

等距抽样又称系统抽样或机械抽样，它是事先将全及总体各单位按某一标志排队，然后依固定顺序和间隔来抽取样本单位的抽样方式。

等距抽样中，用来排队的标志有两种：一种是与调查内容无关的，称为无关标志，如对职工收入水平进行调查时，按姓氏笔画排队进行抽样，显然，职工收入水平与姓氏笔画之间没有必然联系，即排队的顺序与所研究的标志是无关的。这时，等距抽样与简单随机抽样类似。另一种是与调查内容有关的，称为有关标志，如前例，若按职工收入的高低进行排队，则属按有关标志排队，因为职工收入正是我们要进行调查的内容。这时，等距抽样就与类型抽样相仿，它可以使样本单位在总体中的分布比较均匀。

等距抽样的方法是：将总体排队后，先计算出抽样距离，计算公式为：

$$K = \frac{N}{n}$$

式中，K 代表抽样距离或抽样间隔，然后随机确定第一个样本单位作为起点，根据抽样距离每隔一个距离抽取一个样本单位，直到抽到最后一个样本单位为止。所以，按固定的顺序和间隔抽取样本单位，能使被抽取的样本单位更均匀地分布在全及总体中，减少抽样推断中的误差，代表性较强。在实际工作中，特别是在农产量抽样调查中广泛应用这种方法。但实施时必须注意避免抽样间隔与现象本身的周期性季节变动相重合，以免引起系统性误差而影响推断的效果。

（四）整群抽样

整群抽样又称群体抽样或成批抽样，它是指将总体各单位依一定标准事先划分成若干群，成群的抽取样本单位的抽样方式，其最大特点是每抽一次不是一个单位而是一群或一组或一批单位。例如按日期抽检若干天的产品质量，按片抽查林业资源等等。

整群抽样与前三种抽样方式的显著不同在于前三种方式都是一个一个地从全及总体中抽取样本单位，可称为个体抽样；而整群抽样则是一群一群地从全及总体中抽取样本单位，每一群中包含若干个单位。正因如此，整群抽样省力、省时，但也极大地破坏了样本单位在全及总体中分布的均匀性，故往往比其他方式的误差要大。这可通过增加样本单位来弥补。

（五）阶段抽样

前面四种抽样方式，都是从总体中通过一次抽样便可产生一个完整的样本，可称为单阶段抽样。但当总体很大时，若想直接抽取样本单位，这在技术处理上有较大的难度，此时可用多阶段抽样的方式。例如我国农产量抽样调查中，第一阶段是从省抽县，第二阶段再从中选县中抽乡、具体的调查点。这种在抽样时将抽取样本单位的过程划分为若干个阶段，在前几个阶段采用整群抽样而在最后一个阶段采用个体抽样的抽样方式，就称为阶段抽样。

阶段抽样在大规模抽样工作中应用较多。

第三节 抽样误差

一、抽样误差的含义

在抽样推断中，产生统计误差的情况有两种：一种是登记性误差，它是指在收集资料的过程中，由于测量、记录、计算或抄录的错误，以及被调查者所报不实等原因产生的误差；另一种是代表性误差，这种误差是排除登记性误差以后，在用样本指标推断总体指标时所产生的误差。代表性误差的产生又可分两种情况：一种是由于没有遵守随机原则而造成的误差，称为偏差或系统性误差；还有一种是遵守了随机原则，但样本指标不可能完全代替总体指标，属于抽样推断本身固有的一种误差。我们称随机性误差。上述统计误差可以表示为：

$$\text{统计误差}\begin{cases}\text{登记性误差}\\ \text{代表性误差}\begin{cases}\text{系统性误差（偏差）}\\ \text{随机性误差}\end{cases}\end{cases}$$

本章所讲的抽样误差（Sampling Error）是指随机性误差。

二、抽样误差的表现形式

抽样误差是无论如何都不可能消除的。但是，在统计中可以运用大数定律的数学公式加以计算，并采用抽样推断原理加以控制，所以这种误差又可称为可控制误差，抽样误差主要有两种表现形式。

（一）抽样实际误差

抽样实际误差是指在一次抽样中，由随机因素引起的抽样指标与全及指标之间的离差。例如，抽样平均数与总体平均数之间的离差 $(\bar{x}-\bar{X})$、抽样成数与总体成数之间的离差 $(p-P)$。在抽样中，由于全及指标数值是未知的，因此，抽样实际误差是无法计算的；同时，抽样实际误差只是所有可能出现误差的一种，因此，不能用抽样实际误差来概括所有可能出现的误差。

（二）抽样平均误差

抽样平均误差是指抽样指标（抽样平均数或抽样成数）的标准差，它反映了所有抽样结果所得的抽样指标数值与全及指标数值的平均离差。其计算公式如下：

1. **抽样平均误差的理论公式** 由于抽样平均误差是抽样平均数（或抽样成数）的标准差，所以，它不同于一般形式的标准差是根据变量值与算术平均数计算，抽样平均误差是根据抽样平均数（或抽样成数）与总体平均数（或总体成数）计算，其公式为：

$$\mu_{\bar{x}} = \sqrt{\frac{\sum(\bar{x}-\bar{X})^2}{样本可能数目}}$$

$$\mu_p = \sqrt{\frac{\sum(p-P)^2}{样本可能数目}}$$

式中：$\mu_{\bar{x}}$——平均数的抽样平均误差；

μ_p——成数的抽样平均误差。

上式中样本可能数目既和每个样本的容量有关，也和抽样的方法有关。当样本容量为既定时，则样本可能数目便决定于抽样的方法。

根据抽样的方法不同，有重复抽样和不重复抽样两种。根据对样本的要求不同，又有考虑顺序抽样和不考虑顺序抽样两种。将上述两种抽样方式和抽样方法结合起来考虑，形成相互交叉的四种情况。

（1）考虑顺序的不重复抽样数目。即通常所说的不重复排列数。一般地说，从总体 N 个不同单位每次抽取 n 个不重复的排列，组成样本的可能数目为：

$$A_N^n = \frac{N!}{(N-n)!}$$

（2）考虑顺序的重复抽样数目。即通常所说的重复排列数。一般地说，从总体 N 个不同单位每次抽取 n 个允许重复的排列，组成样本的可能数目为：

$$B_N^n = N^n$$

（3）不考虑顺序的不重复抽样数目。即通常所说的不重复组合数。一般地说，从总体 N 个不同单位每次抽取 n 个不重复的组合，组成样本的可能数目为：

$$C_N^n = \frac{N!}{n!(N-n)!}$$

（4）不考虑顺序的重复抽样数目。即通常所说的重复组合数。一般地说，从总体 N 个不同单位每次抽取 n 个允许重复的组合，组成样本的可能数目为：

$$D_N^n = D_{N+n-1}^n \frac{(N+n-1)!}{n!(N-1)!}$$

［例4.3］设共有三件产品 A、B、C，现抽取 2 件产品，试问共有多少种可能样本？

解：已知 $N=3$，$n=2$，则：

（1）考虑顺序的不重复抽样数目为：

$$A_N^n = \frac{N!}{(N-n)!} = \frac{3!}{(3-2)!} = 6 \text{ 种可能}$$

（2）考虑顺序的重复抽样数目为：

$$B_N^n = N^n = 3^2 = 9 \text{ 种可能}$$

（3）不考虑顺序的不重复抽样数目为：

$$C_N^n = \frac{N!}{n!(N-n)!} = \frac{3!}{2!(3-2)!} = 3 \text{ 种可能}$$

（4）不考虑顺序的重复抽样数目为：

$$D_N^n = D_{N+n-1}^n \frac{(N+n-1)!}{n!(N-1)!} = \frac{(3+2-1)!}{2!(3-1)!} = 6 \text{ 种可能}$$

上面抽样平均误差的理论公式主要从理论上说明抽样平均误差的意义，即是一个定义公式。在实际抽样中，由于一方面全及指标数值是未知的，另一方面我们不可能也不必把总体中所有可能出现的样本都抽取出来，故该公式实际上无法据以计算，仅有理论意义。

2. 抽样平均误差的实际公式　　数理统计证明，抽样平均误差与总体标准差之间存在着一定的数量关系，从而可推导出抽样平均误差的实际公式如下：

（1）抽样平均数的抽样平均误差。在重复抽样条件下，其计算公式为：

$$\mu_{\bar{x}} = \sqrt{\frac{\sigma_{\bar{x}}^2}{n}} = \frac{\sigma_{\bar{x}}}{\sqrt{n}}$$

式中：$\mu_{\bar{x}}$ 表示抽样平均数的抽样平均误差。

在不重复抽样条件下，其计算公式为：

$$\mu_{\bar{x}} = \sqrt{\frac{\sigma_{\bar{x}}^2}{n}\left(\frac{N-n}{N-1}\right)}$$

当总体单位数 N 很大时，分母 $N-1$ 可用 N 代替，即有：

$$\mu_{\bar{x}} = \sqrt{\frac{\sigma_{\bar{x}}^2}{n}\left(1 - \frac{n}{N}\right)}$$

将重复抽样和不重复抽样的计算公式相比较，两者相差一个 $\sqrt{1 - n/N}$，该数值是一个大于 0 而小于 1 的正数，所以，在同等条件下，不重复抽样的抽样平均误差总是小于重复抽样的抽样平均误差。

（2）抽样成数的抽样平均误差。总体成数的方差为 $P(1-P)$，因此，只需将 $P(1-P)$ 替换前面的 $\sigma_{\bar{x}}^2$，就可得到抽样成数的相应公式。

在重复抽样条件下，其计算公式为：

$$\mu_p = \sqrt{\frac{P(1-P)}{n}}$$

在不重复抽样条件下，其计算公式为：

$$\mu_p = \sqrt{\frac{P(1-P)}{n}\left(1 - \frac{n}{N}\right)}$$

[例 4.4]　设有一总体，$N=3$，其总体各单位的标志值分别为 1、2、3。若按考虑顺序的重复抽样方法从中随机抽出两个单位作为样本，试求其抽样平均误差。

解：

（1）按抽样平均误差的理论公式计算。

考虑顺序的重复抽样数目 $B_N^n = N^n = 3^2 = 9$ 种可能，按样本序号列于表 4-2。

表4-2 抽样平均误差的理论公式计算

样本序号	样 本	样本平均数 $\bar{x}_i$	$(\bar{x}_i - \bar{x})^2$
1	1,1	1	1
2	1,2	1.5	0.25
3	1,3	2	0
4	2,1	1.5	0.25
5	2,2	2	0
6	2,3	2.5	0.25
7	3,1	2	0
8	3,2	2.5	0.25
9	3,3	3	1
合 计	—	—	3

$$\text{总体平均数} \bar{X} = \frac{\sum X}{N} = \frac{1+2+3}{3} = 2$$

$$\text{抽样平均误差} \mu_{\bar{x}} = \sqrt{\frac{\sum(\bar{x}_i - \bar{X})^2}{N^n}} = \sqrt{\frac{3}{3^2}} = 0.57735$$

(2) 按抽样平均误差的实际公式计算。见表4-3。

表4-3 抽样平均误差的实际公式计算

x_i	$(x_i - \bar{X})^2$
1	1
2	0
3	1
合 计	2

$$\text{总体方差} \sigma_{\bar{x}}^2 = \frac{\sum(\bar{x}_i - \bar{X})^2}{N} = \frac{2}{3}$$

$$\text{抽样平均误差} \mu_{\bar{x}} = \sqrt{\frac{\sigma_{\bar{x}}^2}{n}} = \sqrt{\frac{1}{2} \times \frac{2}{3}} = 0.57735$$

[例4.5] 在[例4.4]中,若按不考虑顺序的不重复抽样方法,从中随机抽出两个单位,试求其抽样平均误差。

解:

(1) 按抽样平均误差的理论公式计算。

表4-4 抽样平均误差的理论公式

样本序号	样 本	$\bar{x}_i$	$(\bar{x}_i - \bar{x})^2$
1	1,2	1.5	0.25
2	1,3	2.0	0.00
3	2,3	2.5	0.25
合 计	—	—	0.50

不考虑顺序的不重复抽样数目为：

$$C_N^n = \frac{N!}{n!(N-n)!} = \frac{3!}{2!(3-2)!} = 3 \text{ 种可能}$$

总体平均数 $\bar{X} = \frac{\sum X}{N} = \frac{1+2+3}{3} = 2$

抽样平均误差 $\mu_{\bar{x}} = \sqrt{\frac{\sum(\bar{x}_i - \bar{X})^2}{N^n}} = \sqrt{\frac{0.5}{3^2}} = 0.4082$

（2）按抽样平均误差的实际公式计算。由表4-3计算结果得：

抽样平均误差 $\mu_{\bar{x}} = \sqrt{\frac{\mu_{\bar{x}}^2}{n}(\frac{N-n}{N-1})} = \sqrt{\frac{1}{2} \times \frac{2}{3} \times (\frac{3-2}{3-1})} = 0.4082$

从［例4.4］、［例4.5］中可以看出，抽样平均误差用理论公式与实际公式的计算结果是一致的，而且，实际公式比理论公式的计算过程要简单些。所以，在抽样推断中，一般都采用实际公式计算抽样平均误差。

从上述抽样平均误差的实际公式可以看出，抽样平均误差的大小主要受以下几个因素影响：

（1）总体单位之间标志值的变异程度。即受总体标准差大小的影响。总体标准差数值大，抽样平均误差也大；反之，则抽样平均差就小。抽样平均误差与总体标准差的大小成正比例关系。

（2）抽样单位数目。抽样单位数愈多，抽样平均误差就愈小；反之，则抽样平均误差就大。抽样平均误差与抽样单位数成反比例关系。

（3）抽样方法。不重复抽样的抽样平均误差小于重复抽样的抽样平均误差。

（4）抽样组织方式。不同的抽样组织方式其计算抽样平均误差的方法也不同，故抽样平均误差的结果也不相同。一般来说，对同一总体，采用类型抽样和等距抽样，比其他几种抽样方式的误差要小。

在抽样中，由于只对总体中的部分单位进行调查，故总体方差 σ^2 是未知的，因此，在实际运用中，可用以下方法解决：

第一，用样本方差代替总体方差。这是实际使用的主要方法，由概率论可以证明，用样方差代替总体方差是有效的。

第二，用历史资料代替。可用过去全面的资料，也可用过去抽样的资料。如有几个不同方差资料，应选用数值较大者。

第三，当成数没有适当的资料时，可用0.5代替，因为此时成数的方差最大，即：

$$\sigma_p^2 = P(1-P) = 0.5 \times 0.5 = 0.25$$

[例4.6] 某电子元件厂生产某种型号的电子管，按以往正常的生产经验，产品的一级品率为60%。现如从1万件电子管中抽取100件来检验其一级品率，试求一级品率的抽样平均误差。

根据题意，可用历史资料作为本批产品的合格品率，即成数 $P=60\%$，则总体成数的方差为：

$$\sigma_p^2 = P(1-P) = 0.6(1-0.6) = 0.24$$

此外，$N=10000$，$n=100$。

如果是重复抽样，一级品率的抽样平均误差为：

$$\mu_p = \sqrt{\frac{P(1-P)}{n}} = \sqrt{\frac{0.24}{100}} \approx 4.9\%$$

如果为不重复抽样，一级品率的抽样平均误差为：

$$\mu_p = \sqrt{\frac{P(1-P)}{n}\left(1-\frac{n}{N}\right)} = \sqrt{\frac{0.24}{100}\left(1-\frac{100}{10000}\right)} \approx 4.9\%$$

可见，当总体单位数相当大时，用重复抽样与不重复抽样公式计算抽样平均误差结果相同，而且重复抽样公式计算较为简单，所以，通常采用重复抽样公式计算即可。

第四节 抽样估计方法

一、抽样估计概述

抽样估计是指利用抽样调查取得的样本实际资料，采用一定的估计方法，去估计和推断相应总体未知的指标的一种统计分析方法。由于总体指标是表明总体数量特征的参数，因而抽样估计又称参数估计。

（一）抽样估计的数理标准

对于样本的某一指标而言，它有许多可能的取值，前已述及它是一个随机变量，而且它与其总体相应指标间总有着或大或小的误差。因此，据以估计和推断出来的总体指标，不可能是绝对准确的，实际中允许有一定的估计误差，故抽样估计只能在一定的可信程度下，期望其等于所代表的总体的真实情况。判断抽样估计是否合理的数理标准，一般来说，有以下三个点：

1. 无偏性 即指就任意一个样本的某项指标来说，其可能取值围绕与之相应的总体的同一指标随机摆动，它的期望值，即所有可能样本该指标的算术平均数等于总体相应指标。具有这一特性的样本指标，如用它去估计总体相应指标，就是没有偏误的估计。一般来说，如果样本指标的所有可能值遵循或接近正态分布，它必然就是总体对应指标的无偏估计值。

2. 一致性 用样本指标对相应总体指标进行估计时，随着样本单位数的逐渐增大，样本指标便逐渐接近相应总体指标的实际值。具有这种性质的样本指标，就是对总体相应指标的一致性估计。总体来说，凡是满足大数定律要求的样本指标，就具有一致性。

3. 有效性 用样本指标估计总体相应指标，要求作为优良估计量的方差应该比其他估计量都小。凡是具有最小抽样方差的样本指标所估计的总体指标,就是最有效的估计。

(二) 有关的基本概念

为了便于学习抽样估计方法,先介绍几个有关的基本概念:

1. **估计值** 抽样推断既然是用抽样指标去估计和推断总体的相应指标,因此可将抽取的样本指标,作为相应总体的估计值。这种对应估计,一般用样平均数作为总体平均数的估计值,用样本成数作为总体成数的估计值。在大样本情况下,用样本标准差或方差作为总体标准差或方差的估计值。

2. **抽样极限误差** 简称极限误差或允许误差,是指抽样指标与全及指标之间的可能误差范围。由于抽样指标是围绕全及指标上下随机取值变动的,变动幅度或大或小,取值或正或负,这种变动范围的绝对值就是抽样极限误差。用 $\Delta_{\bar{x}}$ 和 Δ_P 分别表示平均数和成数的抽样极限误差,则有:

$$\Delta_{\bar{x}} = |\bar{x} - \bar{X}|$$
$$\Delta_p = |p - P|$$

解上述不等式,可以得到下面的不等式关系:

$$\bar{x} - \Delta_{\bar{x}} \leq \bar{X} \leq \bar{x} + \Delta_{\bar{x}}$$
$$p - \Delta_p \leq P \leq p + \Delta_p$$

由上式可见,抽样极限误差反映了抽样估计的精确度,一般说来,抽样极限误差越小,抽样估计的精确度越高;反之,则抽样估计的精确度就越低。

3. **极限误差的置信度** 是指全及指标落在某一区间内的概率保证程度,一般用概率 $F(t)$ 表示,故通常又称为概率。

在抽样推断中,抽样极限误差是人为确定的,而抽样平均误差是实际计算出来的,因此,抽样极限误差确定为多少? 一般是以抽样平均误差作为衡量的尺度,将抽样极限误差除以相应的抽样平均误差得出的相对数称为概率度,它表示允许误差范围为抽样平均误差的若干倍。用公式表示为:

$$t = \Delta/\mu \text{ 或 } \Delta = t\mu$$

式中: t ——概率度。

数理统计已经证明:概率度与概率之间存在着一定的函数关系,最常用的概率度 t 值及相应概率 $F(t)$ 值见表 4 – 5。

表 4 – 5 概率度 t 值及相应概率 $F(t)$ 值表

概率度(t)	0.50	1.00	1.65	1.96	2.00	3.00
允许误差的置信度[$F(t)$]	0.3829	0.6827	0.9000	0.9500	0.9545	0.9973

将极限误差和极限误差的置信度联系起来分析,我们发现在同样的概率保证程度下,抽样平均误差越小,则极限误差范围也就越小;抽样平均误差越大,则极限误差也就越大,另外,当抽样平均误差一定时,极限误差的大小则随着概率度的变化而变化:

概率度小则极限误差小，概率度增大则极限误差也增大，估计的精确度也随之发生大小的变化。所以，在实际抽样估计中，往往不希望概率度太大；但又因概率度决定了概率的大小，故在实际工作中又希望有较大的概率度。这说明估计的精确程度（由允许误差范围大小决定）与可靠程度（由概率度的大小决定）是一对矛盾。因此，实际估计时我们必须在两者之间进行慎重的选择。一种做法是对于一项估计值事先提出估计可靠性的要求，然后利用概率表查出相应的概率保证程度，即置信度所对应的概率度，然后根据 $\Delta = t\mu$ 计算出极限误差。一般抽样估计，其概率保证程度应该达到 90%～95%，对于特别重大的问题，为了保证估计的稳妥可靠，概率保证程度可以提出 99% 的要求。另一种做法是对一项估计值先提出极限误差的范围，然后根据 $\Delta = t\mu$ 求出概率度，再从概率表中查出对应的概率保证程度。一般抽样估计，允许的误差范围在 1～2 个 μ，即概率度为 1 或 2，或者将极限误差范围扩大到 3μ，这时概率保证程度为 99.73%，估计的可靠性就更高。

二、抽样估计的基本方法

抽样估计的基本方法有两种：点估计和区间估计。

1. **点估计**（Point Estimate） 亦称定值估计，是指用样本指标直接作为总体相应指标的估计值的一种估计方法。一般就是用样本平均数或成数作为总体平均数或成数的估计值。符号表示为 $\bar{x} = \bar{X}$ 或 $p = P$。例如，假设从某企业的 1000 名职工中抽出 100 名职工进行收入情况的调查得出，月平均收入 $\bar{x} = 2000$ 元，我们就推断说该企业全部职工的月平均收入也为 2000 元。再如，若从该企业职工中抽查得知男职工所占比重 $p = 60\%$，我们也可推断出该企业男职工所占比重为 60%。这种估计方法就称为点估计。

2. **区间估计**（Interval Estimate） 这种方法与点估计不同，它不是根据样本指标直接简单地进行推断，而是根据样本指标以及允许误差范围，共同确定一个总体相应指标的可能范围，并且同时给出总体指标真正落在该范围内的可能性的大小的一种估计方法。

其基本估计公式为：

$$\bar{x} - \Delta_{\bar{x}} \leq \bar{X} \leq \bar{x} + \Delta_{\bar{x}}$$

$$p - \Delta_p \leq P \leq p + \Delta_p$$

根据此公式估计出的总体平均数或成数是在一个区间范围内，故称区间估计。理解这种方法应注意以下三个方面：

（1）它是根据样本指标和极限误差计算的总体指标存在的一个可能范围，而不是一个完全可靠的范围。这就是说，总体指标是否在这个范围内，并不完全肯定。它可能在，也可能不在。因为，按照随机原则在总体中抽取样本，会有很多种不同的结果，而在实际抽样的估计中，我们一般只能抽取其中的一个，因此不可能肯定总体指标就一定会在该样本的指标所确定的范围之内。

（2）区间估计方法的意义在于：它不仅能给出一个总体指标存在的范围，而且还能给出总体指标在这个可能范围之内的置信度或概率把握程度。因 $\Delta_{\bar{x}} = t\mu_{\bar{x}}$ 或 $\Delta p = t\mu_p$，所以区间估计的一般公式可由基本公式表示为：

$$\bar{x} - t\mu_{\bar{x}} \leq \bar{X} \leq \bar{x} + t\mu_{\bar{x}}$$
$$p - t\mu_p \leq P \leq p + t\mu_p$$

根据式中的概率度,便可知道概率的大小,即总体指标在这一可能范围内的机会的大小。

(3) 扩大极限误差的范围可以提高估计的把握程度,但降低了估计的精确程度;缩小极限误差的范围则会降低估计的把握程度,但能提高估计的精确程度。

3. 区间估计的应用举例

[例4.7] 某工厂生产一批灯泡共10万只,现采用简单随机不重复抽样方式抽取0.1%进行质检,测试结果如表4-6:

表4-6 对10万只灯泡的测试结果

耐用时间(小时)	灯泡数 f	组中值 x	xf	$(x-\bar{x})$	$(x-\bar{x})^2 f$
800以下	10	750	7500	-220	484000
800~900	15	850	12750	-120	216000
900~1000	35	950	33250	-20	14000
1000~1100	25	1050	26250	80	160000
1100以上	15	1150	17250	180	486000
合计	100	—	97000	—	1360000

根据上述资料:

(1) 试计算样本灯泡的平均耐用时间;

(2) 在95.45%的概率保证程度下,推断10万只灯泡平均耐用时间的区间范围;

(3) 假设耐用时间不及800小时的灯泡为不合格品,试计算样本的合格率,并按95%的概率保证程度,推断10万只灯泡的合格率区间范围。

解:

(1) 抽样平均数 $\bar{x} = \dfrac{\sum xf}{\sum f} = \dfrac{97000}{100} = 970$(小时)

(2) 用样本方差代替总体方差,即:$\sigma_{\bar{x}}^2 = \dfrac{\sum (x-\bar{x})^2 f}{\sum f} = \dfrac{1360000}{100} = 13600$(小时)

抽样平均误差 $\mu_{\bar{x}} = \sqrt{\dfrac{\sigma_{\bar{x}}^2}{n}\left(1-\dfrac{n}{N}\right)} = \sqrt{\dfrac{13600}{100}(1-0.1\%)} = 11.66$(小时)

抽样极限误差 $\Delta_{\bar{x}} = t\mu_{\bar{x}} = 2 \times 11.66 = 23.32$(小时)

区间范围 $\bar{X} = \bar{x} \pm \Delta_{\bar{x}} = 970 \pm 23.32 = 946.68 \sim 993.32$(小时)

即在95.45%的概率保证程度下,该批灯泡的平均耐用时间在946.68~993.32小时之间。

(3) 样本合格率 $p = \dfrac{n_1}{n} = \dfrac{35+25+15+15}{100} = 0.9$

用样本方差代替总体方差，即：$\sigma_p^2 = p(1-p) = 0.9 \times (1-0.9) = 0.09$

合格率的抽样平均误差 $\mu_p = \sqrt{\dfrac{\sigma_P^2}{n}(1-\dfrac{n}{N})} = \sqrt{\dfrac{0.9(1-0.9)}{100}(1-0.1\%)} = 0.03$

合格率的抽样极限误差 $\Delta_P = t\mu_p = 1.96 \times 0.03 = 0.0588$

合格率区间范围 $P = p \pm \Delta_P = 0.90 \pm 0.0588 = 84.12\% \sim 95.88\%$

即在95%的概率保证程度下，该批灯泡的合格率在84.12%~95.88%之间。

[例4.8] 为了研究某种新产品的销路，在某城市的市场上随机对800名成年人进行调查，结果有500名喜欢该种新产品，要求：

(1) 以95.45%的概率保证程度，估计该城市成年人喜欢此新产品的概率；

(2) 假如极限误差要求不超过2.8%，在其他条件不变时，概率保证程度作何变化？

解：

(1) 根据抽样资料计算：

$$\text{样本喜爱人数比率 } P = \dfrac{500}{800} = 0.625 = 62.5\%$$

用样本方差代替总体方差，即：

$$\sigma_p^2 = p(1-p) = 0.625(1-0.625) = 0.234 = 23.4\%$$

$$\mu_p = \sqrt{\dfrac{p(1-p)}{n}} = \sqrt{\dfrac{0.234}{800}} = 0.017 = 1.7\%$$

$\because F(t) = 95.45\% \quad \therefore t = 2$

极限误差 $\Delta_p = t\mu_p = 2 \times 0.017 = 0.034 = 3.4\%$

估计区间为：

$$P = p \pm \Delta_p = 62.5\% \pm 3.4\% = 59.1\% \sim 65.9\%$$

即以95.45%的概率作保证，估计该城市成年人喜欢此新产品的比率在59.1%~65.9%之间。

(2) 当极限误差要求不超过2.8%时，其他条件不变：

因为 $\mu_p = \sqrt{\dfrac{p(1-p)}{n}} = 0.017$

又因 $\Delta_p = t\mu_p = 2.8\% = 0.028$

所以 $t = \Delta_p/\mu_p = 0.028/0.017 = 1.65$

查正态分布表可知：$F(t) = F(1.65) = 90\%$

由此可见，若极限误差缩小而其他条件不变时，概率保证程度将会降低。

三、抽样单位数目的确定

抽样单位数目的大小，是决定抽样误差大小的主要因素之一，抽样单位数目越多，抽样误差越小，反之，抽样误差越大。但是，抽样单位数目过多，就会造成人力、物力和财力浪费；抽样单位数目太少，抽样误差又会增大，使抽样总体失去代表性，降低抽样推断的质量。因此在抽样推断工作中,如何确定必要的抽样单位数目非常重要。一般来说,确定必要的抽样单位数目的原则是:在保证抽样推断能达到预期的可靠程度和精确程度的要求下,抽取的样本单位数目不必过多。

1. 确定抽样单位数目的公式　在纯随机抽样条件下,抽样单位数目的计算公式如表4-7:

表4-7　纯随机抽样条件下抽样单位数目的计算公式

抽样方法	平均数的抽样数目	成数的抽样数目
重复抽样	$n = \dfrac{t^2 \sigma_{\bar{x}}^2}{\Delta_{\bar{x}}^2}$	$n = \dfrac{t^2 p(1-p)}{\Delta_p^2}$
不重复抽样	$n = \dfrac{t^2 \sigma_{\bar{x}}^2 N}{N \Delta_{\bar{x}}^2 + t^2 \sigma_{\bar{x}}^2}$	$n = \dfrac{t^2 p(1-p) N}{N \Delta_p^2 + t^2 p(1-p)}$

[例4.9] 在某城市组织职工家庭生活水平抽样调查中,根据历史经验,已知职工家庭人均月生活费收入的标准差为10.2元,要求抽样推断把握程度为95.45%,职工家庭人均月生活费收入的允许误差为2元,问需要抽选多少户进行调查?

解:已知:$\sigma_{\bar{x}} = 10.2$ 元,$t = 2$,$\Delta x = 2$ 元

重复抽样时,抽样单位数目为:

$$n = \frac{t^2 \sigma_{\bar{x}}^2}{\Delta_{\bar{x}}^2} = \frac{2^2 \times 10.2^2}{2^2} = 104(户)$$

即抽选104户进行调查。

[例4.10] 某企业日产10000件产品,据以往的生产情况,可知产品的一级品率为90%,要求一级品率的抽样极限误差不超过2%,可靠程度为95.45%,试问需要抽多少单位?

解:已知:$N = 10000$ 件,$P = 90\%$,$\Delta P = 2\%$,$t = 2$

根据公式可得:

$$n = \frac{t^2 p(1-p)}{\Delta_p^2} = \frac{2^2 \times 0.9 \times 0.1}{0.02^2} = \frac{0.36}{0.0004} = 900(件)$$

即需要抽选900件产品进行调查。

2. 影响抽样单位数目的因素　从确定必要的抽样单位数目的公式中,不难看出影响抽样单位数目多少的因素主要有:

(1) 受极限误差的影响。抽样单位数目与允许的抽样极限误差的平方成反比。即抽样调查所允许的抽样极限误差越小,必要的抽样单位数目就越多;反之,必要的抽样单位数目就越少。

例如,在其他条件不变的情况下,要使极限误差缩小一半,抽样数目要增加为原来的4倍。反之,允许极限误差扩大一倍,则抽样数目可减少为原来的1/4。如前面[例4.9]中的城市职工家庭生活水平抽样调查,若要极限误差减少一半,即 $\Delta_{\bar{x}} = 1$ 元,则

抽样单位数目：

$$n = \frac{2^2 \times 10.2}{1^2} = 416(户)$$

计算结果应抽数目为 416 户，是原来 104 户的 4 倍。

（2）受抽样要求的可靠程度影响。抽样单位数目与抽样推断的可靠程度成正比。即要求抽样推断的可靠程度越大，那从总体中抽取的样本单位数目也就越多；反之，必要的抽样单位数目就越少。

（3）受方差的影响。抽样单位数目与方差的大小成正比。即方差（或总体标志变异程度）越大，则抽样单位数目就越多；反之，必要的抽样单位数目越少。

第五节 抽样资料的推断

抽样推断的最终目的是要用抽样指标去推断全及指标。这种推断主要包括两方面：一方面用抽样平均指标去推算全及平均指标或用抽样成数去推断全及成数；另一方面用抽样指标去推断全及总体的总量指标（总体总量或标志总量），或用抽样资料检查全及总体总量指标的准确性。前者在本章第四节的抽样估计方法中已介绍过，不再重复。这里重点介绍后者，现分述如下。

一、用抽样指标推断全及总体总量指标

用抽样指标推断全及总体总量指标有两种方式：一种是不考虑抽样误差的方式；另一种是考虑抽样误差的方式。

1. 不考虑抽样误差 即采用前面所讲的点估计的方法，直接利用抽样平均指标或成数，乘以全及总体单位数求得全及总体总量指标。

全及总体总量指标 = 抽样指标 × 全及总体单位数

[例 4.11] 对 10 万只灯泡进行抽样调查中，得知样本的合格率为 90%，则可推算出 10 万只灯泡的合格品数量为：

$$100000 \times 90\% = 90000（只）$$

这种推算方法不是很准确，且不知道可靠程度有多大，所以一般在只需要掌握大致情况的条件下才采用。

2. 考虑抽样误差 它是指在推算全及总体总量指标时，应当考虑抽样误差。这种推算是在抽样区间估计方法的基础上进行的，故推算出来的全及总体总量指标是在一定的可靠程度保证下的区间范围。

[例 4.12] 某城市随机抽选 100 户居民，经调查有 36 户拥有彩色电视机，又知道抽样户是总户数的千分之一，当把握程度为 95.45% 时，试估计该城市居民拥有彩色电视机的户数范围。

解：已知 $n = 100$，$n_1 = 36$，$n/N = 1/1000$，

$N = 100000$ 户，$t = 2$

$P = n_1/n = 36/100 = 0.36$

$$\mu_p = \sqrt{\frac{p(1-p)}{n}\left(1-\frac{n}{N}\right)} = \sqrt{\frac{0.36\times(1-0.36)}{100}\times\left(1-\frac{1}{1000}\right)} = 0.048$$

$\Delta_p = t\mu_p = 2\times 0.48 = 0.096$

置信区间下限：$P - \Delta_P = 0.36 - 0.096 = 0.264$

置信区间上限：$P + \Delta_P = 0.36 + 0.096 = 0.456$

户数下限：$100000\times 0.264 = 26400$（户）

户数上限：$100000\times 0.456 = 45600$（户）

∴ 以95.45%的概率保证程度，估计该城市拥有彩色电视机的户数在26400~45600户之间。

二、用抽样指标对全及总体总量指标进行修正

用抽样指标对全及总体总量指标进行修正，统计上称为修正系数法，这种方法一般是指在对研究总体进行全面调查后，已掌握总体的总量指标，为了检查这些总量指标的准确性，便利用抽样调查方法，将抽样调查所得资料与全面调查的资料对比，确定差额的百分比，然后再以此来推算全及总体总量指标，再对全面调查资料进行修正。

应用这种方法来推断，首先要计算差错比率，公式如下：

$$差错比率 = \frac{抽样复查登记数 - 抽样总体全面调查登记数}{抽样总体全面调查登记数}$$

$$= \frac{抽样总体的遗漏登记数 - 抽样总体的重复登记数}{抽样总体的全面调查登记数}$$

$$= 遗漏比率 - 重复比率$$

其次，求出修正系数，计算公式：

$$修正系数 = 1 + 差错比率$$

最后，利用修正系数修正总体的全面调查资料：

$$已修正的全面调查资料 = 未修正的全面调查资料\times 修正系数$$

[例4.13] 对某市进行人口普查得知全市普查登记人口数为5006000人，现对部分街区进行抽样复查，资料如表4-8：

表4-8 抽样复查表

全市普查登记人口总数	抽样复查				
	全面登记人口数	抽样结果		差错人口数	差错比率
		遗漏人数	重复人数		
5006000	150000	378	196	182	0.0012

差错比率 $= \dfrac{378-196}{150000} = 0.0012$ 或 0.12%

修正系数 $= 1 + 0.0012 = 100.12\%$

修正后人口数 $= 5006000\times 100.12\% = 5012007$（人）

★ 人物小传之四

卡尔·皮尔森

被公认为统计学之父的卡尔·皮尔森（K. Pearson, 1857—1936），1879 年毕业于剑桥大学数学系，曾参与激进的政治活动，出版了几本文学作品，并且做了三年的实习律师。1884 年进入伦敦大学学院（University College, London），教授数学与力学，从此待在该校一直到 1933 年。他不仅是统计学家、数学家，而且是生物学家、农业家。他对统计学的主要贡献有：

1. 变异数据的处理。皮尔森首先探求处理数据的方法，他所首创的频数分布表与图，如今已成为统计方法中最基本的手段之一。

2. 分布曲线的选配。19 世纪以前，人们认为频数分布最终都表现为正态分布曲线。1894 年，他在《关于不对称频率曲线的分解》一文中首先把非对称的观察曲线分解为几个正态曲线。他利用所谓"相对斜率"的方法得到 12 种分布函数型，其中包括正态分布、矩形分布、J 型分布、U 型分布和钟型分布等。

3. 卡方检验的提出。1900 年皮尔森独立地重新发现了 χ^2 分布，并提出了有名的卡方检验法（Test of χ^2）。后经 R. 费歇尔补充，成为小样本推断统计的早期方法之一。

4. 回归与相关的发展。回归与相关，这两个出自于生物统计学领域的概念，便被皮尔森推广为一般统计方法论的重要概念。在 1897—1905 年，皮尔森还提出复相关、总相关和相关比等概念。不仅发展了高尔登的相关理论，还为之建立了数学基础。

★ 案例讨论

关于汽车传动系统的抽样调查

Metropolitan Research 有限公司是一家消费者研究组织，它设计调查，对消费者所使用的大量的产品和服务进行评估。在某一项研究中，Metropolitan 调查消费者对底特律某一个主要制造商所生产的汽车的性能的满意程度。分发给该制造商所生产的一种最大型号小汽车用户的调查表表明，许多人抱怨该车刚开始传动系统不佳。为了更好地了解传动系统的问题，Metropolitan 采用由底特律地区一个修理企业所提供的实际传动系统的维修记录为样本。下表数据是 50 辆汽车传动系统出现故障时所行驶的实际里程的数据：

85092	32609	59465	77437	32534	64090	32464	59902	39323	89641
94219	116803	92857	63436	65605	85861	64342	61978	67998	59817
101769	95774	121352	69568	74376	66998	40001	72069	25066	77098
69922	35662	74425	67202	118444	53500	79294	64544	86813	116269
37831	89341	73341	85288	138114	53402	85586	82256	77539	88798

请讨论：

（1）用适当的描述统计量汇总传动系统数据。

（2）求曾经出现过传动系统问题的汽车总体中在出现传动系统问题时所行驶里程

的均值的 95% 置信区间，并对该区间估计做出管理上的解释。

（3）如果研究公司想在 5000 英里的允许误差下，估计出现传动系统问题时所行驶里程的均值，则置信度为 95% 时应选取多大的样本容量？

（4）为了更全面地对该传动系统问题做出评价，你还需要收集一些其他什么样的信息？

★ 练习与思考

一、判断题

1. 抽样误差可以事先计算并加以控制。（　　）
2. 抽样调查必须遵循随机原则。（　　）
3. 某工厂连续生产，在一天中每隔半小时取出 1 分钟的产品进行全部检查，这属于等距抽样。（　　）
4. 在随机重复抽样的情况下，要使抽样误差减少一半（其他条件不变），则样本单位数必须增加 2 倍。（　　）
5. 抽样极限误差总是大于抽样平均误差。（　　）

二、单项选择题

1. 在抽样调查中，无法避免的误差是（　　）。
   A. 登记性误差　　　　B. 极限误差
   C. 系统性误差　　　　D. 抽样误差
2. 抽样单位数与抽样误差的关系为（　　）。
   A. 正比　　　　　　　B. 反比
   C. 相等　　　　　　　D. 无关
3. 计算抽样误差时，有若干样本标准差的资料，应根据（　　）计算。
   A. 最大的一个　　　　B. 最小的一个
   C. 中间一个　　　　　D. 平均数
4. 根据重复抽样的资料，甲单位工人工资方差为 25，乙单位为 100，乙单位人数比甲单位人数多 3 倍，则抽样误差（　　）。
   A. 甲单位较大　　　　B. 无法判断
   C. 乙单位较大　　　　D. 相同
5. 在抽样调查中，（　　）。
   A. 既有登记性误差，也有代表性误差
   B. 只有登记性误差，没有代表性误差
   C. 只有代表性误差，没有登记性误差
   D. 既无登记性误差，也无代表性误差

三、多项选择题

1. 简单随机抽样抽取样本的方法有（　　）。
   A. 手工抽样　　　　　B. 机械摇号
   C. 随意抽取　　　　　D. 典型抽取

E. 随机数表抽取
2. 抽样推断的组织形式有（　　）。
　　A. 重复抽样　　　　　　B. 不重复抽样
　　C. 随机抽样　　　　　　D. 类型抽样
　　E. 等距抽样　　　　　　F. 整群抽样
3. 用抽样指标估计总体指标的优良标准是（　　）。
　　A. 无偏性　　　　　　　B. 一致性
　　C. 同质性　　　　　　　D. 有效性
　　E. 随机性
4. 影响抽样误差的主要因素有（　　）。
　　A. 抽样单位数　　　　　B. 抽样方法
　　C. 总体单位数　　　　　D. 抽样组织形式
　　E. 总体被研究标志的变异程度
5. 在抽样推断中，（　　）。
　　A. 全及总体是唯一确定的
　　B. 全及指标只能有一个
　　C. 样本指标是唯一确定的
　　D. 样本指标是随机的
　　E. 全及指标是随机的

四、问答题
1. 什么是抽样推断？它有何特点和作用？
2. 抽样误差与一般的统计误差有什么不同？
3. 什么是抽样平均误差？影响抽样平均误差的主要因素有哪些？
4. 计算抽样平均误差时，如果不掌握总体方差，通常采用哪几种解决办法？
5. 抽样估计有哪些特点？其优良标准是什么？
6. 抽样极限误差、概率度和抽样平均误差三者之间有何关系？概率度和概率之间有何关系？
7. 常用的抽样组织形式有哪几种？各有何特点？
8. 影响必要抽样数目的主要因素有哪些？

五、实践能力训练题
1. 某地外贸公司对进口的一种物品（2000件）的重量进行抽样检验，按不重复抽样的方法抽检了100件，分组整理的结果为：

每件重量（克）	件数（件）
140～150	10
150～160	30
160～170	40
170～180	20

试以 0.9594 的概率估计该种物品（2000 件）的平均重量的区间范围。

2. 某电子元件厂，随机抽选 100 个元件检验，其中有 4 个元件为废品，又知抽样数是产品总数的千分之一，若以 95.45% 的概率保证，试估计该厂生产的电子元件的废品率范围。若极限误差减少一半，其他条件不变，在重复抽样的情况下，需抽多少个元件检验？在不重复抽样的情况下又如何？

3. 某年某月糖烟酒公司库存一批水果罐头 100000 罐，按纯随机抽样取 1000 罐进行质检，发现有 20 罐为变质，当概率为 0.9545 的条件下，估计这批罐头中有多少变质？

4. 对某地区 15000 户职工进行家庭收入情况的调查，现已知职工家庭收入标准差为 0.401 元，在给定的极限抽样误差不超过 0.05 元的情况下，试问要求把握度不低于 99.73%，按纯随机不重复抽样应当调查多少户？

5. 据《大连晚报》报道，2005 年大连市妇产医院对全市 278 个单位的 19264 名妇女进行妇科病调查，疾病检出率高达 85.01%，八成以上职业女性健康被亮起了红灯。据介绍，大连市现有适龄调查妇女 144 万人。试以 95.45% 的概率估计 2005 年大连市适龄调查妇女患病人数。

6. 某参展商在展销会期间进行商情调查，抽取一个样本，估计当地用户喜欢展出的一种新产品的总体比率。若要求误差不超过 2 个百分点，并以 95.45% 的概率作保证，应抽取多少样本单位？

第五章 动态数列分析法

本章导读：利用历史资料编制动态数列，并根据动态数列分析社会经济现象数量方面的变化过程，认识它的发展规律是统计分析的重要方法。本章详细讲述了动态数列的编制方法和分析方法。

★ **知识目标**：通过本章的学习，应了解动态数列的概念、种类及编制原则，熟练掌握动态数列的各项分析指标及计算方法。

★ **能力目标**：能结合社会经济现象的实际数据，进行动态分析，认识现象发展的特点和规律。

第一节 动态数列概述

一、动态数列及其用途

动态数列（Times Series）是将不同时间的统计数据按照时间的先后顺序排列起来而形成的统计数列，也叫时间数列或时间序列。将广东省某市2000—2005年的社会商品零售总额按照时间顺序排列，就形成了表5-1的动态数列。

表5-1 某市2000—2005年社会商品零售总额资料　　　　　　　　　单位：万元

年份	2000	2001	2002	2003	2004	2005
社会商品零售总额	46767	59022	72007	79980	86537	95402
其中：贸易业	26006	36020	46009	50236	52886	58328

动态数列有两个最基本的构成要素：一是时间顺序；二是不同时间的统计数据，又称发展水平。

动态数列主要有如下的用途：

（1）动态数列可以描述现象在具体的时间条件下的发展状况和结果。

（2）利用动态数列资料可进行各种动态对比分析，研究现象发展变化的方向和程度。

（3）利用动态数列，可以分析现象的发展变化趋势及其规律，比如事物发展的长期趋势、季节变动规律等。

（4）利用动态数列，根据对现象发展变化趋势与规律的分析可以进行动态预测。如图5-1是我国2002—2007年上半年农民人均现金收入变动情况，我们可以根据农民人均现金收入变动的趋势预测2008年（或2009年）农民人均现金收入的状况。

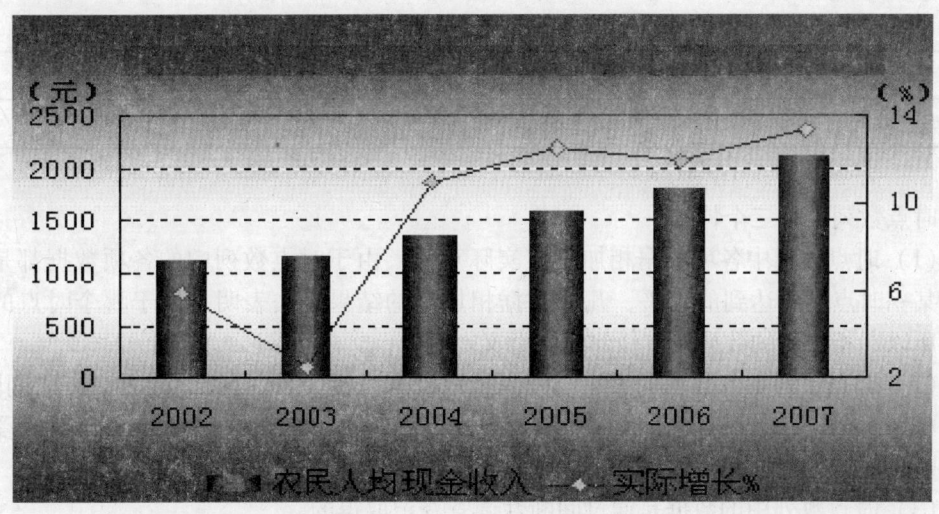

图 5-1　2002—2007 年上半年农民人均现金收入变动情况

二、动态数列的种类

根据动态数列中统计数据的表现形式不同，可以把动态数列分为绝对数动态数列、相对数动态数列和平均数动态数列三种，其中，绝对数动态数列是最基本的数列，相对数动态数列和平均数动态数列是派生数列。

（一）绝对数动态数列

绝对数动态数列是将一系列同类的统计绝对数按照时间先后顺序排列起来而形成的统计数列。实际工作中，不同时期的增减量按照时间顺序排列也称为绝对数动态数列。

由于统计绝对数有时期指标和时点指标之分，所以，绝对数动态数列又分为时期数列和时点数列两种。

1．时期数列　时期数列（Period Series）中的统计数据都是时期指标，是现象在各个时期发展过程的累计总量。表 5-1 就是时期数列。

时期数列有以下三个特点：

（1）不同时期的统计数据相加具有实际意义。相加后的结果显示现象在更长时期内发展过程的累计总量。

（2）数列中统计数值的大小与时期长短有直接的关系。"时期"指每一个统计数值所涉及的时间长度，即它的计算期。表 5-1 中的时期都是一年。一般来说，时期越长，数据越大。

（3）数列中的统计数据是通过连续不断的登记而得到的。

2．时点数列　时点数列（Time Point Series）中的统计数据都是时点指标，是现象在各个时点所表现的发展水平。表 5-2 的方正科技股票在 2007 年第五周的收盘价格资料就是时点数列。

表 5-2　方正科技股票的收盘价格表

日期	1月28日	1月29日	1月30日	1月31日	2月1日
收盘价格（元）	5.36	5.58	5.68	5.92	5.90

时点数列也有三个特点：

（1）时点数列中各项数据相加没有实际意义。由于时点数列中的各项数据都是事物在某一时点上所达到的水平，几个数据相加后的结果无法表明是属于哪个时点的数据，所以，相加后的数据没有任何实际意义。

（2）时点数列中各数据的大小与间隔长短没有直接关系。在时点数列中，"间隔"是指相邻两个时点之间的时间长度。数据的大小受事物本身增减变化的影响，而不受时点间隔长短的影响。

（3）时点数列中的数据是通过间断性调查登记取得的。

（二）相对数动态数列

相对数动态数列（Relative Time Series）是将一系列同类的统计相对数按照时间的先后顺序排列所形成的动态数列，用以反映事物之间对比关系的变化情况。表 5-3 中列举了三个相对数动态数列。

表 5-3　某企业 2000—2005 年的部分资料

年份	2000	2001	2002	2003	2004	2005
劳动生产率(元/人)	15715	15730	15786	15915	16314	16435
产品销售率(%)	94.78	94.54	94.65	94.81	95.46	95.81
流动资产周转率(次)	1.52	1.45	1.56	1.54	1.56	1.58

（三）平均数动态数列

平均数动态数列（Average Times Series）是由一系列统计平均数按时间的先后顺序排列而形成的动态数列，用以反映事物一般水平的变化过程和发展趋势。表 5-4 的资料就是平均数动态数列。

表 5-4　某企业 2001—2005 年职工年平均工资资料

年份	2001	2002	2003	2004	2005
平均工资（元）	10266	11620	13120	15660	17266

三、动态数列的编制原则

编制动态数列就是为了对客观现象进行动态分析，以认识现象的发展变化过程及其规律。而对比分析是动态数列分析的主要方法之一。为此，需要保证动态数列中各项数据具有可比性，这是编制动态数列的基本原则。贯彻动态数列的可比性原则，可通过以下几个具体方面来实现。

(一) 时间长度应一致

这里的时间有两种含义：一是数据本身所涉及的时间长度；二是各数据之间的时间间隔长度。

对于时期数列，应尽量保持数据在时期长短和时期间隔两个方面的一致性，这样才便于对数列中的数据进行直接的比较分析。当然，有时为了满足特殊研究目的的需要，也可编制时期不等或间隔不等的动态数列。

对于时点数列，应尽量保持时点之间间隔长短的一致性，以便于数据的直接比较分析。在实际工作中，有时也会由于特殊的原因而编制间隔不等的时点数列。

(二) 总体范围要一致

在编制动态数列时，各个数据所属的空间范围必须一致。这里的空间范围主要指地区管辖范围和部门所属范围。如果总体范围前后发生了变化，那么，数列中的数据就不能前后直接比较，必须经过调整统一后才能进行比较分析。比如，有些地方的行政区划发生了变化，那么，这些地方在区划变化前后的统计数据就不能直接对比。

(三) 数据内容要一致

统计数据反映了一定质的内容，只有相同具体内容的数据才能直接比较。随着客观情况的变化，有些数据的具体内容也会发生变化。比如，1994 年，我国的税收体系作了很大的调整，有的税种合并了，有的税种取消了（间接税等），有的税种调整了（比如新约个人所得税是原来的个人所得税与个人收入调节税、个体工商业户所得税之和），同时，又增加了新的税种（比如土地增值税、消费税等就是新增加的税种）。这样，在编制我国 1990—2006 年税收总额动态数列并进行历史对比分析时，就应该对税收总额的计算口径进行调整，使 1994 年前后的税收总额的经济内容保持一致，以便于可以根据数列中的数据直接进行对比分析。

(四) 数据的计算要一致

有的统计数据有多个计算方法，在同一个动态数列中，所有数据应采用同一个计算方法计算，否则，数列就不具有可比性。在编制价值指标动态数列时，会遇到计算价格不一致的情况，如产值指标就有现行价格产值和不变价格产值之分，进出口贸易中的货物有到岸价格和离岸价格之分，等等。同一动态数列中的数值应采用同一种价格，才能保证数据的可比性。在编制动态数列时，还要保持所有统计数据采用同样的计量单位，以保证计量单位的一致性。

第二节 动态分析水平指标

一、发展水平和增长量

(一) 发展水平

发展水平（Developing Level）是动态数列中各具体时间条件下的数值，反映事物的发展变化在一定时期内或时点上所达到的水平。发展水平是计算其他所有动态分析指标的基础，用符号 a 表示。

发展水平可以表现为统计绝对数,称为绝对水平;也可以表现为统计相对数,称为相对水平;还可以表现为统计平均数,称为平均水平。

根据发展水平在动态数列中的位置不同,发展水平有最初水平、中间水平和最末水平三种。在同一动态数列中,最早出现的发展水平称为最初水平,用符号 a_0 表示;最晚出现的发展水平称为最末水平,用符号 a_n 表示;其余所有中间时间的发展水平称为中间水平,用符号 a_1,a_2,a_3,…,a_{n-1} 表示。

在对动态数列中的发展水平进行比较分析时,通常将要分析研究的那个时期的发展水平称为报告期水平,将作为比较基础时期的发展水平称为基期水平。

(二) 增长量

动态数列中不同时间的发展水平之差称为增长量。若报告期水平与基期水平之差为正数,则表明现象发展呈增长(正增长)状态,若报告期水平与基期水平之差为负数,则表明现象发展呈下降(负增长)状态。

由于基期的选择不同,增长量有逐期增长量和累计增长量两种。逐期增长量是报告期水平与前期水平之差,表明现象逐期增长的数量大小。累计增长量是报告期水平与历史上某一固定基期的水平之差,表明现象经过较长一段时间发展的总增长数量。

动态数列中,各逐期增长量之和等于相应的累计增长量。

二、平均发展水平

将动态数列中各个发展水平加以平均而得到的平均数称为平均发展水平(Average Developing Level),用以反映现象在一段时间内发展变化所达到的一般水平。平均发展水平又称序时平均数,也叫动态平均数。

序时平均数与静态平均数不同。序时平均数是根据动态数列对事物在不同时间的数量差异进行抽象而计算的平均化的数据,是以时间为单位而计算的,它从动态上说明了现象在不同时间发展变化的一般水平。而静态平均数是根据变量数列对总体单位之间的数量差异进行抽象而计算的平均化的数据,是以总体单位为单位计算的,它从静态上说明了现象总体中各单位在同一时间上变量值的一般水平。

平均发展水平可以根据任何一种动态数列计算,但从计算方法上讲,根据绝对数动态数列计算平均发展水平是最基本的方法,是计算相对数动态数列平均发展水平和平均数动态数列平均发展水平的基础。

(一) 根据绝对数动态数列计算平均发展水平

绝对数动态数列有时期数列和时点数列之分,其平均发展水平的计算方法是不同的。

1. 由时期数列计算平均发展水平　根据时期数列计算平均发展水平,一般直接采用简单算术平均法计算,即将观察期内的各时期数据相加,再除以相应的时期数。用公式表示为:

$$\bar{a} = \frac{a_1 + a_2 + \cdots + a_n}{n} = \frac{\sum a}{n}$$

式中:$\bar{a}$ 表示平均发展水平,a_1,a_2,…,a_n 表示各时期的发展水平,n 表示时期项数(发展水平的个数)。

[例 5.1] 根据表 5-1 的资料，计算某市 2001—2005 年期间每年的平均社会商品零售总额。

解：

$$\bar{a} = \frac{\sum a}{n} = \frac{59002 + 72007 + 79980 + 86537 + 95402}{5}$$

$$= \frac{392948}{5} = 78589.6（万元）$$

即：某市 2001—2005 年期间平均每年的社会商品零售总额为 78589.6 万元。

2. 由时点数列计算平均发展水平 时点数列有连续时点数列和间断时点数列两种，而每一种又各有两种表现形式，计算时要区别对待。

（1）由连续时点数列计算平均发展水平。连续时点数列是将逐日登记的资料按照时间先后顺序排列而形成的动态数列。总的来说，根据连续时点数列计算平均发展水平，就是将各个时点的数据相加再除以时点数，采用算术平均法计算。如果数据未分组，则采用简单算术平均法，如果数据已分组，则采用加权算术平均法。

[例 5.2] 根据某企业 8 月份的产品库存量资料，计算其 8 月份的平均库存量，计算详见表 5-5。

表 5-5 某企业 8 月份产品平均库存量计算表

日 期	1~9	10~16	17~21	22~24	25~31	合计
库存量（公斤）a	245	230	241	257	263	—
天数（天）f	9	7	5	3	7	31
af	2205	1610	1205	771	3941	9732

$$\bar{a} = \frac{\sum af}{\sum f} = \frac{9732}{31} = 313.94（公斤）$$

即该企业 8 月份的产品平均库存量为 313.94 公斤。

（2）由间断时点数列计算平均发展水平。间断时点数列指的是间隔一段时间对现象在某一时点上所表现的状况进行一次性登记，并将登记的数据按照时间先后顺序排列所形成的动态数列。实际工作中，登记日常常是在期初或期末，如月初或月末、季初或季末、年初或年末等。

由于间断时点数列只有期初或期末的数据，其他时点没有数据，所以，计算间断时点数列平均发展水平一般要采用两个假设条件：一个条件是假设上期末水平等于本期初水平，另一个条件是假设现象在间隔期内的数量变化是均匀的。

根据上述两个假设条件，对间断时点数列计算平均发展水平的一般步骤是：

第一步：计算各间隔期的平均数。

第二步：以间隔期的长度为权数，对各间隔期的平均水平再进行平均计算，得到动态数列的平均发展水平。

由于间断时点数列的间隔期有的相等，有的不相等，所以，计算平均发展水平的具体处理方法也不相同。

1）等间隔时点数列的平均发展水平。由于等间隔时点数列的间隔期是相等的，所以权数的作用就没有了，因而，在不考虑权数的前提下，只需将各间隔期的平均水平再进行简单平均即可，公式为：

$$\bar{a} = \frac{\frac{a_1 + a_2}{2} + \frac{a_2 + a_3}{3} + \cdots + \frac{a_{n-1} + a_n}{2}}{n - 1}$$

即：

$$\bar{a} = \frac{\frac{a_1}{2} + a_2 + a_3 + \cdots + \frac{a_n}{2}}{n - 1}$$

上述公式通常称为"首末折半法"。

[例5.3] 我国1996—2001年期间的年末人口数资料见表5-6，试求我国1997—2001年间的平均人口数。

表5-6 我国1996—2001年期间的年末人口资料　　　　　　　单位：万人

年份	1996	1997	1998	1999	2000	2001
年末人口数	122389	123626	124761	125786	126743	127627

资料来源：《中国统计摘要2002》，中国统计出版社，第35页。

解：

$$\bar{a} = \frac{\frac{a_1}{2} + a_2 + a_3 + \cdots + \frac{a_n}{2}}{n - 1}$$

$$= \frac{\frac{122389}{2} + 123626 + 124761 + 125786 + 126743 + \frac{127627}{2}}{6 - 1}$$

$$= \frac{625924}{5} = 125184.8（万人）$$

即：我国1997—2001年期间的平均人口数为125184.8万人。

2）不等间隔时点数列的平均发展水平。由于不等间隔时点数列的间隔期是不相等的，所以权数的作用就显现出来了，因而需要以间隔期长度为权数。对各间隔期的平均水平再进行加权平均计算，才能得到动态数列的平均发展水平。公式为：

$$\bar{a} = \frac{\frac{(a_1 + a_2)f_1}{2} + \frac{(a_2 + a_3)f_2}{2} + \cdots + \frac{(a_{n-1} + a_n)f_{n-1}}{2}}{\sum f}$$

上述公式通常称为"序时平均法"。

[例5.4] 某牧场2006年各统计时点的绵羊存栏头数资料见表5-7，试计算该牧场2006年的平均绵羊存栏头数。

表5-7　某牧场2006年各统计时点的绵羊存栏头数　　　　单位：头

统计时点	1月1日	4月1日	6月1日	9月1日	12月31日
存栏头数	1568	1852	1954	1646	1462

解：

$$\bar{a} = \frac{\frac{(a_1+a_2)f_1}{2}+\frac{(a_2+a_3)f_2}{2}+\cdots+\frac{(a_{n-1}+a_n)f_{n-1}}{2}}{\sum f}$$

$$= \frac{\frac{(1568+1852)\times 3}{2}+\frac{(1582+1954)\times 2}{2}+\frac{(1594+1646)\times 3}{2}+\frac{(1646+1462)\times 4}{2}}{3+2+3+4}$$

$$= 1712.7（头）$$

即：该牧场2006年绵羊平均存栏1712.7头。

这里需要注意，由于我们的两个假设条件与实际情况有差异，所以，根据间断时点数列计算的各间隔期平均数只是个近似值，它与实际平均数之间是有差距的。而且，从上面的例子可以看出，间隔期越长，权数就越大，其平均数对动态数列的总平均水平的影响就越大。因此，为了使计算结果尽量反映实际情况，间断时点数列的间隔期不宜过长。

（二）根据相对数动态数列计算平均发展水平

相对数动态数列计算平均发展水平时，一般都按以下程序进行：

第一步：计算作为相对数分子的动态数列的平均发展水平；

第二步：计算作为相对数分母的动态数列的平均发展水平；

第三步：将分子和分母的平均水平加以对比，计算相对数动态数列的平均发展水平。

设有相对数 $c = a/b$，则相对数动态数列平均发展水平的计算公式为：

$$\bar{c} = \frac{\bar{a}}{\bar{b}}$$

[**例**5.5] 某企业第一季度各月商品零售额计划完成百分比的资料见表5-8，求该企业第一季度月商品零售额平均计划完成程度。

表5-8　某企业第一季度各月商品零售额计划完成百分比

	1月	2月	3月
a. 实际商品零售额（万元）	250	300	400
b. 计划商品零售额（万元）	250	312	350
c. 计划完成（%）	100	96.2	114.2

由于实际商品零售额和计划商品零售额都是时期数列，所以都采用简单算术平均法计算平均商品零售额。

第一季节月商品零售额平均计划完成程度：

$$\bar{c} = \frac{\bar{a}}{\bar{b}} = \frac{\frac{\sum a}{n}}{\frac{\sum b}{n}} = \frac{\sum a}{\sum b} = \frac{250+300+400}{250+312+350} = \frac{950}{912} = 1.042 = 104.2\%$$

[例5.6] 某商场2006年第三季度售货人员数、职工人数及构成资料如表5-9，计算该商场第三季度售货人员数占全部职工人数的平均比重。

表5-9 某商场2006年第三季度售货人员数、职工人数及构成

	6月末	7月末	8月末	9月末
售货员人数（人）	217	225	232	282
职工人数（人）	290	292	300	360
售货人员数占全部职工人数的比重（%）	74.8	77.1	77.3	78.3

由于售货员人数和职工人数都是间隔相等的时点数列，所以都采用"首末折半法"计算平均人数。

解：售货人员数占全部职工人数的比重

$$\bar{c} = \frac{\bar{a}}{\bar{b}} = \frac{\dfrac{\dfrac{a_1}{2}+a_2+\cdots+\dfrac{a_n}{2}}{n-1}}{\dfrac{\dfrac{b_1}{2}+b_2+\cdots+\dfrac{b_n}{2}}{n-1}} = \frac{\dfrac{a_1}{2}+a_2+\cdots+\dfrac{a_n}{2}}{\dfrac{b_1}{2}+b_2+\cdots+\dfrac{b_n}{2}}$$

$$= \frac{\dfrac{217}{2}+225+232+\dfrac{282}{2}}{\dfrac{290}{2}+292+300+\dfrac{360}{2}} = \frac{706.5}{917.0} = 0.77 = 77\%$$

即2006年该商场第三季度售货人员数占全部职工人数的平均比重为77%。

[例5.7] 某百货大厦2006年第一季度各月商品流转速度资料如表5-10，求2006年第一季度月平均商品流转次数和季平均商品流转次数。

表5-10 某百货大厦2006年第一季度各月商品流转速度

	上年年末	1月	2月	3月
a. 商品销售额（万元）	—	60	71	96
b. 月末商品库存额（万元）	30	35	38	40
c. 商品流转次数（次）	—	1.85	1.95	2.46

解：第一季度月平均商品流转次数为：

$$\bar{c} = \frac{\bar{a}}{\bar{b}} = \frac{\dfrac{\sum a_n}{n}}{\dfrac{\dfrac{b_1}{2}+b_2+\cdots+\dfrac{b_{n+1}}{2}}{n}} = \frac{\sum a_n}{\dfrac{b_1}{2}+b_2+\cdots+\dfrac{b_{n+1}}{2}} = \frac{60+71+96}{\dfrac{30}{2}+35+38+\dfrac{40}{2}} = \frac{227}{108}$$

$= 2.1(次)$

季平均商品流转次数 $= \bar{c} \cdot n = 2.1 \times 3 = 6.3(次)$

或:

$$\bar{c} = \frac{\sum a_n}{\bar{b}} = \frac{\sum a_n}{\dfrac{\dfrac{b_1}{2}+b_2+\cdots+\dfrac{b_{n+1}}{2}}{n}} = \frac{60+71+96}{\dfrac{\dfrac{30}{2}+35+38+\dfrac{40}{2}}{3}} = \frac{227}{\dfrac{108}{3}} = 6.3(次)$$

（三）根据平均数动态数列计算平均发展水平

1. 根据静态平均数动态数列计算平均发展水平　静态平均数动态数列是由总体标志总量动态数列和总体单位总数动态数列的对应项相对比而形成的动态数列。其计算平均发展水平的方法与相对数动态数列平均发展水平的计算方法一样，先分别对分子数列和分母数列计算平均数，再将两个动态平均数对比计算平均数动态数列的平均发展水平。

2. 根据动态平均数动态数列计算平均发展水平　动态平均数动态数列是由各时期的平均发展水平按时间顺序排列而形成的动态数列。若间隔期相等，采用简单算术平均数方法计算动态平均数动态数列的平均发展水平；若间隔期不等，则要以间隔期长度为权数，采用加权算术平均数方法计算动态平均数动态数列的平均发展水平。

三、平均增长量

平均增长量用来说明现象在一段时期内平均每期增加或减少的绝对数量。其计算公式为：

$$平均增长量 = \frac{逐期增长量之和}{逐期增长量个数} = \frac{累计增长量}{动态数列项数 - 1}$$

★ 知识拓展

一季度经济增速比上年快 0.4 个百分点

国家统计局 4 月 19 日发布的初步核算数据显示，一季度中国经济同比：全年规模以上工业经济效益综合增长 11.1%，增速比上年全年加快 0.4 个百分点，比上年同期加快 0.7 个百分点。

一季度农业生产形势平稳，今年全国粮食播种面积预计为 10610 万公顷，同比增长 0.5%，连续 4 年增加；全国规模以上工业增加值增 18.3%。

投资增速高位回落，消费增速加快。一季度固定资产投资 17526 亿元，同比增长 23.7%，社会消费品零售总额 21188 亿元，增长 14.9%。

市场物价涨幅上升。一季度，全国居民消费价格总水平同比上涨 2.7%，其中，3 月份同比上涨 3.3%。

——摘自 2007 年 4 月 20 日《广州日报》

第三节 动态分析速度指标

根据动态数列可以计算的速度指标主要有发展速度、增长速度、平均发展速度和平均增长速度。

一、发展速度

发展速度（Speed of Development）是指在两个不同时期发展水平的比值，用以表明现象发展变化的相对程度。其基本计算公式为：

$$发展速度 = \frac{报告期水平}{基期水平}$$

显然，发展速度就是我们在第四章中学过的动态相对数，它通常用百分数表示。发展速度的取值可以大于100%，等于100%，或小于100%，但不会是负值。

由于基期的确定方法不同，发展速度有两种，即环比发展速度和定基发展速度。

（一）定基发展速度

定基发展速度是报告期水平与某一固定时期水平（通常是最初水平）之比，用以反映现象在较长一段时期内总的发展程度，又称"总速度"，用符号表示为：

$$\frac{a_1}{a_0}, \frac{a_2}{a_0}, \frac{a_3}{a_0}, \cdots, \frac{a_n}{a_0}$$

（二）环比发展速度

环比发展速度是报告期水平与前一期水平之比，用以反映现象逐期发展的程度。用公式表示为：

$$\frac{a_1}{a_0}, \frac{a_2}{a_1}, \frac{a_3}{a_2}, \cdots, \frac{a_n}{a_{n-1}}$$

不难看出，环比发展速度和定基发展速度之间存在如下两种换算关系：

（1）环比发展速度的连乘积等于相应的定基发展速度（总速度），即：

$$\frac{a_1}{a_0} \times \frac{a_2}{a_1} \times \frac{a_3}{a_2} \times \cdots \times \frac{a_n}{a_{n-1}} = \frac{a_n}{a_0}$$

（2）相邻两期定基发展速度之商，等于后期的环比发展速度。

另外，在实际工作中，为了消除季节变动的影响，还常计算年距发展速度（Year-distance Speed of Development），用以说明本期发展水平与上年同期发展水平相比所达到的相对程度。计算公式如下：

$$年距发展速度 = \frac{本年本期发展水平}{去年同期发展水平}$$

如某商业中心2005年第四季度销售羽绒服装2054套，2006年第四季度销售羽绒服装3129套，比上年同期增长了1075套（年距增长量，3129 - 2054 = 1075套），是去年同期的152.33%（年距发展速度，3129 ÷ 2054 = 152.33%）。

二、增长速度

增长速度（Increase Speed）是增长量与基期水平的比值，用以反映现象报告期水平比基期水平的增长程度。其基本计算公式为：

$$增长速度 = \frac{增长量}{基期水平}$$

将"增长量 = 报告期水平 - 基期水平"代入上式，可得增长速度与发展速度的关系式：

$$增长速度 = 发展速度 - 1（或100\%）$$

增长速度一般用百分数表示，当增长速度大于 0，表明现象的发展是增长的，当增长速度小于 0，表明现象的发展是下降（负增长）的。

由于基期的确定方法不同，增长速度的具体计算方法也有两种，即环比增长速度和定基增长速度。

定基增长速度是报告期累计增长量与固定基期水平之比，用以反映现象在较长一段时期内总的增长程度，其计算公式为：

$$定基增长速度 = \frac{累积增长量}{固定基期水平} = 定基发展速度 - 1$$

环比增长速度是报告期逐期增长量与前一期水平之比，用以反映现象逐期增长的程度。用公式表示为：

$$环比增长速度 = \frac{逐期增长量}{前期水平} = 环比发展速度 - 1$$

计算和应用增长速度时要注意两个问题：

第一，环比增长速度和定基增长速度之间没有直接的换算关系，如果两者之间要换算，需要通过发展速度的换算关系。如把环比增长速度全部加 1，变成环比发展速度，将所有环比发展速度连乘，得到定基发展速度，再将定基发展速度减去 1，就得到了定基增长速度。

第二，当报告期水平和基期水平表明的是不同方向的数据时，不宜计算增长速度。如某公司基期利润为 -4 万元（亏损），报告期利润为 6 万元（盈利），若套用上述公式计算增长速度，则计算结果为：

$$增长速度 = \frac{6 - (-4)}{-4} = -2.5（倍）$$

这显然与实际情况不相符。对这种情况一般只用文字表达，而不计算增长速度。

另外，在统计实践中，为了消除季节变动的影响，还常计算年距增长速度，计算公式如下：

$$年距增长速度 = \frac{本年本期年距增长量}{去年同期发展水平} = 年距发展速度 - 1$$

例如，某区大力开发旅游资源，2006 年第三季度接待游客 27 万人，比上年同期（19.5 万人）增加了 7.5 万人，增幅达 38.46%（7.5/19.5 = 38.46%）。

三、平均发展速度和平均增长速度

平均发展速度（Average Speed of Development）是各个时间单位的环比发展速度的序时平均数，用以反映现象在较长一段时期内逐期平均发展变化的程度；平均增长速度（Average Increase Speed）是各个时间单位的环比增长速度的序时平均数，用以反映现象在较长一段时期内逐期递增的相对程度,又称递增率或递减率。

平均发展速度和平均增长速度之间存在以下关系:

平均增长速度 = 平均发展速度 – 1(或 100%)

平均发展速度是根据环比发展速度动态数列计算的,但是平均增长速度不是直接根据环比增长速度动态数列计算的,而是在计算出平均发展速度之后,通过上述关系式换算得到的。因此,我们在这里着重介绍平均发展速度的计算方法。

由于我们考察事物发展变化的侧重点不同,计算平均发展速度的方法也不同。实际工作中,一般采用几何平均法计算平均发展速度。

由于各期的环比发展速度的连乘积等于最末期的定基发展速度,根据第四章的计算理论,对环比发展速度计算平均数不能使用算术平均法,而需要采用几何平均法。几何平均法又称为水平法,其特点是:从最初水平 a_0 出发,经过 n 期后,达到最末水平 a_n。水平法计算平均发展速度的公式有:

$$\bar{x} = \sqrt[n]{x_1 \cdot x_2 \cdot x_3 \cdot \cdots \cdot x_n} = \sqrt[n]{\prod x}$$

式中:$\bar{x}$ 是平均发展速度;

x 是环比发展速度;

$\prod$ 是连乘的符号。

$$\bar{x} = \sqrt[n]{\frac{a_n}{a_0}} = \sqrt[n]{R}$$

式中:R 为总速度;

a_n 为最水平;

a_0 为最初水平。

[例 5.8] 某企业 1995 年增加值 200 万元,2000 年为 320.64 万元,计算平均发展速度和平均增长速度。

解:

$$\bar{x} = \sqrt[5]{\frac{a_n}{a_0}} = \sqrt[5]{\frac{320.64}{200}} \approx 109.9\%$$

所以,某企业增加值平均发展速度和平均增长速度分别为 109.9% 和 9.9%。

[例 5.9] 某企业 2001 年实现利润 864 万元,该企业计划到 2006 年利润达到 987 万元,求该企业以平均每年多大的速度递增才能实现目标。

解:

$$\bar{x} = \sqrt[5]{\frac{a_n}{a_0}} = \sqrt[5]{\frac{987}{864}} \approx 102.7\%$$

平均增长速度 = 102.7% – 1 = 2.7%

即企业以 2.7% 的递增速度发展,到 2006 年就可以达到预期的目标。这里有必要指出,用几何平均法计算的平均发展速度只取决于 a_0 和 a_n 的大小,各个中间水平的变化、波动对其没有影响;所以,为提高平均发展速度的代表性,在计算时应注意 a_0 和 a_n 是否受特殊因素的影响,以及中间各期发展水平是否存在增减变化或阶段性波动。

必要时，应以分阶段平均发展速度来补充说明总平均发展速度。

四、增长1%的绝对值

增长速度指标虽然能够说明现象增长的程度，却不能反映现象增长的实际效果。为更全面地对现象的发展实力进行分析，在比较现象的速度指标之外，还要分析现象的增长1%的绝对值。增长1%绝对值是逐期增长量与环比增长速度之比，用以说明现象报告期比基期每增长1%所包含的实际经经济效果，即：

$$增长1\%绝对值 = \frac{逐期增长量}{环比增长速度 \times 100} = \frac{前期水平}{100}$$

[例5.10] 某市的旅游收入1980年为10.22万元，1981年为16.21万元，2005年为258.64万元，2006年为309.3万元，则：

$$1981年环比发展速度 = \frac{16.21}{10.22} = 158.61\%$$

$$1981年增长1\%的绝对值 = \frac{10.22}{100} = 0.1022（万元）$$

$$2006年环比发展速度 = \frac{309.3}{258.64} = 119.59\%$$

$$2006年增长1\%的绝对值 = \frac{258.64}{100} = 2.5864（万元）$$

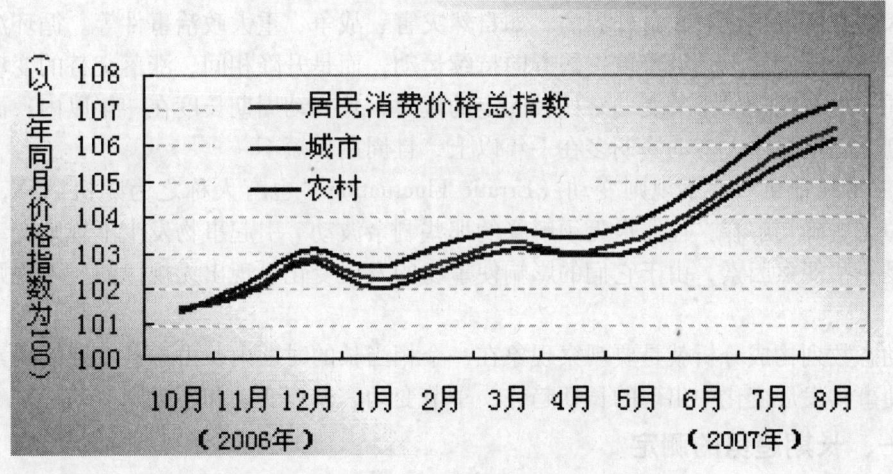

图5-2 2006—2007年全国居民消费价格指数

上述计算可以看出，虽然2006年旅游收入的速度为119.59%，不如1981年的速度158.61%大，但其增长1%绝对值2.5864万元却比1981年的1022元大得多，这说明该市旅游事业的发展水平是提高了，而不是降低了。

第四节 动态数列构成分析

动态数列的形成是各种不同的因素对事物的发展变化共同作用的结果。这些因素概括起来可以归纳为四类：长期趋势因素、季节变动因素、循环变动因素和不规则变动因素，由此造成客观事物的变动呈现出四种不同的状态。

1. **长期趋势**（Long-time Trend） 长期趋势因素是在事物的发展过程中起着主要的、决定性作用的因素，这类因素使得事物的发展水平长期沿着一定的方向发展，使事物的变化呈现出某些长期的变化趋势。如劳动生产率的提高促进了工业的增长，再加上技术与管理的进步和变革，便形成一种经济发展的长期趋势。这种趋势，就整个经济而言，一般是上升的，但对某一工业而言，这种上升的趋势可能有一个新生、成熟、发展以至饱和的各个阶段上升速度不一的经历过程。

2. **季节变动**（Seasonal Fluctuation） 季节变动或称季节波动，是指某些现象由于受自然条件和经济条件的变动影响，而形成的每年重复出现的有规律的周期性变动。如羽绒服装的销售量由于季节的影响而呈现出淡、旺交替变化的周期性变动；某些农产品加工企业，由于受原材料生长季节的影响，其生产也出现季节性变动；等等。季节变动的周期性比较稳定，大多数以一年为一个变动周期。也有不到一年的周期变动，如银行的活期储蓄，在发工资前少，在发工资后多，是以一个月为变动周期的。

3. **循环变动** 循环变动（Cyclical Movement）是指一年以上的周期性变化，其波动是从低到高再从高到低的周而复始的一种循环变动，它实质上是一种不规则的周期。如经济发展呈周期性的波动、自然界农业果树结果数量有大年和小年之分等。形成循环波动的原因，有属于经济内部的，如市场供求变化，原材料的枯竭，新材料、新品种、新技术的开发等；也有来自外界的，如自然灾害、战争、重大政治事件等。循环波动不同于趋势变动，它不是沿着单一的方向持续运动，而是升降相间、涨落交替的变动；它也不同于季节变动，季节变动有比较固定的规律，且变动周期长度在一年以内；而循环变动则无固定规律，变动周期多在一年以上，且周期长短不一。

4. **不规则变动** 不规则变动（Erratic Fluctuation）也有人称之为随机漂移，属于数列中无法确切解释、往往也无须解释的那些剩余波动。引起事物发生不规则变动的因素多是一些偶然因素，由于它们的影响使事物的发展变化呈现出无规律的、不规则的状态。

动态数列构成分析就是要观察现象在一个相当长的时期内，由于各个影响因素的影响，使事物发展变化中出现的长期趋势、季节变动、循环变动和不规则变动。

一、长期趋势的测定

长期趋势分析的任务，就是要反映现象发展变化的长期趋向，掌握现象变化的规律，将长期趋势从动态数列中分离出来，以便更好地测定和分析其余因素的变动。

测定长期趋势的方法有很多，本书介绍主要的三种。

（一）时距扩大法

时距扩大法（Time-distance Enlarged Method）是测定长期趋势最简便的一种方法。它是将原来时距较短的动态数列，加工整理成时距较长的动态数列，以便消除现象因时距较短而受偶然因素影响所引起的不均匀波动。通过扩大时距，可以整理出能呈现事物变动总趋势的新的动态数列。

[例 5.11] 某乡改革开放以来的粮食产量见表 5-11。用时距扩大法反映粮食产量

的长期变化趋势。

从表 5-11 中可以看出,在改革开放以来的 24 年间,该乡各年的粮食产量发展并不均匀,中间有几次小的波动。

表 5-11　某乡 1983—2006 年粮食产量资料　　　　　　　　　　单位:万吨

年份	产量	年份	产量	年份	产量	年份	产量
1983	24	1989	26	1995	35	2001	42
1984	25	1990	28	1996	32	2002	40
1985	26	1991	30	1997	33	2003	43
1986	23	1992	27	1998	34	2004	44
1987	22	1993	32	1999	38	2005	46
1988	24	1994	33	2000	36	2006	48

如果我们把时距扩大为 4 年,则可整理成表 5-12 的新的动态数列。

表 5-12　某乡 1983—2006 年粮食产量资料　　　　　　　　　　单位:万吨

时期	总产量	年平均产量
1983—1986	98	24.50
1987—1990	100	25.00
1991—1994	122	30.50
1995—1998	134	33.50
1999—2002	156	39.00
2003—2006	181	45.25

从表 5-12 可以看出,时距扩大为 4 年,把个别年份的偶然因素影响给消除掉了,形成了 24 年来粮食产量持续上升的总趋势。表中的"总产量"是时距扩大后四年的总产量,这种表达只适用于时期数列,若对各个总产量再计算序时平均数,如表中的"平均年产量",可以观察到事物发展的总趋势,而这种表达既适用于时期数列,也适用于时点数列。

(二) 移动平均法

移动平均法 (Method of Moving Average) 实质上是时距扩大法的改良。它是对原有的动态数列,按照事先规定的移动时期长度来扩大时距,采用逐项向后递移的方法,计算一系列的序时平均数,形成由序时平均数组成的新的动态数列。这种移动平均数形成的动态数列,消除了短期的偶然因素的影响,使长期趋势更加明显。

[例 5.12] 以表 5-13 的资料,将时距扩大为 5 年,采用移动平均法来反映原数列的长期趋势(见表中第 2 栏)。

表5-13　某乡粮食产量资料及移动平均计算表　　　　　　　　单位:万吨

年份	粮食产量(1)	五年移动平均(2)	四年移动平均(3)	四年移动平均移正值(4)
1995	35	—	—	—
1996	32	—	—	—
1997	33	34.4	33.50	33.88
1998	34	34.6	34.25	34.75
1999	38	36.6	35.25	36.38
2000	36	38.0	37.50	38.25
2001	42	39.8	39.00	39.63
2002	40	41.0	40.25	41.25
2003	43	43.0	42.25	42.75
2004	44	44.2	43.25	44.25
2005	46	—	45.25	—
2006	48	—	—	—

从表5-13中可以看出，该乡粮食产量呈逐年增加的趋势。

应用移动平均法测定长期趋势时，应注意以下问题：

（1）如果采用奇数项（3，5，7，…）移动平均，则计算的移动平均数都置于与正中间时期所对应的位置上，如上例中的第2栏5年移动平均产量。如果采用偶数项（3，5，7，…）移动平均，则计算的移动平均数应放在中间两个时期的中间的位置上（如上例中的第3栏），然后再采用二项移动平均数，以便将移动平均数对正中间位置（如上例中的第4栏），这样才能得出对正原动态数列各时期的趋势值。所以，偶数项的移动平均法都需要经过两次平均的过程。

（2）经过移动平均后的新派生数列的项数。比原动态数列的项要少；可利用的信息也就少了，而且，移动时期的长度越长，新数列的项数就越少，丧失的信息就越多。同时，如果移动时期的长度太大，则不利于分析现象具体的发展趋势，而移动时期的长度过小，又可能使新数列出现起伏波动的情况，难以呈现出现象发展的长期趋势。因此，要根据资料的特点来确定时距扩大的倍数。

（3）对于存在季节变动或循环变动的动态数列，为消除季节变动或循环变动的影响，应采用与一个循环相应的时间长度来进行移动平均。如存在季节变动的动态数列一般采用12月移动平均或四季移动平均。

（4）时距扩大法和移动平均法的主要作用是把长期趋势以外的变动消除掉，以呈现出现象变动的长期趋势，但不能根据移动平均后的派生数列进行动态预测。

（三）最小平方法

要对现象变动的长期趋势进行动态预测，就必须建立与长期趋势相适应的数学模型。长期趋势模型有直线趋势模型和曲线趋势模型两种，这里只介绍直线趋势模型。

最常用的一种配合直线趋势模型的方法是最小平方法（Least-square Method），又称最小二乘法。其趋势直线方程为：
$$y_c = a + bt$$
式中：y_c 是趋势理论值，a、b 是参数，t 是时间顺序。

用最小平方法建立标准方程求参数 a、b 的值如下：

标准方程组：
$$\begin{cases} \sum y = na + b\sum t \\ \sum ty = a\sum t + b\sum t^2 \end{cases}$$

将上述方程组整理，可得参数 a、b 的值：
$$a = \frac{\sum y - b\sum t}{n}$$

$$b = \frac{n\sum ty - \sum t \sum y}{n\sum t^2 - (\sum t)^2}$$

为了计算上的简便，可设法令 $\sum t = 0$。若动态数列为奇数项时，可令中间一项的时间 (t) 为原点，即 $t = 0$，则原点前后各项的时间分别为 -3，-2，-1，…和 1，2，3，…。若动态数列为偶数项时，可令中间两项的中点时间 (t) 为原点，则原点前后各项的时间分别为 -5，-3，-1，…和 1，3，5，…，这样可使 $\sum t = 0$，计算 a、b 的公式可简化为：
$$a = \frac{\sum y}{n}$$

$$b = \frac{\sum ty}{\sum t^2}$$

将 a、b 代入直线趋势方程 $y_c = a + bt$ 中，则得出所求动态数列的趋势方程。

现以表 5-14 为例计算如下：

表 5-14 某公司 2000—2006 年汽车销售量情况

年份	年序号 t	汽车销售量 y(万辆)	ty	t^2	趋势值 y_t
2000	-3	113	-339	9	113.39
2001	-2	126	-252	4	126.64
2002	-1	141	-141	1	139.89
2003	0	154	0	0	153.14
2004	1	167	167	1	166.39
2005	2	180	360	4	179.64
2006	3	192	576	9	192.89
合计	0	1072	371	28	1072.00

将表 5-11 中的有关数据代入 a、b 计算公式中，得：
$$a = \frac{\sum y}{n} = \frac{1072}{7} = 153.14$$

$$b = \frac{\sum ty}{\sum t^2} = \frac{371}{28} = 13.25$$

得趋势直线方程为

$$y_c = 153.14 + 13.25t$$

依次将表 5-14 中年序号代入上述方程，即可求得各年汽车销售量的趋势值 y_c。如果将趋势直线向外延伸，可预测该地区 2012 年的汽车销售量，可将年序号"9"代入：

$$y_{2012} = 153.14 + 13.25 \times 9 = 272.39 \text{（万辆）}$$

由上列我们可以明确地知道最小平方法能以最小误差表明动态数列中各时期的数据资料及其趋势，并可用于预测。

二、季节变动的测定

季节变动分析的目的，在于掌握事物的变动周期、数量界限及其规律性，以便更好地安排生产，适应市场需求，满足人民的生活需要。

测定季节变动的最常用的方法是按月（季）平均法。它是通过计算季节比率（Season Ratios）来反映现象季节变动的周期性规律。季节比率可以按月计算，也可以按季计算。

利用按月（季）平均法测定季节变动，需要根据若干年（至少为3年）的分月（季）资料，计算出同月（季）平均数和所有月（季）的总平均数，然后，用各月（季）的平均数与所有月（季）的总平均数相对比，求得季节比率。其计算公式为：

$$\text{季节比率}(\%) = \frac{\text{同月（季）平均数}}{\text{月（季）总平均数}}$$

[例 5.13] 某公司各月毛衫销售额如表 5-15 所示。季节比率的一般计算步骤为：

表 5-15　公司毛衫销售额季节比率计算表　　　　　　　单位：万元

月份	2003 (1)	2004 (2)	2005 (3)	2006 (4)	四年合计 (5)	同月平均 (6)	季节比率% (7)
1	160	300	480	560	1500	375	164.0
2	120	180	300	280	880	220	96.2
3	40	80	120	160	400	100	43.7
4	20	50	80	60	210	52.5	23.0
5	12	20	40	24	96	24	10.5
6	8	16	22	18	64	16	7.0
7	16	24	64	74	178	44.5	19.5
8	24	40	80	96	240	60	26.2
9	40	70	140	166	416	104	45.5
10	100	170	300	280	850	212.5	93.0
11	420	680	820	940	2860	715	312.7
12	500	700	960	1120	3280	820	358.7
合计	2330	1460	3406	3778	10974	2743.5	1200.0
月平均	121.7	194.2	283.8	314.8	914.5	228.6	100.0

(1) 计算各年的销售额合计和月平均销售额。

如：2003 年合计 = 160 + 120 + 40 + 20 + 12 + 8 + 16 + 24 + 40 + 100 + 420 + 500

= 1460（万元）

2003 年的平均数 = $\dfrac{1460}{12}$ = 121.67（万元）

其他年份以此类推，计算结果见表 5 – 15 最后两行。

(2) 计算所有年份同月份的合计数和平均数。

如：1 月份的合计数 = 160 + 300 + 480 + 560 = 1500（万元）

则：1 月份的平均数 = $\dfrac{1500}{4}$ = 375（万元）

其他年份以此类推，计算结果见表 5 – 15 的第 5 栏和第 6 栏的各月数值。

(3) 计算所有年份总合计数以及总的月平均数。

1）计算所有年份总合计数。这可以通过各月合计的总和得到，也可以通过各年合计的总和得到，即：

总合计数 = 第 5 栏 12 个月的数值之和 = 10974（万元）

或：

总合计数 = 1640 + 2330 + 3406 + 3778 = 10974（万元）

2）计算总的月平均数。这可以通过以下两种方法来计算，其计算结果应相等。

总的月平均数 = $\dfrac{\sum 各月平均数}{12}$ = $\dfrac{2743.5}{12}$ = 228.63（万元）

总的平均数 = $\dfrac{总合计数}{总月数}$ = $\dfrac{10974}{48}$ = 228.63（万元）

(4) 计算季节比率，即用同月的平均数与总的月平均数相对比。如：

1 月份季节比率 = $\dfrac{375}{228.63}$ = 164.02%

其他月份的季节比率以此类推，计算结果见表 5 – 15 第 7 栏。

12 个月的节比率之和应为 1200%，四个季度的季节比率之和应等于 400%，如果不等，即是计算过程中的四舍五入造成的，应计算调整系数并加以调整。调整系数的计算公式为：

调整系数 = $\dfrac{1200\%（或 400\%）}{\sum 各月（季）实际季节比率}$

调整后的季节比率 = 各月（季）实际季节比率 × 调整系数

季节比率大于或小于 100%，都说明存在季节变动；若大于 100% 的幅度比较大，则表示现象在该月（季）的发展处于高峰期或旺季；若小于 100% 的幅度比较大，则表示现象处于低谷期或淡季；等于 100% 说明不受季节变动因素的影响。

从表 5 – 15 中可以看出，毛衫的销售情况呈现出比较明显的季节波动。在一年当中，1 月、2 月、10 月、11 月、12 月是销售旺季，12 月份达到最高点，5 月、6 月、7 月为销售状况疲软，6 月份达到销售量的最低点。

按月（季）平均法计算季节比率，简便易行，但这种方法没有考虑长期趋势的影响，因为计算过程中是将各年同月（季）的数值所起的作用同等看待了。实际上，在存在长期趋势的数列中，后期各月（季）的数值所起的作用要比前期同月（季）的作用大，因此，如果动态数列中存在明显的长期趋势影响，则按月（季）平均法计算的季节比率是不准确的，应先剔除长期趋势的影响后，再计算季节比率。

利用计算机来计算季节比率将大大缩短计算时间，提高计算效率，使季节变动分析更迅速、更快捷。

★ 知识拓展

7月份CPI上涨5.6%　创10年新高

全景网8月13日讯　按照计划，国家统计局将在今日公布7月份居民消费价格指数（CPI）数据，继6月超过4%之后，7月CPI同比增幅5.6%，创出10年新高。

7月份，居民消费价格总水平同比上涨5.6%，其中城市价格上涨5.3%，农村价格上涨6.3%；食品价格上涨15.4%，非食品价格上涨0.9%；消费品价格上涨6.9%，服务项目价格上涨1.6%。从月环比看，居民消费价格总水平比上月上涨0.9%。

从八大类别看，7月份，食品类价格同比上涨15.4%。其中，粮食价格上涨6.0%，油脂价格上涨30.1%，肉禽及其制品价格上涨45.2%，鲜蛋价格上涨30.6%，水产品价格上涨5.4%，鲜菜价格上涨18.7%，鲜果价格下降12.2%，调味品价格上涨4.5%。

1~7月份累计，居民消费价格总水平同比上涨3.5%。

国家统计局10日公布的数据显示，7月份工业品出厂价格（PPI）同比上涨2.4%，与6月份的2.5%相比，增速小幅回落。

在CPI数据进一步走高的同时，上周三央行公布的货币政策报告也显示，7月金融机构人民币贷款增加2314亿元，创出历史同期新高，同比多增597亿元。这表明货币增长过快，信贷投放过多的问题仍在延续。

央行上周五发布的7月份金融运行报告显示，7月末，我国广义货币供应量（M2）同比增长18.48%，增速创下自去年6月份以来的新高；金融机构人民币各项贷款余额25.31万亿元，同比增长16.63%。

摩根士丹利中华区首席经济学家王庆日前发布报告称，CPI增速可能达到5.5%。此前高盛给出的预测是5.1%。

——摘自 http://www.sina.com.cn，2007年8月10日 15:46

★ 人物小传之五

罗纳德·费雪

罗纳德·费雪爵士（Sir Ronald Aylmer Fisher, FRS, 1890年2月17日—1962年7月29日）出生于英国伦敦的东芬利奇（East Finchley），在剑桥大学攻读数学和物理。

在剑桥期间，费雪通过学习孟德尔遗传学，感受到生物统计与发展中的各种统计方法，具有一种潜力，能够结合"不连续"的孟德尔定律（例如ABO血型）、"连续"的多基因遗传（例如人类的肤色），以及"渐进式"的达尔文演化论。此外，由于对统计学的兴趣，费雪研读了当时两位著名的统

计学家皮尔森（Karl Pearson）与戈塞（William Gosset，笔名"Student"）所发表的论文。1919 年，费雪进入一所名为罗森斯得实验站（Rothamsted Experimental Station）的农业试验所。在这间农业试验所里，费雪除了担任一名统计员之外，所长约翰·罗素（John Russell）也让他设立了一个统计实验室。从此费雪便开始对多年来所收集的大量资料进行深入研究，并且将成果写成一系列题为《收成变异之研究》（Studies in Crop Variation）的论文，他的全盛时期也在这时候开始。在近 50 年的时间里，他每两个月发表一篇论文，而且绝大部分论文都开辟了新天地！主要贡献可以简单概括如下：

1. "通用方法论"。费雪非常强调统计学是一门通用方法论，他认为统计方法及其计算公式"正如同其他数学科目一样，这里同一公式适用于一切问题的研究"。

2. 抽样分布。1922 年费雪导出相关系数 r 的 Z 分布。1924 年，费雪尔对 t、x^2 分布和 Z 分布加以综合研究，使 t 检验也能适用于大样本，使皮尔森的 χ^2 检验也能适用于小样本。

3. 方之分析。方差和方差分析两词，由费雪于 1918 年所首创，而于 1925 年作了完整的叙述："方差分析法是一种在若干能相互比较的资料组中，把产生变异的原因区分开来的方法与技术"。

4. 试验设计。自 1923 年起，费雪陆续发表了关于在农业试验中控制试验误差的论文。1925 年他提出随机区组法和拉丁方法。

5. 随机化原则。费雪在创建试验设计理论的过程中，把随机化原则以最明确、最具体化的形式引入统计工作与统计研究中。他认为这是保证取得无偏估计的有效措施，也是进行可靠的显著性检验的必要基础。

★ 案例讨论

"十七大"发展回顾系列报告之一：中国国际地位进一步提高

党的"十六大"以来，我国经济社会发展取得了举世瞩目的成就，国民经济平稳快速发展，经济总量跃上新的台阶，综合国力进一步增强，国际地位和对世界经济的影响力进一步提高。

一、国民经济保持快速增长，经济总量跃居世界第四

2003—2006 年，我国国民经济保持了持续、快速发展的势头，国内生产总值（GDP）年平均增长 10.4%，各年均保持了两位数的增长。在此期间，我国的经济增速不仅大大超过了世界经济平均增长 4.9%的水平，在世界各国（地区）中也是少有的较快增速。具体看，这 4 年我国经济年均增长速度比世界平均水平高 5.5 个百分点，比发展中国家（地区）平均水平高 3.0 个百分点，比印度高 2.0 个百分点，比俄罗斯高 3.5 个百分点（见表 1）。2006 年，在国际货币基金组织统计的 180 个国家和地区中，我国经济增长速度居第 11 位。

表1　2003—2006年世界主要国家和地区经济增长率比较　　　　　　　　　单位：%

国家和地区	2002年	2003年	2004年	2005年	2006年	2003—2006年平均增长率
世界总计	3.1	4	5.3	4.9	5.4	4.9
发达国家	1.6	1.9	3.3	2.5	3.1	2.7
美国	1.6	2.5	3.9	3.2	3.3	3.2
欧盟	1.4	1.5	2.6	1.9	3.2	2.3
日本	0.3	1.4	2.7	1.9	2.2	2.0
发展中国家和地区	5	6.7	7.7	7.5	7.9	7.4
中国	9.1	10	10.1	10.4	11.1	10.4
中国香港	1.8	3.2	8.6	7.5	6.8	6.5
中国台湾省	4.2	3.4	6.1	4	4.6	4.5
韩国	7	3.1	4.7	4.2	5	4.2
新加坡	4.2	3.1	8.8	6.6	7.9	6.6
马来西亚	4.4	5.5	7.2	5.2	5.9	5.9
印度	4.3	7.3	7.8	9.2	9.2	8.4
俄罗斯联邦	4.7	7.3	7.2	6.4	6.7	6.9
巴西	2.7	1.1	5.7	2.9	3.7	3.3

资料来源：国际货币基金组织《世界经济展望》数据库。

伴随着经济的快速增长，我国的经济总量（GDP）迅速增加。按汇率法计算，2002年GDP总量为14538亿美元，到2006年已达到26452亿美元；居世界的位次也由2002年的第6位上升到2006年的第4位；GDP总量占世界的比重由2002年的4.4%提高到2006年的5.5%。从与美、欧、日三大经济体的比较来看，我国的经济实力迅速提升。2002年我国GDP总量分别是美、欧、日的13.9%、21.3%和37.0%；2006年则分别提升为20.0%、25.1%和60.6%。与此同时，对世界经济的影响力进一步增强（见表2）。

表2 2002年和2006年国内生产总值(GDP)居世界前10位国家比较   单位:亿美元

位次	2002年			2006年		
	国家和地区	国内生产总值(GDP)	占世界比重(%)	国家和地区	国内生产总值(GDP)	占世界比重(%)
	世界总计	328128	100	世界总计	481445	100
1	美国	104696	31.9	美国	132446	27.5
2	日本	39251	12.0	日本	43675	9.1
3	德国	20241	6.2	德国	28970	6.0
4	英国	15745	4.8	中国	26452	5.5
5	法国	14639	4.5	英国	23737	4.9
6	中国	14538	4.4	法国	22316	4.6
7	意大利	12232	3.7	意大利	18526	3.8
8	加拿大	7348	2.2	加拿大	12691	2.6
9	西班牙	6887	2.1	西班牙	12258	2.5
10	墨西哥	6486	2.0	巴西	10677	2.2

资料来源:国际货币基金组织数据库。

三、进出口贸易快速发展,吸引外商直接投资居世界前列

2003—2006年,我国的进出口贸易额逐年大幅增长,贸易总量在世界贸易中所占比重逐年提高,在世界各国的位次不断提升。2002年,我国货物进出口贸易总额为6208亿美元,占世界贸易总额的4.7%。到2006年已达17604亿美元,增长了近2倍,占世界的比重提高到7.2%;在世界的位次从2002年的第6位,提升到第3位。

随着我国投资环境的不断改善,2003—2005年,我国共吸引外商直接投资(FDI)达1865亿美元,一直是发展中国家中吸引FDI最多的国家。2005年,我国利用外商直接投资(FDI)居世界第三位,占发展中国家总额的1/3。

四、我国经济发展对世界经济具有积极贡献

随着我国综合国力大大增强,在世界经济中的地位进一步提升,促进了世界经济增长,中国经济成为世界经济增长的重要驱动力之一。根据世界银行公布的数据,2003—2005年,我国经济增长对世界GDP增长的平均贡献率高达13.8%,仅次于美国的29.8%,排名世界第二。

与此同时,我国对外贸易扩大给世界各国带来了诸多益处。2003—2006年,我国出口增长迅速,出口额分别达到4382亿美元、5933亿美元、7619亿美元和9689亿美元。年平均出口增速达到31.4%。中国物美价廉的商品输往世界各地,提高了进口国居民的实际收入水平,促进了消费的增长。

我国在扩大出口的同时积极开放市场,努力扩大进口。2003—2006年,我国进口分别达到4128亿美元、5612亿美元、6599亿美元和7915亿美元,年平均增速达28.3%。进口规模的快速扩大,为其他国家提供了广阔的市场,创造了就业机会。

——资料来源:中国国家统计局

请讨论:

1. 本文运用哪些动态分析指标来分析近年我国综合国力的提高？

2. 本文从哪些角度分析中国国际地位的进一步提高？请用同样的方法分析我国居民生活水平的变化。

★ 练习与思考

一、判断题

1. 编制动态数列的总原则是保持动态数列中各项指标数值具有可比性。（　　）

2. 把各个时期的全员劳动生产率按时间先后顺序排列起来所形成的动态数列是相对数动态数列。（　　）

3. 如果历年的环比发展速度相同，其历年的逐期增长量和环比增长速度也相同。（　　）

4. 某产品连续5年的成本平均发展速度为98.9%，意味着某产品成本平均每年下降了1.1%。（　　）

5. 以2000年为基期，2006年为报告期，计算工业总产值的年平均发展速度需开6次方。（　　）

二、单项选择题

1. 某地区2002—2006年历年年底设备台数在2001年基础上增加20万，30万，40万，30万和50万台，则5年间平均设备增长量为（　　）。

　　A. 10万台　　B. 34万台　　C. 6万台　　D. 13万台

2. 已知各期环比增长速度为2%、5%、8%、7%，则相应的定基增长速度的计算方法为（　　）。

　　A. (102%×105%×108%×107%) − 100%

　　B. 102%×105%×108%×107%

　　C. 2%×5%×8%×7%

　　D. (2%×5%×8%×7%) − 100%

3. 某企业2000年工业总产值为408.72万元，2000—2005年平均发展速度为105%，则2005年工业总产值为（　　）。

　　A. 522万元　　　B. 548万元　　　C. 497万元　　　D. 531万元

4. 若无季节变动，则季节比率应为（　　）。

　　A. 0　　　　　　B. 1　　　　　　C. 大于1　　　　D. 小于1

5. 平均发展速度是（　　）。

　　A. 定基发展速度的算术平均数　　　　B. 环比发展速度的算术平均数

　　C. 环比发展速度连乘积的几何平均数　D. 增长速度加上100%

三、多项选择题

1. 下列指标和时间构成的数列属于时期数列的有（　　）。

　　A. 人口数　　　B. 钢产量

　　C. 企业数　　　D. 人均国民收入

　　E. 商品销售额

2. 累积增长量与逐期增长量（　　）。
   A. 前者基期水平不变，后者基期水平总在变动
   B. 二者存在关系式：逐期增长量之和=累积增长量
   C. 相邻的两个逐期增长量之差等于相应的累积增长量
   D. 根据这两个增长量都可以计算较长时期内的平均每期增长量
   E. 这两个增长量都属于速度分析指标

3. 下列属于序时平均数的有（　　）。
   A. 一季度平均每月的职工人数
   B. 某产品产量某年各月的平均增长量
   C. 某企业职工第四季度人均产值
   D. 某商场职工某年月平均人均销售额
   E. 某地区近几年出口商品贸易额平均增长速度

4. 计算平均发展速度的方法有（　　）。
   A. 算术平均法　　B. 几何平均法
   C. 方程式法　　　D. 调和平均法
   E. 加权平均法

5. 下列属于由两个时期数列对比构成的相对数或平均数动态数列的有（　　）。
   A. 工业企业全员劳动生产率数列
   B. 百元产值利润率动态数列
   C. 产品产量计划完成程度动态数列
   D. 某单位人员构成动态数列
   E. 各种商品销售额所占比重动态数列

四、问答题

1. 什么是动态数列？它的构成要素是什么？
2. 编制动态数列的原则是什么？
3. 分析序时平均数和一般平均数的异同点。
4. 动态分析指标有哪几种？其计算方法如何？各有什么意义？
5. 何谓长期趋势？测定长期趋势的主要目的是什么？其方法有几种？各有哪些特点？
6. 最小平方法建立趋势方程必须满足哪两个条件？试列出配合趋势线的直线趋势和曲线趋势的标准方程式。
7. 什么是季节变动？测定季节变动的主要方法是什么？

五、实践能力训练题

1. 我国2001—2005年年底人口数如下表：

单位：万人

时间	2000	2001	2002	2003	2004	2005
人口数	126743	127627	128453	129227	129988	130756

计算：（1）我国2001—2005年平均增加人口数量；
（2）各年人口的环比发展速度和环比增长速度；
（3）人口的平均增长速度；
（4）分析我国人口变动的趋势。

2. 2007年3~7月末我国金融机构储蓄存款余额如下表，计算平均储蓄存款余额。

时间	2007年3月	2007年4月	2007年5月	2007年6月	2007年7月
储蓄存款	176881.43	175068.75	172148.22	173836.41	173583.40

3. 某百货公司的商品销售额和职工人数资料如下：

月份	3月	4月	5月	6月
销售额（万元）	1500	1600	1650	1850
月末职工人数（人）	600	615	630	660

计算该公司第二季度人均商品销售额。

4. 已知某地区2003—2006年的电视机销售量资料如下：

单位：万台

时间（年）t	2003	2004	2005	2006
销售量（y）	300	306	310	325

试用最小平方法求出直线趋势方程，并预测2007年电视机销售量。

5. 某市2003—2006年各季度毛裤的销售量资料如下：

季度	2003	2004	2005	2006
1	800	850	900	1100
2	250	270	350	390
3	450	480	600	840
4	900	1000	1260	1430

试计算毛裤销售量的季节比率。

第六章 指数分析法

本章导读：在错综复杂、千变万化的社会经济现象中，我们如何对某一社会经济现象的变动进行因素分析，指数分析法这一章就是介绍如何根据现象之间的依存关系，找出影响其变动的主要因素，通过编制相关指数、建立指数体系来进行因素分析。

★ **知识目标**：了解指数的概念、作用；理解指数的特点、种类；掌握综合指数编制的原则与方法；掌握平均数指数的编制和分析方法；善于利用指数体系进行因素分析。

★ **能力目标**：能够运用指数分析法来解读社会经济现象的变动及其影响因素。

早期的统计指数是从研究商品价格的变动开始的。1650 年，英国人瓦格翰（R. Voughan）首先编制了价格指数。19 世纪中叶，在德国统计学家拉斯贝尔（E. Laspeyers）和派许（H. Paasche）的研究和推动下，统计指数理论有了较大的发展，基本上奠定了现代统计指数理论的基础。20 世纪初，再经美国经济统计学家费舍尔（Irving Fisher）的进一步研究和总结，则基本上形成了现代统计指数的理论和方法。随着社会生产的发展，统计指数的理论和方法进一步完善。目前，统计指数除了用来反映各种商品价格的总变动程度以外，还被广泛地用来反映商品生产量、销售量、生产经营成本等各种社会经济现象的综合变动。它不仅被用来反映事物在不同时间或空间上的综合变动，而且还被用来测定复杂经济现象的综合变动中各个因素对其总变动影响的方向和程度。

第一节 指数的概念和种类

一、统计指数的概念

统计指数，简称指数，是分析社会经济现象数量变化的一种重要统计方法。指数的概念产生于 18 世纪后半叶，最早期的指数是与商业发展紧密联系的价格指数。在长期的统计实践中，指数理论得到了不断完善和发展。目前人们对于指数概念的认识，一般有以下两种理解，即广义指数和狭义指数。

1. 广义指数 凡是反映同类现象数量变动的一切相对数，都可以称为指数，包括反映单项事物变动程度的相对数和反映复杂现象综合变动的相对数。例如，2004 年我国原油产量 1.76 亿吨，2005 年 1.81 亿吨，2005 年原油产量为 2004 年的 102.8%；2004 年我国天然气产量为 414.59 亿立方米，2005 年天然气产量为 500 亿立方米，2005 年天然气产量为 2004 年的 120.6%；2004 年我国国内生产总值（现价）159878 亿元，2005 年国内生产总值（现价）182321 亿元，2005 年国内生产总值为 2004 年的 114.04%。这里 102.8%、120.6% 分别反映了原油产量、天然气产量单项事物的变动，而 114.04% 则反映了国内生产总值复杂现象的综合变动，我们把这些相对数都叫做指数。

2. **狭义指数** 是用来反映不能直接加总和直接对比的复杂社会经济现象数量综合变动的相对数。它是一种特殊形式的相对数。例如，在研究多种产品的产量总变动和单位成本总变动、多种商品的销售量总变动和价格总变动中，由于不同的产品和商品有不同的使用价值和计量单位，因此，它们的产量、单位成本、销售量、价格等是不能直接相加的，我们无法直接将它们不同时期的同类指标对比计算指数，在这种情况下，我们就需要利用狭义指数的方法解决复杂现象不能加总和对比的问题。这也正是本章所讨论的主要内容。

二、统计指数的分类

1. **个体指数与总指数** 指数按所说明现象包括的范围不同，可分为个体指数与总指数。个体指数是指说明单项事物变动或差异程度的相对数。如上述的2005年原油产量指数102.8%，天然气产量指数120.6%。总指数指反映社会经济现象总体变动或差异程度的相对数。如上述的2005年的国内生产总值指数114.04%。

2. **综合指数、平均数指数和平均指标变动的指数** 指数按其计算方法和计算公式的表现形式不同，可分为综合指数、平均数指数和平均指标变动的指数。前两者是反映综合指标变动的情况，以综合指数为核心；平均指标变动的指数是反映平均指标变动的情况。

3. **数量指标指数和质量指标指数** 指数按所说明现象的特征不同，可分为数量指标指数和质量指标指数。数量指标指数是指反映数量指标变动或差异程度的指数。如计算的产品产量指数、商品销售量指数、职工人数指数等。质量指标指数是指反映质量指标变动或差异程度的指数。如产品单位成本指数、价格指数、商品流通费用率指数等。

4. **定基指数和环比指数** 指数按其反映的基期水平不同，可分为定基指数和环比指数。定基指数是在一个指数数列中，每个指数都是以某一固定时期为基期，它说明了社会经济现象各个时期较固定时期发展变化的趋势和程度。环比指数是在一个指数数列中，各指数都以前一时期为基期，它说明了社会经济现象各个时期较前一时期发展变化的趋势和程度。例如，根据我国2000—2005年国内生产总值的资料，计算各年的环比指数和定基指数，见表6-1。

表6-1 我国2000—2005年国内生产总值资料

年份	2000	2001	2002	2003	2004	2005
国内生产总值（现价：亿元）	89442	109655	120333	135823	159878	182321
环比指数（以上年为100%）%	100.00	122.60	109.74	112.87	117.71	114.04
定基指数（以2000年为100%）%	—	122.60	134.54	151.86	178.75	203.84

三、指数分析法的意义和作用

指数分析法就是利用指数分析社会经济现象发展动态的一种方法,是统计分析中非常重要的一种方法,其主要作用有:

(1) 可以反映现象的总变动或差异程度。指数分析法可以利用同度量因素,把不能相加的现象过渡到可以相加的总量。例如,要反映多种产品的产量总变动,可以借助价格这个同度量因素,把产量这个不能直接加总的实物量指标转化为可以加总的产值指标,以达到能够计算和反映多种产品的产量总变动的指数。

(2) 可以进行因素分析。这主要表现在指数体系中。指数体系是指标体系的一种体现和运用形式,它是利用经济现象有相互联系的指标之间的因果关系来进行动态分析的一种方法。例如产品总产值的变动中受价格变动和产量变动的影响程度如何等。

第二节 综合指数

总指数主要有两种表现形式:综合指数和平均数指数。综合指数是总指数的基本形式。下面研究综合指数的编制。

一、编制综合指数的一般原理

综合指数是用综合法汇总总体各部分数值来进行对比而计算的指数。由于总体内不同使用价值的个别现象是不能直接相加、直接进行对比的,因此在编制综合指数时必须解决两个问题:

第一,解决不能直接相加的问题。不同使用价值的产品或商品,因其计量单位不同,故不同产品的产量或商品的销售量就不能直接相加,如将100台电冰箱产量加上100辆自行车产量得出来的指标是毫无意义的。这种不能直接相加的现象统计上称为"不同度量现象"。但为了计算能综合反映这两种产品产量变动的产量综合指数,就需要借助这两种产品各自的出厂价格,把不同产品的产量乘以出厂价格后过渡为产值就可以相加了。在这里所借助的出厂价格这个因素就起到了一个同度量的媒介作用,统计上将它称为"同度量因素"。所谓同度量因素,是指把不同度量现象过渡到同度量现象的媒介因素。同度量因素在计算综合指数时不但有同度量作用,还有权数作用。如前面所讲,要综合反映电冰箱、自行车两种产品产量的总变动情况,即要计算产量总指数,计算时出厂价格高的产品产量对产量指数的影响就大,反之,对产量指数的影响就小。

第二,解决同度量因素"所属时期"的问题,把产量变成产值指标相加后得出总产值这个总量指标,但产值指标的变动受产量和出厂价格两个因素变动的影响,即一个总量指标的变动是受数量指标变动和质量指标变动共同影响的结果。而我们研究综合指数的目的是要单独反映某一个因素的变动,这时就要将另一个因素固定起来。即要综合反映产量变动,就要将价格这个同度量因素固定起来,这里就出现这样一个问题,同度量因素的所属时期如何确定?目前在统计上采用的一般原则是:编制数量指标指数时,将其同度量因素(质量指标)固定在基期水平;编制质量指标指数时,将其同度量因素(数量指标)固定在报告期水平。

二、数量指标指数的编制

数量指标指数是用来反映数量指标的综合变动情况。下面以某商店三种商品的销售量和价格资料为例,说明数量指标指数的计算方法,见表6-2。

表6-2 某商店三种商品销售量和价格资料

商品名称	计量单位	销售量		价格(元)		销售额(元)		
		基期 q_0	报告期 q_1	基期 p_0	报告期 p_1	基期 p_0q_0	报告期 p_1q_1	假定 p_0q_1
(甲)	(乙)	(1)	(2)	(3)	(4)	(5)=(3)×(1)	(6)=(4)×(2)	(7)=(3)×(2)
甲	双	1000	2000	20	21	20000	42000	40000
乙	件	2000	3000	10	10	20000	30000	30000
丙	套	2000	2500	4	4.5	8000	11250	10000
合计	—	—	—	—	—	48000	83250	80000

为了反映三种商品销售量的综合变动,按综合指数编制的一般原则,应当用基期的价格作为同度量因素,分别去乘基期和报告期的销售量,得到基期的销售额和按基期价格与报告期销售量计算所得到的一个假定的销售额,然后将这两个总量指标对比。计算公式如下:

$$\bar{k}_q = \frac{\sum p_0 q_1}{\sum p_0 q_0}$$

式中:$\bar{k}_q$——销售量综合指数;

p_0——基期价格;

q_0——基期销售量;

q_1——报告期销售量。

将表6-2中数据代入公式计算:

$$\bar{k}_q = \frac{\sum p_0 q_1}{\sum p_0 q_0} = \frac{20 \times 2000 + 10 \times 3000 + 4 \times 2500}{20 \times 1000 + 10 \times 2000 + 4 \times 2000}$$

$$= \frac{80000}{48000} = 1.6667 \text{ 或 } 166.67\%$$

计算结果表明,三种商品报告期销售量比基期增长了66.67%(166.67% - 100%),由于销售量增长,使商品销售额增加的绝对值为:

$$\sum p_0 q_1 - \sum p_0 q_0 = 80000 - 48000 = 32000(元)$$

以上计算公式为编制数量指标综合指数的一般公式。因为此公式最早是由德国经济学家埃蒂德·拉斯贝尔所提出的,故又称为拉斯贝尔数量指数公式,简称拉氏公式。一切数量指标指数,如产量指数、职工人数指数、商品的销售量指数等,都可按此公式计算,将其同度量因素固定在基期。

关于数量指标指数的计算，也有的主张将同度量因素固定在报告期计算。如果同度量因素固定在报告期，在此例中指数分子与分母的差额意义就完全不同了。即差额为 $\sum p_1q_1 - \sum p_1q_0$，它是说明报告期销售额与基期销售量按报告期价格计算所得的销售额之间的差额，这样计算所得的差额显然是没有经济意义的。所以编制数量指标指数一般是按拉氏公式计算。

三、质量指标指数的编制

质量指标指数是用来反映质量指标的综合变动情况。根据编制综合指数的一般原则，反映质量指标变动情况，要将其同度量因素固定在报告期。现仍用表 6-2 资料，计算反映该商店三种商品价格变动的总指数，应该用报告期的销售量作为同度量因素，分别去乘报告期和基期的价格，得到报告期的销售额和按基期价格与报告期销售量计算的一个假定的销售额，然后将这两个总量指标对比。计算公式如下：

$$\bar{k}_q = \frac{\sum p_1q_1}{\sum p_0q_1}$$

式中：$\bar{k}_q$——价格综合指数；
p_1——报告期价格。

将数字资料代入公式计算：

$$\bar{k}_q = \frac{\sum p_1q_1}{\sum p_0q_1}$$

$$= \frac{21 \times 2000 + 10 \times 3000 + 4.5 \times 2500}{20 \times 2000 + 10 \times 3000 + 4 \times 2500}$$

$$= \frac{83250}{80000} = 1.0406 \text{ 或 } 104.06\%$$

这个指数的计算结果表明，该商店三种商品报告期的价格比基期增长了 4.06%（104.06% - 100%），由于价格增长，使商品销售额增加的绝对值为：$\sum p_1q_1 - \sum p_0q_1 = 83250 - 80000 = 3250$（元）。

以上计算公式是将同度量因素固定在报告期进行计算的质量指标总指数。这种方法的公式最早是由德国的经济学家曼哈·派许提出，故又将此公式称为派许物价指数公式，简称派许公式。一切质量指标指数，如物价指数、劳动生产率指数、单位成本指数等，都可按此公式计算。

关于质量指标指数的计算，也有的提出将同度量因素固定在基期进行计算。如果这样计算，则分子与分母两个总量指标之间的差额为 $\sum p_1q_0 - \sum p_0q_0$，在此例中是说明居民购买基期数量的商品，由于价格变动将多支出或少支出多少货币，显然这样计算出来的绝对差额也是没有现实经济意义的。所以，计算质量指标指数一般应将同度量因素固定在报告期，这样计算的指数和绝对数都有现实的经济意义。

第三节 平均数指数

平均数指数是总指数的另一种计算形式，它与综合指数相比，只是由于所掌握的已知资料不同，所采用的计算方法不同而已，所以它们只是计算形式不同，但计算结果和经济内容是一样的。因此，通常是将平均数指数作为综合指数的变形来使用，即平均数指数的编制公式必须符合综合指数编制的一般原则。

平均数指数是以个体指数为基础，采用加权平均数形式编制的总指数。它有加权算术平均数指数与加权调和平均数指数两种。

一、加权算术平均数指数

一般情况下，如果要计算数量指标总指数，只掌握数量指标个体指数和基期的总量指标资料，没有计算数量指标综合指数所需的同度量因素的资料，这时就不能用数量指标综合指数公式计算，而要用它的变形公式——加权算术平均数指数公式来计算：

$$\bar{k}_q = \frac{\sum p_0 q_1}{\sum p_0 q_0} = \frac{\sum k_q p_0 q_0}{\sum p_0 q_0} \left(\text{其中}: k_q = \frac{q_1}{q_0}\right)$$

式中：k_q——数量指标个体指数。

上式与加权算术平均数公式形式相同，k_q 相当于加权算术平均数公式中的 x，基数总量指标 $p_0 q_0$ 相当于加权算术平均数的 f，因此这种方法计算的指数称为加权算术平均数指数。例如：

表6-3 某商店三种商品销售量和销售额资料

商品名称	计量单位	销售量 基期 q_0	销售量 报告期 q_1	基期销售额（元）$p_0 q_0$	销售量个体指数（%）$k_q = \frac{q_1}{q_0}$（%）	假定销售额（元）$k_q \cdot p_0 q_0 = p_0 q_1$
甲	双	1000	2000	20000	200	40000
乙	件	2000	3000	20000	150	30000
丙	套	2000	2500	8000	125	10000
合计	—	—	—	48000		80000

根据资料，要求计算反映该商店销售的三种商品的销售量总变动的指数。

$$\bar{k}_q = \frac{\sum k_q p_0 q_0}{\sum p_0 q_0} = \frac{80000}{48000} = 166.67\%$$

计算结果表明，用加权算术平均数指数公式计算得到的销售量总指数与前面用综合指数计算得到的结果完全相同，其经济意义也完全一样。

二、加权调和平均数指数

如果要计算质量指标总指数，只掌握质量指标个体指数和报告期的总量指标资料，没有计算质量指标综合指数所需要的同度量因素资料,这时就不能用质量指标合指数公式计算,而要用它的变形公式,加权调和平均数指数公式来计算。

$$\bar{k}_q = \frac{\sum p_1 q_1}{\sum p_1 q_1} = \frac{\sum p_1 q_1}{\sum \frac{p_1 q_1}{k_p}} (其中:k_p = \frac{p_1}{p_0})$$

式中:k_p——表示质量指标个体指数。

上式与加权调和平均数公式形式相同,k_p相当于加权调和平均数公式中的x,报告期总量指标$p_1 q_1$相当于加权调和平均数的权数m,因此统计上把按这种方法计算的指数称为加权调和平均数指数。我国在编制农副产品价格指数时,由于经常只有不同时期的收购价格和报告期收购额资料,因此往往采用这种方法编制。例如表6-4:

表6-4 某商店三种商品价格和销售额资料

商品名称	计量单位	价格		报告期销售额(元) $p_1 q_1$	价格个体指数(%) $k_p = \frac{p_1}{p_0}$	销售额(元) $\frac{p_1 q_1}{k_p}$
		基期 p_0	报告期 p_1			
甲	双	20	21	42000	105.0	40000
乙	件	10	10	30000	100.0	30000
丙	套	4	4.5	11250	112.5	10000
合计	—	—	—	83250	—	80000

根据资料,用加权调和平均数指数方法计算:

$$\bar{k}_q = \frac{\sum p_1 q_1}{\sum \frac{p_1 q_1}{k_p}} = \frac{83250}{80000} = 104.06\%$$

计算结果表明,用加权调和平均数指数公式计算得到的价格总指数与前面用综合指数公式计算得到的答案完全相同,其经济意义也完全相同,都是说明报告期的价格比基期增长了4.06%。

综上所述,编制反映多种事物综合变动情况或差异程度的总指数,常用的有综合指数和加权算术平均数指数与加权调和平均数指数方法,其中综合指数两个公式是最基本的形式。此外,计算总指数时根据资料的不同,还可以有其他计算形式,如我国编制零售物价总指数常用的计算公式为:

$$\bar{k}_q = \frac{\sum kw}{\sum w} (式中:k = \frac{p_n}{p_0}; w = \frac{p_0 q_0}{\sum p_0 q_0})$$

第四节 指数体系和因素分析法

一、指数体系的概念和作用

前面介绍了指标体系的概念,指标体系是由反映社会经济现象总体某方面特征的具有相互联系的许多统计指标所形成的。它反映了这个指标与其他有关联的指标之间的关系。

例如：

$$工业总产值 = 职工人数 \times 劳动生产率$$
$$产品总成本 = 产量 \times 单位成本$$
$$利润额 = 销售额 \times 销售利润率$$
……

上述的指标体系反映了产值的变动受职工人数变动和劳动生产率变动的影响，产品总成本的变动受产量变动和单位成本变动的影响等。而指数正是用来反映这些指标的变动程度或差异程度的，所以，与指标体系相对应的，反映各指标变动程度的指数也存在这种关系。

即：

$$工业总产值指数 = 职工人数指数 \times 劳动生产率指数$$
$$产品总成本指数 = 产量指数 \times 单位成本指数$$
$$利润额指数 = 销售额指数 \times 销售利润率指数$$

统计上把若干个指数由于数量上的联系而形成的整体（或数量关系）叫做指数体系。

利用指数体系，可以从绝对数和相对数两个方面分析在受多因素影响的复杂总体中，各个因素的影响程度。这就是因素分析法的理论基础。

二、因素分析法

因素分析法是利用指数分析法，通过指数体系，分析某种社会经济现象总变动中各个因素的变动对其变动的影响程度及方向，它是从数量上说明社会经济现象变动的具体原因。因素分析法按照包含因素的多少，分为两因素分析法和多因素分析法；按照所要分析总变动指标的性质，分为总量指标分析法和平均指标分析法。

（一）总量指标的两因素分析

所谓总量指标的两因素分析，是将影响总量指标变动的两个因素分析为数量指标和质量指标，然后按照确定综合指数同度量因素的一般原则编制指数体系公式，从相对数和绝对数两方面进行分析。例如表6-5：

表6-5　某企业生产三种产品产量及出厂价格资料

产品名称	计量单位	产量		出厂价格（百元）		总产值（百元）		
		报告期 q_1	基期 q_0	报告期 p_1	基期 p_0	假定 $p_0 q_1$	报告期 $p_1 q_1$	基期 $p_0 q_0$
甲	套	22	20	35	35	770	770	700
乙	吨	45	40	12	10	450	540	400
丙	台	6	5	65	60	360	390	300
合计	—	—	—	—	—	1580	1700	1400

要求分析该企业总产值的变动及影响因素。

根据指数体系：

$$总产值指数 = 产量指数 \times 价格指数$$

写成公式：

$$\frac{\sum p_1 q_1}{\sum p_0 q_0} = \frac{\sum p_0 q_1}{\sum p_0 q_0} \times \frac{\sum p_1 q_1}{\sum p_0 q_1}$$

利用这个指数体系对总产值进行两因素分析如下：

（1）总产值指数 $= \dfrac{\sum p_1 q_1}{\sum p_0 q_0} = \dfrac{1700}{1400} = 121.43\%$

总产值增长的相对数：

$$121.43\% - 100\% = 21.43\%$$

总产值增加的绝对值：

$$\sum p_1 q_1 - \sum p_0 q_0 = 1700 - 1400 = 300(百元)$$
$$= 30000(元)$$

（2）由于产量变动对总产值的影响：

$$产量总指数 = \frac{\sum p_0 q_1}{\sum p_0 q_0} = \frac{1580}{1400} = 112.86\%$$

产量增长的相对数：

$$112.86\% - 100\% = 12.86\%$$

产量增长使产值增加的绝对额：

$$\sum p_0 q_1 - \sum p_0 q_0 = 1580 - 1400 = 180(百元)$$
$$= 18000(元)$$

（3）由于价格变动对总产值的影响：

$$价格总指数 = \frac{\sum p_1 q_1}{\sum p_0 q_1} = \frac{1700}{1580} = 107.59\%$$

价格上升的相对数：

$$107.59\% - 100\% = 7.59\%$$

价格上升使产值增加的绝对值：

$$\sum p_1 q_1 - \sum p_0 q_1 = 1700 - 1580 = 120(百元)$$
$$= 12000（元）$$

（4）分析：

从相对数分析：$121.43\% = 112.86\% \times 107.59\%$

从绝对数分析：30000 元 $= 18000$ 元 $+ 12000$ 元

以上计算表明，该企业生产的 3 种产品总产值报告期比基期增长 21.43%，增加 30000 元，是由于产量增长 12.86%，使产值增加 18000 元，由于价格上升 7.58%，使产值增加 12000 元,两因素共同影响的结果。

(二) 总量指标的多因素分析

总量指标的多因素分析,是指总量指标的变动受 3 个或 3 个以上因素变动的影响。例如,工业总产值的变动也可分解为受劳动力平均人数、平均每个劳动力占有的固定资产、单位固定资产的产值 3 个因素变动的影响。工业企业的生产费用,受单位产品原材料消耗量、单位原材料购进价格、企业生产产品数量多少的影响。对总量指标变动进行多因素分析,比两因素分析复杂一些。分析的方法用下面例子说明见表 6-6:

表 6-6 某企业生产甲、乙两种产品的有关资料

产品名称	计划数			实际数			生产费用支出总额（万元）			
	产量（万件）	单位产品原材料消耗量（千克/件）	单位原材料价格（元/千克）	产量（万件）	单位产品原材料消耗量（千克/件）	单位原材料价格（元/千克）				
	q_0	m_0	p_0	q_1	m_1	p_1	$q_1 m_1 p_1$	$q_0 m_0 p_0$	$q_1 m_0 p_0$	$q_1 m_1 p_0$
甲	10	8	2	12	6	2	144	160	192	144
乙	8	5	1.5	10	4	2	80	60	75	60
合计	—	—	—	—	—	—	224	220	267	204

根据表 6-6 资料,分析该企业两种产品生产费用支出额的计划完成情况及其原因。具体分析步骤是:

第一,将对总量指标变动有影响的多因素,在客观联系的基础上,按经济内容的逻辑顺序排列起来,建立指标体系,如本例:

生产费用支出总额 = 产量 × 单位产品原材料消耗量 × 单位原材料购进价格

第二,建立指数体系。如本例:

生产费用支出总额指数 = 产量指数 × 单位产品原材料消耗量指数
× 单位原材料购进价格指数

第三,计算该现象总量指标的指数及增减绝对额,各因素变动指数及其增减绝对额。在计算各因素指数时,按照前面所讲因素分析法的基本原理,观察某一因素变动,应将其他因素作为同度量因素固定起来,同度量因素所属时期的确定方法同样是按综合指数的一般原则来固定。

生产费用支出额表现为:

$$qmp = q \cdot m \cdot p$$

多种产品生产费用支出额表现为:

$$\sum qmp = \sum q \cdot m \cdot p$$

式中:m 代表单位产品原材料消耗量;

其他符号同前。

$$\text{生产费用支出总额指数} = \frac{\sum q_1 m_1 p_1}{\sum q_0 m_0 p_0}$$

现对产量（q）、单位产品原材料消耗量（m）、单位原材料购进价格（p）的指数公式分析如下：

（1）分析产量变动时，可运用因素结合法，将单位产品原材料消耗量与单位原材料购进价格两因素结合起来，变为单位产品原材料支出额指标，这样，三因素影响公式变为两因素：

$$\text{生产费用支出额} = \text{产量} \times \text{单位产品原材料支出额}$$

即：

$$\sum qmp = \sum q \cdot (mp)$$

公式中，产量为数量指标，单位产品原材料支出额为质量指标，所以计算产量指数时，应将单位产品原材料支出额作为同度量因素固定在基期。即：

$$\text{产量指数} = \frac{\sum q_1 m_0 p_0}{\sum q_0 m_0 p_0}$$

（2）分析单位产品原材料消耗量变动时，可用多因素互相对比的方法确定数量指标与质量指标。如公式中，m 与 q 相比，则 q 为数量指标，m 为质量指标；m 与 p 相比，因 p 为单位原材料购进价格，它是衡量原材料价格高低的一个指标，所以 m 应为数量指标，p 为质量指标。经过计算对比，指数公式为：

$$\text{单位产品原材料消耗量指数} = \frac{\sum q_1 m_1 p_0}{\sum q_1 m_0 p_0}$$

（3）分析单位原材料购进价格变动时，可运用因素结合法将 q 与 m 相乘可得全部原材料消耗量指标，这里（qm）为数量指标，p 为质量指标，所以公式为：

$$\text{原材料购进价格指数} = \frac{\sum q_1 m_1 p_1}{\sum q_1 m_1 p_0}$$

以上分析，可得指数体系公式为：

$$\frac{\sum q_1 m_1 p_1}{\sum q_0 m_0 p_0} = \frac{\sum q_1 m_0 p_0}{\sum q_0 m_0 p_0} \times \frac{\sum q_1 m_1 p_0}{\sum q_1 m_0 p_0} \times \frac{\sum q_1 m_1 p_1}{\sum q_1 m_1 p_0}$$

根据这一指数体系公式，对表 6-6 的生产费用支出额的计划完成情况进行分析计算：

$$\frac{224}{220} = \frac{267}{220} \times \frac{204}{267} \times \frac{224}{204}$$

$$101.82\% = 121.36\% \times 76.4\% \times 109.8\%$$

从绝对额分析：

$$\sum q_1 m_1 p_1 - \sum q_0 m_0 p_0 = \left(\sum q_1 m_0 p_0 - \sum q_0 m_0 p_0 \right) + \left(\sum q_1 m_1 p_0 - \sum q_1 m_0 p_0 \right)$$
$$+ \left(\sum q_1 m_1 p_1 - \sum q_1 m_1 p_0 \right)$$

$$224 - 220 = (267 - 220) + (204 - 267) + (224 - 204)$$
$$4 = 47 + (-63) + 20$$

综合分析：以上结果表明，生产费用的实际数比计划数增长 1.82%，增加 4 万元；其中：由于产量增长 21.36%，使生产费用增加 47 万元；由于单位产品原材料消耗量下降 23.6%，使生产费用减少 63 万元；由于单位原材料购进价格增长 9.8%，使生产费用增加 20 万元，是三个因素共同影响的结果。

（三）平均指标变动的指数分析

平均指标指数是将两个不同时期的平均数进行对比的相对数。在统计资料分组条件下，平均指标的变动，不仅受各组水平变动的影响，而且受各组单位数占总体单位数比重的影响。所以对平均指标的变动进行因素分析，可采用以下方法：

1. 平均指标变动指数分解的一般公式　编制指数公式关键在于确定同度量因素。以什么为同度量因素问题，在编制平均指标变动指数过程中，已经由平均数的计算公式给确定了，即变量（x）与权数比率（比重：$f/\sum f$）互为同度量因素。权数比率，即是相对数中的结构相对指标，又可称构成指标。它虽然以相对数表示，其实质是数量指标，而变量即各组水平指标是质量指标。根据综合指数的一般原则，平均指标变动指数体系公式为：

$$\frac{\bar{x}_1}{\bar{x}_0} = \frac{\dfrac{\sum x_1 f_1}{\sum f_1}}{\dfrac{\sum x_0 f_0}{\sum f_0}} = \frac{\dfrac{\sum x_1 f_1}{\sum f_1}}{\dfrac{\sum x_0 f_1}{\sum f_1}} \times \frac{\dfrac{\sum x_0 f_1}{\sum f_1}}{\dfrac{\sum x_0 f_0}{\sum f_0}}$$

式中：$\dfrac{\dfrac{\sum x_1 f_1}{\sum f_1}}{\dfrac{\sum x_0 f_0}{\sum f_0}}$ 称为可变构成指数，它是指同一经济类型的平均指标报告期与基期数值之比，即反映总平均数的变动；

$\dfrac{\dfrac{\sum x_1 f_1}{\sum f_1}}{\dfrac{\sum x_0 f_1}{\sum f_1}}$ 称为固定构成指数，它是将总体内部的结构 $f/\sum f$ 固定在报告期，只反映变量水平变动对总平均指标变动影响的指数；

$\dfrac{\dfrac{\sum x_0 f_1}{\sum f_1}}{\dfrac{\sum x_0 f_0}{\sum f_0}}$ 称为结构影响指数，它是将变量 x 固定在基期，只反映权数比率变动对总平均指标变动影响的指数。所以，平均指标指数体系也可以表示为：

$$可变构成指数 = 固定构成指数 \times 结构影响指数$$

2. 计算举例 假设某商业企业总平均工资水平变动分析资料如下（见表6-7）：

表6-7 某商业企业总平均工资水平变动分析资料

售货组别	售货员人数（人）		月平均工资（元）		工资总额（元）		
	基期 f_0	报告期 f_1	基期 x_0	报告期 x_1	基期 $x_0 f_0$	报告期 $x_1 f_1$	假定 $x_0 f_1$
甲	100	60	80	85	8000	5100	4800
乙	85	80	80	90	6800	7200	6400
合计	185	140	(80)	(87.857)	14800	12300	11200

要求分析该商业企业售货员总平均工资的变动及其原因。

根据资料，利用平均指标变动指数体系可作如下分析：

（1）可变构成指数 $= \dfrac{\sum x_1 f_1}{\sum f_1} \div \dfrac{\sum x_0 f_0}{\sum f_0}$

$= \dfrac{12300}{140} \div \dfrac{14800}{185} = 87.857 \div 80$

$= 1.0982$ 或 109.82%

总平均工资减少的绝对值：

$$\dfrac{\sum x_1 f_1}{\sum f_1} - \dfrac{\sum x_0 f_0}{\sum f_0} = 87.857 - 80 = 7.857(元)$$

（2）固定构成指数 $= \dfrac{\sum x_1 f_1}{\sum f_1} \div \dfrac{\sum x_0 f_1}{\sum f_1}$

$= \dfrac{12300}{140} \div \dfrac{11200}{140} = 87.857 \div 80$

$= 1.0982$ 或 109.82%

总平均工资增加绝对值：

$$\dfrac{\sum x_1 f_1}{\sum f_1} - \dfrac{\sum x_0 f_1}{\sum f_1} = 87.857 - 80 = 7.857(元)$$

（3）结构影响指数 $= \dfrac{\sum x_0 f_1}{\sum f_1} \div \dfrac{\sum x_0 f_0}{\sum f_0}$

$= \dfrac{11200}{140} \div \dfrac{14800}{185} = 80 \div 80$

$= 1$ 或 100%

对总平均工资影响的绝对值：

$$\dfrac{\sum x_0 f_1}{\sum f_1} - \dfrac{\sum x_0 f_0}{\sum f_0}$$

$= 80 - 80$

$= 0（元）$

(4) 从相对数分析:
$$109.82\% = 109.82\% \times 100\%$$

从绝对数分析:
$$7.857 \text{元} = 7.857 \text{元} + 0 \text{元}$$

计算结果表明，该商业企业售货员总平均工资报告期比基期增长了 9.82%，售货员平均工资增加 7.857 元；主要是由于售货员工资水平变动的影响，使总平均工资增长了 9.82%，售货员平均工资增加 7.857 元；由于售货员人员构成无变动，使总平均工资持平，对售货员平均工资没有造成影响。

第五节　几种常用指数的编制

一、价格指数

价格指数是反映不同时期市场价格水平变化趋势和程度的相对指标，是经济指数中最主要的指数。编制价格指数，可以研究价格变动的规律：价格朝什么方向变动，变动的幅度有多大；可以研究价格这个经济杠杆的变动对国家财政、企业的生产经营和人民生活的影响；可以为党和国家制定价格方针政策和规划，为宏观经济决策和间接控制提供灵敏的信息依据。

目前，我国编制的价格总指数，从生产的角度编制的主要有：农产品收购价格指数、生产资料价格指数、工业品出厂价格指数、商品零售价格指数；从支出的角度编制的主要有：居民消费物价指数、城镇居民生活费用价格指数和固定资产投资价格指数等。

1. 农产品收购价格指数　农产品收购价格指数是反映不同时期全社会农产品收购者（各种国有商业、集体商业、个体商业、外贸部门、国家机关、社会团体等各种经济类型的商业企业和有关部门）以各种形式收购各种农产品价格的变动趋势和程度的相对数。这种指数由各省、市、自治区按年度编制。它的直接计算基期是上一年和上一个五年计划时期的最末一年。

由于农产品收购季节性强，时间比较集中，产品品种比较少，这样在年末能够较快地取得全年各类农产品实际收购金额和各代表规格品的价格资料，从而能够以农产品实际收购金额为权数，采用平均数指数方法编制，其计算公式为：

$$\bar{k} = \frac{\sum p_1 q_1}{\sum \frac{1}{k} p_1 q_1}$$

农产品收购价格指数的计算步骤如下：

(1) 计算单项商品的收购价格指数。根据各代表规格品的平均价格资料，把报告期综合平均价格基期综合平均价格进行对比得到。

(2) 计算小类指数。用各代表规格品的单项商品价格指数去除该代表规格品所在商品集团的报告期收购金额，求得以基期价格计算的收购额。然后，将以报告期和基期两种价格计算的该商品集团收购额分别加总，最后对比计算出小类指数。小类指数是用加权调和平均方法计算的。

（3）计算大类指数。其方法与计算小类指数相同，就是把各小类指数用大类所属各小类全部商品的报告期收购额作为权数，进行调和平均计算。

（4）计算总指数。采用调和平均方法，把各大类指数用各大类商品的报告期收购额作为权数调和平均，得到最后结果。

通过这个指数的编制，可以说明农副产品价格的变动方向和幅度，还可以说明农副产品收购价格的变动对于农民收入和国家财政支出的影响。

2. **工业品出厂价格指数** 我国于1984年建立了工业品价格统计制度，1986年开始正式编制工业品出厂价格指数。工业品出厂价格指数，也称工业生产者价格指数，是反映不同时期全部工业产品出厂价格总水平的变动趋势和程度的相对数，它是工业品价格统计中最重要的指数之一。

编制工业品出厂价格指数采用的是重点调查的方法，代表品的选择要遵循以下原则：①按工业行业选择代表品，使各主要工业行业都有足够的代表品；②选择对国计民生影响较大的产品；③产品价格变化趋势在同类产品中属代表性较大的产品；④对规格型号繁多、价差较大的产品，就要选择若干规格品来作为该产品的代表。而相应的，代表企业则主要在重点城市中进行选择，但要注意合理分布，要照顾各行业的代表产品都选有代表企业；契约的类型要大、中、小兼顾，尽量选择稳定的企业，如果有些产品在重点市内企业不生产，则可以在非重点市指定某企业，以补充行业不全的欠缺。

工业品出厂价格有多种形式，工业品价格统计并不分别编制每一种价格形式的指数，而是把各种不同形式的价格水平综合在一起，编制一个总指数。综合的方法，是以同一产品按各种不同形式价格销售的销售量作为权数，用加权算术平均法计算出各商品的混合平均单价，作为指数编制的基础。

工业品出厂价格指数的权数，是用工业产品销售额计算的，按行业分层分摊的方法来确定，即根据各行业的销售额占总销售额的比重计算各行业的权数，然后再根据本行业代表品的销售额计算代表品权数，最后计算各代表品的权数，本行业代表品权数之和等于本行业的权数。

工业品出厂价格指数的编制也采用分层的方法，先计算代表品的价格指数，进而求出行业的价格指数，最后采用加权算术平均指数公式计算出总指数。其基本公式为：

$$\text{工业品出厂价格指数}(\bar{K}) = \frac{\sum \text{各产品价格指数}(K) \times \text{该产品的权数}(W)}{\sum \text{各产品的权数}(W)}$$

3. **居民消费物价指数** 居民消费物价指数是反映一定时期居民生活消费所必需的商品与劳务之间价格变动情况的指标。是价格统计中最重要的指标之一，是国家制定和调整价格政策及工资政策的重要依据，是计算国民生产总值价格减缩指数必不可缺的数据，是测定通货膨胀最常用的指标。

（1）商品和服务项目的分类与代表品的选择。市场上流动的商品数以万计，提供劳务服务的门类也越来越多，不可能也不必要根据居民消费的所有商品和服务项目来计算指数。世界上所有的国家或地区，都是选择部分项目进行计算的，少的只有20多种，多的达1000余种,但大多数国家在300~400种之间。我国规定必选品种为325种,地方可根据本地情况适当增加(不超过45种),对于规格等级较复杂的商品还可选1~2种相近规格品备用。

商品和服务项目分为八大类,即:食品类(包括餐饮业),衣着类,家庭备用与用品类,医疗保健类,交通和通讯类,娱乐、教育与文化用品类,居住类,服务项目类。

(2) 代表市场与代表企业的选择。按照选择代表市场的原则,全国选了146个城市和80个县城,共226个市县作为代表市场,并规定地方可适当增选若干中小城市及县城。

每个代表市场上每种商品或服务项目,又选若干企业(商店或农贸市场)进行调整,一般是大中城市选3~4个商店和3~5个农贸市场,小城市和县城选2~3个商店和1~2个农贸市场。为保证价格资料的连续性,各地区可选若干辅助调查点备用,以便在正式调查点缺少价格时采用辅助调查点的价格资料。

(3) 价格资料的搜集与平均价格的计算。价格调查所收集的价格资料,必须是实际成交的价格,即居民通过各种渠道(商店、工厂、集贸市场、餐饮业等)购买所实际支付的价格,不受挂牌价格的限制。

价格调查的频率依价格变动的频率而定:价格变动频繁者每月不可少于6次,国家控价的商品或服务项目每月或每季1次,其余的每月调查2~3次。

为简便起见,平均价一般用简单算术平均法计算。即地区(市场)平均价格有调查点价格简单算术平均而成,月平均价由各时点的价格简单算术平均法计算而成,年平均价由各月平均价的简单算术平均法计算而成。

(4) 权数的确定。确定消费物价指数的权数,应当以当地居民的消费构成为依据。由于城乡居民消费构成差别较大,各地和全国均应分别计算三种权数,即城市居民、农村居民和不分城乡的所有居民的三种消费物价指数的权数。权数一般根据城乡住户调查的资料计算,住户调查中没有的则通过典型调查取得。

权数应随居民消费构成的变化而变化。但因权数的计算工作极其繁琐复杂,世界上大多数国家和地区都是每隔三五年计算一次。我国因有经常的住户调查,所以规定每年计算一次,对一些季节性特强的商品(如鲜菜、鲜果)还计算各月的权数,用于编制月指数。用加权算术平均公式计算物价指数时,权数(W)理应是$p_1q_1/\sum p_1q_1$,但由于p_1q_1资料取得较困难,故实际上采用$W = p_0q_0/\sum p_0q_0$。权数是按总指数、大类、中类、小类分层计算的,每层的权数总和($\sum W$)为100(或1000)。各省的权数按中选的样本市县的资料计算,全国的权数则是根据各省的资料计算。

(5) 指数的计算方法。世界各国的消费物价指数多采用加权算术平均法计算,我国也采用加权算术平均法。其计算公式为:

$$\bar{k} = \frac{\sum kw}{\sum w}$$

式中:$\bar{k}$——总(类)指数;

k——个体（或类）指数。

计算程序是：先品后类，由大到小，逐步升级，层层平均。即先计算商品或服务项目的个体指数，进而计算小类、中类、大类指数，最后计算总指数，一级一级地往上升，每层平均一次。

表 6-8 中，总指数分八大类，权数总和为 100；食品大类分 17 个中类，权数总和为 100；粮食中类分 2 个小类，权数总和为 100；细粮小类 4 种商品，权数总和为 100。

4. **城镇居民生活费用价格指数** 城镇居民基本生活费价格指数，实质上也是消费物价指数，是我国从本国实际情况出发新增编的一个指数，是居民消费物价指数的一种补充指数。主要用于考察价格变动对居民基本生活支出的影响，并作为检测银行储蓄利率、工资政策等的一种依据。

(1) 商品和服务项目的分类和代表品的选择。商品只选消费品，居住和服务项目 3 个大类，消费品大类中只选粮食、衣着、日用品和燃料 4 个中类。代表品除鲜菜、鲜果、粮食、食用植物油等带有季节性、地方性的商品可由地方确定外，其余商品和服务项目，由国家统一规定，亦不得随意更改。代表商品和服务项目共 47 种。

(2) 计算方法。城镇居民基本生活费用价格指数由 35 个大中城市编报，采用拉斯贝尔综合法（$\bar{k} = \sum p_1 q_0 / \sum p_0 q_0$）计算。式中 q_0 指某种商品每百人的月消费量，由国家根据城镇居民住户调查的资料确定。

指数的计算表式见表 6-8：

表6-8 城市居民消费物价指数

（200 年 月／200 年 月）

城市编码：

商品类别及品名	规格等级牌号	计量单位	机器汇总代号	平均价格（元）		权数	以上年同期（或上期）价格为100	
				上年同期或上期	本期		指数	指数×权数
甲	乙	丙	丁	1	2	3	4	5
总指数						100	113.1	—
一、食品			210000			56	113.1	6344.8
1. 粮食			211000			20	109.55	2191.0
（1）细粮			211100			88	109.6	9644.8
面粉	普通粉	千克	211101	3.812	4.083	38	107.1	4069.8
大米	标二	千克	211102	3.948	4.402	55	111.5	6132.5
江米	标二	千克	211103	4.460	4.839	5	108.5	524.5
挂面	富强粉	千克	211104	4.088	4.317	2	105.6	211.2
（2）粗粮			211200			12	109.2	1310.4
2. 淀粉及薯类			212000			1	104.6	104.6
3. 干豆类及豆制品						2	105.5	211.0
4. 油脂类						7	110.4	772.8
5. 肉食及其制品						23	118.7	2730.1
6. 蛋类						6	112.4	674.4
7. 水产品类						7	111.6	781.2
8. 菜类						9	119.5	1075.5
9. 调味品类						2	107.9	215.8
10. 糖类						2	106.3	212.6
11. 烟草类			219000			4	108.4	433.6
12. 酒和饮料			21A000			3	109.3	327.9
13. 干鲜瓜果类			21B000			4	112.7	450.8
14. 糕点类			21C000			2	109.2	218.4
15. 奶及奶制品						3	113.1	339.3
16. 其他食品						2	110.8	211.6
17. 饮食业						3	121.7	365.1
二、衣着类						11	109.5	1204.5
三、家庭设备及用品						13	108.8	1414.4
二、医疗保健			21H000			4	107.7	430.8
三、交通和通讯工具			220000			3	114.3	342.9
四、娱乐教育文化用品			230000			4	120.7	482.8
五、居住						4	123.6	494.4
六、服务项目（1）			280000			5	119.4	597.0

5. 商品零售价格指数 商品零售价格指数，是反映全国或某地零售市场商品价格总水平及各类商品价格变动趋势与程度的相对数，它的编制方法基本上与居民消费物价指数类似，不同的地方是：

（1）权数根据当地的零售额构成确定，而不是根据当地居民的消费构成确定。

（2）除鲜果鲜菜都是按月确定权数外，其余所有商品及大、中、小类的权数，消费物价指数是每年计算一次，而零售物价指数则是3年计算一次。至于指数的计算公式、计算程序、全省和全国指数的汇总方法，零售物价指数都与消费物价指数相同。

6. 固定资产投资价格指数　　固定资产投资价格指数是反映固定资产投资额价格变动趋势和程度的相对数。固定资产投资额是由建筑安装工程投资完成额、设备、工器具购置投资完成额和其他费用投资完成额三部分组成的。编制固定资产投资价格指数应首先分别编制上述三部分投资的价格指数，然后采用加权算术平均法求出固定资产投资的价格总指数。

目前，我国固定资产投资价格指数是按年度编制的，主要用于了解固定资产投资价格动态，进行固定资产投资规模的核算。

编制固定资产投资价格指数需要的价格资料是由非全面调查方式取得的，采用重点调查和典型调查相结合的方法。

选择建筑安装工程和其他费用调查样本时：①要选择具有一定覆盖面的样本单位，其产值之和力争占本地区施工产值的50%以上，以保证编制指数使用的价格具有代表性；②要选择投资经济活动代表性强的地位，即以金额表示的投资经济活动最大，并且投资经济活动面广、类别较多；③兼顾不同经济类型，不但要选择国有经济单位、集体经济单位，还要选择其他经济类型单位；④选择重点工程，因为其投资额大，对经济发展影响也较大；⑤兼顾国民经济各行业及不同工程类别，以保证选取样本的代表性和全面性。

二、价格指数的应用

1. 物价变动对购买力的影响分析　　货币购买力指单位货币购买商品和劳务的能力，它的变动与物价变动成反比。例如，某种蔬菜基期每100公斤80元，报告期100元，其价格指数为125%。由于价格上升，单位货币购买商品的能力下降了。基期每百元可购某种蔬菜125公斤，但报告期却只能买100公斤，其购买力指数为80%，而这个80%刚好是价格指数的倒数。但货币并不只是用来购买商品，更不只是用来购买一种商品，它还要用来支付各种服务费用。所以：

$$货币购买力指数 = \frac{1}{消费物价指数}$$

例如，我国和若干国家某年比1980年的消费物价指数和货币购买力指数（见表6-9）：

表6-9　某年若干国家货币购买力变动情况表（1980年为100）

国别	消费物价指数	货币	货币购买力指数	货币购买力年平均降速(%)
中　国	192.1	人民币	52.1	6.2
美　国	158.6	美　元	63.1	4.5
日　本	122.5	日　元	81.6	2.0
英　国	188.6	英　镑	53.0	6.2
意大利	250.8	里　拉	39.9	8.8
印　度	216.2	卢　比	46.3	6.8
埃　及	408.8	埃　镑	24.5	13.0
墨西哥	119	比　索	0.84	35.2

2. 物价变动对居民实际收入影响的分析　物价上升，货币购买力下降，与过去等量的货币收入所能够得的商品和劳务就要减少。就是说，当物价上升时，如果货币收入没有相应的提高，实际收入和实际生活水平就要下降。

居民的实际收入指从名义收入（货币收入）中扣除价格变动影响以后的收入。实际收入指数即扣除价格变动影响以后的两期收入之比。

$$实际收入指数 = \frac{货币收入（名义收入）指数}{消费物价指数}$$

$$或 = 货币收入指数 \times 货币购买力指数$$

例如，某年我国职工平均工资为2140元，比2000年的762元增长了180.8%，又知该年比2000年消费物价上升92.1%，货币购买力下降了47.9%，则：

$$实际工资指数 = \frac{280.8\%}{192.1\%} = 146.2\%$$

$$或 = 280.8\% \times 52.1\% = 146.3\%$$

计算结果表明，虽然职工的名义工资增长了1.8倍，但扣除涨价影响，职工的实际工资只增长了46.2%。

3. 通货膨胀率的计算和分析　物价上涨与通货膨胀是孪生兄弟。因此，如何计算通货膨胀率，也是物价统计的一项任务。这个问题理论界有不同的主张，下面主要介绍几种观点。

（1）货币供求差率。通货膨胀是市场经济条件下的一种经济现象，是指市场货币供应量（Ms）超过市场货币需求量（Md）而形成的货币贬值（物价上涨）和多余货币的沉淀（币流减缓）。因此，通货膨胀率（r）的定义公式是：

$$r = \frac{Ms}{Md} - 1$$

市场货币供应量是货币投放与货币回笼的差额，而货币投放与回笼是一个循环往复连续不断的过程，市场货币供应量也不断变动，时多时少，只能取一定时期的平均数。

货币作为一般等价物，是伴随商品流通和劳务交易而流通的，所以，市场货币供应量之多少与商品流通和劳务交易的规模密切相关，规模越大，货币需求量越多。但是，货币作为流通手段是可以多次流通的，若一定时期内货币周转的次数越多，则完成一定规模商品流通和劳务交易所需的货币就愈少。简言之，流通中的货币数量与商品流通和劳务交易的规模（$\sum pq$）成正比，与货币流通的速度（C）成反比。即：

$$M = \sum pq / C$$

由于货币流通量理应与商品和劳务交易的数量相适应，因此，通货膨胀率：

$$r = \frac{\sum p_1 q_1 / c_1}{\sum p_0 q_1 / c_0} - 1$$

由上式可以看出，通货膨胀率受价格变动和货币周转速度变动两个因素的影响，等于物价指数与货币流通速度指数之商减1。若用因素分析法加以分解，则：

1）因价格而形成的通货膨胀率：

$$r = \frac{\sum p_1 q_1 / c_1}{\sum p_0 q_1 / c_1}$$

相应的通货膨胀量为：$\sum p_1 q_1 / c_1 - \sum p_0 q_1 / c_1$

2）因货币流通速度变动而形成的通货膨胀率：

$$r = \frac{\sum p_0 q_1 / c_1}{\sum p_0 q_1 / c_0} - 1$$

相应的通货膨胀量为：$\sum p_0 q_1 / c_1 - \sum p_0 q_1 / c_0$

用上式计算通货膨胀率需要掌握物价指数和货币流通速度指数，其中，物价指数应当是与全部商品流通和劳务交易相关的指数。在众多的价格指数中，只有国民生产总值价格减缩指数最符合要求。另一个因素是货币流通速度指数（c_1/c_0），但这是比较难以掌握的资料。

（2）国民生产总值价格减缩指数上涨率。由于货币流通速度的资料难以掌握，所以有人主张直接以国民生产总值价格减缩指数（IGNP）作为通货膨胀指数，以它的上涨率作为通货膨胀率。

IGNP 反映居民消费价格、社会集团消费价格、投资价格和出口价格等各种价格的综合变动，如果不考虑货币流通速度的影响，用它作为通货膨胀指数是最合适的。

但是，IGNP 所需的资料较多较全，工作量大，计算周期长（一般一年才一次），不能及时反映通货膨胀的情况，不便于各级政府及时长期宏观调控的对策措施。

（3）消费物价上涨率。鉴于 IGNP 的上述缺陷，有人提出可以用消费物价上涨率（消费物价指数 -100%）作为通货膨胀率的替代指标。其理由如下：

1）消费物价指数在反映价格变动方面不及 IGNP 全面，但零售物价指数较其他物价指数全面。

2）消费物价指数较 IGNP 计算简便，而且我们已有较好的工作基础。

3）消费物价指数可按月、季计算，周期较短，能及时反映通货膨胀的情况，便于各级政府及时长期的反通胀措施。

4）世界上有相当多的国家都采用消费物价上涨率替代通货膨胀率，我们采用此指标便于国际比较。

> ★ 知识拓展
>
> **价格指数与价格水平有什么区别**
>
> 　　价格指数是反映不同时期商品和服务项目价格水平的变化方向、趋势和程度的经济指标,通常以报告期与基准期相对比的相对数值来表示。它是研究价格动态变化的一种工具,它为制定、调整和检查各项经济政策,特别是价格政策提供依据。
>
> 　　价格水平是将一定地区、一定时期某一项商品或服务项目的所有价格用同度量因素（以货币表现的交换价值）加权计算出来的,反映一定地区、一定时期所有这种商品或服务项目综合的平均价格指标。在表现形式上虽然可以用货币量进行表示,但非常抽象。比如,某市 2002 年 9 月份全市鸡蛋的价格水平为每公斤 4.87 元,10 月的价格水平为每公斤 4.53 元。用 10 月份的 4.53 元减去 9 月份的 4.87 元,可以得出该市全市鸡蛋价格水平 10 月份比 9 月份减少 0.34 元。
>
> 　　价格指数,是反映一定时期内商品价格水平变动情况的统计指标,它是一个相对数,而"价格水平"是个绝对数。还以鸡蛋为例,上面的数字反映出 10 月份比 9 月份鸡蛋的价格水平下降了 0.34 元,那么,10 月份比 9 月份鸡蛋的价格指数,则用 10 月份鸡蛋平均价格除以 9 月份平均价格再乘以 100% 求得,即：4.53/4.87 × 100% = 93%。也就是说,10 月份比 9 月份鸡蛋价格下跌了 7%。商品价格由于受多种因素的影响,可能会上升,也可能会下降。这些商品价格的变动程度,可以通过其本身涨落的多少直接反映出来。但要综合观察这些商品价格的变动对全市商品价格总水平的影响有多大,就必须通过价格指数来显示。
>
> 　　　　　　　　　　　　　　　　　　　　——摘自 2005 年 8 月 23 日北京统计信息网

三、股票价格指数

（一）编制股票价格指数的意义

　　股票价格指数（简称股价指数或股票指数）,是由证券交易所或金融服务机构编制的表明股票价格变动方向和程度的动态相对数,是统计指数的一种。由于股票价格起伏无常,投资者必然面临市场价格风险。对于具体某一种股票的价格变化,投资者容易了解,而对于多种股票的价格变化,要逐一了解,既不容易,也不胜其烦。为了适应这种情况和需要,一些金融服务机构就利用自己的业务知识和熟悉市场的优势,编制出股票价格指数,公开发布,作为市场价格变动的指标。投资者据此就可以检验自己投资的效果,并用以预测股票市场的动向。同时,新闻界、公司老板乃至政界领导人等也以此为参考指标,来观察、预测社会政治、经济发展形势。

　　这种股票指数,也就是表明股票行市变动情况的价格平均数。编制股票指数,通常以某年某月为基础,以这个基期的股票价格作为 100,用以后各时期的股票价格和基期价格比较,计算出升降的百分比,就是该时期的股票指数。投资者根据指数的升降,可以判断出股票价格的变动趋势。并且,为了能实时地向投资者反映股市的动向,所有的股市几乎都是在股价变化的同时即时公布股票价格指数。

　　计算股票指数,要考虑三个因素：一是抽样,即在众多股票中抽取少数具有代表性的成分股;二是加权,按单价或总值加权平均,或不加权平均;三是计算程序,计算算术平均数、几何平均数,或兼顾价格与总值。

由于上市股票种类繁多,计算全部上市股票的价格平均数或指数的工作是艰巨而复杂的,因此人们常常从上市股票中选择若干种富有代表性的样本股票,并计算这些样本股票的价格平均数或指数,用以表示整个市场的股票价格总趋势及涨跌幅度。计算股价平均数或指数时经常考虑以下四点:①样本股票必须具有典型性、普遍性,为此,选择样本时应综合考虑其行业分布、市场影响力、股票等级、适当数量等因素。②计算方法应具有高度的适应性,能对不断变化的股市行情作出相应的调整或修正,使股票指数或平均数有较好的敏感性。③要有科学的计算依据和手段。计算依据的口径必须统一,一般均以收盘价为计算依据,但随着计算频率的增加,有的以每小时价格甚至更短的时间价格计算。④基期应有较好的均衡性和代表性。

(二) 股票价格指数的计算方法

计算股票指数时,往往把股票指数和股价平均数分开计算。按定义,股票指数即股价平均数。但从两者对股市的实际作用而言,股价平均数是反映多种股票价格变动的一般水平,通常以算术平均数表示。人们通过对不同的时期股价平均数的比较,可以认识多种股票价格变动水平。而股票指数是反映不同时期的股价变动情况的相对指标,也就是将第一时期的股价平均数作为另一时期股价平均数的基准的百分数。通过股票指数,人们可以了解计算期的股价比基期的股价上升或下降的百分比率。由于股票指数是一个相对指标,因此就一个较长的时期来说,股票指数比股价平均数能更为精确地衡量股价的变动。

1. 股价平均数的计算 股票价格平均数反映一定时点上市股票价格的绝对水平,它可分为简单算术股价平均数、修正的股价平均数、加权股价平均数三类。人们通过对不同时点股价平均数的比较,可以看出股票价格的变动情况及趋势。

(1) 简单算术股价平均数。简单算术股价平均数是将样本股票每日收盘价之和除以样本数得出的,即:

$$简单算术股价平均数 = (P_1 + P_2 + P_3 + \cdots + P_n)/n$$

世界上第一个股票价格平均——道·琼斯股价平均数在1928年10月1日前就是使用简单算术平均法计算的。

现假设从某一股市采样的股票为A、B、C、D四种,在某一交易日的收盘价分别为10元、16元、24元和30元,计算该市场股价平均数。将上述数置入公式中,即得:

$$股价平均数 = (P_1 + P_2 + P_3 + P_4)/n$$
$$= (10 + 16 + 24 + 30)/4$$
$$= 20(元)$$

简单算术股价平均数虽然计算较简便,但它有两个缺点:一是它未考虑各种样本股票的权数,从而不能区分重要性不同的样本股票对股价平均数的不同影响。二是当样本股票发生股票分割派发红股、增资等情况时,股价平均数会产生断层而失去连续性,使时间序列前后的比较发生困难。例如,上述D股票发生以1股分割为3股时,股价势必从30元下调为10元,这时平均数就不是按上面计算得出的20元,而是(10 + 16 + 24 + 10)/4 = 15(元)。这就是说,由于D股分割技术上的变化,导致股价平均数从20元下跌为15元(这还未考虑其他影响股价变动的因素),显然不符合平均数作为反映股价变动指标的要求。

（2）修正的股份平均数。修正的股价平均数有两种：

一是除数修正法，又称道式修正法。这是美国道·琼斯在1928年创造的一种计算股价平均数的方法。该法的核心是求出一个常数除数，以修正因股票分割、增资、发放红股等因素造成股价平均数的变化，以保持股份平均数的连续性和可比性。具体做法是以新股价总额除以旧股价平均数，求出新的除数，再以计算期的股价总额除以新除数，这就得出修正的股价平均数。即：

新除数 = 变动后的新股价总额/旧的股价平均数

修正的股价平均数 = 报告期股价总额/新除数

在前面的例子除数是4，经调整后的新的除数应是：

新的除数 = （10 + 16 + 24 + 10）/20 = 3

将新的除数代入下列式中，则：

修正的股价平均数 = （10 + 16 + 24 + 10）/3 = 20（元），得出的平均数与未分割时计算的一样，股价水平也不会因股票分割而变动。

二是股价修正法。股价修正法就是将股票分割等，变动后的股价还原为变动前的股价，使股价平均数不会因此变动。美国《纽约时报》编制的500种股价平均数就采用股价修正法来计算股价平均数。

（3）加权股价平均数。加权股价平均数是根据各种样本股票的相对重要性进行加权平均计算的股价平均数，其权数（Q）可以是成交股数、股票总市值、股票发行量等。

2. 股票指数的计算　股票指数是反映不同时点上股价变动情况的相对指标。通常是将报告期的股票价格与固定的基期价格相比，并将两者的比值乘以基期的指数值，即为该报告期的股票指数。股票指数的计算方法有三种：一是相对法；二是综合法；三是加权法。

（1）相对法。相对法又称平均法，就是先计算各样本股票指数，再加总求总的算术平均数。其计算公式为：

股票指数 = n 个样本股票指数之和/n

英国的《经济学家》普通股票指数就使用这种计算法。

（2）综合法。综合法是先将样本股票的基期和报告期价格分别加总，然后相比求出股票指数。即：

股票指数 = 报告期股价之和/基期股价之和

代入数字得：

股价指数 = (8 + 12 + 14 + 18)/(5 + 8 + 10 + 15) = 52/38 = 136.8%

即报告期的股价比基期上升了36.8%。

从平均法和综合法计算股票指数来看，两者都未考虑到由各种采样股票的发行量和交易量的不相同，而对整个股市股价的影响不一样等因素，因此，计算出来的指数亦不够准确。为使股票指数计算精确，则需要加入权数，这个权数可以是交易量，亦可以是发行量。

（3）加权法。加权股票指数是根据各期样本股票的相对重要性予以加权，其权数可以是成交股数、股票发行量等。按时间划分，权数可以是基期权数，也可以是报告期权数。以基期成交股数（或发行量）为权数的指数称为拉斯拜尔指数；以报告期成交股数（或发行量）为权数的指数称为派许指数。

拉斯贝尔指数偏重基期成交股数（或发行量），而派许指数则偏重报告期的成交股数（或发行量）。目前世界上大多数股票指数都是派许指数。

（三）世界上几种著名的股票指数

1. 道·琼斯股票指数　道·琼斯股票指数是世界上历史最为悠久的股票指数，它的全称为股票价格平均数。它是在1884年由道·琼斯公司的创始人查理斯·道开始编制的。其最初的道·琼斯股票价格平均指数是根据11种具有代表性的铁路公司的股票，采用算术平均法进行计算编制而成，发表在查理斯·道自己编辑出版的《每日通讯》上。其计算公式为：

股票价格平均数 = 入选股票的价格之和/入选股票的数量

自1897年起，道·琼斯股票价格平均指数开始分成工业与运输业两大类，其中工业股票价格平均指数包括12种股票，运输业平均指数则包括20种股票，并且开始在道·琼斯公司出版的《华尔街日报》上公布。在1929年，道·琼斯股票价格平均指数又增加了公用事业类股票，使其所包含的股票达到65种，并一直延续至今。

现在的道·琼斯股票价格平均指数是以1928年10月1日为基期，因为这一天收盘时的道·琼斯股票价格平均数恰好约为100美元，所以就将其定为基准日。而以后股票价格同基期相比计算出的百分数，就成为各期的投票价格指数，所以现在的股票指数普遍用点来做单位，而股票指数每一点的涨跌就是相对于基准日的涨跌百分数。

道·琼斯股票价格平均指数最初的计算方法是用简单算术平均法求得，当遇到股票的除权除息时，股票指数将发生不连续的现象。1928年后，道·琼斯股票价格平均数就改用新的计算方法，即在计点的股票除权或除息时采用连接技术，以保证股票指数的连续，从而使股票指数得到了完善，并逐渐推广到全世界。

目前，道·琼斯股票价格平均指数共分4组，第一组是工业股票价格平均指数。它由30种有代表性的大工商业公司的股票组成，且随经济发展而变大，大致可以反映美国整个工商业股票的价格水平，这也就是人们通常所引用的道·琼斯工业股票价格平均数。第二组是运输业股票价格平均指数。它包括20种有代表性的运输业公司的股票，即8家铁路运输公司、8家航空公司和4家公路货运公司。第三组是公用事业股票价格平均指数，是由代表着美国公用事业的15家煤气公司和电力公司的股票所组成。第四组是平均价格综合指数。它是综合前3组股票价格平均指数65种股票而得出的综合指数，这组综合指数虽然为优等股票提供了直接的股票市场状况，但现在通常引用的是第一组——工业股票价格平均指数。

道·琼斯股票价格平均指数是目前世界上影响最大、最有权威性的一种股票价格指数，原因之一是道·琼斯股票价格平均指数所选用的股票都是有代表性的，这些股票的发行公司都是本行业具有重要影响的著名公司，其股票行情为世界股票市场所瞩目，各国投资者都极为重视。为了保持这一特点，道·琼斯公司对其编制的股票价格平均指数所选用的股票经常予以调整，用具有活力的更有代表性的公司股票替代那些失去代表性的公司股票。自1928年以来，仅用于计算道·琼斯工业股票价格平均指数的30种工商业公司股票，已有30次更换，几乎每两年就有一个新公司的股票代替老公司的股票。原因之二是，公布道·琼斯股票价格平均指数的新闻载体——《华尔街日报》是世界金融界最有影响力的报纸。该报每天详尽报道其每个小时计算的采样股票平均指数、百分比变动率、每种采样股票的成交数额等，并注意对股票分股后的股票价格平均指数进行校正。在纽约证券交易营业时间里，每隔半小时公布一次道·琼斯股票价格平均指数。原因之三是，这一股票价格平均指数自编制以来从未间断，可以用来比较不同时期的股票行情和经济发展情况，成为反映美国股市行情变化最敏感的股票价格平均指数之一，是观察市场动态和从事股票投资的主要参考。当然，由于道·琼斯股票价格指数是一种成分股指数，它包括的公司仅占目前2500多家上市公司的极少部分，而且多是热门股票，且未将近年来发展迅速的服务性行业和金融业的公司包括在内，所以它的代表性也一直受到人们的质疑和批评。

2. **标准·普尔股票价格指数** 除了道·琼斯股票价格指数外，标准·普尔股票价格指数在美国也很有影响，它是美国最大的证券研究机构即标准·普尔公司编制的股票价格指数。该公司于1923年开始编制发表股票价格指数。最初采选了230种股票，编制两种股票价格指数。到1957年，这一股票价格指数的范围扩大到500种股票，分成95种组合。其中最重要的4种组合是工业股票组、铁路股票组、公用事业股票组和500种股票混合组。从1976年7月1日开始，改为400种工业股票、20种运输业股票、40种公用事业股票和40种金融业股票。几十年来，虽然有股票更迭，但始终保持为500种。标准·普尔公司股票价格指数以1941—1943年抽样股票的平均市价为基期，以上市股票数为权数，按基期进行加权计算，其基点数为10。以目前的股票市场价格乘以股票市场上发行的股票数量为分子，用基期的股票市场价格乘以基期股票数为分母，相除之数再乘以10就是股票价格指数。

3. **纽约证券交易所股票价格指数** 纽约证券交易所股票价格指数是由纽约证券交易所编制的股票价格指数。它起自1966年6月，先是普通股股票价格指数，后来改为混合指数，包括在纽约证券交易所上市的1500家公司的1570种股票。具体计算方法是将这些股票按价格高低分开排列，分别计算工业股票、金融业股票、公用事业股票、运输业股票的价格指数，最大和最广泛的是工业股票价格指数，由1093种股票组成；金融业股票价格指数包括投资公司、储蓄贷款协会、分期付款融资公司、商业银行、保险公司和不动产公司的223种股票；运输业股票价格指数包括铁路、航空、轮船、汽车等公司的65种股票；公用事业股票价格指数则有电话电报公司、煤气公司、电力公司和邮电公司的189种股票。

纽约股票价格指数是以1965年12月31日确定的50点为基数，采用的是综合指数形式。纽约证券交易所每半个小时公布一次指数的变动情况。虽然纽约证券交易所编制股票价格指数的时间不长，因它可以全面及时地反映其股票市场活动的综合状况，较为受投资者欢迎。

4. **日经道·琼斯股价指数（日经平均股价）** 日经道·琼斯股价指数是由日本经济新闻社编制并公布的反映日本股票市场价格变动的股票价格平均数。该指数从1950

年9月开始编制。最初根据东京证券交易所第一市场上市的225家公司的股票算出修正平均股价,当时称为"东证修正平均股价"。1975年5月1日,日本经济新闻社向道·琼斯公司买进商标,采用美国道·琼斯公司的修正法计算,这种股票指数也就改称"日经道·琼斯平均股价"。1985年5月1日在合同期满10年时,经两家商议,将名称改为"日经平均股价"。

按计算对象的采样数目不同,该指数分为两种,一种是日经225种平均股价。其所选样本均为在东京证券交易所第一市场上市的股票,样本选定后原则上不再更改。1981年定位制造业150家,建筑业10家,水产业3家,矿业3家,商业12家,路运及海运14家,金融保险业15家,不动产业3家,仓库业、电力和煤气4家,服务业5家。由于日经225种平均股价从1950年一直延续下来,因而其连续性及可比性较好,成为考察和分析日本股票市场长期演变及动态的最常用和最可靠指标。该指数的另一种是日经500种平均股价。这是从1982年1月4日起开始编制的。由于其采样包括500种股票,其代表性就相对更为广泛,但它的样本是不固定的,每年4月份要根据上市公司的经营状况、成交量和成交金额、市价总值等因素对样本进行更换。

5.《金融时报》股票价格指数 《金融时报》股票价格指数的全称是"伦敦《金融时报》工商业普通股股票价格指数",是由英国《金融时报》公布发表的。该股票价格指数包括在英国工商业中挑选出来的具有代表性的30家公开挂牌的普通股股票。它以1935年7月1日作为基期,其基点为100点。该股票价格指数以能够及时显示伦敦股票市场情况而闻名于世。

6. 香港恒生指数 香港恒生指数是香港股票市场上历史最久、影响最大的股票价格指数,由香港恒生银行于1969年11月24日开始发表。恒生股票价格指数包括从香港500多家上市公司中挑选出来的33家有代表性且经济实力雄厚的大公司股票作为成分股,分为4大类——4种金融业股票、6种公用事业股票、9种地产业股票和14种其他工商业(包括航空和酒店)股票。这些股票占香港股票市值的63.8%,因该股票指数涉及香港的各个行业,具有较强的代表性。

恒生股票价格指数的编制是以1964年7月31日为基期,因为这一天香港股市运行正常,成交值均匀,可反映整个香港股市的基本情况,基点确定为100点。其计算方法是将33种股票按每天的收盘价乘以各自的发行股数为计算日的市值,再与基期的市值相比较,乘以100,就得出当天的股票价格指数。

自1969年恒生股票价格指数发表以来,已经过多次调整。由于1980年8月香港当局通过立法,将香港证券交易所、远东交易所、金银证券交易所和九龙证券所合并为香港联合证券交易所,在目前的香港股票市场上,只有恒生股票价格指数与新产生的香港指数并存,香港的其他股票价格指数均不复存在。

(四)我国的股票指数

1. 上证股票指数 由上海证券交易所编制并发布的上证指数系列有:上证180指数、上证综合指数、A股指数、B股指数、分类指数、债券指数、基金指数等指数系列。其中,最早编制的是上证综合指数。上证综合指数是以上海证券交易所挂牌的全部股票为计算范围,以发行量为权数的加权综合股价指数。该指数以1990年12月19日为基准日，基日指数定为100点，自1991年7月15日开始发布。该指数反映上海证券交易所上市的全部A股和全部B股的股价走势。其计算方法与深综合指数大体相同，不同之处在于对新股的处理，当有新股上市时，1个月以后方列入计算范围。

2. 深圳综合股票指数　深证综合指数是深圳证券交易所从1991年4月3日开始编制并公开发表的一种股价指数，该指数规定1991年4月3日为基期，基期指数为100点。综合指数以所有在深圳证交所上市的所有股票为计算范围，以发行量为权数的加权综合股价指数，其基本计算公式为：

$$即日综合指数 = 即日指数股总市值 / 基日指数股总市值 \times 基日指数$$

每当发行新股上市时，从第二天纳入成分股计算，这时上式中的分母用下式调整：新股票上市后"基日成分股总市值"＝原来的基日成分股总市值＋新股发行数量×上市第一天收盘价。

当某一成分股暂停买卖时，将其暂时剔除于指数计算外，若有成分股在交易期间突然停牌，将取其最近成交价计算即时指数，直到收市后再作必要的调整。对于除权除息，由于保持总市值不变，因而指数保持不变。深证指数因编制采用的是先进的加权指数法，且抽样广泛，代表性强，不仅具有长期可比性，而且能正确反映股价运动的总趋向。

深圳证券交易所股价指数有：

（1）综合指数：深证综合指数、深证A股指数、深证B股指数。

（2）成分股指数：包括深证成分指数、成分A股指数、成分B股指数、工业类指数、商业类指数、金融类指数、地产类指数、公用事业类指数、综合企业类指数。

（3）深证基金指数。

★ 人物小传之六

拉斯贝尔

拉斯贝尔，又译为拉斯佩雷斯（Etienne Laspeyres），1834—1913年，严谨而执著的德国著名经济统计学家，1869年在德国里加多科技学校，即现在的里加技术大学任教，1869—1873年在Tartu大学工作，主要研究地理、人种学和统计学。拉斯贝尔于1864年提出"基期加权综合指数"的编制方法，人们把这种方法称为"拉氏指数"。

帕舍

帕舍，又译为派许（Hermann Paasche），1851—1925年，德国著名经济统计学家。在1874年，年仅23岁的帕舍提出了"报告期加权综合指数"编制方法，人们将这种方法称为"帕氏指数"。

★ 案例讨论

某市场的粮食销售资料

产品名称	计量单位	商品价格		销售量		个体指数(%)	
		基期	报告期	基期	报告期	p_1/p_0	q_1/q_0
面粉	千克	3.00	3.20	560000	650000	106.67	116.07
大米	千克	2.40	3.60	960000	690000	150.00	71.88
食用植物油	千克	6.00	7.20	152000	160000	120.00	105.26

请讨论：

1. 分别用简单综合法和简单平均法编制粮食价格总指数，试比较它们的异同。

2. 若将大米的计量单位和相应价格由"元/千克（公斤）"改变为"元/百公斤"的形式（注意，这里仅仅改变数据表现形式，并未改变实际资料本身），再用简单综合法编制粮食价格总指数，会得到什么结果？这说明什么问题？

3. 根据本章的讨论和以上计算、分析，请归纳一下简单指数的主要缺陷和不足之处，并谈谈你对加权指数编制原理的认识。

4. 试分别用拉氏公式和派许公式编制上述食品的价格总指数，比较两者在数值结果和分析含义方面的差异，并说明能否据此判断它们之间的优劣。

5. 试运用指数方法，对本例中食品销售额的综合变动进行因素分析，并说明在价格变动和销售量变动两者中，哪个是影响销售额变动的主要因素。

★ 练习与思考

一、判断题

1. 由两个总量指标对比形成的指数一般属于综合指数。（ ）
2. 按个体价格指数和报告期销售额计算的价格总指数是加权算术平均数。（ ）
3. 指数的作用之一是进行因素分析。（ ）
4. 综合指数是总指数最基本的形式。（ ）
5. 若产量增加，而生产费用不变，则单位成本指数增加。（ ）

二、单项选择题

1. 按指数包括的范围不同，可分为（ ）。
   A. 个体指数和总指数 B. 简单指数和加权指数
   C. 动态指数和静态指数 D. 定基指数和环比指数

2. 加权调和平均数指数可变形为综合指数所用的特定权数是（ ）。
   A. 基期总额 B. 报告期总额
   C. 固定权数 D. 假定期总额

3. 因素分析法的依据是（ ）。
   A. 指标体系 B. 指数体系

C. 拉氏指数　　　　　　　D. 派氏指数
4. 若价格增长5%，销售量增长4%，则销售额增长（　　）。
   A. 20%　　B. 9%　　C. 9.2%　　D. 8%
5. 分析企业职工平均工资增减情况，反映职工工资水平变动的指数是（　　）。
   A. 可变构成指数　　　　B. 固定构成指数
   C. 结构影响指数　　　　D. 综合指数

三、多项选择题
1. 下列属于质量指标指数的有（　　）。
   A. 价格指数　　　　　　B. 单位成本指数
   C. 销售量指数　　　　　D. 工资水平指数
   E. 劳动生产率
2. 公式 $\sum p_1 q_1 - \sum p_0 q_1$ 的经济意义是（　　）。
   A. 综合反映销售额变动的绝对额
   B. 综合反映多种价格变动而增减的销售额
   C. 由于价格变动使消费者增减的货币支出
   D. 由于销售量变动而增减的销售额
   E. 综合反映价格和销售量变动的绝对额
3. 下面反映平均指标变动的指数的有（　　）。
   A. 可变构成指数　　　　B. 固定构成指数
   C. 结构影响指数　　　　D. 算术平均数指数
   E. 调和平均数指数
4. 指数的作用有（　　）。
   A. 可进行因素分析　　　B. 反映事物变动的方向
   C. 可进行相关分析　　　D. 反映事物变动的程度
   E. 研究事物在长时间内的变动趋势
5. 运用指数进行因素分析时，（　　）。
   A. 可以对总量指标进行因素分析
   B. 可以对平均指标进行因素分析
   C. 可以对相对指标进行因素分析
   D. 可以从绝对数方面进行因素分析
   E. 可以从相对数进行因素分析

四、问答题
1. 什么是统计指数？有哪些分类？
2. 什么是综合指数？编制综合指数应遵循什么原则？
3. 什么是同度量因素？有何作用？
4. 什么是平均数指数？它和综合指数有什么关系？
5. 什么是指数体系？有何作用？
6. 如何对总量指标的变动进行因素分析？

7. 在平均指标变动指数体系中,各指数有何含义?

五、实践能力训练题

1. 某商店三种商品的销售情况资料如下:

商品名称	单位	价格(元)		销售量	
		2004年	2005年	2004年	2005年
甲	双	25	28	4000	5000
乙	件	140	160	400	550
丙	双	0.5	0.6	800	1000

要求:(1)计算各商品价格和销售量个体指数;
　　　(2)从相对数和绝对数两方面简要分析销售量和价格变动对销售额变动的影响。

2. 某企业三种产品的生产情况资料如下:

产品名称	单位	单位成本（元）		产　　量	
		基期	报告期	基期	报告期
甲	尺	5	6	400	300
乙	个	8	10	500	600
丙	件	12	15	150	200

要求:运用指数体系对该企业三种产品的总成本变动进行因素分析。

3. 某商店三种商品的销售资料如下:

商品名称	销售额（万元）		今年销售量比去年增长（%）
	去　年	今　年	
甲	150	180	8
乙	200	240	5
丙	400	450	15

要求:(1)计算销售量指数。
　　　(2)计算销售额指数和价格指数。
　　　(3)试从相对数和绝对数两方面简要分析销售额变动所受的因素影响。

4. 某企业资料如下:

产品名称	总产值（万元）		2005年出厂价格比2004年增长（%）
	2004年	2005年	
甲	145	168	12
乙	220	276	15
丙	350	378	5

要求:(1)计算出厂价格指数和由于价格变化而增加的总产值。

(2) 计算总产值指数和产品产量指数。

(3) 试从相对数和绝对数两方面简要分析总产值变动所受的因素影响。

5. 某公司2004年商品零售额为46万元，2005年比2004年增加40万元，零售物价指数上涨8%，试计算该公司商品零售额变动中由于零售价格和零售量变动的影响程度和影响额。

6. 某商品在两个市场的销售资料如下：

市场	一季度		二季度	
	价格（元）	销售量（公斤）	价格（元）	销售量（公斤）
甲	5	400	6	360
乙	8	400	10	640

要求：从相对数和绝对数两方面对总平均价格变动进行因素分析。

7. 某省粮油食品出口商品分为活畜禽肉食、粮食和罐头三大类。在编制出口单位价格指数时分别以活猪、大米和蘑菇罐头作为代表性商品。这三大类商品的报告期出口额和相应的三种代表性商品的单位价格情况如下：

分类商品		类代表性商品			
类名	出口额（万美元）	品名	单位	单位价格（美元）	
				基期	报告期
活畜禽肉食	1900	活猪	头	87	90
粮食	1000	大米	吨	300	380
罐头	900	蘑菇罐头	吨	1100	1200

要求：用加权平均法编制该省粮油食品出口商品价格指数。

8. 某地区编制消费价格指数的权重和报告期相对于基期的价格上涨幅度如下：

类别	权重	价格上涨幅度（%）
食品与饮料	21	3
住房	41	7
服装	6	9
交通	20	1
医疗	4	5
娱乐	4	10
其他	4	6
合计	100	—

要求：编制该地区消费价格指数。

9. 某电器生产企业使用的主要原材料价格（p）、耗用量（q）资料如下：

年份序号	不锈钢		铜导线		塑料		玻璃	
	p	q	p	q	p	q	p	q
1	280	220	450	30	24	40	48	21
2	306	244	430	34	38	43	51	24
3	327	256	492	36	36	45	53	25
4	360	280	582	38	39	49	54	30
5	396	308	573	44	44	52	56	35

为了更好地实施进货价格管理，按以下要求编制原材料成本指数：

（1）用拉氏公式编制原材料成本指数系列（第 1 年 = 100）。

（2）用派氏公式编制原材料成本指数系列（第 1 年 = 100）。

（3）对比本例的拉氏成本指数和派氏成本指数，试解释两者差异的具体原因。

第七章 相关和回归分析法

本章导读：我们很容易发现在社会经济领域中许多事物和现象都是相互联系、相互依赖、相互制约着的。那么应该如何区分这些关系？如何去描述这些关系？这些关系能不能建立一个数学模型，从一种经济现象去推算估计另一种经济现象？实际值和估计值之间又会不会存在误差？这些误差又应该如何描述？本章就这些有关内容进行阐述。

★ **知识目标**：了解相关分析的意义、相关的种类、回归分析的意义；理解回归与相关的区别和联系；熟悉掌握相关系数的计算和应用；掌握简单线性回归方程的建立、应用和分析方法，并能对实际问题进行分析。

★ **能力目标**：能掌握直线相关和简单直线回归分析的计算。

第一节 相关分析

一、函数关系与相关关系

在自然界和社会中存在的许多事物或现象，彼此之间都是有机地相互联系着、相互依赖着、相互制约着。从统计角度上来反映社会经济现象之间的这些相互关系，就表现为反映这些经济现象数量特征的诸变量之间的关系，即反映某一经济现象数量特征的某一变量会不同程度地决定另外一个或一组（即两个或两个以上）变量。这种关系通常叫做变量关系。

在众多变量关系中，可以区分为函数关系和相关关系两种。

（一）函数关系

它反映现象之间存在着严格的依存关系，在这种关系中，对于某一变量的每一个数值，都有另一个变量的确定值与之对应，并且这种关系可以用一个数学表达式反映出来。例如，圆的面积公式：$S = \pi R^2$，面积 S 随着半径 R 的大小而变动。自然界中广泛存在着函数关系。

（二）相关关系

它反映变量之间的一种不完全确定的关系。这意味着一个变量虽然受另一个（或一组）变量的影响，却并不由这一个（或一组）变量完全决定，见表 7-1。

表7-1　某部属企业产品销售量与销售总额资料

企业序号	产品销售量 x（件）	销售总额 y（万元）
1	1000	8
2	1200	9
3	1200	9.5
4	1500	12
5	1600	13
6	1800	15
7	2000	18
8	2500	30
9	2600	31
10	3000	40

从表7-1可以看出，产品销售量 x 的多少，对销售总额 y 有很大的影响，x 越多，y 也就越高。但是，销售总额 y 并不完全由销售量 x 来决定。例如在产品销售量都为1200的两家企业中，第一家企业的销售总额为9万元，而第二家企业销售总额却为9.5万元。所以，这里变量值 x 与 y 之间有关系，但是并不确定。

由此可见，相关关系具有如下特点：

（1）现象之间确实存在着数量上的依存关系。如果一个现象发生数量上的变化，则另一个现象也会相应发生数量上的变化。例如表7-1中，销售总额增加，利润总额也随着增加。

（2）现象之间数量上的关系不是完全确定的，是一种非严格的确定性的依存关系，不能用精确的函数关系来表示。如表7-1所示，除 x 变量因素外，影响 y 的还有其他因素，这些未列入的因素称为随机因素，以符号 ε 代表。其一般数学表达式为：

$$y = f(x) + \varepsilon$$

函数关系与相关关系虽然是两种不同类型的变量关系，但是它们之间也有联系，在一定的条件下是可以互相转化的。本来具有函数关系的变量，当存在观察误差时，其函数关系往往以相关的形式表现出来。而具有相关关系的变量之间的联系，如果我们能够把影响因变量变动的因素全部纳入方程，这时的相关关系也可能转化为函数关系。另外，相关关系也具有某种变动规律性，所以，相关关系经常可以用一定的函数形式去近似地描述。

二、相关关系的种类

（一）从相关关系涉及的自变量的多少来划分，可分为单相关和复相关

1. 单相关　只涉及一个自变量的相关关系叫做单相关。

2. 复相关　涉及两个或两个以上的自变量的相关关系叫做复相关。

（二）从相关关系的表现形态来划分，可分为直线相关和曲线相关

1. 直线相关（又称线性相关）　相关关系是一种数量上的不严格的互相依存关系。如果这种关系近似地表现为一条直线则称为直线相关。一般数学表达式为：

$$y = a_0 + a_1x_1 + a_2x_2 + \cdots + a_px_p + \varepsilon$$

2. 曲线相关（又称非线性相关） 如果相关关系近似地表现为一条曲线则称为曲线相关。曲线相关有不同的种类，如抛物线、指数曲线、双曲线等等。曲线方程式中自变量的次数高于一次，例如：

$$y = a_0 + a_1x_1 + a_2x_2^2$$

（三）从直线相关变化的方向来划分，有正相关和负相关

1. 正相关 相关关系中，自变量和因变量的变化方向一致，都是增长趋势或下降趋势。

2. 负相关 相关关系中，自变量和因变量的变化趋势相反，一个增长而另外一个下降，一个下降而另一个增长。

（四）按相关的程度来划分，可分为完全相关、不完全相关和不相关

1. 完全相关 当自变量和因变量之间的依存关系密切到近乎函数关系时，称为完全相关。

2. 不完全相关 当自变量和因变量之间的关系介于完全相关和不相关之间，称为不完全相关。通常我们所讲的相关分析主要是不完全相关分析。

3. 不相关 当自变量和因变量之间是各自独立、互不影响的，称为不相关或者无相关。

三、相关分析的主要内容

相关分析即分析社会经济现象间的依存关系，测定变量之间相互关系的密切程度。其目的是要对现象间的相互关系的密切程度和变化规律，取得具体数量上的认识，并进一步确定出相关关系的模式，以便进行统计预测和推算。相关分析的主要内容如下。

（一）确定现象之间有无相关关系

这是相关分析的起始点，有相互依存关系才能用相关方法进行分析，才有必要采用相关分析方法去研究。

（二）确定相关关系的密切程度

现象之间的相关关系是一种不严格的数量关系，相关分析的目的就是从不严格的关系中判断其关系的密切程度。判断的主要方法，就是把自变量和因变量的数据资料编制成相关图或相关表，帮助分析、判断相关的密切程度，进而计算出相关系数。

（三）确定相关关系的数学表达式

确定了现象间确实有相关关系及密切程度，就要选择适合的数学公式作为相关关系的数学表达式。如果现象之间的关系表现为直线相关，则用配合直线的方法；如果现象之间的关系表现为各种曲线，则用配合曲线的方法。这是进行判断、推算和预测的依据。

（四）确定因变量估计值误差的程度

根据得出的直线方程或曲线方程可以给出自变量的若干数值，求得因变量相应的若干个估计量。估计值和实际值有出入的，如果它们的差别大，说明估计不够准确；反之，说明估计比较准确。这种因变量估计值的准确程度，通常用估计标准误差来衡量。

第二节 相关系数

一、相关表和相关图

在进行相关分析之前，首先要判断现象之间是否存在相关关系，是何种形式的相关关系。这种判断较简单的方法就是运用大量的实际观察资料，编出相关表和相关图，利用相关图表作出直观的判断。

（一）相关表

相关表（Correlation Table）是表现相关关系的一种表格，根据总体单位的原始资料进行编制，一般以 x 为自变量，以 y 为因变量。自变量每取一个值，都有相对应的因变量一一对应，把这些数值在表格中对应地排列，就得到相关表。

[例 7.1] 对某企业 1~6 月份产品产量和生产费用进行调查得到资料，见表 7-2：

表 7-2　某企业 1~6 月份产品产量和生产费用情况

月份	产品产量（件）	生产费用（元）
1	2000	4000
2	2200	4500
3	2400	4800
4	3600	5200
5	3800	5500
6	4000	6000

从表 7-2 可以清楚地看出，当产品产量不断增长时，企业生产费用也呈上升趋势。因此，可以认为产品产量和生产费用之间存在着一定的相关关系，而且是正相关。

（二）相关图

相关图（Correlation Diagram）是将现象之间的相关关系通过图像来表示。相关图的绘制是在直角坐标中，以横轴表示自变量，纵轴表示因变量，标出每队变量值的坐标点或散布点，表示其分布的状况。通过相关图，可以大致看出两个变量之间有无相关关系及相关的形态、方向和密切程度。用图 7-1 来表示各种相关关系。

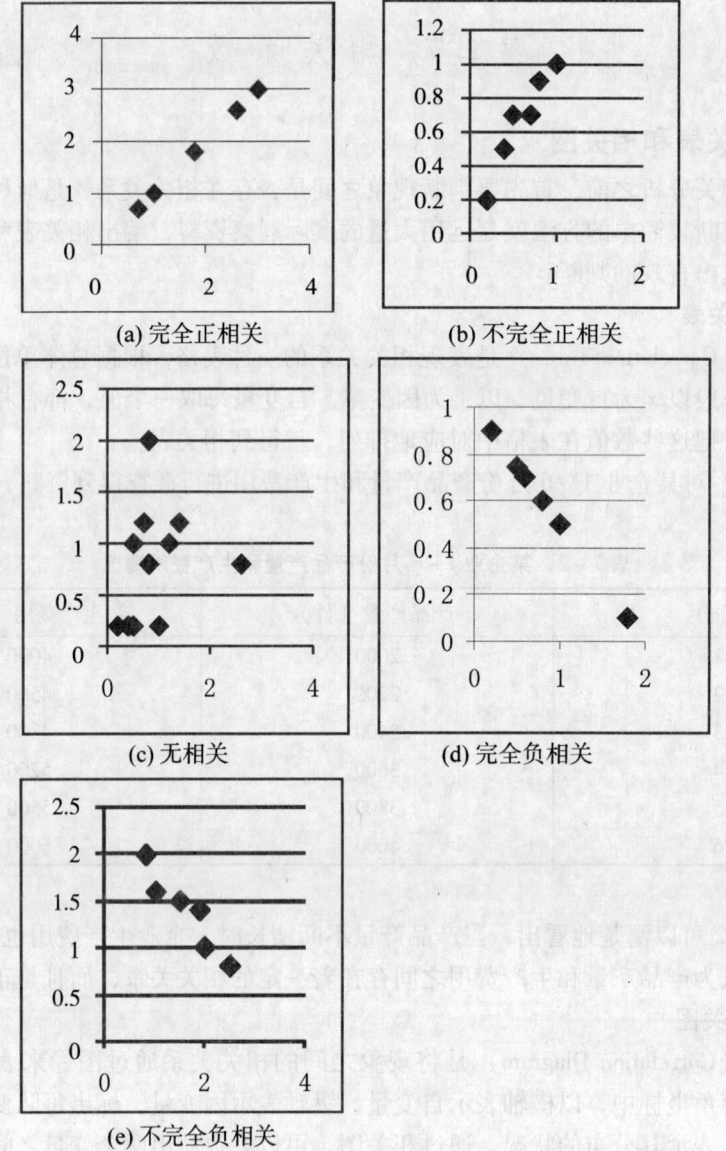

图 7-1 各种相关关系图

二、相关系数

(一) 相关系数的概念

相关表和相关图只能大体上反映标志之间的相关关系,还应该进一步用统计分析指标来表明相关的密切程度。相关系数在直线相关条件下,说明现象之间相关关系密切程度的统计分析指标,它是一个相对数,用符号 r 表示。

(二) 相关系数的计算和测定

相关系数的定义公式为:

$$r = \frac{\sigma_{xy}^2}{\sigma_x \sigma_y} \tag{7.1}$$

式中：r——相关系数；

σ_{xy}^2——自变量数列和因变量数列的协方差。

$$\sigma_{xy}^2 = \frac{\sum(x-\bar{x})(y-\bar{y})}{n} = \frac{1}{n}\sum(x-\bar{x})(y-\bar{y})$$

另外：σ_x——自变量数列的标准差。

$$\sigma_x = \sqrt{\frac{\sum(x-\bar{x})^2}{n}} = \sqrt{\frac{1}{n}\sum(x-\bar{x})^2}$$

σ_y——因变量数列的标准差。

$$\sigma_y = \sqrt{\frac{\sum(y-\bar{y})^2}{n}} = \sqrt{\frac{1}{n}\sum(y-\bar{y})^2}$$

所以相关系数公式也可以写成：

$$r = \frac{\dfrac{\sum(x-\bar{x})(y-\bar{y})}{n}}{\sqrt{\dfrac{\sum(x-\bar{x})^2}{n}}\sqrt{\dfrac{\sum(y-\bar{y})^2}{n}}} = \frac{\sum(x-\bar{x})(y-\bar{y})}{\sqrt{\sum(x-\bar{x})^2(y-\bar{y})^2}} \tag{7.2}$$

式中：n——数据项数；

$\sum$——连加号 $\sum\limits_{i=1}^{n}$ 的缩写；

$\bar{x}$——自变量数列 x 的算术平均数；

$\bar{x}$——因变量数列 y 的算术平均数。

由于这是通过变量离差乘积之和的平均数来计算相关系数的，所以，这个公式称为积差法公式。

[例 7.2] 计算表 7-3 中两个变量的相关系数。

表 7-3 相关系数的计算表

序号	x	y	$(x-\bar{x})$	$(x-\bar{x})^2$	$(y-\bar{y})$	$(y-\bar{y})^2$	$(x-\bar{x})(y-\bar{y})$
1	2000	4000	-1000	1000000	-1000	1000000	1000000
2	2200	4500	-800	640000	-500	250000	400000
3	2400	4800	-600	360000	-200	40000	120000
4	3600	5200	600	360000	200	40000	120000
5	3800	5500	800	640000	500	250000	400000
6	4000	6000	1000	1000000	1000	1000000	1000000
合计	18000	30000	—	4000000	—	2580000	3040000

根据表 7-3 可得：

$$\bar{x} = \frac{\sum x}{n} = \frac{18000}{6} = 3000(件)$$

应用统计方法

$$\bar{y} = \frac{\sum y}{n} = \frac{30000}{6} = 5000(元)$$

$$r = \frac{\sum(x-\bar{x})(y-\bar{y})}{\sqrt{\sum(x-\bar{x})^2}\sqrt{\sum(y-\bar{y})^2}} = \frac{30400000}{\sqrt{4000000 \times 2580000}} = 0.9463$$

注意：公式 7.1 分母分子可以进行下列演化：

$$L_{xx} = \sum(x-\bar{x})^2 = \sum x^2 - \frac{(\sum x)^2}{n} = n\sigma^2 x$$

$$L_{yy} = \sum(y-\bar{y})^2 = \sum y^2 - \frac{(\sum y)^2}{n} = n\sigma^2 y$$

$$L_{xy} = \sum(x-\bar{x})(y-\bar{y}) = \sum xy - \frac{(\sum x)(\sum y)}{n} = n\sigma^2 xy$$

则计算 r 的公式可以写成：

$$r = \frac{L_{xy}}{\sqrt{L_{xx}L_{yy}}} \tag{7.3}$$

仍然以表 7-3 资料中 x，y 的取值计算：

表 7-4　相关系数计算表

序号	x	y	x^2	y^2	xy
1	2000	4000	4000000	16000000	8000000
2	2200	4500	4840000	20250000	9900000
3	2400	4800	5760000	23040000	11520000
4	3600	5200	12960000	27040000	18720000
5	3800	5500	14440000	30250000	20900000
6	4000	6000	16000000	36000000	24000000
合计	18000	30000	58000000	152580000	93040000

由表 7-4 数字可得：

$$L_{xy} = \sum x^2 - \frac{(\sum x)^2}{n} = 58000000 - \frac{18000^2}{6} = 4000000$$

$$L_{yy} = \sum y^2 - \frac{(\sum y)^2}{n} = 152580000 - \frac{30000^2}{6} = 2580000$$

$$L_{xy} = \sum xy - \frac{\sum x \sum y}{n} = 93040000 - \frac{18000 \times 30000}{6} = 3040000$$

$$r = \frac{L_{xy}}{\sqrt{L_{xx}L_{yy}}} = \frac{3040000}{\sqrt{4000000 \times 2580000}} = 0.9463$$

可见，两个公式计算出来的相关系数是相同的。

(三) 相关系数计算结果的分析及应用

相关系数由两部分组成：正负符号、绝对数值的大小。相关系数的符号反映相关关系的方向，其绝对值的大小则反映变量之间的密切程度。

(1) r 的取值范围为：$-1 \leq r \leq 1$ 或 $0 \leq |r| \leq 1$。

(2) r 的绝对值越接近 1，表明线性相关关系越密切；r 越接近于 0，表明线性相关关系越不密切。

(3) $r = 0$，表明两个变量没有线性相关关系。但必须注意，这时只能说明两个变量没有线性关系，而不是没有任何关系，可能有曲线相关关系。

(4) $r = +1$ 或 $r = -1$，表明两个变量完全线性相关，即函数关系。当 $r = +1$ 时，称完全正相关；当 $r = -1$ 时，称完全负相关。

(5) $-1 < r < 0$，这种情况下，因变量 y 和自变量 x 的变化趋势刚好相反。当自变量呈增长趋势时，因变量随着自变量的增加而减少，即为负相关。

(6) $0 < r < 1$，这种情况下，因变量 y 和自变量 x 的变化趋势相同。当自变量呈增长趋势时，因变量随着自变量的增加而增加，即为正相关。

需要特别强调的是：相关系数 r 仅仅表示 x 和 y 之间直线相关关系的密切程度，而不能衡量其他非直线关系的密切程度。

下面利用表 7-5 资料来说明相关系数的计算方法与步骤。

[例 7.3]

表 7-5　某地区下属企业产品销售总额与利润总额资料

企业序号	(x) 产品销售总额（万元）	(y) 利润总额（万元）	x^2	y^2	xy
1	180	15	32400	225	2700
2	300	40	90000	1600	12000
3	450	75	202500	5625	33750
4	480	80	230400	6400	38400
5	500	91	250000	8281	45500
6	530	108	280900	11664	57240
7	600	110	360000	12100	66000
8	880	120	774400	14400	105600
合计	3920	639	2220600	60295	361190

已知：$\sum x = 3920$　　$\sum y = 639$　　$n = 8$

$\sum x^2 = 2220600$　　$\sum y^2 = 60295$

$\sum xy = 361190$

$$L_{xx} = \sum x^2 - \frac{(\sum x)^2}{n} = 2220600 - \frac{3920^2}{8} = 299800$$

$$L_{yy} = \sum y^2 - \frac{(\sum y)^2}{n} = 60295 - \frac{639^2}{8} = 9255$$

$$L_{xy} = \sum xy - \frac{(\sum x)(\sum y)}{n} = 361190 - \frac{3920 \times 639}{8} = 48080$$

$$r = \frac{L_{xy}}{\sqrt{L_{xx}L_{yy}}} = \frac{48080}{\sqrt{299800 \times 9255}} = 0.9128$$

根据计算结果，可以判断产品销售总额与利润总额之间存在高度的正相关关系。

三、时间数列自相关

相关关系不仅限于静态，在时间动态方面也可应用相关分析法，其方法与上述静态的完全相同。下面我们主要介绍时间数列自相关，它是一个变量的发展对它自身所产生的影响。这种现象在经济生活中是经常存在的，例如，某年的企业生产水平会影响到第二年或第三年的生产水平；学校某年的教育经费会对明年或后年的教育经费支出产生影响；等等。研究这种时间数列自身的相关关系，对于分析现象发展的规律性和进行经济预测，都有重要意义。时间数列自相关也可以分为正相关和负相关、直线相关和非直线相关等，下面我们只介绍简单的直线自相关，即本期和前期的直线自相关。

计算简单线性自相关的公式为：

$$r = \frac{L_{y_{t-1}y_t}}{\sqrt{L_{y_{t-1}y_{t-1}}L_{y_t y_t}}} \tag{7.4}$$

式中：y_t——时间数列 y 在 t 期的数值，相当于因变量（y）；

y_{t-1}——时间数列 y 在 $t-1$ 期数值，相当于因变量（x）。

第三节 直线回归分析

一、回归分析的概念

变量之间的相关关系，可以用相关系数来加以反映。但是，相关关系仅能说明相关关系的方向和密切程度，而不能说明变量之间的因果关系。当给出自变量某一数值时，不能根据相关关系来估计或预测因变量可能发生的数值。

回归分析就是对具有相关关系的变量之间数量变化的一般关系进行测定，确定一个相关的数学表达式，以便于进行估计和预测的统计分析方法。回归分析的基本任务是在相关分析的基础上，具体描述因变量对自变量的线性依赖关系的形式。即寻找能够清楚表明变量间相关关系的数学表达式，然后根据这个表达式进行估计、预测，所建立的数学表达式叫回归方程。

相关关系是一种数量关系不严格的相互依存关系。要根据这些数量关系不严格、不规则数据找出现象的规则。方法就是配合直线或配合曲线。用一条直线来描述现象之间的一般数量关系，这条直线在数学上叫回归直线，表现这条直线的数学公式称为直线回归方程；用曲线来描述现象之间的一般数量关系，这条曲线在数学上叫做回归曲线，表现这条曲线的数学公式称为曲线回归方程。

二、回归分析的特点

（1）在回归分析中，两个变量必须根据研究目的具体确定哪个是自变量，哪个是因变量。两个变量应该是不对等的。

（2）回归方程是在给定自变量的数值情况下来估计因变量的可能值的。一个回归方程只能作一种推算。推算的结果表明变量之间具体的变动关系。

（3）互为因果关系的两个变量（x，y），可以编制两个回归方程：一个是 y 倚 x 的回归方程，y 是因变量，x 是自变量，只能用 x 推算 y；另一个是 x 倚 y 的回归方程，y 是自变量，x 是因变量，只能用 y 推算 x。两个方程是互相独立的，不能互相替换。

三、回归分析与相关分析的区别与联系

（一）回归分析与相关分析的区别

相关分析和回归分析分别从不同的角度来说明现象之间的依存关系。相关分析只能说明变量之间是否存在相关关系及其相关方向和密切程度，但不能说明一个变量发生一定数量的变化时，另一个变量会相应发生多大的变化；而回归分析通过建立适当的回归方程能测定这种变化，是进行估计和预测的依据。

（二）回归分析与相关分析的联系

相关分析是进行回归分析的前提条件。如果没有从定性上说明现象之间是否存在相关关系，没有对这种相关关系的密切程度作出量的判断，是不适合进行回归分析的。另一方面，回归分析则是相关分析的继续和发展。通过回归分析，对变量之间的相关关系配合了回归方程，才有可能进行推算和预测，相关分析才能发挥更大的实际作用。

四、直线回归方程的建立和求解

（一）直线回归模型的确定

两个变量存在高度密切的线性相关关系时，就能进行直线回归分析。进行回归分析通常要设定一定的数学模型，即直线回归方程。直线回归方程只有一个自变量和一个因变量，是线性方程中变量最少、最简单的一种。它在平面坐标图上表现为一条直线，所以又称为简单直线回归方程或一元线性回归方程。该类模型假定因变量 y 主要受自变量 x 的影响，它们之间存在近似的线性函数关系，即：

$$y_c = a + bx \tag{7.5}$$

式中：y_c——因变量的估计值；

a——直线的起点，在数学称为直线的纵轴截距；

b——自变量每增加一个单位时因变量的平均增加量，数学上称为斜率，也称回归系数。

a 和 b 都叫待定参数，是需要根据实际资料求解的数值，一旦解出 a 和 b，表明变量之间一般关系的具体回归直线方程也就确定下来了。

（二）直线回归方程的求解

求解待定系数 a 和 b 的方法有很多，统计中使用最多的是最小平方法。

根据最小平方法的基本要求：

$$\sum (y - y_c)^2 = 最小值$$

即：

$$\sum (y - a - bx)^2 = 最小值$$

令：

$$Q(a,b) = \sum (y - a - bx)^2$$

要使函数 $Q(a, b)$ 有极小值，则应该满足函数对参数 a、b 的一阶偏导等于 0，即：

$$\begin{cases} \dfrac{\partial \theta}{\partial a} = 0 \\ \dfrac{\partial \theta}{\partial b} = 0 \end{cases}$$

经过整理得到：

$$\begin{cases} \sum y = na + b\sum x \\ \sum xy = a\sum x + b\sum x^2 \end{cases}$$

解方程组可得到：

$$\begin{cases} a = \bar{y} - b\bar{x} \\ b = \dfrac{n\sum xy - \sum x \sum y}{n\sum x^2 - (\sum x)^2} \end{cases} \tag{7.6}$$

在计算相关关系时，我们曾经推导出以 L_{xx}、L_{yy} 和 L_{xy} 表示的公式，现在我们尝试把求 b 的公式也由 L 表示：

$\because \sum x = n\bar{x}, \sum y = n\bar{y}$

$\therefore b$ 表达式的分子可以作下列变形：

$$\begin{aligned}
n\sum xy - \sum x \sum y &= n\sum xy - \sum x \sum y - \sum x \sum y + \sum x \sum y \\
&= n(\sum xy - \bar{x}\sum y - \bar{y}\sum y + n\overline{xy}) \\
&= n(\sum xy - \sum \bar{x}y - \sum \bar{y}x + \sum \overline{xy}) \\
&= n\sum (xy - \bar{x}y - \bar{y}x + \overline{xy}) \\
&= n\sum (x - \bar{x})(y - \bar{y}) \\
&= nL_{xy}
\end{aligned}$$

同理，分母可以变形为：

$$n\sum x^2 - (\sum x)^2 = nL_{xx}$$

即 a 和 b 的公式可以改写为：

$$\begin{cases} b = \dfrac{nL_{xy}}{nL_{xx}} \\ a = \bar{y} - b\bar{x} \end{cases} \tag{7.7}$$

实际上回归系数 b 与相关系数 r 有着非常密切的数量关系，推导如下：

$$r = \frac{L_{xy}}{\sqrt{L_{xx}L_{yy}}} = \frac{L_{xy}}{\sqrt{L_{xx}}} \cdot \frac{1}{\sqrt{L_{yy}}}$$

$$= \frac{L_{xy}}{\sqrt{L_{xx}}} \cdot \frac{\sqrt{L_{xx}}}{\sqrt{L_{xx}}} \cdot \frac{1}{\sqrt{L_{yy}}}$$

$$= \frac{L_{xy}}{L_{xx}} \cdot \sqrt{\frac{L_{xx}}{L_{yy}}} = b\sqrt{\frac{L_{xx}}{L_{yy}}}$$

$$b = r\sqrt{\frac{L_{yy}}{L_{xx}}}$$

所以 a 和 b 的公式也可以用 r 表示为：

$$\begin{cases} b = r\sqrt{\dfrac{L_{yy}}{L_{xx}}} \\ a = \bar{y} - b\bar{x} \end{cases} \tag{7.8}$$

[例 7.4] 要求：根据表 7-6 数据求该企业产品产量与生产费用回归计算表。

表 7-6　某地区下属企业产品产量与生产费用回归计算表

企业序号	(x)产品产量(吨)	(y)生产费用(万元)	x^2	y^2	xy	y_c(估计值)
1	1.2	62	1.44	3844	74.4	66.79
2	2.0	86	4.00	7396	172	77.11
3	3.1	80	9.61	6400	248	91.3
4	3.8	110	14.44	12100	418	100.33
5	5.0	115	25.00	13225	575	115.81
6	6.1	132	37.21	17424	805.2	130
7	7.2	135	51.84	18225	972	144.19
8	8.0	160	64.00	25600	1280	154.51
合计	36.4	880	207.54	104214	4544.6	880.00

方法一：

已知：$\sum x = 36.4$　　$\sum y = 880$　　$n = 8$

$\sum x^2 = 207.54$　　$\sum y^2 = 104214$

$\sum xy = 4544.6$

解：$b = \dfrac{n\sum xy - \sum x \sum y}{n\sum x^2 - (\sum x)^2} = \dfrac{8 \times 4544.6 - 36.4 \times 880}{8 \times 207.54 - 36.4^2} = 12.90$

$a = \bar{y} - b\bar{x} = \dfrac{880}{8} - 12.90 \times \dfrac{36.4}{8} = 51.31$

得到具体的回归方程：
$$y_c = a + bx = 51.31 + 12.90x$$

回归系数 b 的经济意义为：产品产量每增加 1 吨，其生产成本平均增加 12.90 万元。

方法二：

$$L_{xx} = \sum x^2 - \frac{(\sum x)^2}{n} = 41.92$$

$$L_{xy} = \sum xy - \frac{\sum x \sum y}{n} = 540.6$$

$$b = \frac{L_{xy}}{L_{xx}} = \frac{540.6}{41.92} = 12.90$$

$$a = \bar{y} - b\bar{x} = 51.32$$

回归方程为：

$$y_c = a + bx = 51.32 + 12.90x$$

根据回归方程推算出表中 y_c 值可知：

$$\sum y_c = \sum y, \bar{y}_c = \bar{y}$$

第四节 估计标准误差

一、估计标准误差的概念

根据直线回归方程，已知自变量的数值，可以推算出因变量的数值。但是，推算出来的因变量的数值并不是精确的数值，它是一个估计值，和实际数值之间存在差异。如表 7-6 中，当产品产量是 2.0 吨时，生产费用的实际值是 86 万元，而预测值是 77.11 万元，两者之间差 $(y - y_c) = 86 - 77.11 = 8.89$。这样就有了推算估计的数值和实际值相差多少的问题，这直接关系到推算的准确性。

估计标准误差用来说明回归方程推算结果的准确程度和说明回归方程式代表性的统计分析指标。其计算原理与标准差基本相同，若估计标准误差小，表明回归方程准确性高，代表性大；反之，估计不够准确，代表性小。

二、估计标准误差的计算

（一）根据因变量实际值和估计值的离差计算

$$S_{yx} = \sqrt{\frac{\sum (y - y_c)^2}{n - 2}} \tag{7.9}$$

式中：S_{yx}——估计标准误差；
y——因变量实际值；
y_c——根据回归方程推算出来的因变量估计值；
n——因变量的项数。

$n-2$ 是自由度，因为在直线回归方程中，有 a、b 两个参数，所以要将 n 减去 2，表示估计的回归线已失去两个自由度。

结合表 7-6，用 8 个企业的生产费用关于产品产量回归方程资料，计算估计标准误差为：

$$S_{yx} = \sqrt{\frac{\sum (y - y_c)^2}{n-2}}$$

$$= \sqrt{\frac{(62 - 66.79)^2 + (86 - 77.11)^2 + \cdots + (160 - 154.51)^2}{8-2}}$$

$$= 8.59 (万元)$$

计算结果：估计标准误差为 8.59 万元。这就是说，生产费用的实际值与估计值之间存在离差，这个离差有大有小，平均起来就是 8.59 万元。这个数值越大，就表明估计值的代表性小，也就是相关点的离散程度大；这个数值越小，则说明估计值的代表性大，也就是相关点的离散程度小。如果 $S_{xy}=0$，则说明因变量的所有观察值都在回归直线上，回归方程拟合最优。

另外，在大样本的条件下（$n>30$），或者是根据总体资料计算的估计标准误差，其分母可以用 n 计算，而不必用 $n-2$。计算公式可以写成：

$$S_{yx} = \sqrt{\frac{\sum (y - y_c)^2}{n}}$$

（二）根据简化算式计算

当实际观察值较多时，根据上述公式计算估计标准误差十分麻烦，所以把公式简化为：

$$S_{yx} = \sqrt{\frac{\sum y^2 - a \sum y - b \sum xy}{n-2}} \qquad (7.10)$$

仍然用上面的例子：

已知：$\sum y^2 = 104214 \quad a = 51.32 \quad b = 12.90$

$n = 8 \quad \sum xy = 4544.6 \quad \sum y = 880$

$$S_{yx} = \sqrt{\frac{104214 - 51.32 \times 880 - 12.90 \times 4544.6}{8-2}}$$

$$= 8.44 (万元)$$

三、估计标准误差和相关系数的关系

估计标准误差和相关系数具有如下关系：

$$r = \sqrt{1 - \frac{S_{yx}^2}{\delta_y^2}}$$

$$S_{yx} = \delta_y \cdot \sqrt{1 - r^2}$$

式中：r——相关系数；

δ_y——因变量数列的标准差；

S_{yx}——估计标准误差。

容易看出，相关关系和估计标准误差在数值的大小上表现为相反的关系。

（一）r 值越小，S_{yx} 值越大

r 值越小，说明相关程度越不密切，这时 S_{yx} 值就越大。当 r 小到 0，即不相关的时候，则 $S_{yx} = \sigma_y \cdot \sqrt{1-0} = \sigma_y$，即估计标准误差等于因变量数列的标准差。

（二）r 值越大，S_{yx} 值越大

r 值越大，说明相关程度越密切，这时 S_{yx} 值就越小。当 r 大到等于 ±1，即完全相关的时候，则 $S_{yx} = \sigma_y \cdot \sqrt{1-r^2} = \sigma_y \cdot \sqrt{1-1} = 0$，即估计标准误差等于 0。所有的相关点全在回归直线上。

相关系数和估计标准误差可以从不同角度说明相关关系密切与否。但由于相关系数表明关系比较准确，而且可以判别出是正相关或是负相关，所以，在说明相关关系的密切程度时一般用相关系数。

★人物小传之七

耐 曼

耐曼（Neyman，1894—1981）出生于波兰比萨拉比亚的 Benderey。20 世纪 20 年代他在华沙大学学习时拓展了抽样理论，并为波兰政府完成了一套复杂的分层抽样方案，从而获得了世界性的声望。

20 世纪 30 年代，他进入伦敦大学，在这里，R. A. Fisher 和 E. S. Pearson 刚刚取代了长期以来由 K. Pearson 占有的位置。Neyman 后来很快转到伯克利的加利福尼亚大学，在那里他度过了一段贡献卓著的职业生涯。他与 Fisher 有很多相同的兴趣——农业试验、人工影响天气试验、遗传学、天文学以及医学诊断。然而，当有关估计和假设检验本质问题的论战开始时，他们最终却成了对立的双方。多年以来，Neyman 与 E. S. Pearson 有大量的合作；他们两人也因为有关估计和假设检验的 Neyman-Pearson 理论而一起名垂青史，这一理论现在已被普遍接受。

Neyman 和 Pearson 在估计理论中引入了"置信区间"的概念，而大约同一时间，Fisher 提出了"可信区间"的概念，在一段时期里这两个概念相处十分融洽，看起来似乎是同一事物的两个名称而已。但是，最终发现，实际上它们是两个不同的概念。例如，Fisher 的一个 95% 的可信区间认为，围绕已计算的一个样本统计量而建立起来的区间，将以 95% 的概率包含某一给定的参数。与 Fisher 不同的是，Neyman-Pearson 是在抽取样本和计算任何统计量之前建立区间的。

Neyman-Pearson 的一个 95% 的置信区间只是认为，使用他们的公式最终将得到一个区间，100 个这样的区间会有 95 个包含给定的参数，但是抽样之后计算得到的实际区间，要么一定包含这个参数，要么一定不包含这个参数。

★案例讨论

城乡人均收入与人均消费水平

在中国财富分布越来越不均衡以及消费率逐年下滑的同时，中国城乡居民储蓄存款每年增长速度

远远高于经济增长速度。例如，1998—2002 年 5 年间，中国城乡居民储蓄存款余额增长率达 62.7%，平均每年递增 17.1%，而同一时期 GDP 年均增长 7.7%，二者相比，相差 9.4%。综合上述相关实证研究结果可以推断，过去十多年城乡居民储蓄存款余额的高速增长，绝大部分是高收入人群的贡献。

更深入一步看，中国城乡收入差距持续扩大是导致社会整体收入差距扩大进而导致中国消费萎缩的重要原因之一。例如，2003—2005 年，城镇居民人均可支配收入和农民人均纯收入之比分别达到 3.231:1、3.209:1 和 3.224:1。导致城乡收入扩大的主要原因是收入增速的持续差异。在农民收入基数远低于城镇居民收入的基础上，在 1986—2005 年的绝大多数时间里，农村居民收入增长速度远低于城镇居民的增长速度。如图所示，1999—2003 年这 5 年中国城乡收入差距扩大尤其显著，5 年中农民人均纯收入增速分别低于城镇居民 5.67、5.33、4.21、7.66、4.09 个百分点。1997 年农民人均纯收入增速为 8.5%，到 2000 年仅为 1.95%。整个"九五"时期，农民收入年均增速为 5.0%，低于城市居民可支配收入年均 7.2% 的增速水平。城乡居民收入差距增大趋势在"十五"期间进一步恶化。

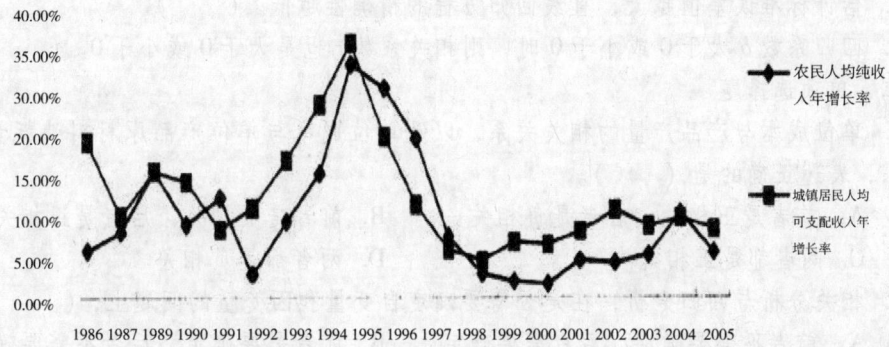

图　1986—2005 年中国城乡居民收入增长速度比较

数据来源：国家统计局。

表5　1998—2004 年中国城乡居民收入及消费支出对比　　　　　　　　　　　单位：元

年份	1998	1999	2000	2001	2002	2003	2004
农村居民人均纯收入	2162	2210	2253	2366	2476	2622	2936
农村居民人均生活消费支出	1590	1577	1670	1741	1834	1943	2185
城镇居民人均可支配收入	5425	5854	6280	6860	7703	8472	9422
城镇居民人均消费性支出	4332	4616	4998	5309	6030	6511	7182

数据来源：国家统计局。

在支出结构方面，过去十多年来，伴随中国城乡居民收入不同步的高速增长，社会恩格尔系数也逐年下降，但农村家庭的恩格尔系数显著高于城市家庭。城乡居民家庭恩格尔系数的差异也侧面说明，合宜地提高农村家庭收入和社会保障对于中国消费恶化状况的扭转和改善具有重要意义。

——资料来源：《经济研究信息》2006 年第 2 期

请讨论：

1. 为什么中国城乡收入差距持续扩大是导致社会整体收入差距扩大进而导致中国

消费萎缩的重要原因之一？

2. 城乡人均收入和人均消费水平存在怎样的相关关系？能否建立直线回归方程？

★ **练习与思考**

一、判断题

1. 相关关系是测定两个变量之间关系密切程度的唯一方法。（　　）
2. 相关系数的取值范围是 $0 < r < 1$。（　　）
3. 如果两个变量的变动方向一致，同时上升或下降，则两者是正相关关系。（　　）
4. 在直线回归分析中，两个变量是对等的，不需要区分因变量和自变量。（　　）
5. 当两个变量完全相关时，则相关系数为1。（　　）
6. 估计标准误差值越大，直线回归方程的精确性越低。（　　）
7. 回归系数 b 大于0或小于0时，则相关系数 r 也是大于0或小于0。（　　）

二、单项选择题

1. 单位成本与产品产量的相关关系，以及单位成本与单位产品原材料消耗量的相关关系，表述正确的是（　　）。

　　A. 前者是正相关，后者是负相关　　B. 前者是负相关，后者是正相关
　　C. 两者都是正相关　　D. 两者都是负相关

2. 相关分析与回归分析，在是否需要确定自变量和因变量的问题上，（　　）。

　　A. 前者不需要确定，后者需要确定　　B. 前者需要确定，后者不需要确定
　　C. 两者均需要确定　　D. 两者都不需要确定

3. 在回归直线 $y = a + bx$ 中，b 表示（　　）。

　　A. 当 x 增加一个单位时，y 增加的 a 数量
　　B. 当 y 增加一个单位时，x 增加的 b 数量
　　C. 当 x 增加一个单位时，y 的平均增加量
　　D. 当 y 增加一个单位时，x 的平均增加量

4. 估计标准误差是反映（　　）。

　　A. 平均数代表性的指标
　　B. 相关关系的指标
　　C. 回归直线的代表性指标
　　D. 序时平均数代表性指标

5. 回归直线方程 $y = a + bx$ 中，b 的取值（　　）。

　　A. 只能取正值　　B. 只能取负值
　　C. 既可取正值，也可取负值　　D. 只能是0

三、多项选择题

1. 相关关系与函数关系各有不同特点，主要体现在（　　）。

　　A. 相关关系是一种不严格的相互依存关系
　　B. 函数关系可以用一个数学表达式精确表达

C. 函数关系中各现象均为确定性现象

D. 相关关系是现象之间具有随机因素影响的依存关系

E. 相关关系中现象之间仍可以通过大量观察法来寻求其变化规律

2. 当两个现象完全相关时，下列统计指标值肯是（　　）。

　　A. $r=1$　　　　　　　　　　　　B. $r=0$

　　C. $r=-1$

3. 下列现象属于相关关系的有（　　）。

　　A. 家庭收入与消费支出　　　　　B. 时间与距离

　　C. 亩产量与施肥量　　　　　　　D. 学号与考试成绩

　　E. 物价水平与商品需求量

4. 简单直线回归分析的特点是（　　）。

　　A. 存在两个回归方程

　　B. 回归系数有正负号

　　C. 两个变量不是对等关系

　　D. 利用一个回归方程，两个变量可相互推算

　　E. 因变量是随机的，自变量可相互推算

5. 根据直线回归方程，可以自变量数值计算出因变量数值，但这个因变量数值是（　　）。

　　A. 一个精确值

　　B. 一个估计值，但它与实际值的误差是可以计算的

　　C. 一个估计值

　　D. 一个估计值，且它与实际值的误差是无法计算的

四、问答题

1. 什么是相关关系？它与函数关系有何区别和联系？
2. 相关关系有何特点？有哪几种分类？
3. 相关分析与回归分析有何区别与联系？
4. 什么是估计标准误差？它有何作用？

五、实践能力训练题

1. 某产品产量和单位成本资料如下表所示。

产品产量和单位成本资料

月份	产量（千件）	单位成本（元/件）
1	2	73
2	3	72
3	4	71
4	3	73
5	4	69
6	5	68

要求计算产量和产品单位成本之间的相关系数。

2. 随机抽取9个城市居民家庭关于收入与消费品支出的样本，资料如下：

收入与消费品支出资料

序号	家庭收入（元）	月消费品支出（元）
1	2000	1500
2	2700	2000
3	3000	2000
4	3200	2100
5	3400	2100
6	3500	2200
7	3600	2300
8	4000	2500
9	4200	2500

1. 根据第1题表格资料：

要求：

（1）判断产量和单位成本之间的相关方向和相关密切程度。

（2）估计单位成本对产量的回归直线方程，并解释每个参数的实际含义。

（3）当产量为6000件时，单位成本的理论值是多少？

（4）计算估计标准误差。

2. 有8个企业的可比产品成本降低率和销售利润资料如下表：

序号	可比产品成本降低率	销售利润(万元)
1	2.1	4.1
2	2	4.5
3	3	8.1
4	3.2	10.5
5	4.5	25.4
6	4.3	25
7	5	35
8	3.9	23.4

要求计算：

（1）相关系数 r。

（2）直线回归方程。

（3）说明回归系数的经济含义。

（4）估计标准误差。

第八章 国民经济统计的主要指标

本章导读：国民经济统计就是将国民经济作为一个整体来研究社会再生产活动，它是社会经济统计中最综合的部分。国民经济统计中的主要指标作为国家宏观经济决策与科学管理的依据，发挥着越来越重要的作用。本章根据我国新国民经济核算指标体系，介绍国民经济统计中的一些主要指标。

★ **知识目标**：了解反映国民经济运行的指标体系，正确理解国民经济统计中主要指标的内涵。

★ **能力目标**：能计算和应用国民经济统计中的一些主要指标。

第一节 反映国民经济运行的指标体系框架

一、中国国民经济核算体系

我国现行的《中国国民经济核算体系（2002）》是在1992年颁布实施的《中国国民经济核算体系（试行方案）》基础上全面系统的修订版，它是我国国民经济核算工作新的规范性文本，基本上与新的国际标准相衔接，能够更好地适应社会主义市场经济条件下宏观经济管理和对外交流工作的需要。

我国新国民经济核算体系由基本核算表、国民经济账户和附属表三部分构成。其中，基本核算表和国民经济账户是核心部分，附属表是对核心部分的补充。基本核算表包括国内生产总值表、投入产出表、资金流量表、国际收支表和资产负债表；国民经济账户包括经济总体账户、国内机构部门账户和国外部门账户；附属表包括自然资源实物量核算表和人口资源与人力资本实物量核算表。

在基本核算表中，国内生产总值表包括国内生产总值总表、生产法国内生产总值表、收入法国内生产总值表和支出法国内生产总值表。生产法和收入法国内生产总值表分别反映按生产法和收入法计算的国内生产总值及各产业部门增加值。支出法国内生产总值表反映按支出法计算的国内生产总值及其详细构成项目。国内生产总值总表概括地反映生产法、收入法和支出法国内生产总值的基本构成项目以及三种计算方法之间的相互关系。

投入产出表包括供给表、使用表和产品部门×产品部门表。供给表反映各产业部门生产的产品结构和各种类型产品的产业部门来源结构；使用表反映各产业部门的中间投入结构和最初投入结构以及各种类型产品的中间使用去向和最终使用去向；产品部门×产品部门表反映产品部门的中间投入结构和最初投入结构以及产品部门的中间使用去向和最终使用去向。

资金流量表包括实物交易表和金融交易表。实物交易表反映各机构部门收入分配、消费、储蓄和投资情况；金融交易表反映各机构部门的各种类型金融资产和负债的变动情况。

国际收支表包括国际收支平衡表和国际投资头寸表。国际收支平衡表反映常住单位和非常住单位之间发生的交易状况。国际投资头寸表反映常住单位对外金融资产和负债的存量状况，以及由交易、价格变化、汇率变化和其他调整引起的存量变化情况。

资产负债表反映机构部门及经济总体所拥有的资产和承担的负债的历史积累状况。

在国民经济账户中，国内机构部门账户由生产账户、收入分配及支出账户、资本账户、金融账户和资产负债账户组成。其中，生产账户反映国内机构部门通过生产过程创造的价值及相应的价值形态；收入分配及支出账户反映国内机构部门通过生产过程形成的收入如何在拥有相应生产要素的机构部门之间进行分配，收入如何在不同机构部门之间进行转移，以及机构部门如何将它们的可支配收入在消费和储蓄之间进行分配；资本账户反映国内机构部门可用于资本形成的资金来源、资本形成的规模以及资金剩余或短缺的状况；金融账户反映国内机构部门各种类型金融资产和负债的净变动额；资产负债账户反映国内机构部门资产负债存量状况。经济总体账户也由生产账户、收入分配及支出账户、资本账户、金融账户和资产负债账户组成，它们分别是国内机构部门对应账户的汇总账户。国外部门账户反映常住单位与非常住单位之间发生的各种交易活动以及相应的存量状况，包括经常账户、资本账户、金融账户和资产负债账户。经常账户反映常住单位与非常住单位之间的经常性交易，包括货物和服务进出口以及劳动者报酬、财产收入、生产税等的流入流出；资本账户、金融账户和资产负债账户与国内机构部门的相应账户所反映的内容相类似。

附属表用于描述我国自然资源和资源资产、人口资源和人力资本的规模、结构及变动情况。其中自然资源实物量核算表反映主要自然资源的实物存量及其变动情况，人口资源与人力资本实物量核算表反映人口资源和人力资本存量状况及其变动情况。

图 8-1 描述了我国国民经济核算体系的基本框架：

在国民经济核算体系中，基本核算表和国民经济账户通过不同的方式对国民经济运行过程及结果进行全面的描述，两者之间既密切联系，又相对独立。每张基本核算表侧重于经济活动某一方面内容的核算，所有的基本核算表构成一个有机的整体，对国民经济活动进行全面的核算。国民经济账户则侧重于对经济循环过程的核算，各个账户按生产、收入分配、消费、储蓄、投资和融资等环节设置，相互之间通过平衡项来衔接，既系统地反映了经济循环过程中每个环节的基本内容，又清楚地反映了各环节之间的有机联系。附属表对国民经济运行过程所涉及的自然资源和人口资源及人力资本进行描述。

由于我国国民经济核算的历史较短，又经历了"文化大革命"时期的严重挫折和从适应计划经济体制的 MPS 体系向适应市场经济体制的 SNA 体系的转换过程，因此，目前我国国民经济核算基础还比较薄弱，与最新国际标准相比、与发达的市场经济国家的核算体系相比，还存在一定差距，需要在实践中不断发展和完善。

第八章 国民经济统计的主要指标

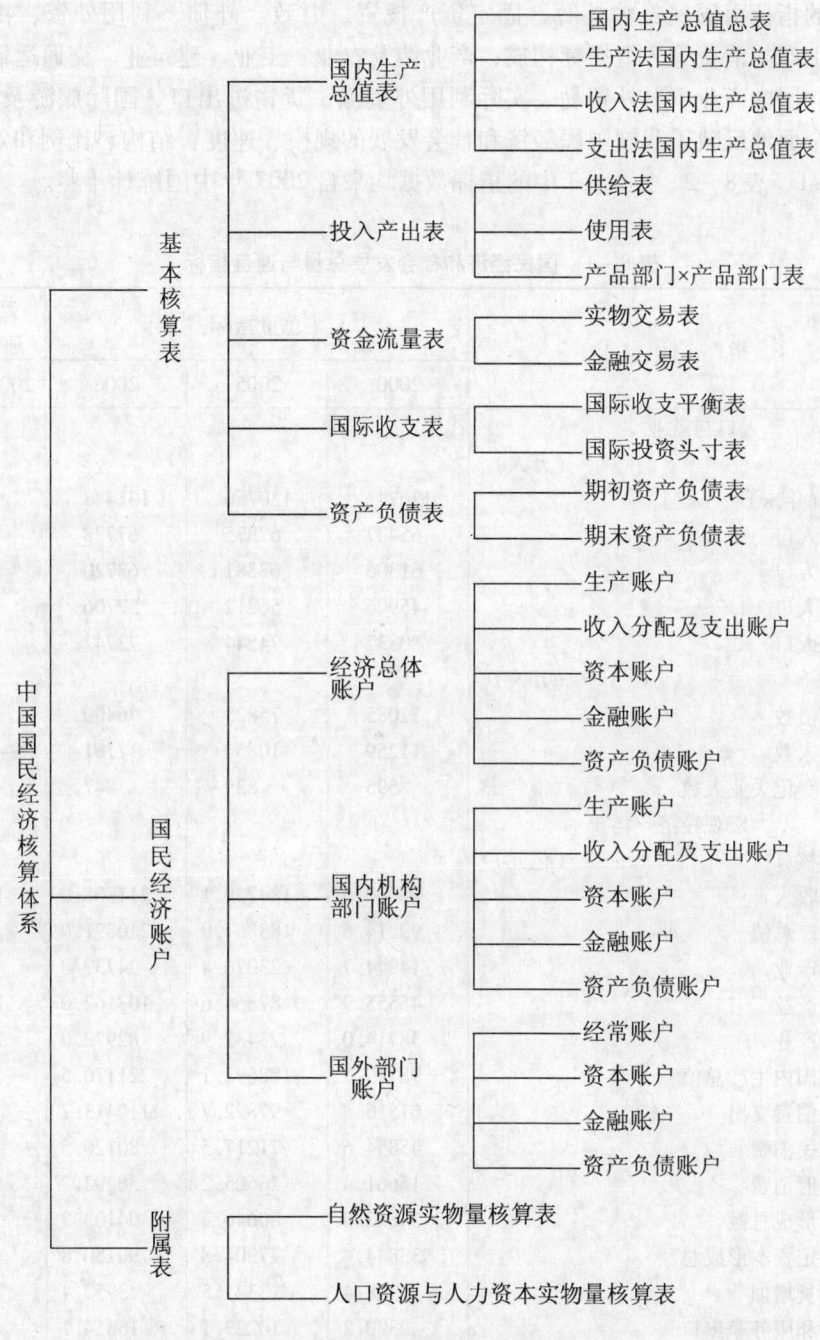

图 8-1 我国国民经济核算体系基本框架

二、国民经济统计指标体系

根据我国的统计年鉴，反映我国国民经济运行的指标体系框架由人口与就业，宏观经济，产业，教育、科技、文化，家庭、生活与环境保护等五大类指标组成，其中反映宏观经济的指标由国民经济核算、固定资产投资、财政、外债、利用外资、物价总指数、能源生产与消费等7组指标构成；产业涉及农业、工业、建筑业、交通运输业、邮电通信业、国内商业、对外贸易、实际利用外资额、货物进出口、国际旅游及金融业。这些指标全面地反映了我国国民经济和社会发展的规模、速度、结构、比例和效益。

表8-1、表8-2、表8-3中的指标数据均来自2007年中国统计年鉴。

表8-1 国民经济和社会发展总量与速度指标

指 标	总量指标			平均增长速度(%)
	2000	2005	2006	2001—2006
人口与就业				
人口　　　　　　　　(万人)				
总人口(年末)	126743	130756	131448	0.6
男性人口	65437	67375	67728	0.6
女性人口	61306	63381	63720	0.6
城镇人口	45906	56212	57706	3.9
乡村人口	80837	74544	73742	-1.5
就业　　　　　　　　(万人)				
就业人员数	72085	75825	76400	1.0
职工人数	11259	10850	11161	-0.1
城镇登记失业人数	595	839	847	6.1
宏观经济				
国民经济核算　　　　(亿元)				
国民总收入	98000.5	184739.1	211808.0	10.1
国内生产总值	99214.6	183867.9	210871.0	9.8
第一产业	14944.7	23070.4	24737.0	4.1
第二产业	45555.9	87364.6	103162.0	11.1
第三产业	38714.0	73432.9	82972.0	10.3
支出法国内生产总值	98749	188692.1	221170.5	
最终消费支出	61516	97822.7	110413.2	
居民消费	45854.6	71217.5	80120.5	
政府消费	15661.4	26605.2	30292.7	
资本形成总额	34842.8	80646.3	94103.2	
固定资本形成总额	33844.4	77304.8	90150.8	
存货增加	998.4	3341.5	3952.4	
货物和服务净出口	2390.2	10223.1	16654.1	
固定资产投资　　　　(亿元)				
全社会固定资产投资总额	32917.7	88773.6	109998.2	21.0
城镇	26221.8	75095.1	93368.7	22.4
房地产开发	4984.1	15909.2	19422.9	26.1
农村	6695.9	13678.5	16629.5	14.7
全社会施工房屋建筑面积(万平方米)	265294	431123	462677	9.3

续表 8-1

指 标	总量指标			平均增长速度(%)
	2000	2005	2006	2001—2006
全社会竣工房屋建筑面积(万平方米)	181974	227589	212542	3.4
财政　　　　　　　　　(亿元)				
国家财政收入	13395.2	31649.3	38760.2	19.4
中央	6989.2	16548.5	20456.6	19.6
地方	6406.1	15100.8	18303.6	19.1
国家财政支出	15886.5	33930.3	40422.7	16.8
中央	5519.9	8776.0	9991.4	10.4
地方	10366.7	25154.3	30431.3	19.7
物价总指数（上年＝100）				
居民消费价格指数	100.4	101.8	101.5	
商品零售价格指数	98.5	100.8	101.0	
工业品出厂价格指数	102.8	104.9	103.0	
原材料、燃料、动力购进价格指数	105.1	108.3	106.0	
固定资产投资价格指数	101.1	101.6	101.5	
能源生产与消费（万吨标准煤）				
能源生产总量	128978	205876	221056	9.4
能源消费总量	138553	224682	246270	10.1
产　业				
工业				
主要工业产品产量				
原 煤　　　　　　（亿吨）	12.99	22.05	23.73	10.6
原 油　　　　　　（万吨）	16300	18135	18477	2.1
天然气　　　　（亿立方米）	272.0	493.2	585.5	13.6
发电量　　　（亿千瓦小时）	13556	25003	28657	13.3
钢 材　　　　　　（万吨）	13146	37771	46893	23.6
水 泥　　　　　　（万吨）	59700	106885	123676	12.9
国有及限额以上非国有工业企业				
主要指标（亿元）				
工业增加值	25395	72187	91076	23.7
资产总计	126211	244784	291215	15.0
主营业务收入	84152	248544	313592	24.5
利润总额	4393	14803	19504	28.2
对外贸易				
货物进出口总额　　　（亿美元）	4742.9	14219.1	17604.0	24.4
实际利用外资额				
外商直接投资　　　　（亿美元）	407.2	603.3	694.7	7.6
外商其他投资　　　　（亿美元）	86.4	34.8	40.6	-11.8

表 8-2 国民经济和社会发展结构指标 单位：%

指标	1978	1990	2000	2006
人口与就业				
人口				
性别结构				
男	51.5	51.5	51.6	51.5
女	48.5	48.5	48.4	48.5
城乡结构				
城镇	17.9	26.4	36.2	43.9
乡村	82.1	73.6	63.8	56.1
就业				
产业结构				
第一产业	70.5	60.1	50.0	42.6
第二产业	17.3	21.4	22.5	25.2
第三产业	12.2	18.5	27.5	32.2
宏观经济				
国民经济核算				
国内生产总值产业结构				
第一产业	28.2	27.1	15.1	11.7
第二产业	47.9	41.3	45.9	48.9
第三产业	23.9	31.6	39.0	39.4
固定资产投资				
全社会固定资产投资结构				
城镇		72.5	79.7	84.9
农村		27.5	20.3	15.1
资金来源结构				
国家预算内资金		8.7	6.4	3.9
国内贷款		19.6	20.3	16.5
利用外资		6.3	5.1	3.6
自筹和其他投资		65.4	68.2	76.0
财政				
财政收入结构				
中央	15.5	33.8	52.2	52.8
地方	84.5	66.2	47.8	47.2
财政支出结构				
中央	47.4	32.6	34.7	24.7
地方	52.6	67.4	65.3	75.3

续表 8-2

指 标	1978	1990	2000	2006
利用外资				
实际利用外资结构				
对外借款		63.5	16.8	0
外商直接投资		33.9	68.6	94.5
外商其他投资		2.6	14.6	5.5
能源				
能源生产总量结构				
原煤	70.3	74.2	72.0	76.7
原油	23.7	19.0	18.1	11.9
天然气	2.9	2.0	2.8	3.5
水电、核电、风电	3.1	4.8	7.2	7.9
能源消费总量结构				
煤炭	70.7	76.2	67.8	69.4
石油	22.7	16.6	23.2	20.4
天然气	3.2	2.1	2.4	3.0
水电、核电、风电	3.4	5.1	6.7	7.2
产　业				
工业				
工业企业资产结构				
大型企业			56.3	39.1
中型企业			12.9	33.9
小型企业			30.8	27.1
货物进出口				
出口货物结构				
初级产品	53.5	25.6	10.2	5.5
工业制成品	46.5	74.4	89.8	94.5
进口货物结构				
初级产品		18.5	20.8	23.6
工业制成品		81.5	79.2	76.4

表8-3 国民经济和社会发展比例和效益指标

指　　标	1978	1990	2000	2006
人口与就业				
出生率（‰）	18.25	21.06	14.03	12.09
死亡率（‰）	6.25	6.67	6.45	6.81
自然增长率（‰）	12.00	14.39	7.58	5.28
城镇登记失业率（%）	5.3	2.5	3.1	4.1
国民经济核算				
人均国内生产总值（元）	381	1644	7858	16084
固定资产投资				
全社会固定资产投资相当于				
国内生产总值比例（%）		24.2	33.2	52.2
全社会房屋建筑面积竣工率（%）		78.7	68.6	45.9
财政				
国家财政收入相当于国内生产总值比例（%）	31.1	15.7	13.5	18.4
国家财政支出相当于国内生产总值比例（%）	30.8	16.5	16.0	19.2
外债				
偿债率（%）		8.7	9.2	2.1
负债率（%）		13.5	13.5	12.3
债务率（%）		91.6	52.1	30.4
利用外资				
实际利用外商直接投资额相当于				
合同利用外商直接投资额比例（%）		52.9	65.3	34.7
能源				
能源生产弹性系数		0.58	0.29	0.66
电力生产弹性系数		1.63	1.12	1.32
能源消费弹性系数		0.47	0.42	0.87
电力消费弹性系数		1.63	1.13	1.32
工业				
工业增加值率（%）			29.64	28.77
总资产贡献率（%）			9.00	12.74
资产负债率（%）			60.81	57.46
流动资产周转次数（次/年）			1.62	2.50
成本费用利润率（%）			5.56	6.74
产品销售率（%）			97.67	98.18
对外贸易				
进出口总额相当于国内生产总值比例（%）	9.7	29.8	39.6	66.9

第二节　国民经济生产成果指标

一、国内生产总值的含义

国内生产总值（Gross Domestic Product，简称 GDP）是按国土原则计算的一个国家（或地区）所有常住单位在一定时期生产和提供最终使用的产品和劳务的货币表现。它不包括中间消耗的产品和劳务的价值。这些最终产品和劳务，不论是本国居民投资、本国居民生产的，还是外国居民投资、外国居民生产的，只要是在这个国家的领土范围之内，就全部计入这个国家（或地区）的国内生产总值。因此，在理解这个指标时，应着重注意以下几点：①国内生产总值的统计范围是根据一国的常住单位界定的。所谓常住单位，是指在一国领土上长期（通常为 1 年以上）从事社会经济活动的经济实体，它包括外国在本国投资的企业、单位，而不包括本国在外国投资的企业、单位。一个省的国民经济核算还把省辖区以外单位看做非常住单位。②国内生产总值是社会最终产品的价值，而不是社会总产品的价值。所谓最终产品价值，是指本期内不再加工、可供社会最终使用的产品价值，是社会总产品价值扣除中间投入后的余额。③国内生产总值所反映的社会最终产品价值，涵盖国民经济各行各业，既包括各种实物产品的价值，也包括各种服务的价值。按国际通行的划分，第一、二产业生产的产品称为货物，整个第三产业的产品称为服务（或劳务）。

国内生产总值因其涵盖国民经济各个行业，在价值构成上避免了中间产品的重复计算，因而能全面地、确切地反映全社会经济活动的最终成果，并具有国际可比性，所以成为衡量国民经济发展规模、速度，分析经济结构、宏观效益的核心指标。

> **★ 知识拓展**
>
> **GDP、国内生产总值、地区生产总值是否属于同一指标**
>
> GDP、国内生产总值以及地区生产总值属于同一概念指标，但在具体使用上有不同之处。GDP 是国内生产总值（Gross Domestic Product）的英文缩写，我国习惯上将国家和地区的 GDP 统称为国内生产总值。考虑到"Domestic"一词有"国内、地区、当地、家里"等多种含义，故国内外一些专家和学者认为，将全国和地区的 GDP 一律称为国内生产总值不恰当。为了解决这个问题，国家统计局印发了"国统字〔2004〕4 号文《关于改进和规范地区 GDP 核算的通知》"，对 GDP 中文名称的表述作了进一步规范，全国的 GDP 称为"国内生产总值"，地区 GDP 改称为"地区生产总值"，特定地区的 GDP 用行政区的名字作定语，如"××省生产总值"，简称为"××省GDP"。按照这一规定，常州市的 GDP 应称为"常州市生产总值"，如果在应用数据时不带"常州市"，则称为地区生产总值。
>
> ——摘自 2007 年 5 月 24 日常州统计信息网

二、按现价计算名义 GDP

名义 GDP 即名义国内生产总值，是指按产品和劳务的当年销售价格计算的国内生产总值，它既包括产量的变动，又包括物价水平的变动。

名义 GDP 有三种表现形态，即价值形态、收入形态和产品形态。从价值形态看，它是所有常住单位在一定时期内生产的全部货物和服务价值超过同期中间投入的全部非固定资产货物和服务价值的差额，即所有常住单位的增加值之和；从收入形态看，它是所有常住单位在一定时期内创造并分配给常住单位和非常住单位的初次收入分配之和；从产品形态看，它是所有常住单位在一定时期内最终使用的货物和服务价值与货物和服务净出口价值之和。因此，国内生产总值有三种计算方法，即生产法、收入法和支出法，三种方法分别从不同的角度反映国民经济生产活动成果。

1. 生产法　生产法是从生产过程中创造的货物和服务价值入手，剔除生产过程中投入的中间货物和服务价值，得到增加价值的一种方法。国民经济各产业部门生产法增加值计算公式如下：

$$增加值 = 总产出 - 中间投入$$
$$国内生产总值 = 各产业部门增加值之和$$

上式中的总产出是指常住单位在一定时期内生产的所有货物和服务的价值，既包括新增价值，也包括转移价值。它反映常住单位生产活动的总规模，按生产者价格计算。中间投入是指常住单位在一定时期内生产过程中消耗和使用的非固定资产货物和服务的价值，也称为中间消耗，反映用于生产过程中的转移价值，一般按购买者价格计算。计入中间投入的货物和服务必须具备两个条件，一是与总产出的计算范围保持一致；二是本期一次性使用的。各部门各单位的总产出减去中间投入后的差额就是其增加值，反映一定时期内各产业部门生产经营活动的最终成果，也是其在国内生产总值中所占的份额。所以生产法计算的国内生产总值不仅反映经济发展总规模，而且其分行业的构成可以反映国民经济的产业结构。

2. 收入法　收入法也称分配法，从生产过程形成收入的角度，对常住单位的生产活动成果进行核算。国民经济各产业部门收入法增加值由劳动者报酬、生产税净额、固定资产折旧和营业盈余四个部分组成。计算公式为：

$$增加值 = 劳动者报酬 + 生产税净额 + 固定资产折旧 + 营业盈余$$
$$国内生产总值 = 各产业部门增加值之和$$

上式中的劳动者报酬是指劳动者从事生产活动所应得的全部报酬，包括劳动者应得的工资、奖金和津贴，既有货币形式的，也有实物形式的，还有劳动者所享受的公费医疗和医药卫生费、上下班交通补贴和单位为职工缴纳的社会保险费等。对于个体经济来说，其所有者所获得的劳动报酬和经营利润不易区分，这两部分统一作为劳动者报酬处理。在计算劳动者报酬时，需要注意作为劳动者报酬的实物性收入与中间消耗的界限。如果生产单位向从事生产活动的劳动者提供的货物或服务，可以满足劳动者在闲暇时间里的需要，并可改善和提高他们的实际生活水平，同时，其他普通消费者也可以在市场上购买到这些货物和服务，那么这部分货物和服务就属于劳动者的实物收入。生产单位为了生产能正常进行，为劳动者购买的货物和提供的服务，如因特殊工作需要提供的服装或鞋、因公出差提供的运输和旅馆服务费用等，属于中间投入。

生产税净额是生产税减生产补贴后的差额。生产税指政府对生产单位从事生产、销售和经营活动以及因从事生产活动使用某些生产要素，如固定资产、土地、劳动力所征收的各种税、附加费和规费，包括销售税金及附加、增值税、管理费中开支的各种税、应缴纳的养路费、排污费和水电费附加、烟酒专卖上缴政府的专项收入等。生产补贴与生产税相反，是政府对生产单位单方面的转移支付，因此视为负生产税处理，包括政策性亏损补贴、价格补贴等。

固定资产折旧是指一定时期内为弥补固定资产损耗按照核定的固定资产折旧率提取的固定资产折旧，或按国民经济核算统一规定的折旧率虚拟计算的固定资产折旧，它反映了固定资产在当期生产中的转移价值。各种类型企业和企业化管理的事业单位的固定资产折旧指实际计提的折旧费；不计提折旧的单位，如政府机关、非企业化管理的事业单位和居民住房的固定资产折旧则是按照统一规定的折旧率和固定资产原值计算的虚拟折旧。原则上，固定资产折旧应按固定资产的重置价值来计算，但是我国目前尚不具备对全社会固定资产进行重估价的基础，所以暂时只能采用上述方法来计算。

营业盈余是指常住单位创造的增加值扣除劳动者报酬、生产税净额和固定资产折旧后的余额，大致相当于企业的营业利润，但要扣除利税后项目中支付的工资、福利及公益金等。它反映企业参与增加值创造而应得到的原始收入份额。

3．支出法　支出法国内生产总值是从最终使用的角度反映一个国家一定时期内生产活动最终成果的一种方法。最终使用包括最终消费、资本形成总额及净出口三部分，计算公式为：

$$支出法国内生产总值 = 最终消费 + 资本形成总额 + 净出口$$

式中：

（1）最终消费是一定时期最终用于居民消费和政府消费的货物和服务的价值。其中，居民消费是指常住居民在一定时期内对于货物和服务的全部最终消费。包括居民以货币直接购买的各种消费品和直接支付的房租、交通、医疗、文教等各种服务费支出；居民本期自产自用的消费品和自有住房的虚拟消费；居民以实物工资形式获得的各种生活消费品等，但不包括居民用于购买房屋和生产的支出。政府消费是指政府部门的总产出扣除其销售收入后的价值，也就是指社会公共服务部门将其生产活动总成果提供给政府，由政府部门购买并提供给全社会享用的社会消费支出。

（2）资本形成总额是同期用于固定资本形成和存货增加的价值之和。

（3）净出口是同期货物和服务出口价值减去进口价值后的净额。出口包括常住单位向非常住单位出售或无偿转让的各种货物和服务的总值；进口包括常住单位从非常住单位购买或无偿得到的各种货物和服务的总值。由于服务活动提供与使用同时发生，因此服务的进出口业务并不发生出入境现象，应把常住单位从国外得到的服务作为进口，反之，非常住单位从我国得到的服务作为出口。

以上三种方法计算的 GDP（增加值只有前两种算法）在理论上应当相等，称为三面等值。但由于资料来源等原因，有可能三种算法的结果会有一些误差，称为统计误差。

试根据以下资料分别按收入法和支出法计算广东省地区生产总值，见表 8-4：

表 8-4 2006 年广东省地区生产总值　　　　　　　　单位：亿元

收入		支出	
项目	金额	项目	金额
地区生产总值	26204.47	地区生产总值	26204.47
劳动者报酬	10139.03	最终消费支出	12892.81
固定资产折旧	4146.68	其中：居民消费	10015.29
生产税净额	3715.41	政府消费	2877.52
营业盈余	8203.35	资本形成总额	9621.48
		其中：固定资本形成总额	8465.26
		存货增加	1156.22
		货物和服务净出口	3690.18

解：

(1) 收入法：

地区生产总值 = 10139.03 + 4146.68 + 3715.41 + 8203.35 = 26204.47（亿元）

(2) 支出法：

地区生产总值 = 12892.81 + 9621.48 + 3690.18 = 26204.47（亿元）

还须指出，国内生产总值在概念上并不等同于新创造的价值，因为它包括了固定资产折旧，这部分价值属于固定资产在使用过程中磨损而转移到产品中的价值。如要反映某一时期新创造的价值，可通过计算国内生产净值（Net Domestic Product，简称 NDP）指标来反映，即：

国内生产净值 = 国内生产总值 − 固定资产折旧

另外，我们还经常看到人均 GDP 这一指标，它是指一定时期内国内生产总值与同期人口平均数的比值。我国规定，人口平均数应当采用同期平均常住人口数，常住人口数是指在本地居住一年以上的人口数，可在户籍人口数的基础上，减去流出本地加上流入本地 1 年以上的人口数得到。目前，我国 GDP 总量位居世界第四，但人均 GDP 仍位居世界第 100 位之后。

三、按可比价计算实际 GDP

名义 GDP 可以反映现实的经济规模、结构和比例关系。但现行价格在不同时期会发生变动，按现行价格计算的国内生产总值包含了价格因素变动的影响，不能真实反映国民经济的发展速度和经济福利水平。因此，还需按可比价格来计算实际的国内生产总值，即实际 GDP，以剔除价格变动的影响，只反映生产产量的变动。按可比价格计算有两种方法：一种是直接用于产品产量乘其不变价格；一种是指数法换算。

我国按可比价计算的实际国内生产总值，一般采用指数法换算（也称价格指数紧缩法），即将现价计算的国内生产总值换算为按基期价格计算的国内生产总值，然后再与基期的国内生产总值对比计算其发展速度。

可比价国内生产总值 = 现价国内生产总值 ÷ 国内生产总值价格指数

即：

$$\sum q_1p_1 \div \frac{\sum q_1p_1}{\sum q_1p_0} = \sum q_1p_0$$

国内生产总值发展速度＝报告期可比价国内生产总值÷基期国内生产总值×100%

即：

$$\frac{\sum q_1p_0}{\sum q_0p_0} \times 100\%$$

按价格指数紧缩现价计算国内生产总值，因国内生产总值的计算方法不同而有以下两种做法（收入法国内生产总值一般不按可比价计算）：

1. 对生产法计算的国内生产总值采用双紧缩法　即先对各行业的报告期现价总产出分别按相应的产出价格指数紧缩为可比价总产出，再对各行业现价中间投入也分别按其中间投入价格指数紧缩为可比价中间投入，然后用各行业可比价总产出减去其可比价中间投入，求得各行业可比价增加值，将各行业可比价增加值相加就是可比价国内生产总值。即：

$$某行业可比价增加值 = \frac{现价总产出}{总产出价格指数} - \frac{现价中间投入}{中间投入价格指数}$$

2. 对支出法计算的国内生产总值采用单紧缩法　先分别计算居民消费、政府消费、固定资本形成、存货增加及出口、进口的价格指数，再逐一将这些现价支出项目换算为可比价，然后相加求得可比价国内生产总值。即：

$$支出法可比价国内生产总值 = \frac{居民消费}{居民消费价格指数} + \frac{政府消费}{政府消费价格指数}$$

$$+ \frac{固定资本形成}{固定资本形成价格指数} + \frac{存货增加}{存货价格指数}$$

$$+ \left(\frac{货物、服务出口}{出口价格指数} - \frac{货物、服务进口}{进口价格指数} \right)$$

这两种计算法计算的结果会有一些差异，如差异过大则说明数据质量有问题，应找出原因加以改进。

> ★ **知识拓展**
>
> ## GDP 的增长速度是如何计算的
>
> 增长速度是表明社会经济现象增长程度的相对指标，说明报告期水平比基期水平增加了百分之几或几倍。
>
> GDP 的增长速度反映了一定时期内社会最终成果的实物量规模的变动情况。由于 GDP 的规模是以价值量来衡量，不同时期价值量规模的变动既包含了数量变动，又包含了价格变动的因素。为使报告期 GDP 价格与基期 GDP 价格相适应，在计算 GDP 增长速度时，首先应对当期的 GDP 剔除价格变动等因素，得到按可比价计算的 GDP 的发展速度，最后减去 100%，便得到 GDP 的增长速度。增长速度为正值，表示增长程度；增长速度为负值，表示下降程度，也称负增长程度。计算公式为：
>
> $$GDP 的增长速度（\%） = \frac{报告期可比价国内生产总值}{基期可比价国内生产总值} \times 100\% - 100\%$$
>
> ——摘自 2005 年 8 月 23 日北京统计信息网

第三节 国民收入及分配指标

社会生产的最终成果经过分配形成各部门的收入,分配有初次分配和再分配,相应的收入分为原始收入和最终分配收入,即统计指标表现为国民总收入和国民可支配收入(对居民而言就是居民可支配收入)。

一、国民总收入

国民总收入(GNI)即国民生产总值,指一个国家(或地区)所有常住单位在一定时期内收入初次分配的最终结果。一国常住单位从事生产活动所创造的增加值在初次分配中主要分配给该国的常住单位,但也有一部分以生产税及进口税(扣除生产和进口补贴)、劳动者报酬和财产收入等形式分配给非常住单位;同时,国外生产所创造的增加值也有一部分以生产税及进口税(扣除生产和进口补贴)、劳动者报酬和财产收入等形式分配给该国的常住单位,从而产生了国民总收入的概念。它等于国内生产总值加上来自国外的净要素收入。所谓净要素收入,就是本国(常住单位)从国外(非常住单位)获得的劳动者报酬、进口税和财产收入(利润、红利、利息等),减去支付给国外(非常住单位)相应项目后的净额。与国内生产总值不同,国民总收入是个收入概念,而国内生产总值是个生产概念。其计算公式为:

国民总收入 = 国内生产总值 + 来自国外的要素收入 − 支付给国外的要素收入
= 国内生产总值 + 来自国外的净要素收入

例如,我国 2006 年的国内生产总值为 210871 亿元,来自外的净要素收入为 937 亿元,则国民总收入为:

$$210871 + 937 = 211808 \text{(亿元)}$$

国民总收入是与国内生产总值相对应的反映收入分配的指标。按收入法计算的国内生产总值,其构成项目都属于初次分配收入,即原始收入。除此之外,初次分配收入项目还有财产收入。这些收入项目可分别归入居民、企业(分为非金融企业和金融企业)、政府部门,其中劳动者报酬为居民所得,固定资产折旧和营业盈余为企业所得,生产税净额为政府所得。财产收入在国内部门之间互相抵消,一个部门获得的财产收入就是对应部门的支出,所以只改变部门之间收入分配数量,不增加原始收入总量。国民总收入是把初次分配范围扩展到非常住单位,相应的要从国外获得一部分非常住单位创造的原始收入。国内生产总值经过这样调整后,其构成项目和分部门的数额都会有增减变化。根据国民总收入及其部门构成,可以更确切地反映政府、企业、居民三者之间的初次分配关系。

国民总收入扣除固定资产折旧后,就是国民净收入(NNI)。

二、国民可支配收入

国民可支配收入是指本国一定时期的原始收入经过分配和再分配后,可作为社会最终使用的收入,反映国民收入最终分配的结果。原始总收入的初次分配在国民总收入指标的项目构成中已作介绍,在此基础上所进行的再分配,是指经常转移收支。转移收支是单位之间无偿的即没有相应回报的收支，经常转移收支主要包括所得税、财产税、社会补助和福利、社会保险与赔偿、无偿捐赠等。居民、企业、政府部门原始收入加上经常转移收入，减去经常转移支出后，形成各部门的可支配收入，反映经过再分配后各部门可供最终使用的收入。但国内各部门之间的经常转移是互相抵消的，如所得税是政府部门的转移收入，居民部门和企业部门的转移支出，因此国内经常转移收支不改变国民可支配收入的总量。计算国民可支配收入只包括本国（常住单位）与国外（非常住单位）之间的经常转移，如向国外征收或缴纳收入税，与国际组织和外国政府之间相互援助和捐赠，以及本国居民与国外亲友之间相互赠款，等等。国民可支配收入既可按总额计算，也可扣除固定资产折旧后按净收入计算。其计算公式为：

国民可支配总收入＝国民总收入＋来自国外的经常转移－支付给国外的经常转移
国民可支配净收入＝国民净收入＋来自国外的经常转移－支付给国外的经常转移

三、城乡居民家庭可支配收入

城乡居民家庭可支配收入是反映城乡居民收入水平的指标，收入水平高低是衡量人民生活水平的主要标志之一，所以它具有重要的社会经济意义。这类指标一般分别以城镇和乡村计算并按人口平均表示，现行指标主要有城镇居民家庭人均可支配收入和农村居民家庭人均纯收入。

1. 城镇居民人均可支配收入　　城镇居民人均可支配收入是将城镇居民可支配收入与城镇居民平均人口数对比计算。而城镇居民可支配收入是指城镇家庭成员得到可用于最终消费支出和其他非义务性支出以及储蓄的总和，即居民家庭可以用来自由支配的收入，它是家庭总收入扣除交纳的所得税、个人交纳的社会保障支出以及记账补贴后的收入。其中城镇家庭总收入是指家庭成员得到的工薪收入、经营净收入、财产性收入、转移性收入之和，不包括出售财物收入和借贷收入；记账补贴是国家统计局或财政局为了更好地统计个人家庭收入，对那些坚持自行记账核算自家收入的人士给予的补贴，这不是每个人都可以享有的，必须具备家庭条件有代表性、记账核算完整、记账时间持续才可能得到。因此，计算公式为：

城镇居民人均可支配收入＝城镇居民可支配收入÷城镇居民平均人口数
城镇居民可支配收入＝家庭总收入－交纳所得税－个人交纳的社会保障支出－记账补贴
＝（工薪收入＋经营净收入＋财产性收入＋转移性收入）
－交纳所得税－个人交纳的社会保障支出－记账补贴

2. 农村居民人均纯收入　　农村居民人均纯收入是按农村居民人口平均的农村居民纯收入，反映的是一个地区或一个农户农村居民的平均收入水平。农村居民纯收入是指农村住户当年从各个来源得到的总收入相应的扣除所发生的费用后的收入总和。计算方法为：

农村居民人均纯收入＝农村居民纯收入÷农村居民平均人口数
农村居民纯收入＝总收入－税费支出－家庭经营费用支出－税费支出
－生产性固定资产折旧－赠送农村外部亲友支出－记账补贴

其中总收入包括农村住户成员的工资性收入、家庭经营收入、财产性收入和转移性收入。工资性收入指农村住户成员受雇于单位或个人，靠出卖劳动而获得的收入；家庭经营收入指农村住户以家庭为生产经营单位进行生产筹划和管理而获得的收入;财产性收入指金融资产或有形非生产性资产的所有者向其他机构单位提供资金或将有形非生产性资产供其支配,作为回报而从中获得的收入;转移性收入指农村住户和住户成员无须付出任何对应物而获得的货物、服务、资金或资产所有权等,不包括无偿提供的用于固定资本形成的资金。农村居民的纯收入主要用于再生产投入和当年生活消费支出,也可用于储蓄和各种非义务性支出。

我国历年城乡居民人均收入水平及生活质量见表8-5。

表8-5 我国历年城乡居民人均收入水平及生活质量

指标名称		1990	2000	2004	2005	2006
收入						
城镇居民人均可支配收入	(元)	1510	6280	9422	10493	11759
农村居民人均纯收入	(元)	686	2253	2936	3255	3587
生活质量						
居民家庭恩格尔系数	(%)					
城镇		54.2	39.4	37.7	36.7	35.8
农村		58.8	49.1	47.2	45.5	43.0

★ 知识拓展

恩格尔定律与恩格尔系数

19世纪德国统计学家恩格尔根据统计资料,对消费结构的变化得出一个规律:一个家庭收入越少,家庭收入中(或总支出中)用来购买食物的支出所占的比例就越大,随着家庭收入的增加,家庭收入中(或总支出中)用来购买食物的支出则会下降。推而广之,一个国家越穷,每个国民的平均收入中(或平均支出中)用于购买食物的支出所占比例就越大,随着国家的富裕,这个比例呈下降趋势。恩格尔定律的公式:

$$\text{食物支出对总支出的比率}(R_1) = \frac{\text{食物支出变动百分比}}{\text{总支出变动百分比}}$$

或:

$$\text{食物支出对收入的比率}(R_2) = \frac{\text{食物支出变动百分比}}{\text{收入变动百分比}}$$

R_2 又称为食物支出的收入弹性。

恩格尔定律是根据经验数据提出的,它是在假定其他一切变量都是常数的前提下才适用的,因此,在考察食物支出在收入中所占比例的变动问题时,还应当考虑城市化程度、食品加工、饮食业和食物本身结构变化等因素都会影响家庭的食物支出增加。只有达到相当高的平均食物消费水平时,收入的进一步增加才不对食物支出发生重要的影响。

恩格尔系数是根据恩格尔定律得出的比例数,是表示生活水平高低的一个指标。其计算公式如下:

$$\text{恩格尔系数} = \frac{\text{食物支出金额}}{\text{总支出金额}}$$

> 除食物支出外，衣着、住房、日用必需品等的支出，也同样在不断增长的家庭收入或总支出中，所占比重上升一段时期后，呈递减趋势。
>
> ——摘自2002年6月5日中华人民共和国国家统计局网

第四节　对外经济往来及国际收支指标

一个国家与其他国家（或地区）进行货物贸易，提供服务，进行借贷、直接投资等活动，就会发生国际收支，国际收支是一国对外经济活动的综合反映。

本节将介绍反映我国对外经济往来及国际收支的三项指标：货物进出口总额、外商投资和外汇储备。

一、货物进出口总额

货物进出口总额是指实际进出我国国境的货物总金额，包括对外贸易实际进出口货物，来料加工装配进出口货物，国家间、联合国及国际组织无偿援助物资和赠送品，华侨、港澳台同胞和外籍华人捐赠品，租赁期满归承租人所有的租赁货物，进料加工进出口货物，边境地方贸易及边境地区小额贸易进出口货物（边民互市贸易除外），中外合资企业、中外合作经营企业、外商独资经营企业进出口货物和公用物品，到、离岸价格在规定限额以上的进出口货样和广告品（无商业价值、无使用价值和免费提供出口的除外），从保税仓库提取在中国境内销售的进口货物，以及其他进出口货物。该指标可以观察一个国家在对外贸易方面的总规模。我国规定出口货物按离岸价格统计，进口货物按到岸价格统计。表8-6是我国历年货物进出口总额。

表8-6　我国历年货物进出口总额

年　份	美元（亿美元）				
	进出口总额	进出口总额增长速度	出口总额	进口总额	差　额
1996	2898.8	—	1510.5	1388.3	122.2
1997	3251.6	0.122	1827.9	1423.7	404.2
1998	3239.5	0.004	1837.1	1402.4	434.7
1999	3606.3	0.113	1949.3	1657.0	292.3
2000	4742.9	0.315	2492.0	2250.9	241.1
2001	5096.5	0.075	2661.0	2435.5	225.5
2002	6207.7	0.218	3256.0	2951.7	304.3
2003	8509.9	0.371	4382.3	4127.6	254.7
2004	11545.5	0.357	5933.2	5612.3	320.9
2005	14219.1	0.232	7619.5	6599.5	1020.0
2006	17604.0	0.238	9689.4	7914.6	1774.8

注：数据为海关进出口统计数，货物进出口差额负数为入超。

从表 8-6 可以看出，2002 年以来，我国货物进出口总额以 20% 以上的速度高幅递增，到 2006 年底进出口总额已达 17604 亿美元，主要是由于 2001 年底加入世贸组织为我国企业扩大对外贸易提供了机遇。另一显著特点是近两年贸易顺差也迅速扩大，表明我国的贸易和经济发生了质的飞跃。中科院的分析和预测显示，中国贸易顺差将长期存在，在未来几年内仍将保持增长势头，高额的贸易顺差使政府有效平衡国家贸易增加了难度，但我国高增长的外贸顺差也为政府利用政策杠杆、实施贸易增长方式转变提供了有利时机。贸易平衡关乎本国经济的均衡发展，在继续发展出口、改善出口的同时，应更多更好地发挥进口在国民经济中的作用。

二、外商投资

外商投资包括外商直接投资和外商其他投资，是利用外资的重要方式。

外商直接投资是指外国企业和经济组织或个人（包括华侨、港澳台胞以及我国在境外注册的企业）按我国有关政策、法规，用现汇、实物、技术等在我国境内开办外商独资企业、与我国境内的企业或经济组织共同举办中外合资经营企业、合作经营企业或合作开发资源的投资（包括外商投资收益的再投资），以及经政府有关部门批准的项目投资总额内企业从境外借入的资金。

2006 年广东省利用外商直接投资增速稳、质量好、结构优。主要体现在：2006 年全省新签外商直接投资项目 8452 个，合同外资额为 245.68 亿美元，分别比上年增长 0.8% 和 3.5%，实际利用外商直接投资额为 145.11 亿美元，增长 17.4%；引进外资规模不断扩大，2006 年外商投资企业项目平均规模为 291 万美元，比上年增加 8 万美元。合同外资额千万美元以上新批和增资项目达 1007 个，投资总额达 329.46 亿美元，比上年增长 10%，其中合同外资额为 153.47 亿美元，增长 14.1%，占同期全省合同外资总额的 62.5%，比上年提高 5.9 个百分点；现代制造业引进外资取得明显成效，2006 年通信设备计算机及其他电子设备制造业成为九大支柱行业中吸引外资最多的行业，合同外资额达 36.23 亿美元，占全省第二产业合同外资总额的 22.1%，实际利用外资额达 22.25 亿美元，占全省第二产业实际利用外资总额的 20.5%。医药制造业、通用设备制造业的合同外资额分别比上年增长 80.3% 和 48.5%，化学原料及化学制品制造业实际利用外资额增长 74.6%。服务业利用外资发展迅猛，成为拉动全省利用外资增长的重要行业。2006 年第三产业实际利用外资额达 35.41 亿美元，增长 37.7%，占全省实际利用外资总额的 24.4%，比上年提高 3.6 个百分点，拉动全省实际利用外资增长 7.9 个百分点。

外商其他投资是指除对外借款和外商直接投资以外的各种利用外资的形式，包括企业在境内外股票市场公开发行的以外币计价的股票（目前主要是在香港证券市场发行的 H 股和在境内证券市场发行的 B 股）发行价总额，国际租赁进口设备的应付款，补偿贸易中外商提供的进口设备、技术、物料的价款，加工装配贸易中外商提供的进口设备、物料的价款。

三、外汇储备

1. 外汇储备的含义　外汇储备（Foreign Exchange Reserve）是指一国货币当局所持有可以用于对外支付的国外可兑换货币，即一国政府保有的以外币表示的债权。它同黄金储备、特别提款权以及在国际货币基金组织中可随时动用的款项一起，构成一国的官方储备资产总额。外汇储备的多少，从一定程度上反映一国应付国际收支的能力，关系到该国货币汇率的维持和稳定，它是显示一个国家经济、货币和国际收支等实力的重要指标。

外汇储备的主要形式有政府在国外的短期存款，其他可以在国外兑现的支付手段，如外国有价证券，外国银行的支票、期票、外币汇票等。

能够充当外汇储备的货币必须具备三个条件：一是在国际货币体系中重要地位；二是能自由兑换其他储备资产；三是各国能获得该货币并对其购买力的稳定性有信心。我国和世界其他国家在对外贸易与国际结算中经常使用的外汇储备主要有美元、欧元、日元、英镑等。

2. 外汇储备的主要作用　　一定的外汇储备是一国进行国际收支和经济调节、实现内外平衡的重要手段。国际收支是一个国家在一定时期，从国外收进的全部货币资金和向国外支付的全部货币资金之间的对比关系，收支相等称为国际收支平衡，否则为不平衡；收入总额大于支出总额称为国际收支顺差，或称国际收支盈余；支出总额大于收入总额称为国际收支逆差，或称国际收支赤字。当国际收支出现逆差时，动用外汇储备可以促进国际收支的平衡；当国内宏观经济不平衡，出现总需求大于总供给时，可以动用外汇组织进口，从而调节总供给与总需求的关系，促进宏观经济的平衡。同时，当汇率出现波动时，可以利用外汇储备干预汇率，使之趋于稳定。因此，外汇储备是实现经济均衡稳定的一个必不可少的手段，特别是在经济全球化不断发展，一国经济更易于受到其他国家经济影响的情况下，更是如此。

一般说来，外汇储备的增加不仅可以增强宏观调控的能力，而且有利于维护国家和企业在国际上的信誉，有助于拓展国际贸易，吸引外国投资，降低国内企业融资成本，防范和化解国际金融风险。当然，这并不是说外汇储备越多越好，因为持有外汇储备是要付出代价的，外汇储备应保持在适度水平上。适度外汇储备水平取决于多种因素，如进出口状况、外债规模、实际利用外资等，应根据持有外汇储备的收益、成本比较和这些方面的状况把外汇储备保持在适度的水平。

近些年来，我国的外汇储备快速增长。根据我国外汇管理局的统计，到2006年底我国的外汇储备已经达到10663.40亿美元，超越日本成为世界第一大外汇储备国。外汇储备的增高一方面显示了国力的增强，但另一方面贸易顺差继续高增，则给货币政策操作带来不少难度。促进国际收支基本平衡，已成我国当前出台宏观政策的一个重要取向。

★ 知识拓展

贸易顺差、贸易逆差或贸易平衡

看一国对外贸易发展情况，主要借助于政府定期公布的对外贸易平衡表。一般而言，平衡表比较系统地载有表明出口和进口的数字统计，大体可反映一国在特定时期内对外贸易乃至国民经济发展状况。一国对外贸易按出口大于、小于或等于进口等情况，分别构成贸易顺差、贸易逆差或贸易平衡。

1. 贸易顺差（Favorable Balance of Trade）。所谓贸易顺差，是指在特定年度一国出口贸易总额大于进口贸易总额,又称"出超",表示该国当年对外贸易处于有利地位。贸易顺差的大小在很大程度上反映一国在特定年份对外贸易活动状况。通常情况下,一国不宜长期大量出现对外贸易顺差,因为此举很容易引起与有关贸易伙伴国的摩擦。例如,美日两国双边关系市场发生波动,主要原因之一就是日方长期处于巨额顺差状况。与此同时,大量外汇盈余通常会致使一国市场上本币投放量随之增长,因而很可能引起通货膨胀压力,不利于国民经济持续、健康发展。

2. 贸易逆差(Unfavorable Balance of Trade)。所谓贸易逆差,是指一国在特定年度内进口贸易总值大于出口总值,俗称"入超",反映该国当年在对外贸易中处于不利地位。同样,一国政府当局应当设法避免长期出现贸易逆差,因为大量逆差将致使国内资源外流,对外债务增加。这种状况同样会影响国民经济正常运行。

3. 贸易平衡(Balance of Trade)。贸易平衡是指一国在特定年度内外贸进、出口总额基本上趋于平衡。综观世界各国(地区)政府的外贸政策实践,这种现象并不多见。一般来说,一国政府在对外贸易中应设法保持进出口基本平衡,略有结余,此举有利于国民经济健康发展。

贸易顺差是经济增长的重要推动力。

——摘自雅虎知识堂

第五节 国民资产负债存量指标

在我国新国民经济核算体系中,资产负债核算是一项重要的组成部分,它是以一个国家或地区经济存量为核算对象的,反映某一时点上机构部门及经济总体所拥有的资产和负债的历史积累状况。

一、资产

与联合国 SNA 中的核算口径相同,我国资产负债核算中的"资产"指经济资产。所谓经济资产,是指资产的所有权已经界定,其所有者由于在一定时期内对它们的有效使用、持有或者处置,可以从中获得经济利益的那部分资产。不属于任何机构单位,或即使属于某个机构单位,但不在其有效控制下,或不能在可预见的将来获得经济利益的自然资源,如空气、公海、部分原始森林以及在可预见的将来不具有商业开发价值的地下矿藏等,不能视为经济资产。

资产根据经济周转特性的不同,可以分为流动资产、长期投资、固定资产、无形资产和递延资产等;根据存在的形态不同,可以分为金融资产与非金融资产,有形资产与无形资产。

在我国资产负债核算中,将资产分为非金融资产和金融资产两大类,非金融资产细分为固定资产、存货和其他非金融资产;金融资产细分为国内金融资产、国外金融资产和储备资产,其中国内金融资产包括通货、存款、贷款、证券(不含股票)、股票及其他股权、保险准备金和其他;国外金融资产包括直接投资、证券投资和其他投资。

二、负债

负债是指一个机构单位或机构部门对其他机构单位或机构部门的债务。负债是金融债权的对应体(对金融交易的甲乙双方来讲,甲方的金融债权就是乙方的金融负债),

各种资产作为资金的运用,其来源有可能是其权益的积累,也可能是某种形式的负债。

通过观察负债,可以看出金融资产与非金融资产的区别:非金融资产不体现负债,而金融资产体现负债,不同的机构部门可以有相应的使用方和来源方,比如,住户部门的金融资产(使用方)如存款,可体现为金融机构部门的金融负债(来源方)。

资产负债差额是指某个机构单位或机构部门所拥有的全部资产减去全部负债后的差额(亦称资产净值),资产大于负债用正数表示,反之,用负数表示。它是各机构部门及经济总体的主要财富和经济实力的最终体现。

三、资产负债存量指标之间的关系

资产负债存量指标之间具有如下关系:

(1) 非金融资产 + 国内金融资产 + 国外金融资产 + 储备资产 = 国内负债 + 国外负债 + 资产负债差额(资产净值)
(2) 非金融资产 = 固定资产 + 存货 + 其他非金融资产
(3) 金融资产 = 国内金融资产 + 国外金融资产 + 储备资产
(4) 负债 = 国内负债 + 国外负债
(5) 资产负债差额(资产净值)= 资产总额 – 负债总额

★ **知识拓展**

国民资产、国民财产和国民财富

我们经常看到的国民资产是指一个国家(地区)在特定时点上所拥有的各种经济资产、资源资产、国内外金融资产与负债存量的总规模及其结构,体现一国(地区)经济资产总量、负债总量和资产净值总量的规模和结构,反映一国(地区)的经济实力与产业结构。

国民财产通常是指一个国家(地区)在特定时点所拥有的实物资产、金融资产以及无形资产。"国民财产"从本质上体现了"人类劳动"的结晶,因此,它不包括各种未经人类劳动作用过的自然资源,也不包括国民经济系统内部各常住机构单位之间的金融债权债务关系,但包括国民经济作为一个完整的系统对国外(地区外)所进行的净投资,即对国外(地区外)拥有的金融资产(债权)净额。

而一个完整的国民财富概念应包括全部国民资源,即含全部人力资源、自然资源和国民资产负债,国民资产负债只是国民财富的一部分。

第六节 国民经济比例和效益指标

国民经济比例是社会再生产各部门、各环节、各地区之间相互依存相互制约的内在联系在数量上的表现。国民经济效益是指国民经济的总体效益,即在一定时期内整个国民经济活动中总投入与总产出的对比关系。一般也将国民经济效益称宏观经济效益,它以微观经济效益为基础,但不是微观经济效益的简单总和,包含着宏观政策、调控和组织管理等复杂的因素,是国民经济各部门、社会再生产各环节整体配合作用的结果。

本节将介绍几项反映我国国民经济比例和效益的指标。

一、反映人口与就业的指标

1. 人口出生率与死亡率 人口是一定社会关系的体现者，他们是社会物质资料的生产者，也是物质资料的消费者。人口自身始终处在生产和再生产之中，其数量和质量也都在不断发展变化中。一个国家或地区的人口数量多少、质量高低对一个国家的社会发展起着重要的促进或延缓作用。人口数指一定时点、一定地区范围内的有生命的个人的总和。年度统计的年末人口数是指每年 12 月 31 日 24 时的人口数。年度统计的全国人口总数内未包括台湾省和港澳同胞以及海外华侨人数。

出生率，又称粗出生率，指在一定时期内（通常为 1 年）平均每千人所出生的人数的比率，一般用千分率表示。计算公式为：

$$出生率 = 年出生人数 \div 年平均人数 \times 1000‰$$

出生人数是指活产婴儿，即胎儿脱离母体时（不管怀孕月数），有过呼吸或其他生命现象。年平均人数是年初、年底人口数的平均数，也可用年中人口数代替。

死亡率，又称粗死亡率，指在一定时期内（通常为 1 年）一定地区的死亡人数与同期平均人数（或期中人数）之比，一般用千分率表示。计算公式为：

$$死亡率 = 年死亡人数 \div 年平均人数 \times 1000‰$$

2. 人口自然增长率 坚持实行计划生育、严格控制人口增长是我国的基本国策。控制和检查考核人口增长的重要指标就是人口自然增长率。它是一定时期内（通常为 1 年）人口自然增加数（出生人数减死亡人数）与该时期内平均人数（或期中人数）之比，一般用千分率表示。计算公式为：

$$人口自然增长率 = (本年出生人数 - 本年死亡人数) \div 年平均人数 \times 1000‰$$
$$= 人口出生率 - 人口死亡率$$

从上式可以看出，人口自然增长率实际上是人口的出生率减去人口的死亡率。人口自然增长率要剔除人口迁移（迁入减去迁出）引起的人口变动要素，为此，出生人数、死亡人数和总人口数都是按照常住人口登记的原则进行调查统计的。

我国历年人口数、人口出生率、死亡率及自然增长率如表 8-7 所示。

表 8-7 全国人口数、出生率、死亡率及自然增长率

年 份	人口数(万人)	出生率(‰)	死亡率(‰)	自然增长率(‰)
1980	98705	18.21	6.34	11.87
1985	105851	21.04	6.78	14.26
1990	114333	21.06	6.67	14.39
1995	121121	17.12	6.57	10.55
2000	126743	14.03	6.45	7.58
2005	130756	12.40	6.51	5.89
2006	131448	12.09	6.81	5.28

表中数据表明，近年人口死亡率有所提高，是由于我国已经步入了老龄化国家。根

据国家统计局统计数字表明，我国 60 岁以上的老人已超过总人口的 10%。而我国人口出生率和人口自然增长率近年呈大幅度下降趋势，2006 年已降到历史最低水平，这主要是实行计划生育、严格控制出生人口的结果。但也要看到我国人口基数庞大，增长的绝对量不小，每年增长 1% 的人口就是 1300 多万人，控制人口增长仍是长期而艰巨的任务。

3. 就业率与失业率　　就业率与失业率是反映劳动力就业程度的指标，是同一个经济活动人口（指 15 周岁以上、有劳动能力、参加或要求参加社会经济活动的人口，包括在业人口和非在业人口）总体中在业人口与非在业人口所占的比重，两者之和为 100%。

计算公式分别为：

就业率 = 在业人口数 ÷ （在业人口数 + 非在业人口数） × 100%

失业率 = 非在业人口数 ÷ （在业人口数 + 非在业人口数） × 100%

式中的在业人口，又称就业人口，是指 15 周岁及 15 周岁以上人口中从事一定的社会劳动并取得劳动报酬或经营收入的人口。非在业人口是指 15 周岁及 15 周岁以上人口中未从事社会劳动的人口，包括在校学生、料理家务、待升学、市镇待业、离退休、退职、丧失劳动能力等非在业人口。

我国现在统计、公布的失业率为城镇登记失业率。它的统计范围是城镇，不含农村。非在业人员为城镇登记非在业人员，是指有非农业户口、在一定劳动年龄内、有劳动能力、无业而要求就业，并在当地就业服务机构进行求职登记的人员。城镇登记失业率的计算公式为：

城镇登记失业率 = 城镇登记非在业人口数 ÷ （城镇在业人口数 + 城镇登记非在业人口数） × 100%

根据有关部门统计，近几年来我国城镇登记失业率有所上升，1991 年为 2.3%，1995 年为 2.9%，1998 年为 3.1%，2002 年上升到 4.0%，2004 年、2005 年、2006 年分别为 4.2%、4.2%、4.1%。

二、反映活劳动消耗效益的指标

从宏观上综合反映活劳动消耗效益的指标是全社会劳动生产率。它是产出结果与劳动消耗之比，一般按国内生产总值（或分行业增加值）与从业人员平均人数对比计算，表明每一社会劳动者一定时期所创造的有效成果。

全社会劳动生产率（元/人） = 国内生产总值 ÷ 全社会从业人员平均人数

式中，分子如分行业计算则用行业增加值，进行动态比较时，应按可比价格计算；分母与分子同口径的社会从业人员，是指从事一定社会劳动并取得劳动报酬或经营收入的全部劳动力。包括：①全部职工；②再就业的离退休人员；③私营业主；④个体户主；⑤私营与个体从业人员；⑥乡镇企业从业人员；⑦农村从业人员；⑧其他从业人员（包括民办教师、宗教职业者等）。

例如，全国 2006 年全社会从业人员平均人数为 76400 万人，同年创造国内生产总值为 210871 亿元，则全社会劳动生产率为：

210871 亿元 ÷ 7.64 亿人 = 27600.9（元/人）

三、反映资金利用效益的指标

资金利用效益是指资金的占用与其所带来的收益的对比关系,在生产经营中充分利用所占用的资金,节约资金使用,加速资金周转,使单位资金能带来更多的收益。反映这方面效益的指标很多,适宜从全社会角度观察的指标有如下两种:

1. **总资产贡献率** 总资产贡献率反映全部企业在一定时期内单位资产对社会带来的收益。计算公式为:

总资产贡献率 =(净利润 + 税金总额 + 利息支出)÷平均资产总额×100%

式中,分子净利润为企业利润总额扣除所得税后的净额,是企业运用资产进行经营所得的纯收益;税金总额是企业对国家所作的贡献;利息支出是给企业提供资产的债权人所得的报酬。分母平均资产总额为企业期初、期末资产总计的算术平均值。这项指标只适于对一定范围的企业进行评价分析,不包含非营利单位。

2. **每亿元国民财产实现的国民生产总值** 每亿元国民财产实现的国民生产总值反映一定时期全社会国民财产使用的经济效益,其计算公式为:

每亿元国民财产实现的国民生产总值(万元/亿元)= 国民生产总值÷国民财产平均值

式中,分子国民生产总值是一定时期使用国民财产所实现的国民总收入;分母的国民财产为全社会资产总额减去负债总额后的净值,包括全部非金融资产和拥有国外金融资产净额,按时期的平均值计算。例如:某省某年国民财产年平均值 8850 亿元,当年国民生产总值 2056 亿元,则每亿元国民财产实现国民生产总值 2323.16 万元。

四、反映宏观投资效益的指标

反映投资效益的指标很多,其中最能综合反映全社会投资效益的指标是投资效果系数。它是国内生产总值增加额与资本形成总额的比值。其计算公式为:

投资效果系数 =(本年国内生产总值 - 上年国内生产总值)
÷本年(或上年)资本形成总额

式中:分子为本年比上年增加的国内生产总值,也可扣除折旧额按国内生产净值增加额计算,因折旧额是资本形成资金来源的一部分,扣除后可免与分母重复;分母是资本形成总额,包括固定资本形成和库存增加,考虑到当年的资本形成对经济增长发挥作用有一定时滞,所以可以用上年的数据计算。例如,广东省 2006 年国内生产总值比上年增加额为 3837.93 亿元(即 26204.47 亿元 - 22366.54 亿元,按当年价计算),上年资本形成总额为 8383.17 亿元,则投资效果系数为:3837.93÷8383.17 = 0.4578。

该项指标数值越高越好,它适合于按较长时期(如五年)观察,以避免受年度之间经济增长波动的影响。

★ 人物小传之八

恩格尔

恩格尔（Engel，1821—1896），生于德国德累斯顿，德国统计学家，因发现恩格尔曲线和恩格尔定律闻名于世。他早年与法国社会学家弗雷德里克·勒普莱（Frederic Le Play）交往甚密，勒普莱对家庭问题很感兴趣，这使恩格尔开展了对家庭的调查。这些调查所搜集到的开支数据使恩格尔确信，在家庭的收入与该户分配于食物和其他项目的支出之间存在着一定联系，这是经济学中最早确立的定量函数关系之一。不仅如此，他还发现，收入较高的家庭用于食物的支出一般多于较穷的家庭，但食物开支在总预算中所占比重一般同收入成反比。从这一经验性规律出发，他进一步推断出，在经济发展过程中，相对于其他经济部门而言，农业将萎缩（1857年）。1860—1882年恩格尔在柏林任普鲁士统计局局长期间，以普鲁士统计局的名义为发展和加强官方统计学做了大量工作。他因反对俾斯麦（Bismarck）的保护主义政策而辞职。在研究工作中，他从成本方面特别研究了人类生活的价值。他还调查了价格对需求的影响。他对官方统计学的影响远不仅限于德国，1885年他参与创立了国际统计学会。1896年在拉德博伊尔去世。

★ 案例讨论

2006 年广东经济与全国及鲁、苏、浙、沪比较

指标	单位	全国	广东	山东	江苏	浙江	上海
地区生产总值	亿元	209407	25968.55	21846.71	21548.36	15648.93	10296.97
	%	10.7	14.1	14.7	14.9	13.6	12
进口总额	亿美元	7916	2252.6	366.1	1235.8	382.5	1139.4
	%	20	18.7	19.6	17.7	25.1	19.2
出口总额	亿美元	9691	3019.5	586	1604.2	1009	1135.9
	%	27.2	26.8	27.1	30.5	31.4	25.2
实际利用外商直接投资	亿美元	630	145.11	100	174.3	88.89	71.07
	%	4.5	17.4	11.5	32.3	15.1	3.8
居民消费价格指数	上年同期=100	101.5	101.8	101	101.6	101.1	101.2
	增减 %	1.5	1.8	1	1.6	1.1	1.2
城镇居民人均可支配收入	元	11759	16016	12192	14084	18265	20668
	%	12.1	8.4	13.5	14.3	12.1	10.8
农村居民人均纯收入	元	3587	5080	4368	5813	7335	/
	%	10.2	8.3	11.1	10.2	10.1	/

资料来源：广东综合统计处。

请讨论：

请根据以上资料讨论分析 2006 年广东经济运行情况。

★ 练习与思考

一、判断题

1. 国内生产总值是计算国民经济发展速度最合适的指标。（　　）
2. 可用于常住单位最终消费和资本形成总额的是国民总收入。（　　）
3. 货物的进出口按离岸价格计算。（　　）
4. 外汇储备越多越好。（　　）
5. 投资效果系数越高越好。（　　）

二、单项选择题

1. 国内生产总值是一定时期内常住单位（　　）。
   A. 生产的全部货物和服务的价值
   B. 生产并提供给社会使用的全部货物和服务的价值
   C. 生产并提供给社会最终使用的货物和服务的价值
   D. 生产的全部货物和服务以及进口货物和服务的价值

2. 某年全国各种收入如下（单位：亿元）：劳动者报酬 32000，生产税净额 7600，营业盈余 12900，固定资产折旧 5500，来自国外的要素收入净额 -1000，来自国外的经常转移收入净额 600，来自国外的资本收入净额 -200，则全国的国内生产总值为（　　）亿元。
   A. 58000　　　　　　　　B. 57000
   C. 57600　　　　　　　　D. 57400

3. 国内生产总值为 1200 亿元，本国投在外国的资本和劳务收入 300 亿元，外国投在本国的资本和劳务收入 330 亿元，则国民总收入为（　　）亿元。
   A. 1200　　　　　　　　B. 1500
   C. 1170　　　　　　　　D. 1330

4. 分析对外贸易总量平衡的指标是（　　）。
   A. 进出口比价指数　　　B. 进出口物量指数
   C. 进出口贸易差额　　　D. 进出口盈亏率

5. 国内生产总值增长 15.62%，社会从业平均人数增长 2.78%，则全社会劳动生产率增长（　　）
   A. 12.84%　　　　　　　B. 18.40%
   C. 12.49%　　　　　　　D. 17.79%

三、多项选择题

1. 国内生产总值与国民总收入异同之点有（　　）。
   A. 两者都反映社会最终产品的价值，只是计算方法不同
   B. 前者属于生产概念，后者属于收入概念
   C. 两者总体范围相同，都是按一国常住单位界定的
   D. 两者计算范围不同，后者的计算范围比前者大
   E. 两者都可以扣除固定资产磨损价值后计算净值

2. 若国外净要素收入为负数，则以下总量指标的数量关系为（　　）。
   A. 国民总收入＞国内生产总值　B. 国内生产总值＞国民总收入
   C. 国内生产净值＞国民净收入　D. 国民净收入＞国内生产净值
   E. 国内生产总值＞国民净收入
3. 反映国民收入分配及居民收入水平的指标包括（　　）。
   A. 国民生产总值　　　　　　B. 国民可支配收入
   C. 城乡居民家庭可支配收入　D. 全社会劳动生产率
   E. 城镇登记失业率
4. 下列属于经常转移的项目有（　　）。
   A. 住户和法人单位缴纳的所得税
   B. 劳动者对社会保险计划的缴款
   C. 各单位代其职工对社会保险计划的缴款
   D. 居民个人购买体育彩票
   E. 交通警察对违章司机的罚款
5. 下列资产中，属于金融资产的项目包括（　　）。
   A. 商业信誉　　　　　　　　B. 股票
   C. 厂房　　　　　　　　　　D. 贷款
   E. 原材料

四、问答题
1. 什么是国内生产总值？如何计算？
2. 什么是国民可支配收入？如何计算？它与国民总收入有什么关系？
3. 什么是外汇储备？它有什么作用？
4. 我国资产项目是如何分类的？
5. 国民资产负债都有哪些平衡关系？
6. 什么是人口自然增长率和城镇登记失业率？
7. 反映资金利用效益的主要指标有哪些？如何计算？

五、实践能力训练题
1. 假定某经济总体只分为甲、乙、丙、丁四个部门，甲部门作为生产的起点，没有任何中间投入。核算期内，甲部门生产了100万元的产品，全部售给乙部门做原材料；乙部门生产了150万元的产品，其中80万元售给丙部门，45万元售给丁部门做中间投入，其余用于消费；丙部门生产了250万元的产品，其中100万元售给丁部门进一步加工，其余用于消费；丁部门生产了300万元的消费品。分别用生产法和支出法计算该经济总体的国内生产总值。
2. 有如下资料（单位：亿美元）：

居民购买货物和服务的支出	800
政府购买货物和服务的支出	160
固定资本形成总额	900

其中：固定资产折旧	70
存货增加	150
货物和服务进口	180
货物和服务出口	225
本国投在外国的资本和劳务的收入	108
外国投在本国的资本和劳务的收入	83
来自国外的经常性转移收入净额	−33
来自国外的资本性转移收入净额	51

根据上述资料计算：

(1) 国内生产总值、国内生产净值、国民总收入、国民净收入、国民可支配总收入、国民可支配净收入。

(2) 资本形成总额与最终消费的比例、净投资在总投资中的比重。

(3) 居民消费在最终消费中的比重。

下编 Excel 在统计中的应用

本编系统地介绍了如何在 Excel 2003 中实现各种统计分析功能，帮助学生在巩固统计学知识的基础上，将 Excel 作为进行统计分析的一种有效工具熟练地运用于日常的工作、学习及科研中。本编给出了范例，针对性强，并给出了详细的操作步骤，有助于读者快速掌握和融会贯通。

任务一 用 Excel 整理数据

实验目的：掌握用 Excel 进行数据的排序、筛选、分类汇总和数据透视表、数据分组等。

一、用 Excel 对数据排序

可以根据数据清单中的数值对数据清单的行列进行排序。排序时 Excel 将利用指定的排序重新排列行、列或各单元格。可以根据一列或多列的内容进行升序或降序排序。

1. 按数值进行排序

[**例1.1**] 打开"第一次实训.xls"中的"练习2 排队"文档，调查某医院早上 8：00～9：00 的看病病人的等候情况，见图1-1。要求：按等候时间从低到高排序。

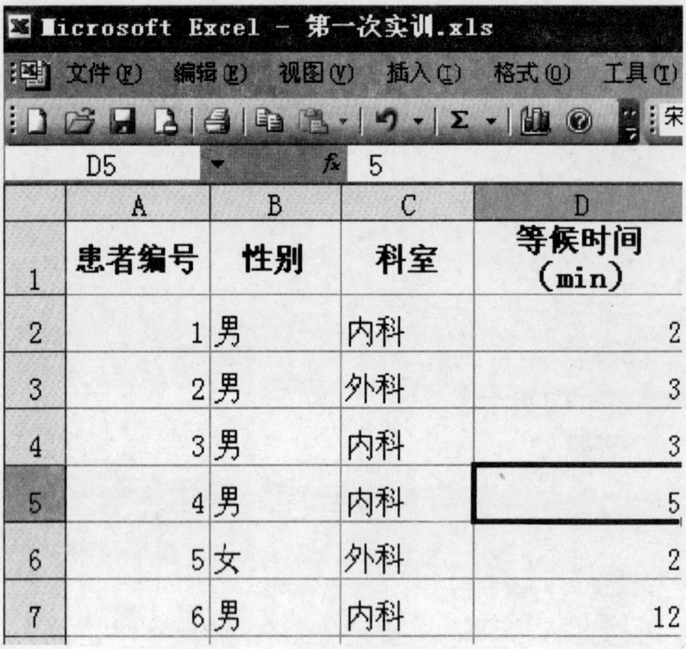

	A	B	C	D
1	患者编号	性别	科室	等候时间(min)
2	1	男	内科	2
3	2	男	外科	3
4	3	男	内科	3
5	4	男	内科	5
6	5	女	外科	2
7	6	男	内科	12

图1-1 患者等候时间

操作步骤：

第一步：把鼠标放在 A 处，形成往下箭头的形式，并拖动鼠标不放直到 D 列，选定 A、B、C、D 列，见图1-2。

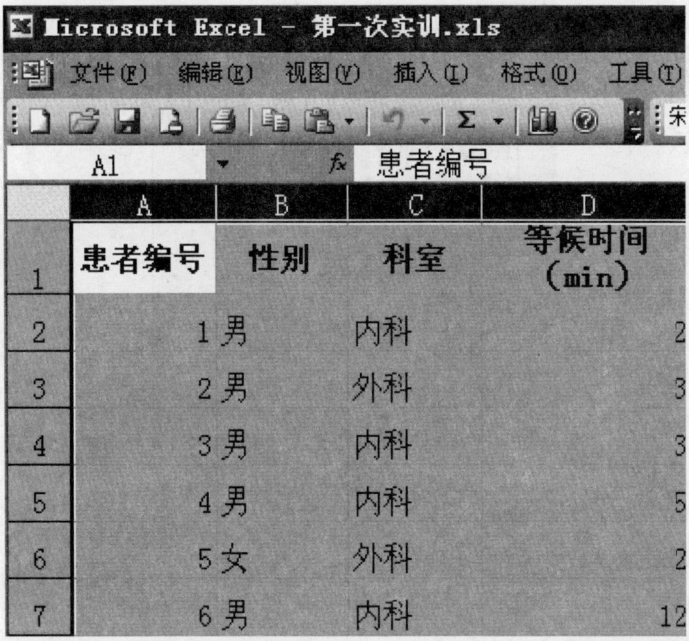

任务一 用 Excel 整理数据

图 1-2 选定 ABCD 列数据

第二步：点击菜单中的"数据"，并选择"排序"，则弹出"排序"对话框，见图 1-3。

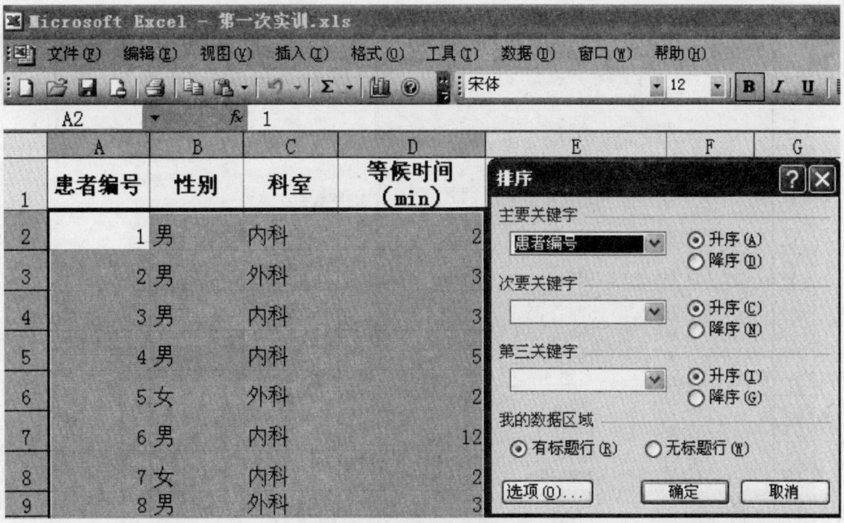

图 1-3 "排序"对话框

在"主要关键字"下拉框中选择等候时间，选择"升序"，其他选项默认，单击"确定"按钮，可得到答案。见图 1-4。

应用统计方法

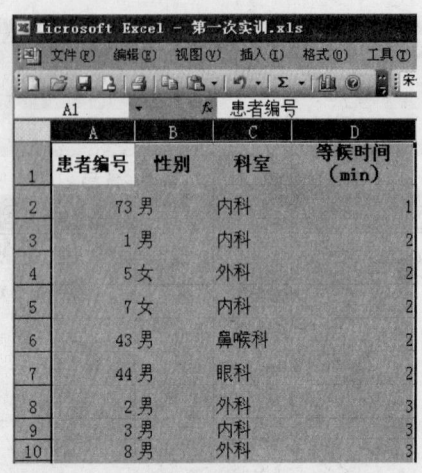

图 1-4 按等候时间从低到高排序

2. 按中文词组或英文词组进行排序

[例1.2] 对[例1.1]中的"科室"进行从高到低及笔画排序。

操作步骤：

第一、二步：见图 1-2、图 1-3 操作，弹出"排序"对话框。

第三步：在主要关键字下拉框中选择"科室"，选择"降序"，并点击"选项(o)"按钮，弹出"排序选项"窗口，见图 1-5。在"方法"下面选择"笔划排序"，点击"确定"，后退回到"排序"对话框，再点击"确定"，排序完成，见图 1-6。

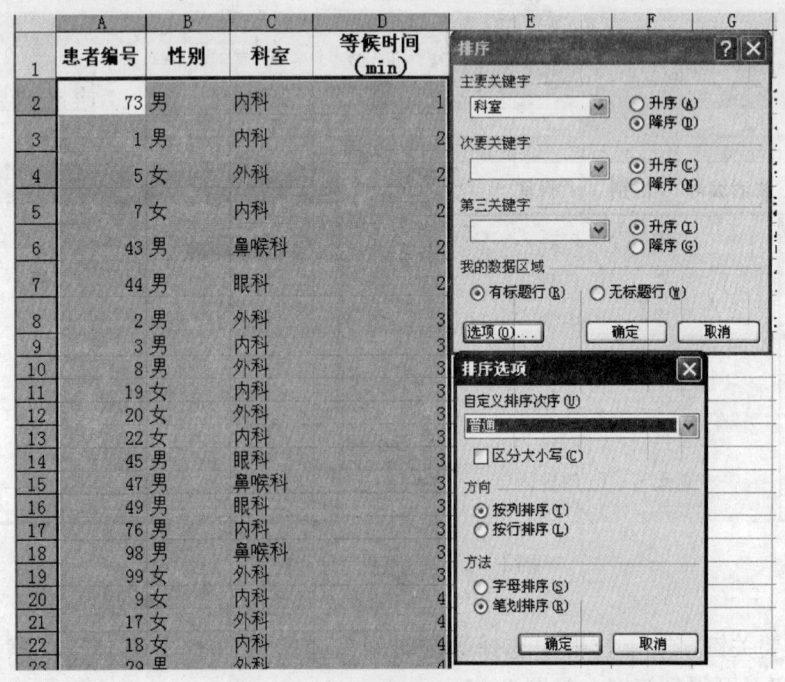

图 1-5 排序选项的选择

任务一 用Excel整理数据

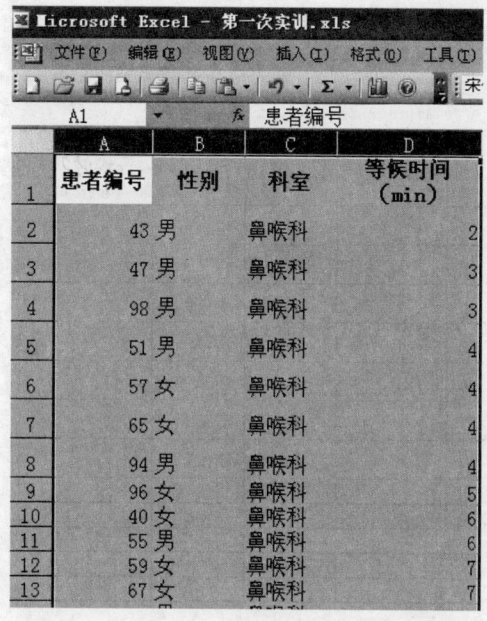

图1-6 按科室的笔划进行从高到低排序

3. 进行多个关键字的排序 按一个关键字排序时，有相同值时，哪个排在前面？这时就需要对多个关键字进行排序，Excel默认最多有3个关键字排序。

[例1.3] 数据见图1-1，对等候时间进行从低到高排序，如果等候相同，则按科室笔画进行从低到高排序，如果科室相同，再按性别从高到低进行排序。

操作步骤：

第一、二步：见图1-2、图1-3。弹出"排序"对话框，见图1-7。

第三步：在"主要关键字"下拉框选择"等候时间"、"升序"；在次关键字下拉框选择"科室"、"升序"；在第三关键字下拉框选择"性别"、"降序"。点击"确定"则可得到答案，见图1-8。

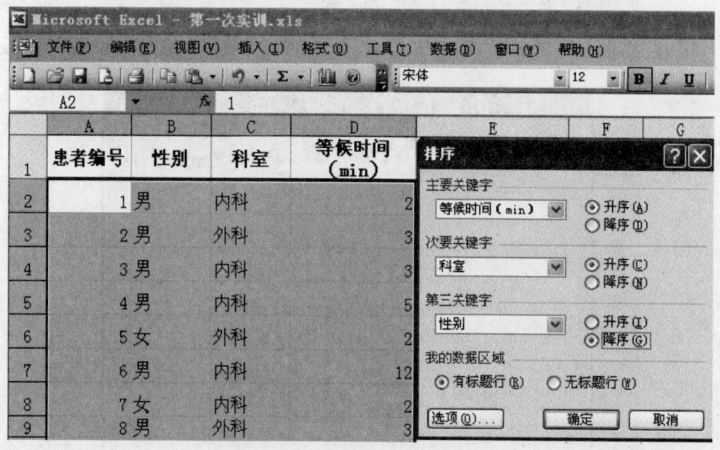

图1-7 排序对话框

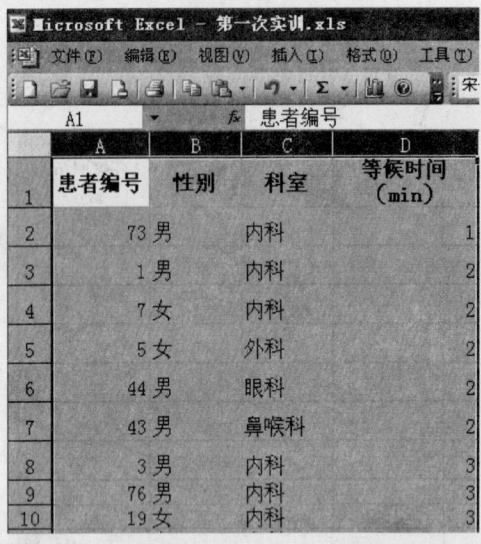

图1-8 按3个关键字排序后的结果

二、用 Excel 进行数据筛选

数据筛选时有自动筛选和高级筛选两种方式，其中最简单常用的为自动筛选，如果有复杂的筛选条件的，则可选择高级筛选。本课程只讲述自动筛选方式，对高级筛选有兴趣的读者可阅读有关 Office 操作的读物。

[例1.4] 对图1-1中只显示性别为男的患者信息进行显示。

操作步骤：

第一步：选定数据，见图1-2。

第二步：点击菜单中的"数据"选项，再选择筛选，然后选择"自动筛选"，表会显示下拉按钮，见图1-9。

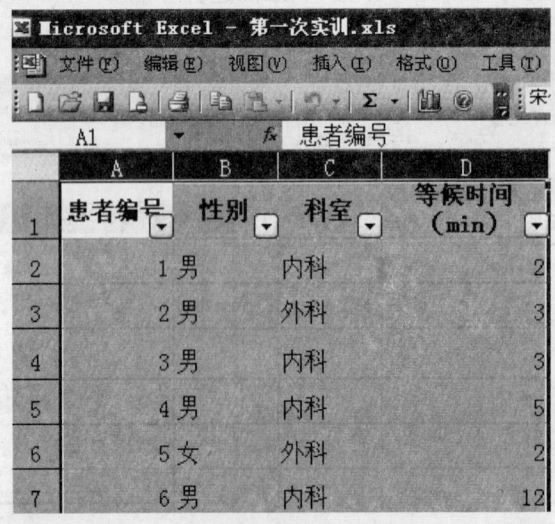

图1-9 点击自动筛选后的数据表

第三步：点击  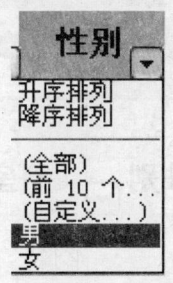 中的  ▼ ，选择"男"，见图1-10，则结果就出来了，见图1-11。

图1-10 性别为男的选择

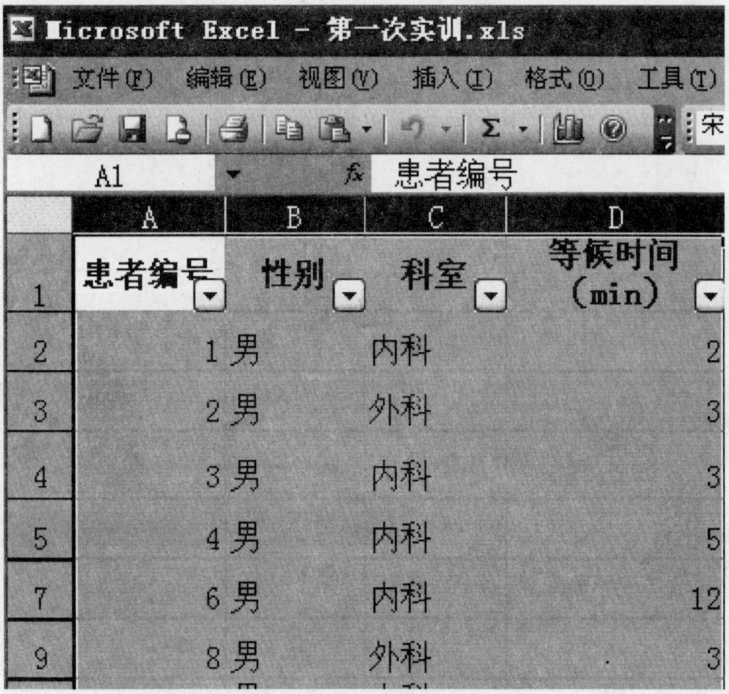

图1-11 自动筛选性别为男的结果

[**例**1.5] 对等候时间为大于等于5、小于等于9的患者信息进行显示。
操作步骤：
第一步：恢复[例1.4]的数据，点击"性别"按钮，选择"全部"。
第二步：在等候时间按钮中选择"自定义"，见图1-12，弹出对话框，见图1-

13，"等候时间"选择"大于等于5""与""小于等于9"，点击"确定"得到图 1-14。

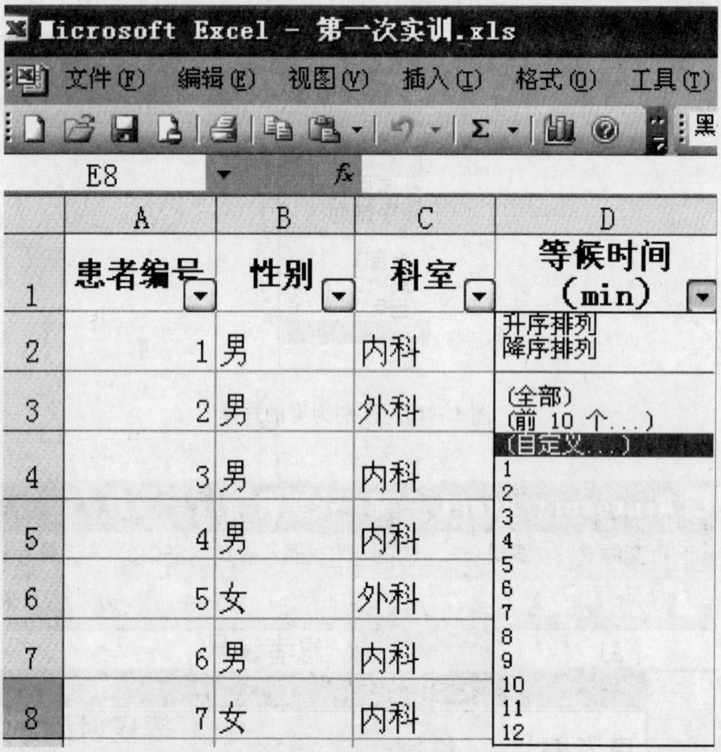

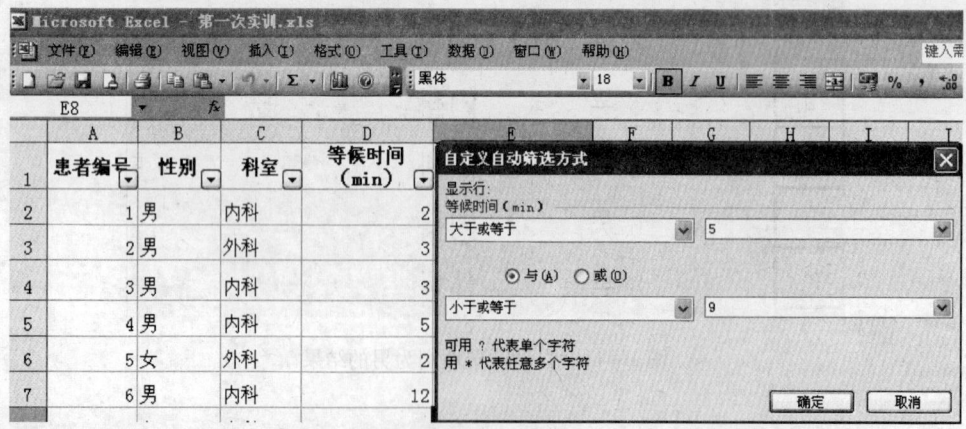

图 1-12 选择自定义选项

图 1-13 自定义自动筛选

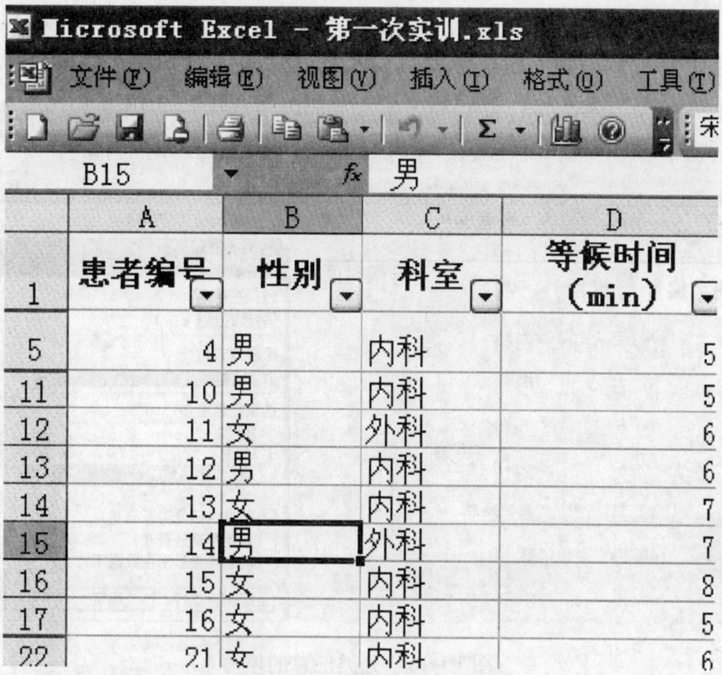

图 1-14 筛选后的结果

三、用 Excel 进行分类汇总

Excel 的分类汇总只能汇总单变量分布，不能汇总出组距变量数列分布。

［例 1.6］见图 1-1，按等候时间进行分类汇总。

操作步骤：

第一步：选择数据项，并对等候时间进行排序，见［例 1.1］。

第二步：点击菜单中的"数据"选项，再选择"分类汇总"，见图 1-15。

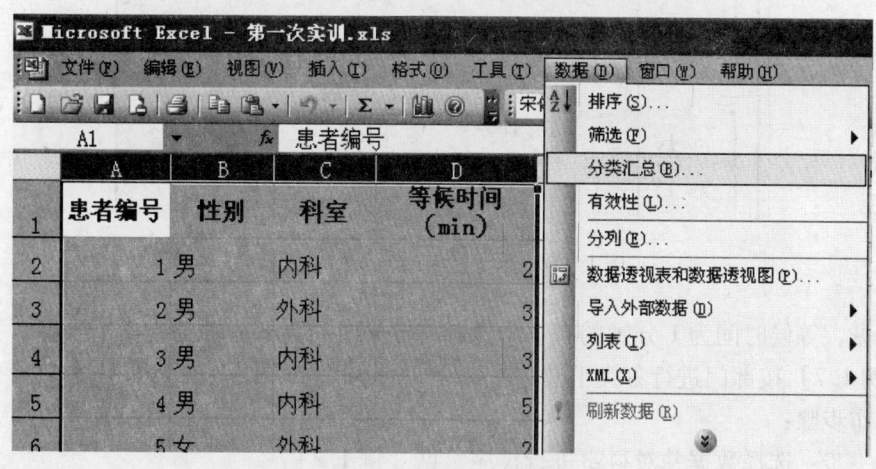

图 1-15 分类汇总选择

第三步：在分类汇总中，分类字段选择"等候时间"，汇总方式选择"计数"，选定汇总项，选择"等候时间"，其他默认，见图1-16，得到结果，见图1-17。

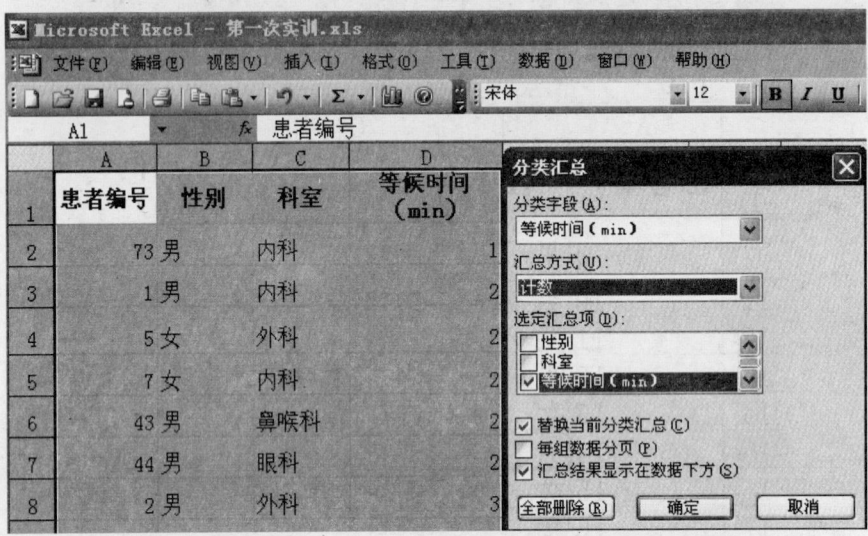

图1-16　分类汇总的填写

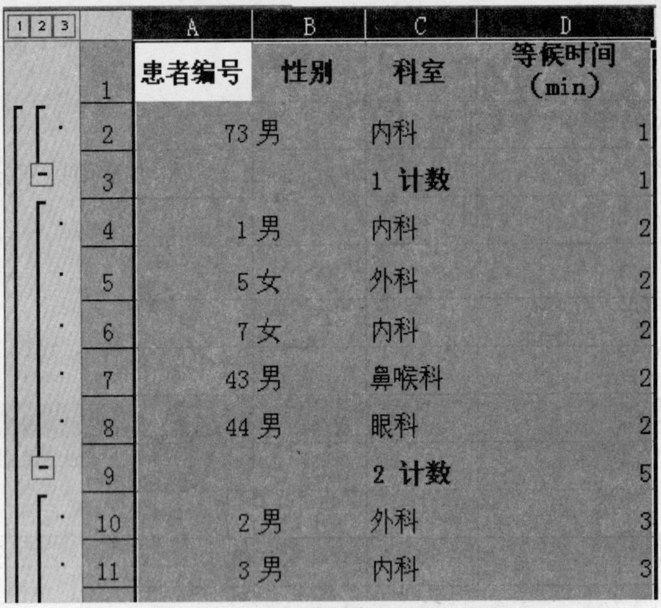

图1-17　按等候时间分类汇总结果

可见，等候时间为1分钟的有1个患者，等候时间为2分钟的有5个患者，等等。

[**例1.7**] 按部门进行分类汇总。

操作步骤：

第一步：选择数据并对科室进行排序，见[例1.2]。

第二步：选择分类汇总，见图1-15、图1-16。

第三步：在分类字段中选择"科室"，选择"计数"汇总方式，选择"科室"汇总项，其他选项默认，见图1-18，点击"确定"可以得到结果。

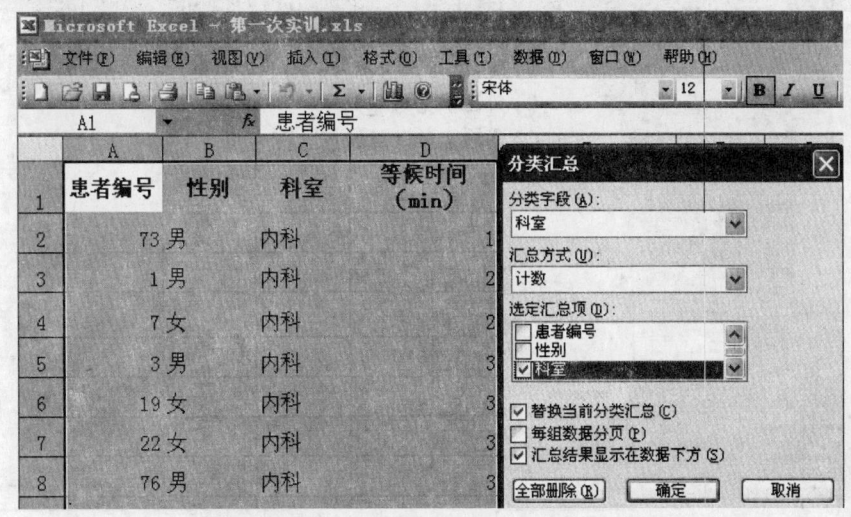

图1-18 按科室分类汇总中表单的选择

四、用 Excel 进行数据透视表汇总

数据透视表是一种对大量数据快速汇总和建立交叉列表的交互式表格，可以转换行列以查看源数据的不同汇总结果，可以根据需要显示明细数据。

［例1.8］根据［例1.1］汇总数据透视表，要求计数项为等候时间，按占同列百分比汇总。

操作步骤：

第一步：选择数据 A1：D101，并在菜单选择中选择"数据"，弹出下拉菜单，选择"数据透视表和数据透视图"，见图1-19，并弹出选项，见图1-20。

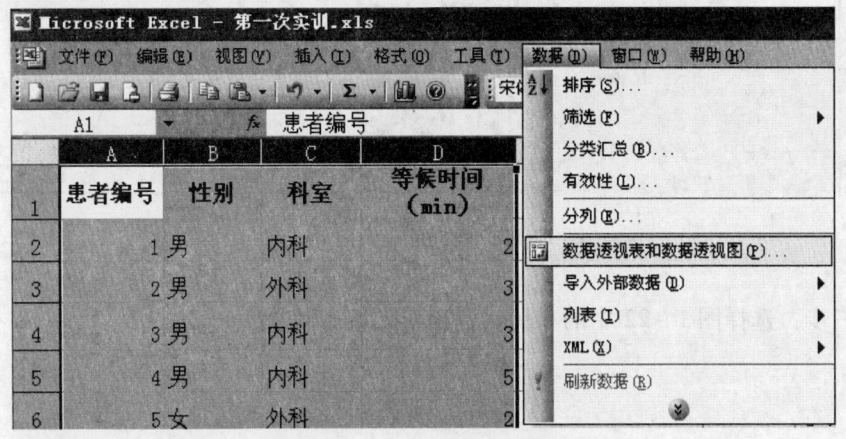

图1-19 数据透视表的选择

第二步：在图1-20中选择"下一步"，见图1-21，再点击"下一步"，见图1-22。

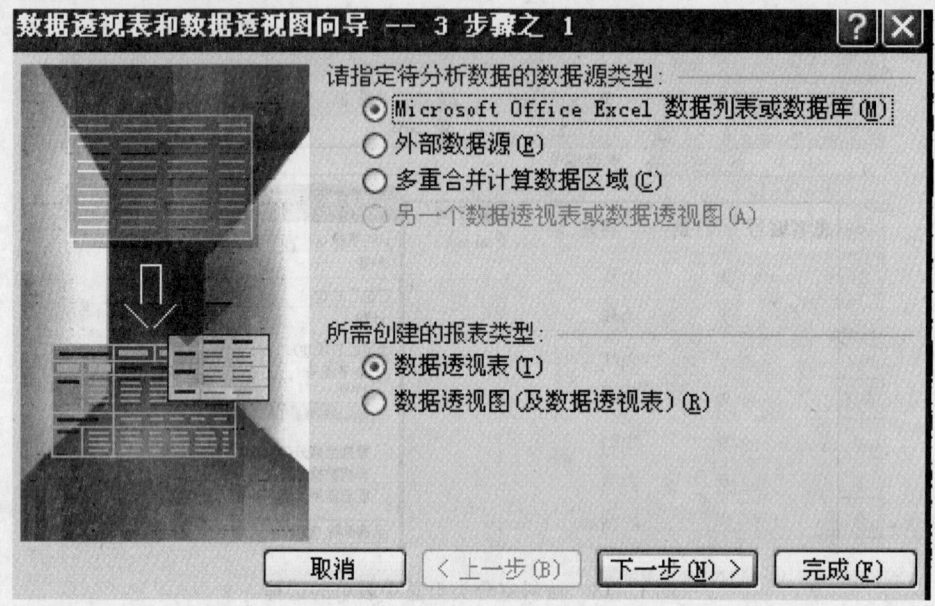

图1-20　数据透视表向导之一

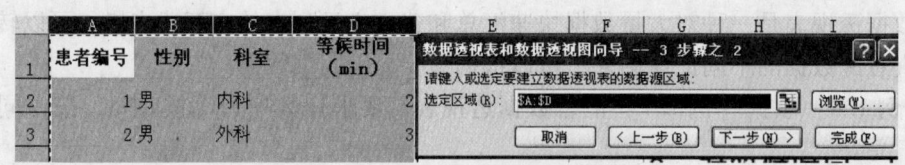

图1-21　数据透视表向导之二

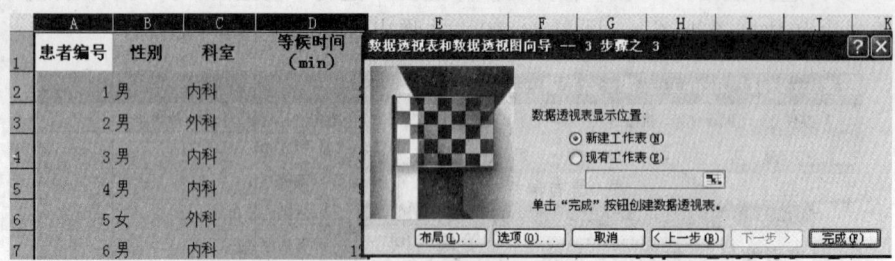

图1-22　数据透视表向导之三

第三步：选择图1-22中的布局，弹出对话框，见图1-23。

任务一　用 Excel 整理数据

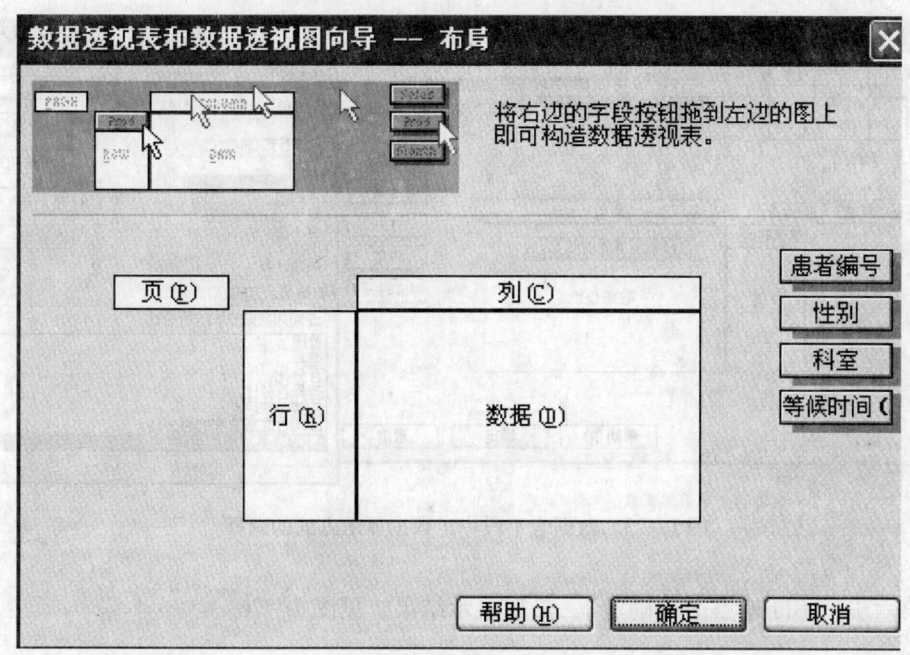

图 1-23　数据透视表向导——布局

第四步：用鼠标左键点击右边的"等候时间"不放，并拖入"数据（D）"及"行（R）"中，双击"计数项：等候时间（min）"，弹出对话框，见图 1-24。

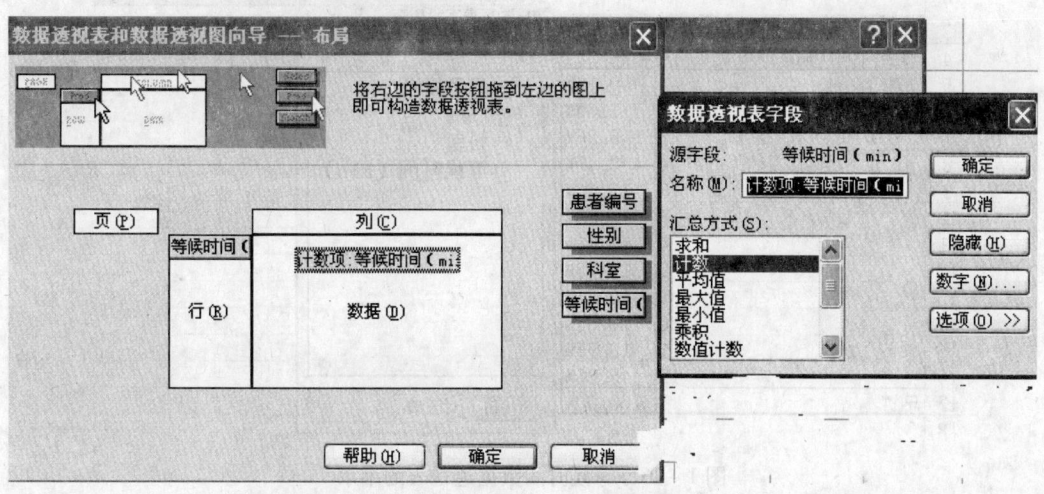

图 1-24　双击计数项后的数据透视表字段

第五步：选择"数据透视表字段"对话框中的"选项"，其他默认，得到图 1-25，并在"数据显示方式（A）"中选择"占同列数据总和的百分比"。

233

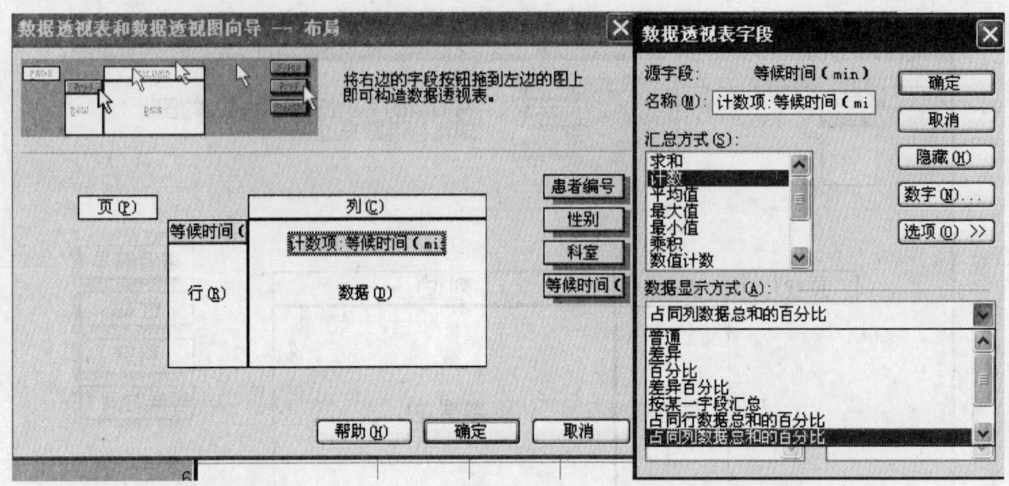

图1-25 数据表字段中,数据显示方式的选择

第六步:不断地点击"确定",最后显示结果,见图1-26。

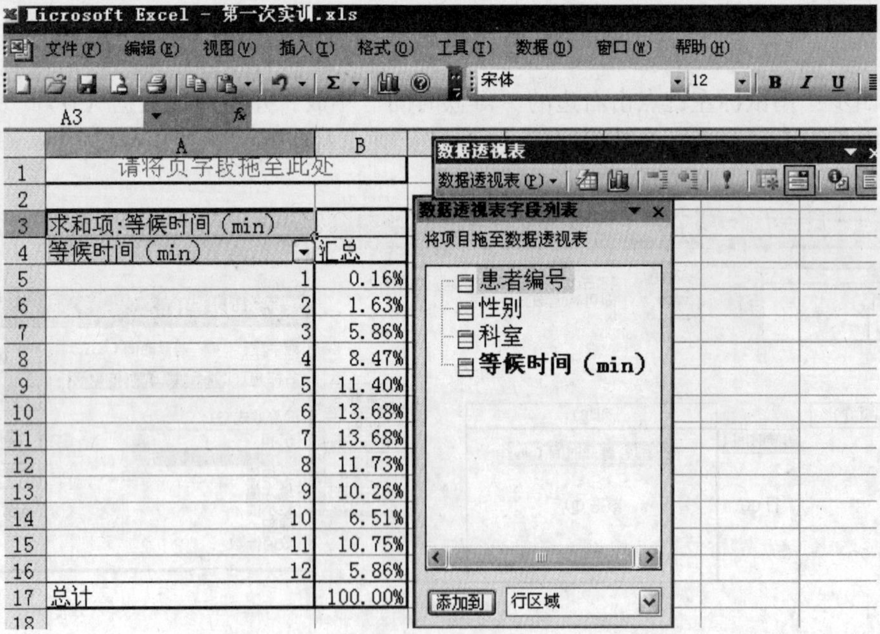

图1-26 等候时间数据透视表的结果

[例1.9] 在[例1.8]中加入汇总项"科室"。

操作步骤:在图1-24中,在"数据透视表字段列表"中,按鼠标左键点击科室不放,拖动字段放在"汇总"那列与"求和项:等候时间(min)"那行交叉空格上,即可显示结果,见图1-27。也可以在图1-24中把"科室"字段拖入"列",获得相同的结果。

	A	B	C	D	E	F	G	H	I
		请将页字段拖至此处							
求和项:等候时间	科室						数据透视表字段列表		
等候时间（min）	鼻喉科	内科	外科	眼科	总计		将项目拖至数据透视表		
	1	0.00%	0.46%	0.00%	0.00%	0.16%		患者编号	
	2	1.89%	1.84%	0.82%	4.17%	1.63%		性别	
	3	5.66%	5.53%	4.94%	12.50%	5.86%		科室	
	4	15.09%	3.69%	11.52%	0.00%	8.47%		等候时间（min）	
	5	4.72%	11.52%	14.40%	10.42%	11.40%			
	6	11.32%	11.06%	14.81%	25.00%	13.68%			
	7	19.81%	12.90%	8.64%	29.17%	13.68%			
	8	22.64%	11.06%	9.88%	0.00%	11.73%			
	9	8.49%	12.44%	7.41%	18.75%	10.26%			
	10	0.00%	13.82%	4.12%	0.00%	6.51%			
	11	10.38%	10.14%	13.58%	0.00%	10.75%			
	12	0.00%	5.53%	9.88%	0.00%	5.86%			
总计		100.00%	100.00%	100.00%	100.00%	100.00%		添加到	行区域

图 1-27 科室和等候时间的交叉汇总表

五、用 Excel 进行统计分组

用 Excel 进行分组用 Frequency。其语法结构为 "FREQUENCY（data_array, bins_array）"，其中 data_array 是指需要分组的列，bins_array 是指分的组。需要特别指出的是 Excel 只认识组上限，即包括上限，不包括下限。

[例 1.10] 对 "第一次实训.xls" 中的期末考试成绩进行分组。

操作步骤：

第一步：在 K17: K22 分别输入分组，59，69，79，89，100。它表示 59 分以下为第一组，59~69 分为第二组，69~79 分为第三组，79~89 分为第四组，89~100 分为第五组，其中每一组包括上限，但不包括下限。在 L17 输入人数，见图 1-28。

分组	人数
59	
69	
79	
89	
100	

图 1-28 填入分组

第二步：选定 L18: L22。点击 "插入函数：FREQUENCY"，见图 1-29。

应用统计方法

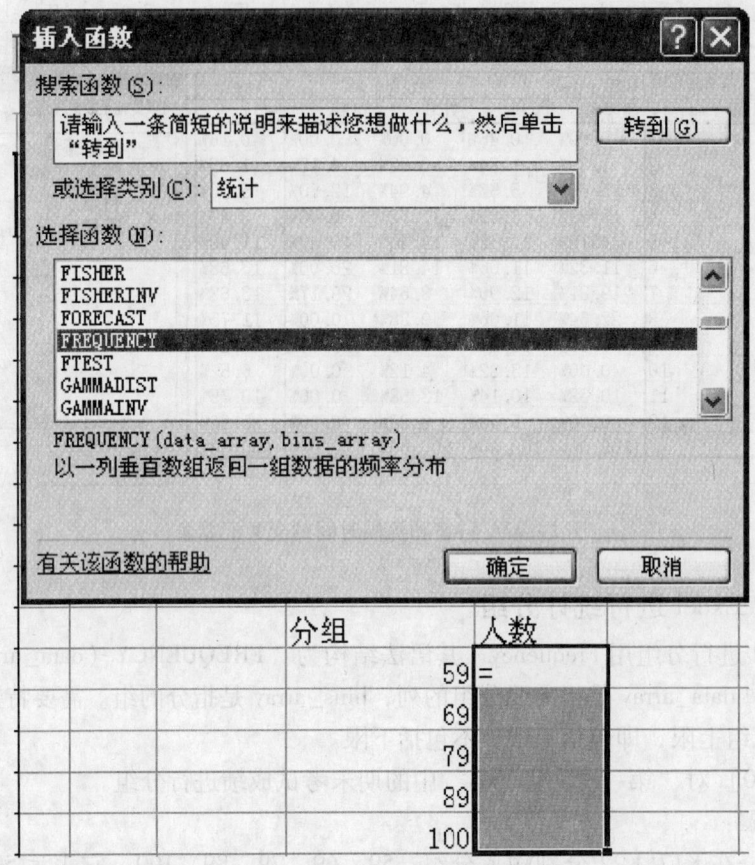

图 1-29 插入 Frequency

第三步：在 data_array 中选定 "F8: F58"，在 bins_array 中选定 "K18: K22"，之后不能按确定，只能同时按 "CTRL + SHIFT + ENTER" 键，见图 1-30。结果见图 1-31。

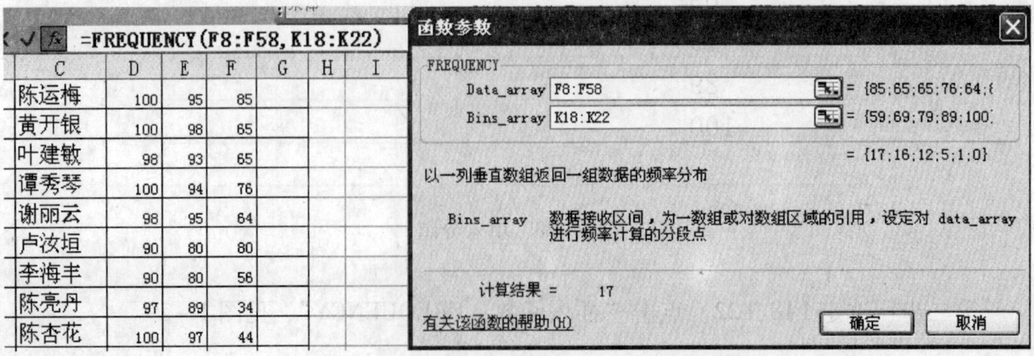

图 1-30 在 Frequency 中填入数据

分组	人数
59	17
69	16
79	12
89	5
100	1

图 1-31 成绩分组的结果

此外，还可以用直方图的方法进行分组，详细情况见任务二的第五部分。

任务二 用 Excel 绘制统计图

实验目的：了解和掌握统计基本图形的作法，如柱形图、条形图、饼图、直方图等。

一、柱形图和条形图、面积图

在 Excel 中柱形图有 7 种，其中 3 种是平面图，4 种是立体图。条形图有 6 种，其中 3 种是平面图，3 种是立体图。面积图也有 6 种，其中 3 种是平面图，3 种是立体图。柱形图与条形图、面积的绘制过程是一样的，下面只介绍柱形图的绘制方法。

［例 2.1］打开"第二次实训.xls"，打开"学历文档"，绘制公司人员数的柱形图，见图 2-1。

操作步骤：

第一步：选择数据 B1:C7，点击"图表向导"，或在菜单"插入"中选择图表向导。选择柱形图，左边有子图表类型 7 种，本例中选择第一个，点击"下一步"，见图 2-2。

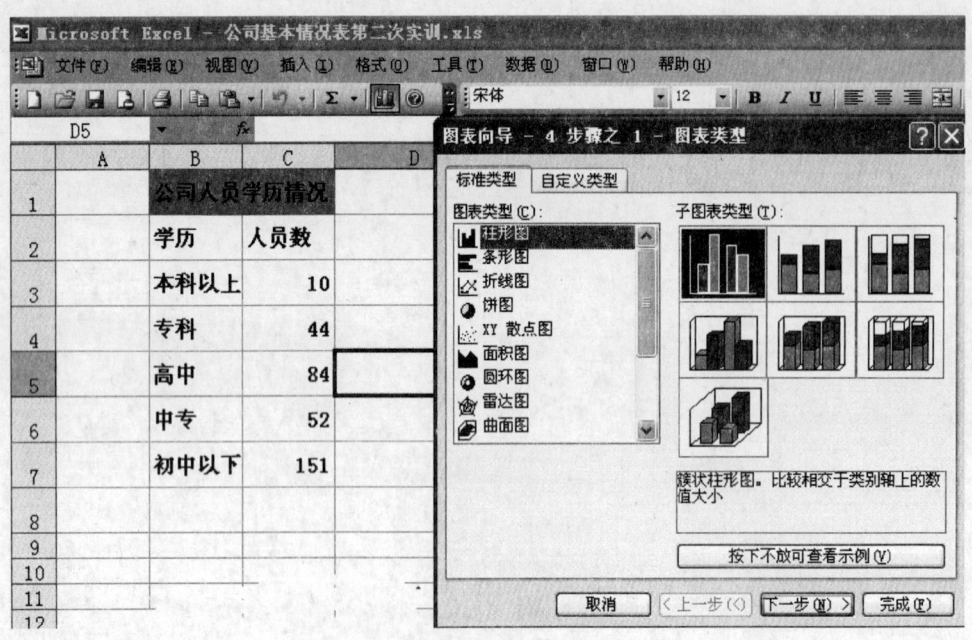

图 2-1 图表向导

任务二　用Excel绘制统计图

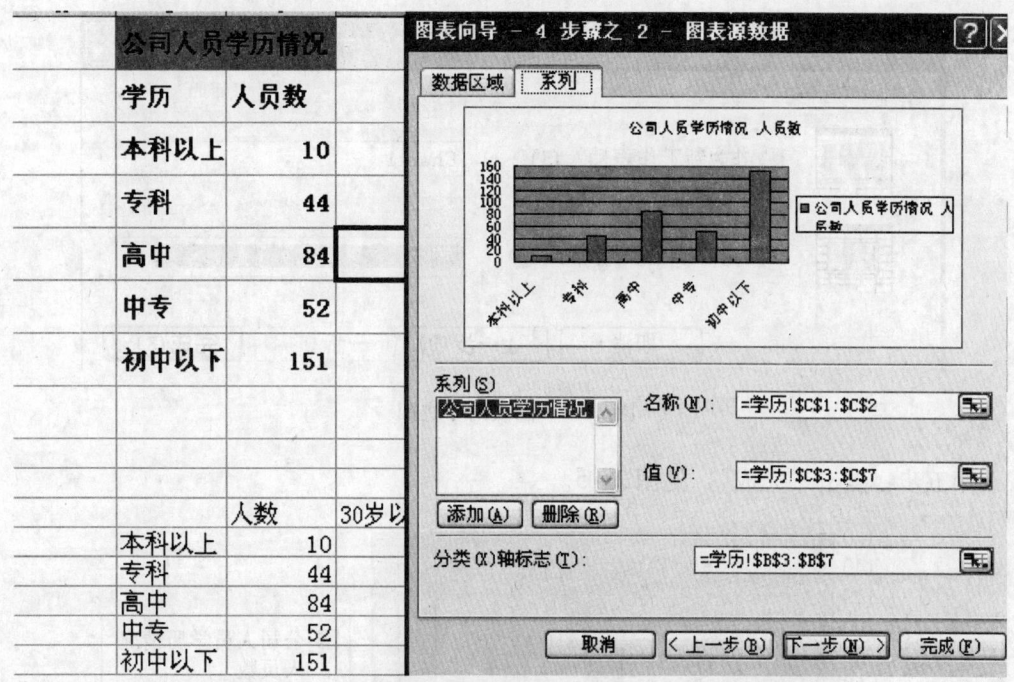

图2-2　图表向导之二

第二步：可以重新选择数据区域及系列，也可以默认，点击"下一步"，见图2-3。

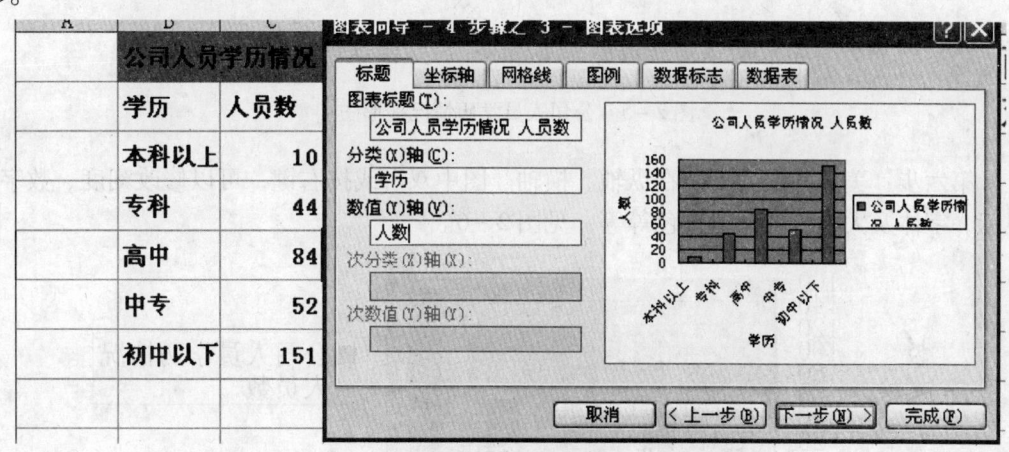

图2-3　图表向导之三

第三步：根据图2-3，在"图表标题（T）"输入图表的总标题；在"分类（X）轴"中输入"学历"；在"分类（Y）轴"中输入"人数"。

第四步：修改图表。可以在"坐标轴"、"网格线"中选择喜欢的形式，"图例"可以设置在各个位置，也可以不要，"数据标志"和"数据表"也可以根据需要进行修改。点击"下一步"，见图2-4。

应用统计方法

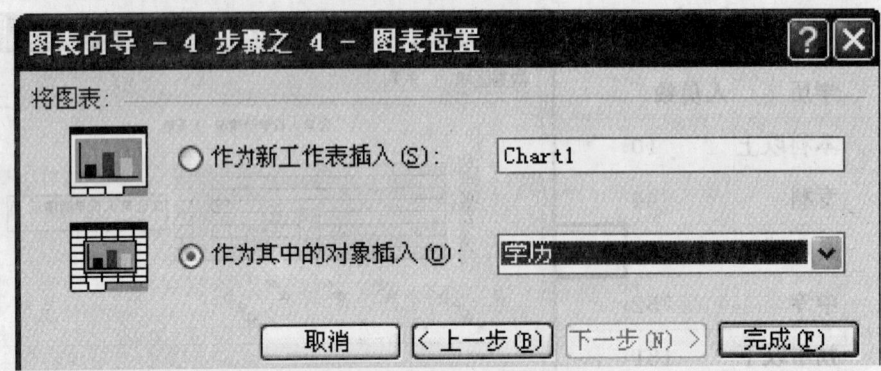

图 2-4 图表向导之四

第五步：点击"完成"，见图 2-5。

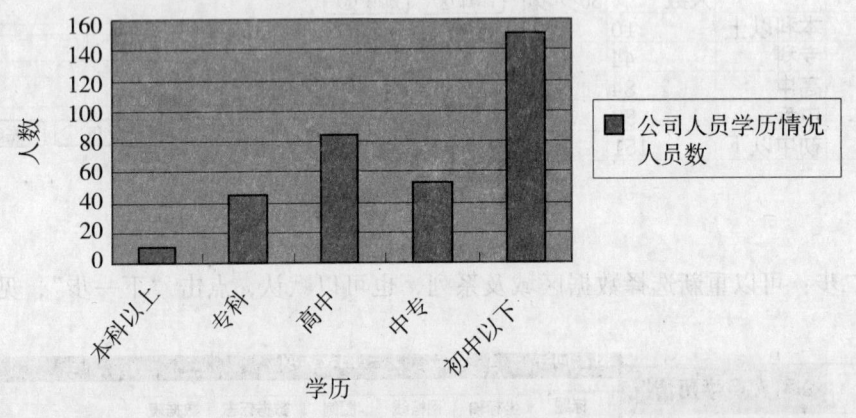

图 2-5 公司人员学历情况柱形图

第六步：美化图表。分别在纵轴、横轴、图中双击或按右键，可以修改刻度、数字显示、字体及大小、背景图颜色等等，见图 2-6。

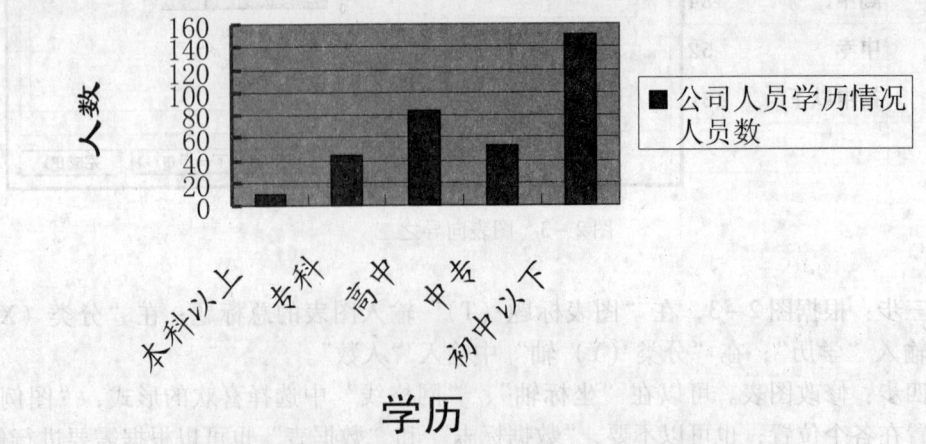

图 2-6 美化后的公司人员学历情况柱形图

二、绘制折线图

折线图是表示数据的变化情况的一种图表，Excel 中有 7 种类型。

[例 2.2] 打开"第二次实训.xls"中的"销售额表"，分别绘制销售额折线图和销售额与促销费用的折线图。

操作步骤：

第一步：点击"图表向导"，选择折线图。在子图表类型中选择一项，本例中点击"默认"项，点击"下一步"，见图 2-7。

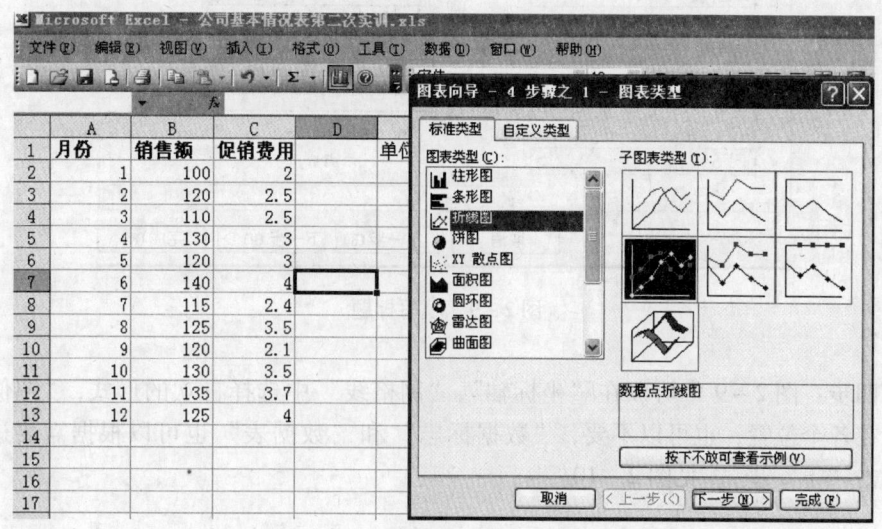

图 2-7　绘制折线图向导之一

第二步：在数据产生区域选择"销售额"列，也可以鼠标选择 B1：B13。在"系列"选项中"分类（X）轴标志"选项中选择 A2：A13 列，目的是 X 轴出现月份。点击"下一步"，得到图 2-8。

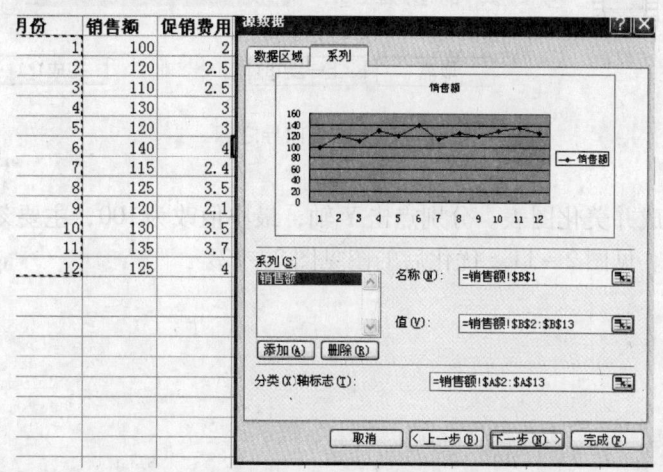

图 2-8　源数据选择

第三步：在标题中在"图表标题（T）"输入图表的总标题；在"分类（X）轴"中输入"月份"；在"分类（Y）轴"中输入"销售额"，见表2-9。

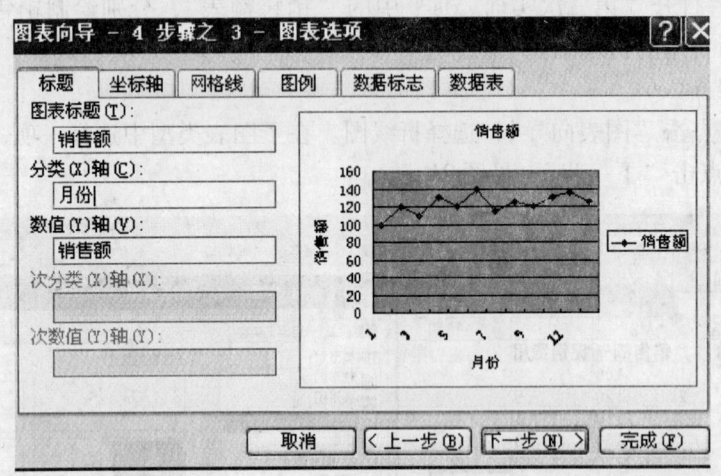

图2-9 填写标题

第四步：图2-9中可以在"坐标轴"、"网格线"中选择喜欢的形式，"图例"可以设置在各个位置，也可以不要，"数据标志"和"数据表"也可以根据需要进行修改。点击"下一步"，见图2-10。

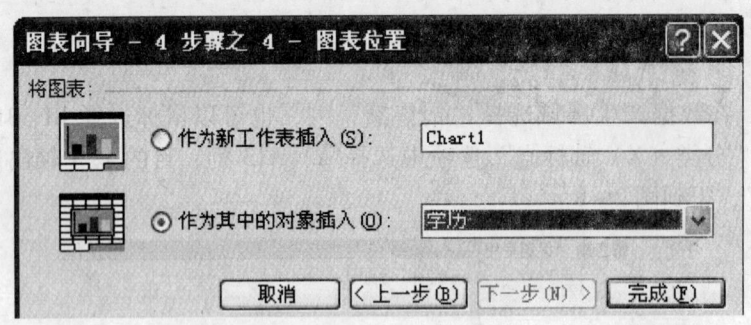

图2-10 图表向导之四

第五步：完成并美化图表。分别点击Y轴，最小值改为100，主要刻度为10。也可以优化图颜色等。见图2-11。优化后的图见图2-12。

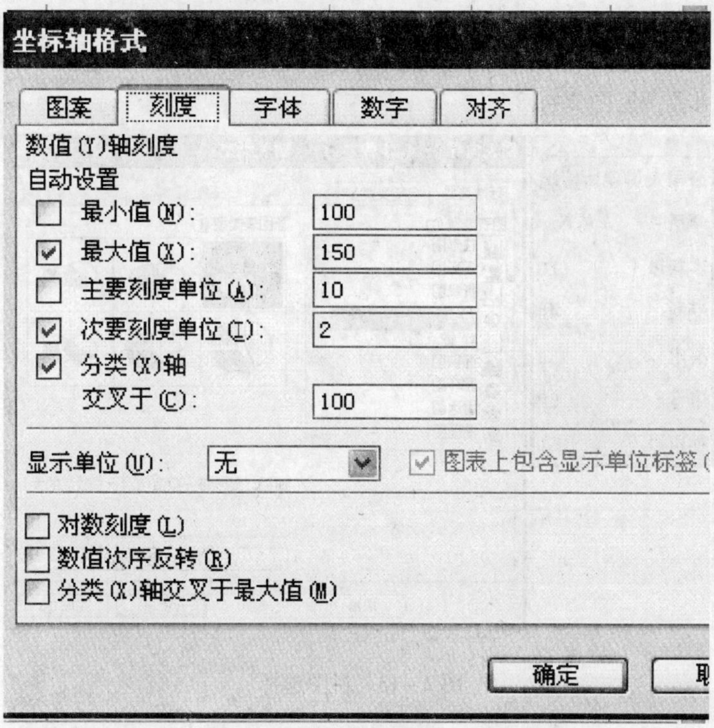

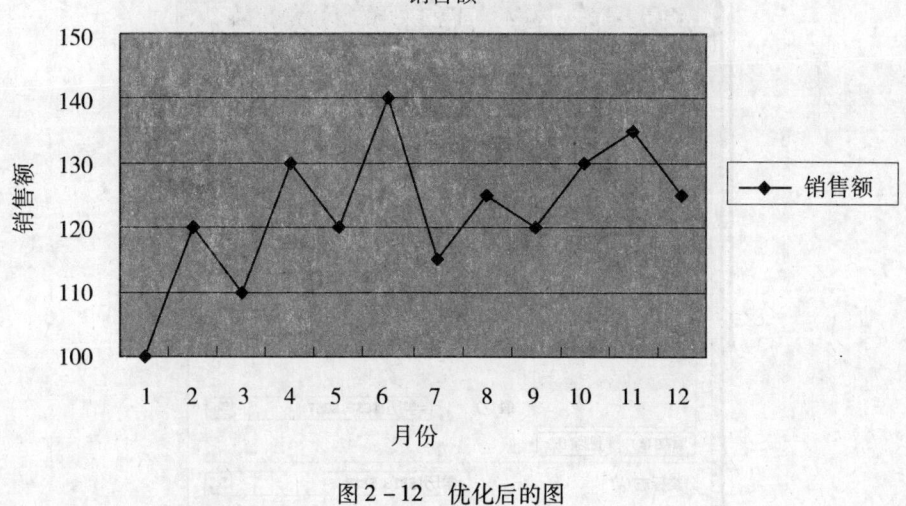

图2-11 优化刻度

图2-12 优化后的图

三、绘制饼图和圆环图

饼图和圆环图都是显示结构指标的图形方法。其中饼图有6种类型,4种是平面图,2种是立体图。圆环图有2种。饼图和圆环图制作方法一样,下面只介绍饼图的绘制过程。

[例2.3] 同[例1.1]。绘制公司学历人员的饼图。

应用统计方法

操作步骤：

第一步：选择数据 B1：C7，点击绘图图标，选择"饼图"，选择6种饼图的一种，并点击"下一步"，见图 2-13。

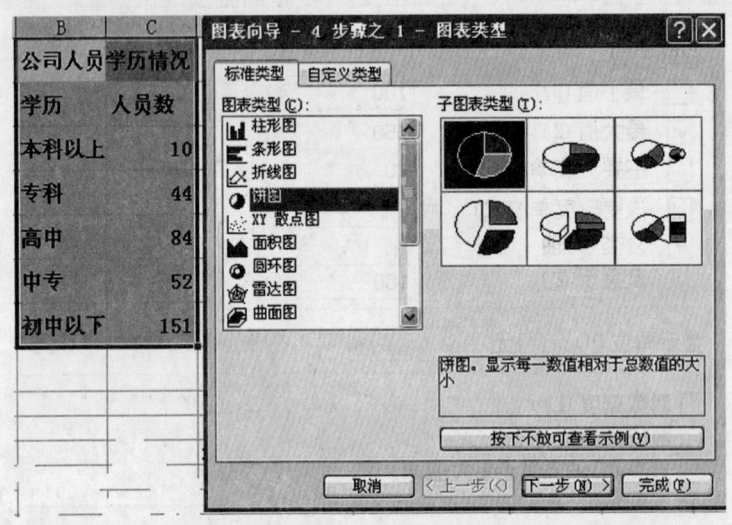

图 2-13　饼图选择

第二步：选择数据区域和系列。可以是默认的，并点击"下一步"，见图 2-14。

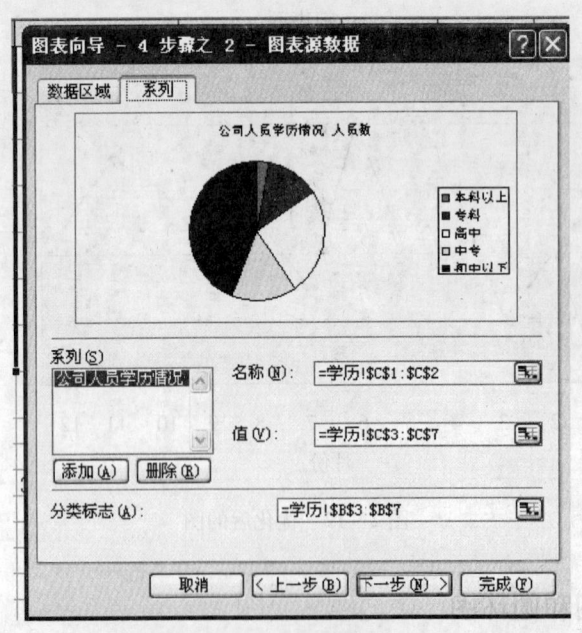

图 2-14　饼图向导之二

第三步：点击"数据标志"，"数据标签包括"中选择"百分比"，其他选项默认，并点击"下一步"，见图 2-15。

任务二 用 Excel 绘制统计图

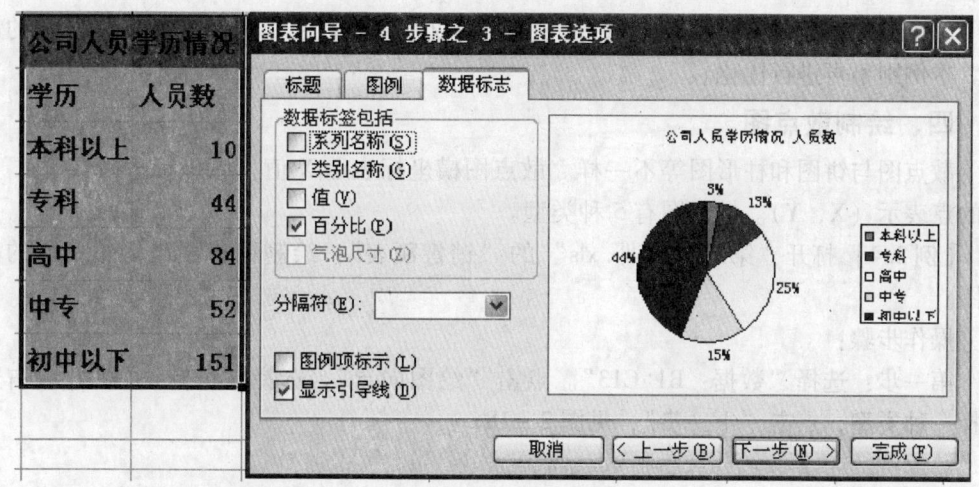

图 2-15 饼图向导之三

第四步：点击"下一步"后显示图 2-16，并点击"完成"得到结果，见图 2-17。

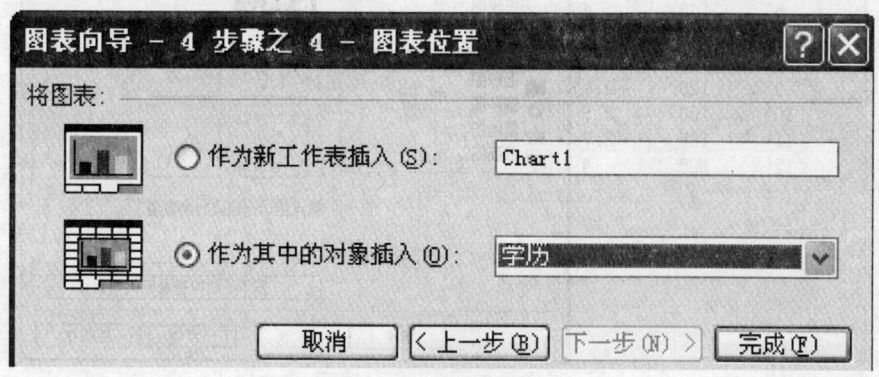

图 2-16 图表向导之四

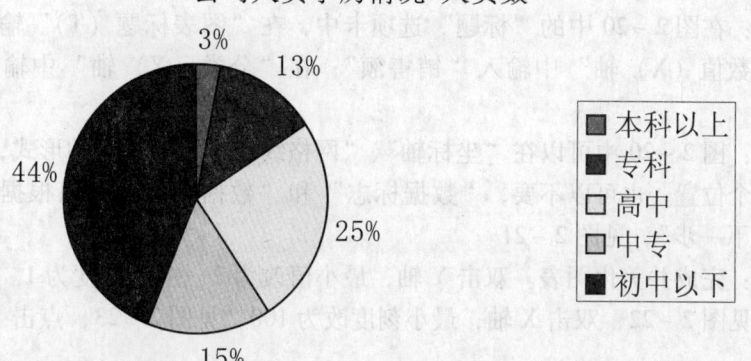

图 2-17 学历情况饼图

第五步：可根据需要，对饼图进行美化，双击图或数字都可以进行字体颜色的调整。本例则不再进行优化。

四、绘制散点图

散点图与饼图和柱形图等不一样。散点图横坐标表示 X 值，纵坐标表示 Y 值，里面的点表示（X，Y）。散点图有 5 种类型。

[例 2.4] 打开"第二次实训.xls"的"销售额表"，绘制销售额与促销费用的散点图。

操作步骤：

第一步：选择"数据：B1:C13"。点击"绘图向导"，选择"散点图"，并在右边选择一种类型，点击"下一步"，见图 2-18。

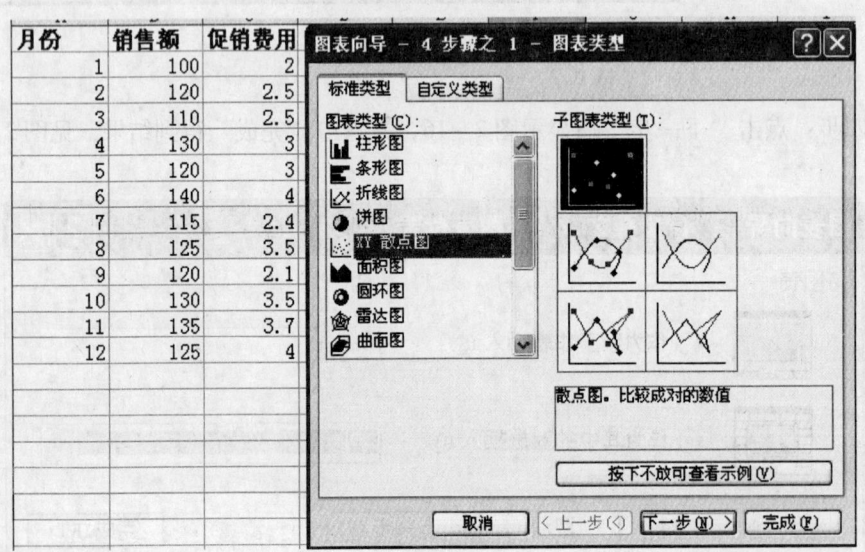

图 2-18 散点图绘制向导之一

第二步：点击"下一步"，见图 2-19，再点击"下一步"，得到图 2-20。

第三步：在图 2-20 中的"标题"选项卡中，在"图表标题（T）"输入图表的总标题；在"数值（X）轴"中输入"销售额"；在"分类（Y）轴"中输入"促销费用"。

第四步：图 2-20 中可以在"坐标轴"、"网格线"中选择喜欢的形式，"图例"可以设置在各个位置，也可以不要，"数据标志"和"数据表"也可以根据需要进行修改。点击"下一步"，见图 2-21。

第五步：完成并美化图表。双击 Y 轴，最小值改为 2，主要刻度为 1。也可以优化图颜色等，见图 2-22，双击 X 轴，最小刻度改为 100，见图 2-23，点击"完成"，见图 2-24。

任务二 用 Excel 绘制统计图

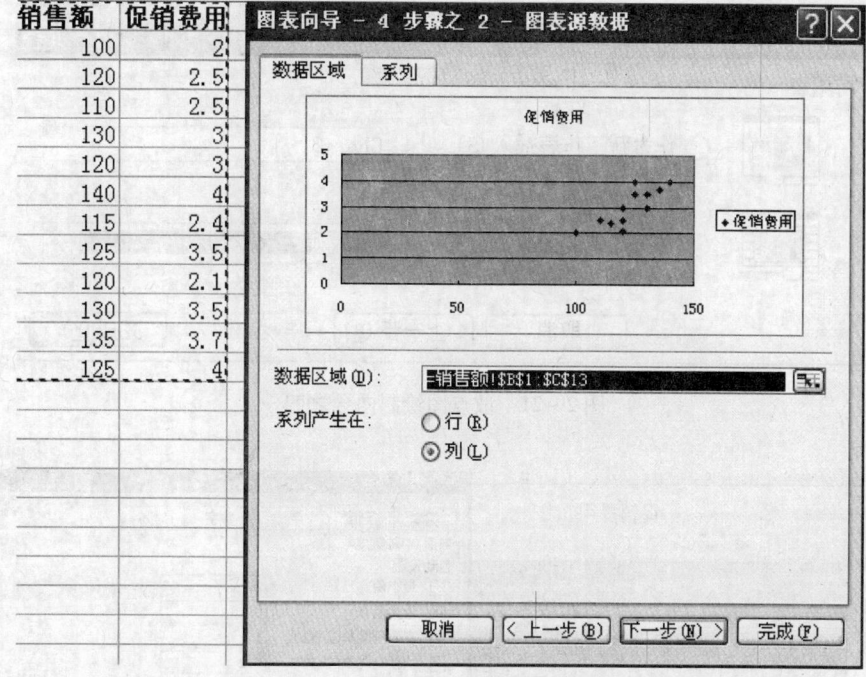

图 2-19 散点图绘制向导之二

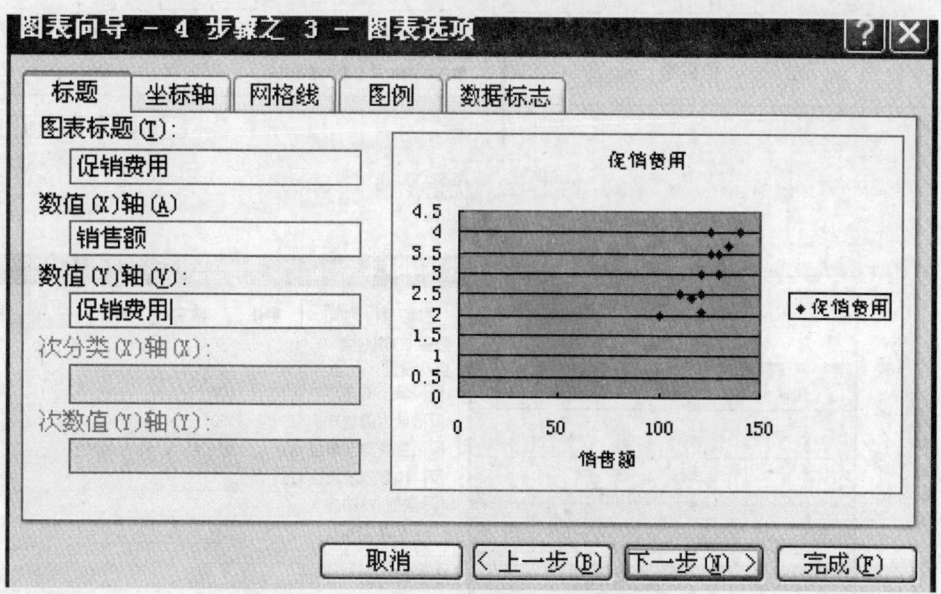

图 2-20 散点图绘制向导之三

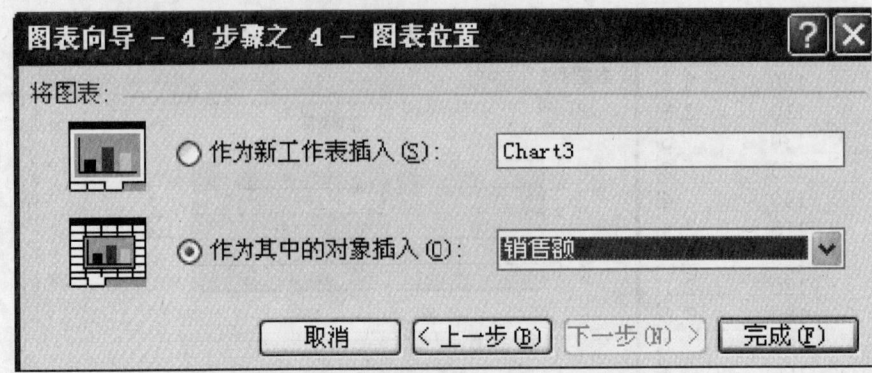

图2-21 散点图绘制向导之四

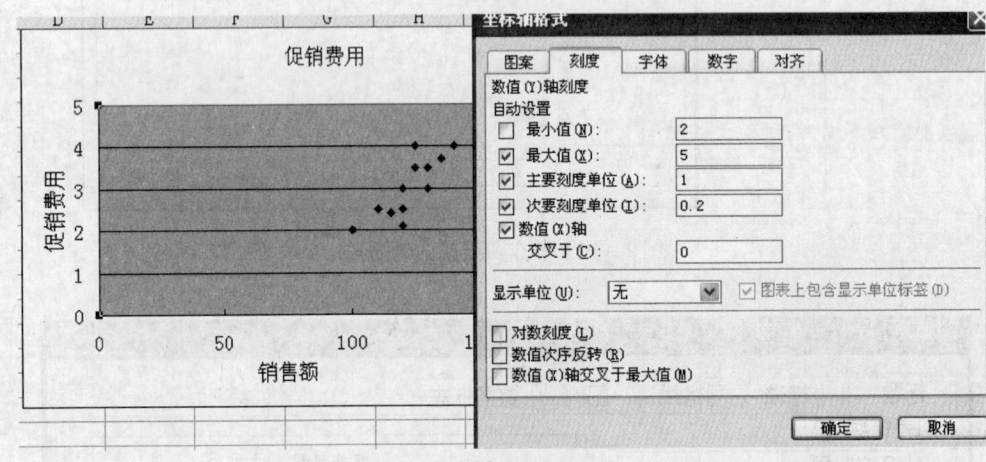

图2-22 优化Y轴

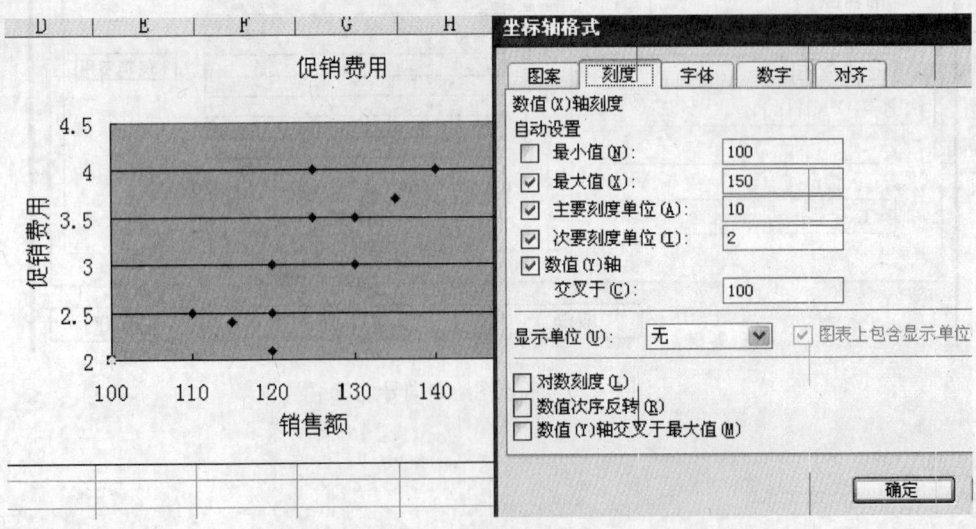

图2-23 优化X轴

任务二 用 Excel 绘制统计图

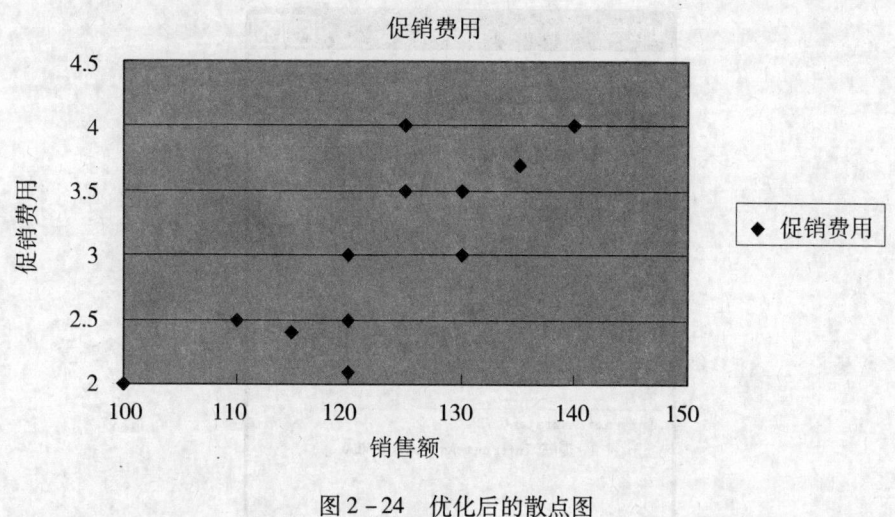

图 2-24 优化后的散点图

五、绘制直方图

在绘制直方图之前，需要对 Excel 进行加载宏，为了便于后面实验顺利进行，先介绍如何加载宏。

首先在菜单中点击"工具"选项点击，打开下拉菜单，再点击"加载宏"，见图 2-25。然后弹出图 2-26，把需要的内容加载上去，并点击"确定"。

最好插入 Office 光盘，直至加载完成。

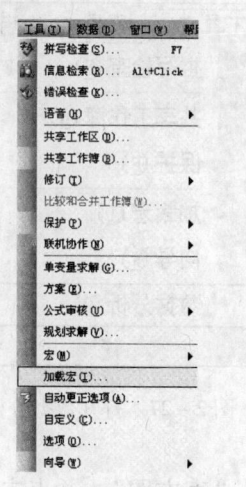

图 2-25 加载宏向导之一

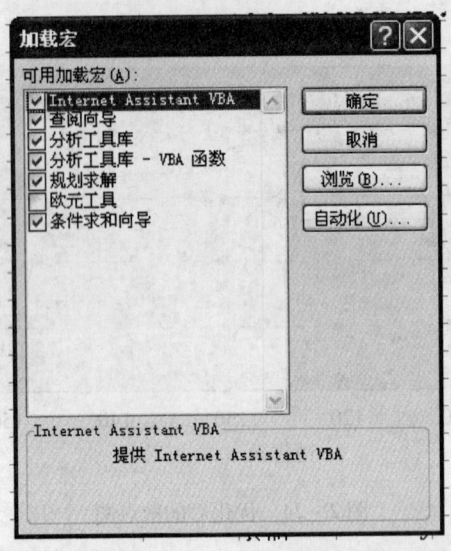

图 2-26　加载宏向导之二

[例 2.5] 打开"第一次实训.xls"中的"练习 2 排队"的数据表，对排队时间绘制直方图。

操作步骤：

第一步：在菜单"工具"中选择"数据分析"，弹出对话框，见图 2-27。

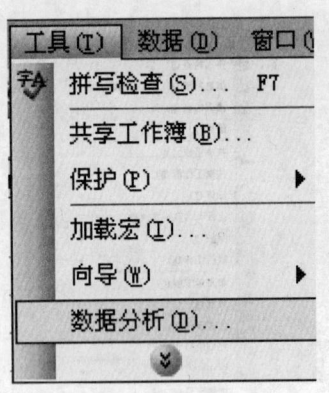

图 2-27　打开数据分析

第二步：在数据分析中找到"直方图"，并点击"确定"，弹出对话框，见图 2-28。在输入区域选择"等候时间"列。接收区域表示分组情况，如果没有，则空白，让系统自己分组，选择"标志"前面的复选框。输出选项中，可以选择该页面输出，也可以选择新的工作表组输出，本例中选择同一个页面显示，并显示图标输出。点击"确定"，见图 2-29。

任务二　用 Excel 绘制统计图

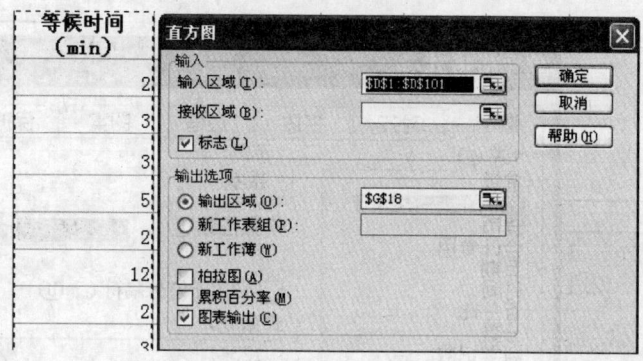

图 2-28　直方图资料输入

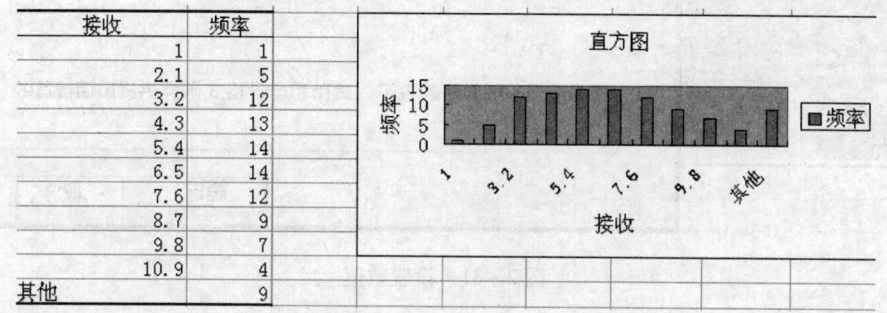

图 2-29　直方图显示

第三步：对接收区域进行优化，即分组不要小数点。选定接收区域 G18：G29。按右键，显示"设置单元格格式"，见图 2-30。

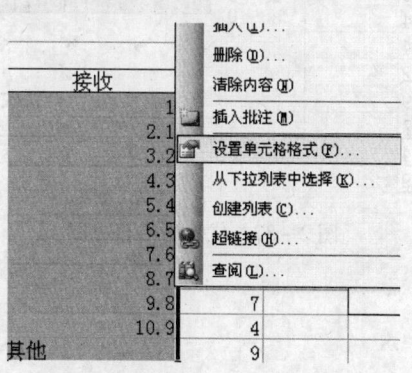

图 2-30　点击设置单元格格式

第四步：在"单元格格式"对话框的"数字"选项卡中的"数值"选项中，小数点位数设为 0，见图 2-31，点击"确定"，得到最终结果，见图 2-32。

251

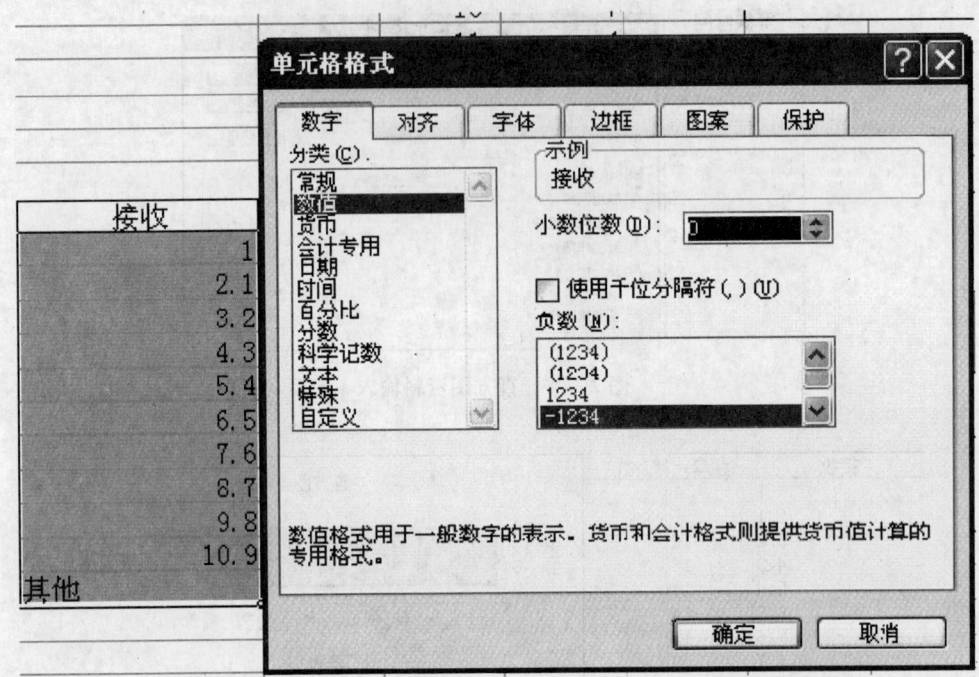

图2-31 设置数值

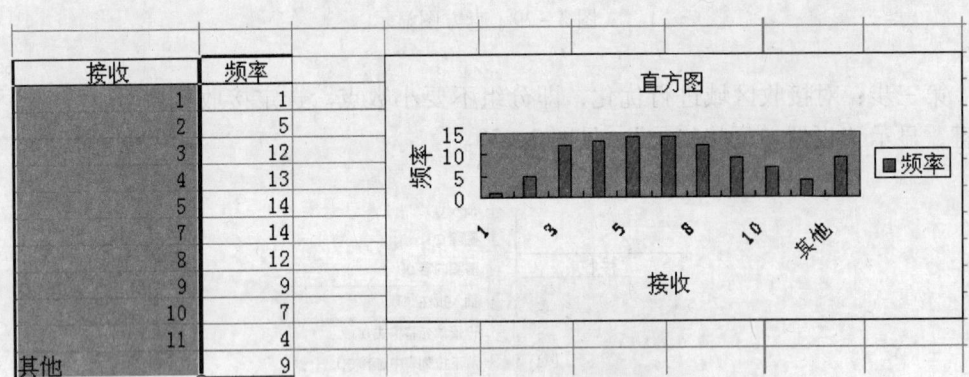

图2-32 优化后的直方图

任务三 描述性统计

实验目的：掌握数据最大值、最小值、平均值、众数、中位数、四分位数的计算，掌握标准差、峰度、偏度等的计算。

一、最大值、最小值计算

1. 计算最大值（Max）　　其语法结构为：MAX（number1，number2，…）。其中：number1，number2，…为要计算最大数的 1~30 个参数。

[例 3.1] 打开"第一次实训.xls"中的"练习 1 成绩"的核算表。求该班学生期末考试最高分的成绩。

操作步骤：

首先，在 E59 空格中输入最大值，在 F59 中插入公式："max（f8：f58）"，点击"确定"即可，见图 3-1。也可以在 F59 空格中点击，在插入函数中，插入统计函数，选择"MAX"，点击"确定"，见图 3-2，并选择数据，用鼠标按住 F8 不放，拖动至 F58，再点击"确定"，见图 3-3。即可获得结果。

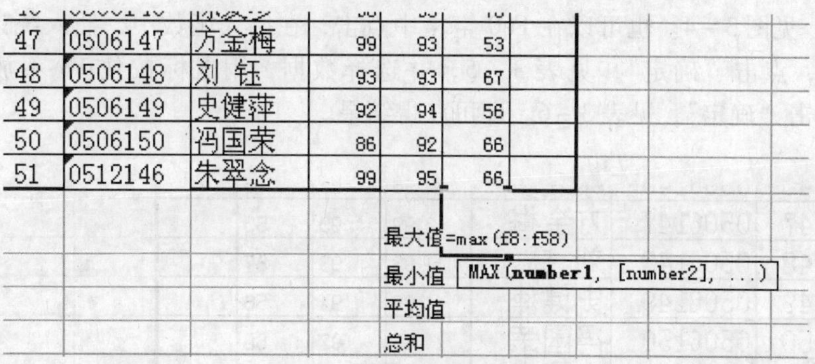

图 3-1　最大值的输入

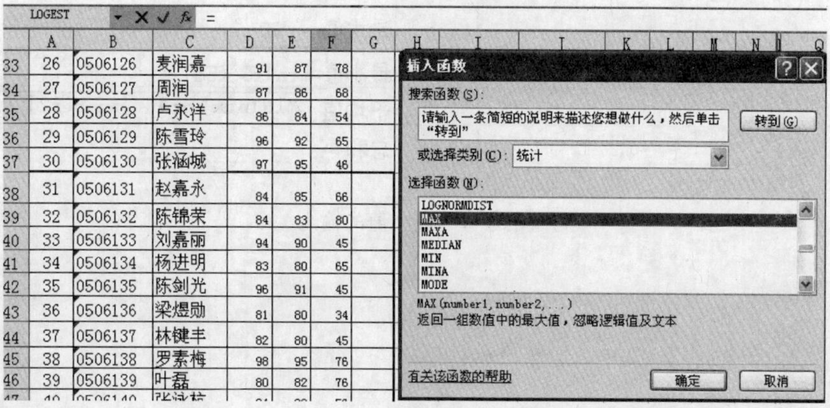

图 3-2　选择 MAX

应用统计方法

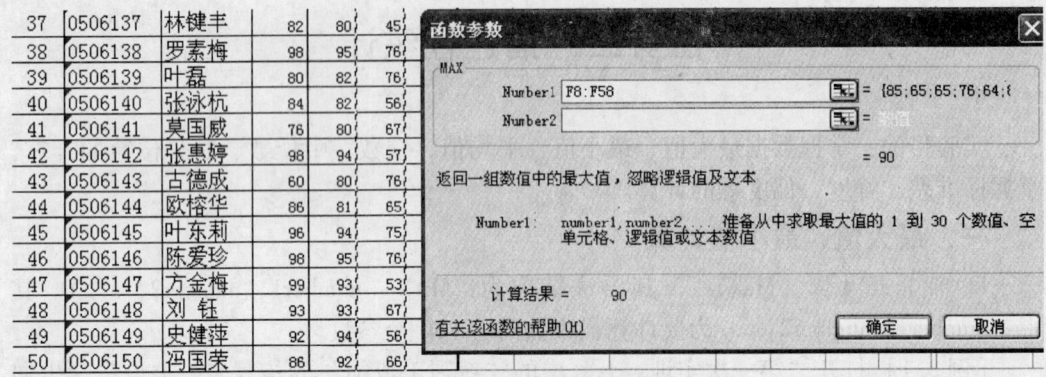

图3-3 选择数据

2. 计算最小值（Min）　其语法结构为：MIN（number1，number2，…）。其中：number1，number2，…为要计算最小数的1~30个参数。

[例3.2]　计算[例3.1]的期末考试最小值。

操作步骤：

首先，在E60空格中输入最小值，在F60中插入公式"min（f8：f58）"，点击"确定"即可，见图3-4。也可以在F60空格中点击，在插入函数中，插入统计函数，选择"MIN"，点击"确定"，见表3-5，并选择数据，用鼠标按住F8不放，拖动至F58，再点击"确定"，见表3-6。即可获得结果。

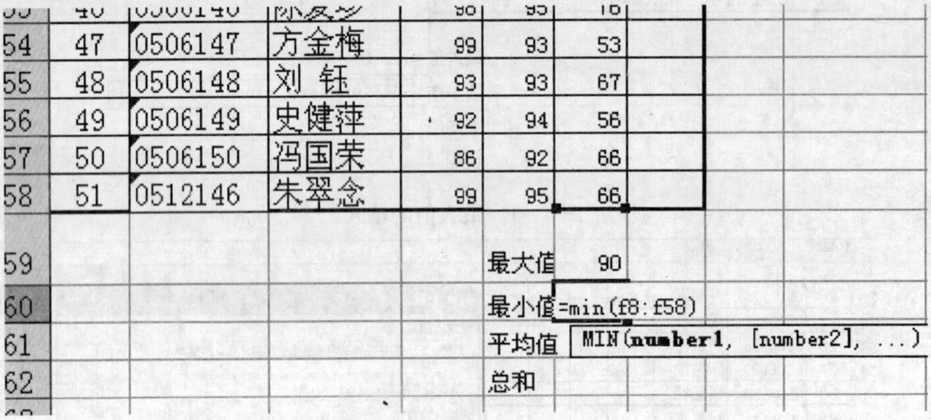

图3-4 最小值的输入

任务三 描述性统计

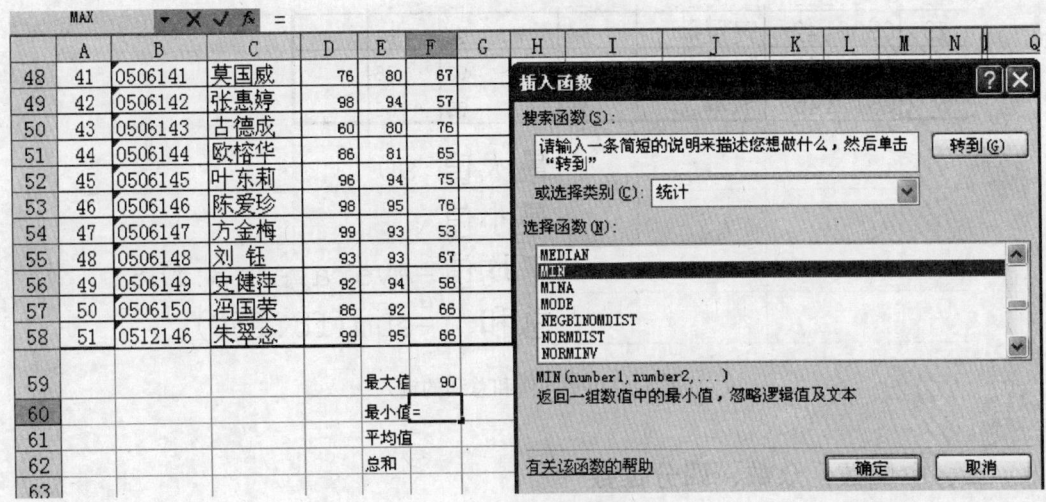

图 3-5 插入 Min 函数

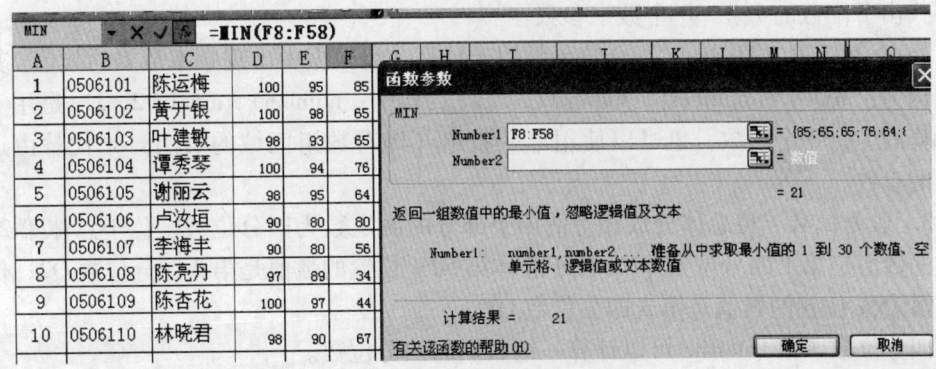

图 3-6 最小值的求得

二、平均值和总和

1. 均值函数（Average） 均值函数是应用比较广泛的一种平均数函数，它能够计算一组数据的算术平均数。其语法结构为：Average（number1，number2，…）。其中：number1，number 2，…为要计算平均数的 1~30 个参数。

2. 总和（Sum） 其语法结构为：Sum（number1，number2，…）。其中：number1，number2，…为要计算总数的 1~30 个参数。

［例3.3］ 见［例3.1］求平均值和总和。

分别在 F61 和 F62 空格中输入平均值和总和，在 G61 和 G62 中插入函数 average 和 sum，并选择 F8：F58 的数据，则可获得结果。见表 3-7。

255

49	0506149	史健萍	92	94	56	
50	0506150	冯国荣	86	92	66	
51	0512146	朱翠念	99	95	66	
				最大值	90	
				最小值		
				平均值	=average(f8:f58)	
				总和	=sum(f8:f58)	

表 3-7 平均值和总和的输入

三、中位数、众数、四分位数

1. 中位数函数（Median） 中位数函数用于描述居于数据分布中心位置的数值。其语法结构为：MEDIAN（number1，number2，…）。其中：number1，number2，… 是需要找出中位数的 1~30 个数字参数。

2. 众数函数（Mode） 众数函数用于计算一组数据中出现频率最多的数值。其语法结构为：MODE（number1，number2，…）。其中：number1，number2，… 是用于众数计算的 1~30 个参数，也可以使用单一数组（即对数组区域的引用）来代替由逗号分隔的参数。

3. 四分位数 将总体分成相等的四个部分的测定数为四分位数。位于总体第 25% 位置的数值是第 1 四分位数 Q1；位于总体第 50% 位置的数值是第 2 四分位数 Q2；位于总体第 75% 位置的数值是第 3 四分位数 Q3。

四分位数函数 Quartile 可以计算一组数据的四分位数。

其语法结构为：quartile（array，quart）。

其中：

（1）array 为计算四分位数的数组或数据区域。

（2）quart 决定返回第几个四分位数。如果 quart 等于 0，函数 Quartile 返回最小值；quart 等于 1，函数 Quartile 返回第 1 四分位数（第 25 个百分排位）；quart 等于 2，函数 Quartile 返回中位数（第 50 个百分排位）；如果 quart 等于 3，函数 Quartile 返回第 3 四分位数（第 75 个百分排位）；如果 quart 等于 4，函数 Quartile 返回最大值。

4. 截尾平均数（Trimmean） 返回数据分布中心部分的算术平均值。其语法结构为：trimmean（array，percent）。其中：array 为需要进行筛选并求平均值的数组或数据区域。percent 为计算时所要除去的数据点的比例。

［例 3.4］ 求［例 3.1］中考试成绩的平均成绩、截尾平均值、中位数、众数、第 0~4 个分位数，输入见图 3-8，可以在插入函数中选择相应的函数插入即可。

最大值	90
截尾平均数	=trimmean(f8:f58,0.05)
平均值	=average(f8:f58)
总和	=sum(f8:f58)
中位数	=median(f8:f58)
众数	=mode(f8:f58)
第0个分位数	=quartile(f8:f58,0)
第1个分位数	=quartile(f8:f58,1)
第2个分位数	=quartile(f8:f58,2)
第3个分位数	=quartile(f8:f58,3)
第4个分位数	=quartile(f8:f58,4)

图 3-8　平均数等计算公式

四、标准差、峰度、偏度

1. **总体标准差（Stdevp）**　总体标准差函数用来反映相对于均值的离散程度。其语法结构为：STDEVP（number1，number2，…）。其中，number1，number2，…为对应于样本总体的 1～30 个参数。

[例 3.5]　求 [例 3.1] 期末考试的总体标准差。

操作步骤：

第一步：建立如 [例 3.1] 工作表。

第二步：单击工具栏中的"函数"快捷按钮，弹出"插入函数"对话框，见图 3-9。在"函数分类"列表中选择"统计"，在"函数名"列表中选择总体标准差函数"STDEVP"。

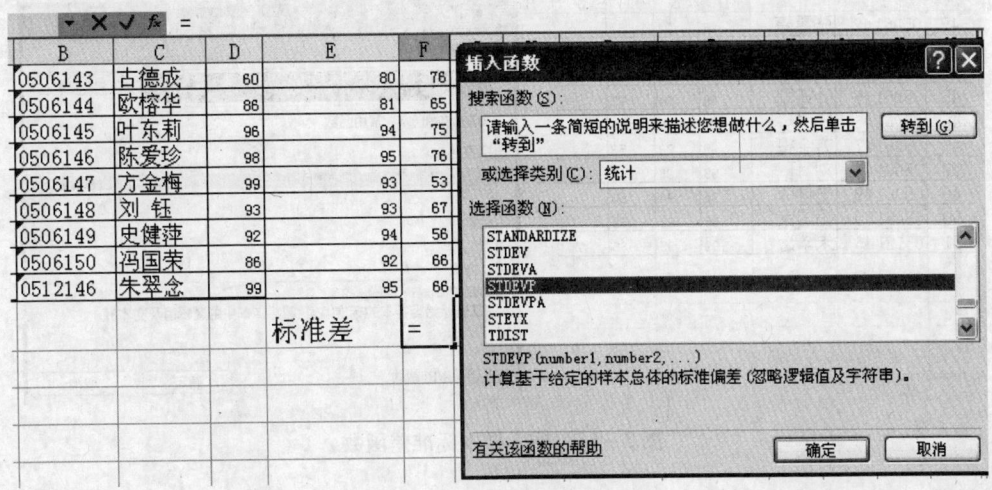

图 3-9　插入标准差函数

第三步：单击"确定"，得到图 3-10，在数据区域中输入 F8：F58，则计算结果便显示在对话窗口下面，其值为 15.45550844，单击"确定"按钮结束。

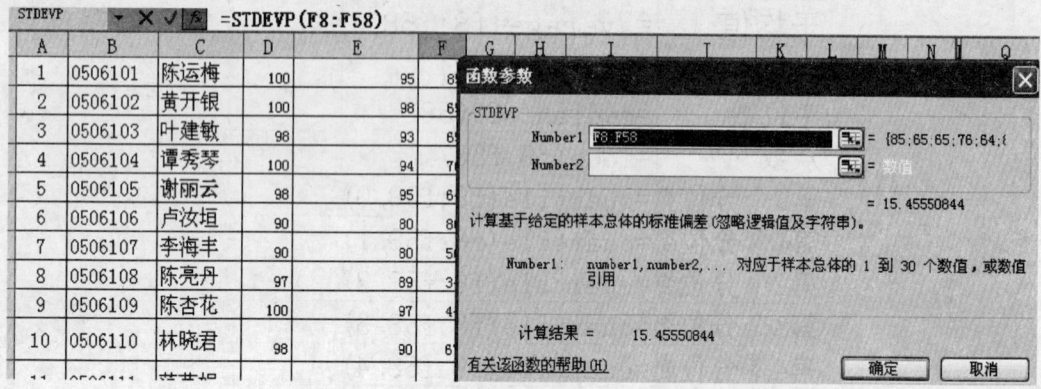

图 3-10　数据输入

2. 样本标准差函数（Stdev）　样本标准差函数用来计算样本中相对于均值的离散程度。其语法结构为：STDEV（number1，number2，…）其中，number1，number2，…为对应于总体样本的 1~30 个参数。

[例 3.6]　求 [例 3.1] 期末考试的中第 11~20 号的样本标准差。

操作步骤：

第一步：建立如 [例 3.1] 工作表。

第二步：单击工具栏中的"函数"快捷按钮，弹出"插入函数"对话框，见图 3-11。在"函数分类"列表中选择"统计"，在"函数名"列表中选择总体标准差函数"STDEV"。

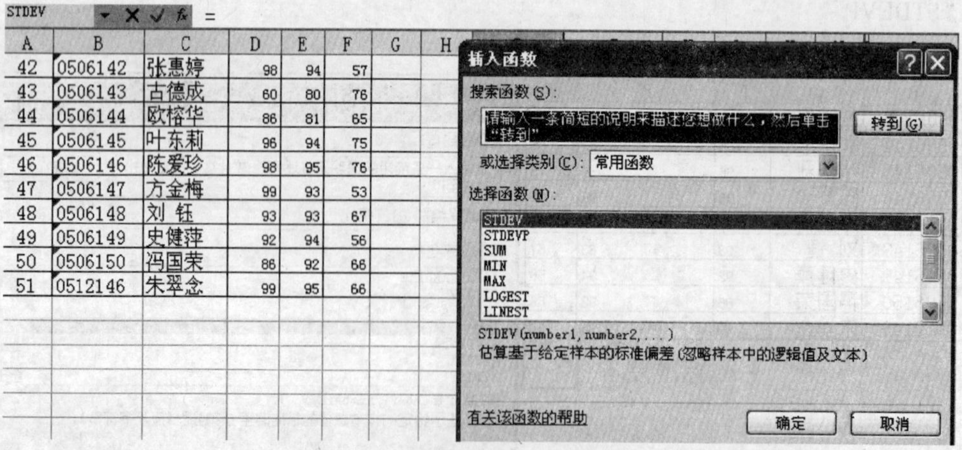

图 3-11　插入样本标准差函数

第三步：单击"确定"按钮，得到图 3-12。在数据区域中输入 F11：F20，则计算结果便显示在对话窗口下面，其值为 15.86925749，单击"确定"按钮结束。

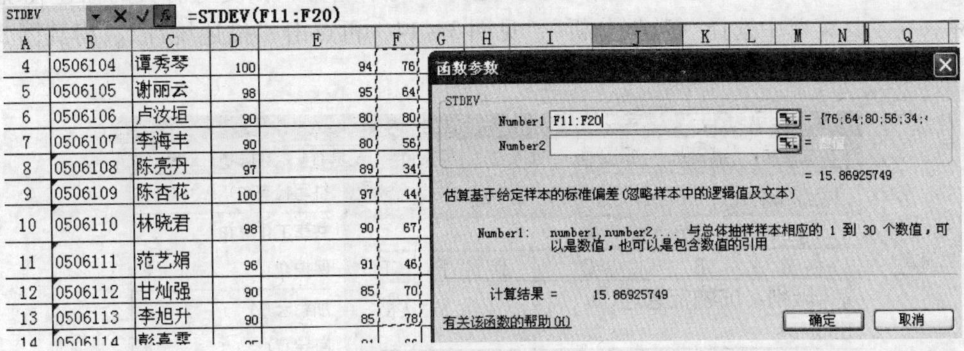

图 3－12　数据输入

3. 峰度（Kurt）　　峰度是掌握分布形态的另一个指标，它能够描述分布的平缓或陡峭。如果峰度数值等于 0，说明分布为正态；如果峰度数值大于 0，说明分布呈陡峭状态；如果峰度值小于 0，则说明分布形态趋于平缓。其语法结构为：KURT（number1，number2，…）。其中：number1，number2 为需要计算其峰值的 1～30 个参数。

4. 偏度（Skew）　　用于计算次数分布的不对称程度。偏度数值等于零，说明分布为对称；偏度数值大于零，说明分布呈现右偏态；如果偏度数值小于零，说明分布呈左偏态。其语法结构为：SKEW（number1，number2，…）。

其中：number1，number2 为需要计算其峰值的 1～30 个参数。

［例 3.7］参照［例 3.1］，求期末考试的峰度和偏度。

操作步骤：

分别在 I8、I9 中输入偏度和峰度，分别在 J8、J9 中输入"= Skew（f8:f58）"，"= Kurt（f8:f58）"，见图 3－13。

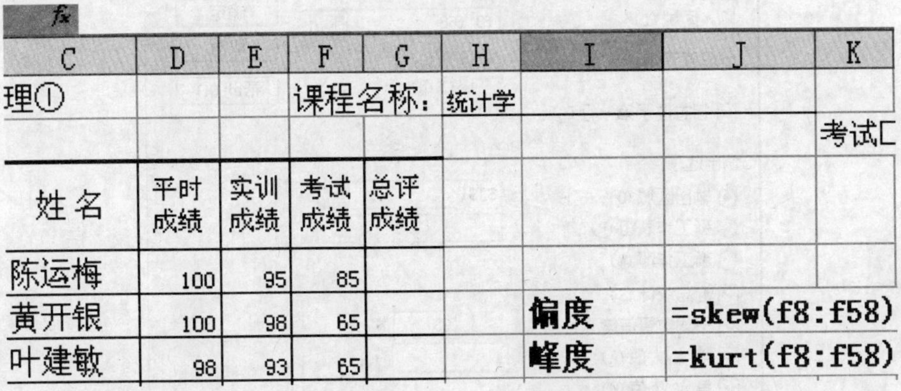

图 3－13　输入偏度和峰度函数

五、描述性统计

Excel 描述统计工具计算与数据的集中趋势、离中趋势、偏度等有关的描述性统计指标。在工具菜单中选择"数据分析",见图 3-14,再点击"描述统计",得到图 3-15,再点击"确定"弹出图 3-16。

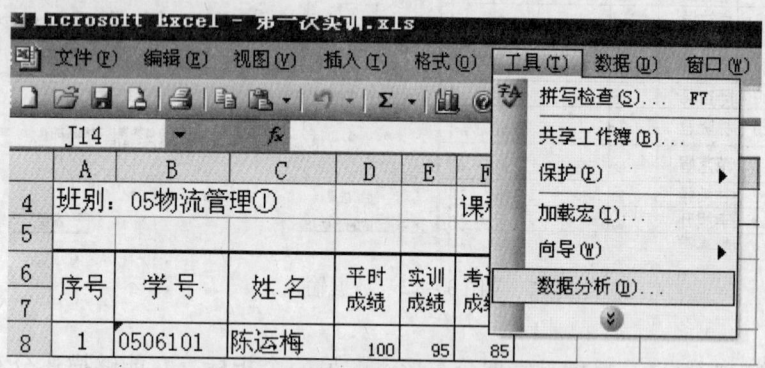

图 3-14 描述性统计操作步骤之一

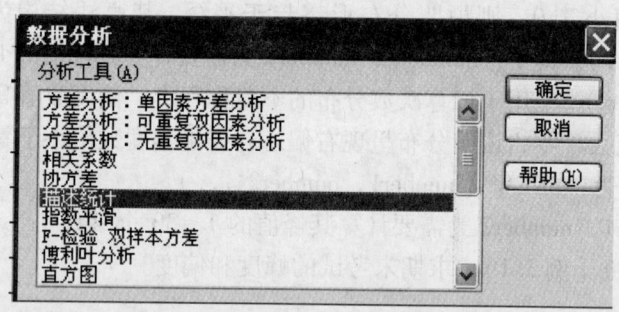

图 3-15 描述性统计操作步骤之二

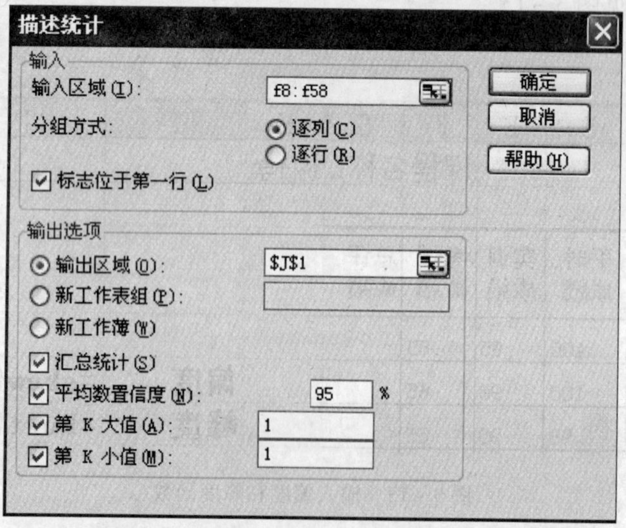

图 3-16 描述性统计操作步骤之三

"描述统计"对话框中选项的主要内容包括:

(1) 输入区域。在此输入待分析数据区域的单元格引用。该引用必须由两个或两个以上按列或行组织的相邻数据区域组成。

(2) 分组方式。如果需要指出输入区域中的数据是按行还是按列排列,请单击"行"或"列"。

(3) 标志位于第一行。如果输入区域的第一行中包含标志项,请选中"标志位于第一行"复选框。如果输入区域没有标志项,则不选择,Excel 将在输出表中自动生成数据标志。

(4) 输出区域。在此输入对输出表左上角单元格的引用。此工具将为每个数据集产生两列信息。左边一列包含统计标志项,右边一列包含统计值。根据所选择的"分组方式"选项的不同,Excel 将为输入表中的每一行或每一列生成一个两列的统计表。

(5) 新工作表组。单击此选项,可在当前工作簿中插入新工作表,并由新工作表的 A1 单元格开始粘贴计算结果。如果需要给新工作表命名,请在右侧编辑框中键入名称。

(6) 新工作簿。单击此选项,可创建一新工作簿,并在新工作簿的新工作表中粘贴计算结果。

(7) 汇总统计。如果需要 Excel 在输出表中生成下列统计结果,请选中此项。这些统计结果有:均值、标准差、中位数、众数、标准误差、方差、峰值、偏度、全距、最小值、最大值、总和、总个数、第 K 个最大值、第 K 个最小值和置信度。

(8) 平均数置信度。如果需要在输出表的某一行中包含均值的置信度,请选中此项,然后在右侧的编辑框中,输入所要使用的置信度。例如,数值 95% 可用来计算在显著性水平为 5% 时的均值置信度。

(9) 第 K 大值。如果需要在输出表的某一行中包含每个区域的数据的第 K 个最大值,请选中复选框,然后在右侧的编辑框中,输入 K 的数值。如果输入 1,则这一行将包含数据集中的最大数值。

(10) 第 K 小值。如果需要在输出表的某一行中包含每个区域的数据的第 K 个最小值,请选复选取框,然后在右侧的编辑框中,输入 K 的数值。如果输入 1,则这一行将包含数据集中的最小数值。

[例 3.8] 根据 [例 3.1] 成绩表,对期末考试成绩进行描述性统计。

根据图 3-14、图 3-15、图 3-16 操作,单击"确定",得到描述性统计资料,见图 3-17。

成绩	
平均	63.4
标准误差	2.19
中位数	66
众数	65
标准差	15.6
方差	244
峰度	0.11
偏度	-0.7
区域	69
最小值	21
最大值	90
求和	3235
观测数	51
最大(1)	90
最小(1)	21
置信度(95.	4.39

图 3-17 成绩的描述统计结果

任务四　动态数列分析

实验目的：熟悉增长量、平均增长量、发展速度、平均发展速度、移动平均法、回归分析法和指数平滑法等。

一、增长量和平均增长量

[**例**4.1] 根据"实训四.xls"中的销售量表求逐期增长量和累计增长量、平均增长量。

操作步骤：

第一步：在 C1、D1 空格里分别写上逐期增长量和累计增长量。

第二步：在 C3、D3 空格里分别输入"= B3 – B2"，"B3 – $B$2"。如图 4 – 1 所示。

	A	B	C	D
1	月份	销售量	逐期增长量	累计增长量
2	1	9		
3	2	11	=B3-B2	=B3-$B$2
4	3	12		
5	4	13		
6	5	14		
7	6	14		
8	7	15		
9	8	15		
10	9	17		
11	10	18		

图 4 – 1　输入逐期增长量等

第三步：把鼠标放在 C3 右下角，形成小"+"字，并下来到 C11。同理，鼠标放在 D3 右下角处，下拉至 D11，则结果已得到，见图 4 – 2。

应用统计方法

	A	B	C	D
1	月份	销售量	逐期增长量	累计增长量
2	1	9		
3	2	11	2.00	2.00
4	3	12	1.00	3.00
5	4	13	1.00	4.00
6	5	14	1.00	5.00
7	6	14	0.00	5.00
8	7	15	1.00	6.00
9	8	15	0.00	6.00
10	9	17	2.00	8.00
11	10	18	1.00	9.00

图 4-2 逐期增长量和累计增长量计算结果

第四步：对逐期增长量求平均值，得到平均增长量，见图 4-3。

	A	B	C	D
	月份	销售量	逐期增长量	累计增长量
1	1	9		
2	2	11	2.00	2.00
3	3	12	1.00	3.00
4	4	13	1.00	4.00
5	5	14	1.00	5.00
6	6	14	0.00	5.00
7	7	15	1.00	6.00
8	8	15	0.00	6.00
9	9	17	2.00	8.00
10	10	18	1.00	9.00
11				
12			=average(C3:C11)	
13			AVERAGE(**number1**, [number2], ...)	

图 4-3 求平均增长量

二、发展速度和平均发展速度

［例 4.2］根据［例 4.1］的数据表，求销售量的环比发展速度、定基发展速度和平均发展速度。

操作步骤：

第一步：在E1、F1处写上"环比发速"和"定基发速"，并在E3、F3分别输入"=B3/B2"，"=B3/$B$2"，在F2处输入100%，见图4-4。

月份	销售量	逐期增长量	累计增长量	环比发速	定基发速
1	9				
2	11	2.00	2.00	=B3/B2	=B3/$B$2
3	12	1.00	3.00		
4	13	1.00	4.00		
5	14	1.00	5.00		
6	14	0.00	5.00		
7	15	1.00	6.00		
8	15	0.00	6.00		
9	17	2.00	8.00		
10	18	1.00	9.00		
11					
12		1.00			

图4-4 输入环比发展速度等

第二步：鼠标分别放在E3、F3右下角，并拖动鼠标分别至E11和F11，则结果得图4-5。

月份	销售量	逐期增长量	累计增长量	环比发速	定基发速
1	9				
2	11	2.00	2.00	1.2222	1.2222
3	12	1.00	3.00	1.0909	1.3333
4	13	1.00	4.00	1.0833	1.4444
5	14	1.00	5.00	1.0769	1.5556
6	14	0.00	5.00	1.0000	1.5556
7	15	1.00	6.00	1.0714	1.6667
8	15	0.00	6.00	1.0000	1.6667
9	17	2.00	8.00	1.1333	1.8889
10	18	1.00	9.00	1.0588	2.0000
11					
12		1.00			

图4-5 环比发展速度等值

第三步：选定E3:F11，点击右键，选择设置单元格格式，改为百分比表示，且小数点保留2位，见图4-6。

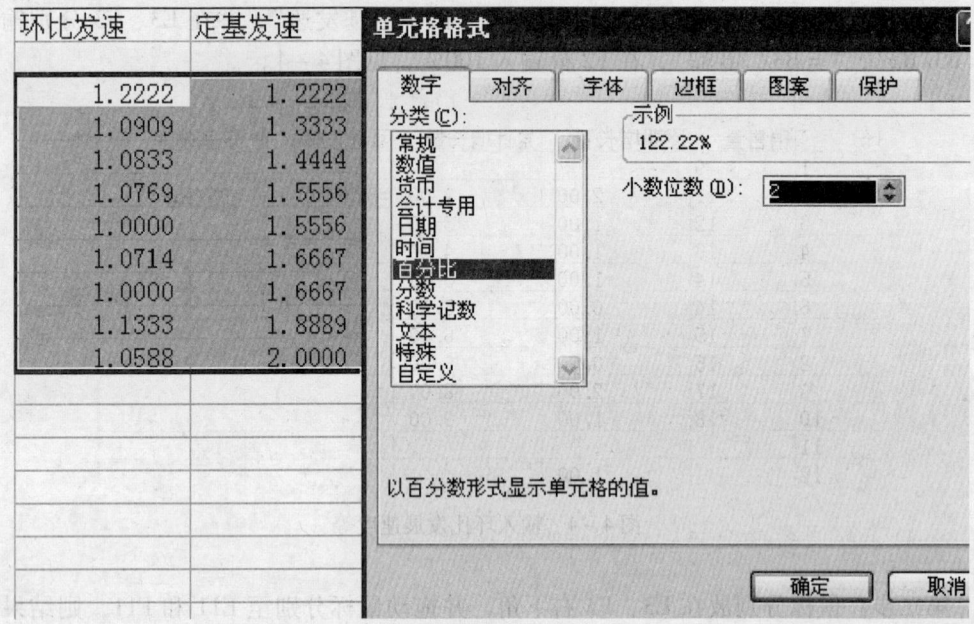

图 4-6 设置单元格格式

第四步：求平均发展速度，选定 F13 输入 "=F11^(1/9)"，再按图 4-6 改为百分比表示即可，见图 4-7。

环比发速	定基发速
122.22%	122.22%
109.09%	133.33%
108.33%	144.44%
107.69%	155.56%
100.00%	155.56%
107.14%	166.67%
100.00%	166.67%
113.33%	188.89%
105.88%	200.00%
	=F11^(1/9)

图 4-7 输入平均发展速度

三、增长速度和平均增长速度

[**例 4.3**] 接 [例 4.2]，求环比增长速度和定基增长速度、平均增长速度。

操作步骤：

第一步：在 G1、H1 处输入环比增速和定基增速。

第二步：在 G3、H3 中分别输入 "= E3 - 1"，"= F3 - 1"，见图 4 - 8。

E	F	G	H
环比发速	定基发速	环比增速	定基增速
	100%		
122.22%	122.22%	=E3-1	=F3-1
109.09%	133.33%		
108.33%	144.44%		
107.69%	155.56%		
100.00%	155.56%		
107.14%	166.67%		
100.00%	166.67%		
113.33%	188.89%		
105.88%	200.00%		

图 4 - 8　增长速度函数输入

第三步：分别把鼠标放在 G3、H3 右下角，形成小 "+" 字，并分别拖动鼠标至 G11、H11，则得到结果，见图 4 - 9。

环比发速	定基发速	环比增速	定基增速
	100%		
122.22%	122.22%	22.22%	22.22%
109.09%	133.33%	9.09%	33.33%
108.33%	144.44%	8.33%	44.44%
107.69%	155.56%	7.69%	55.56%
100.00%	155.56%	0.00%	55.56%
107.14%	166.67%	7.14%	66.67%
100.00%	166.67%	0.00%	66.67%
113.33%	188.89%	13.33%	88.89%
105.88%	200.00%	5.88%	100.00%

图 4 - 9　增长速度结果图

第四步：在 H13 处输入 "= F13 - 1"，得到平均增长速度，见图 4 - 10。

F	G	H
定基发速	环比增速	定基增速
100%		
122.22%	=E3-1	=F3-1
133.33%		
144.44%		
155.56%		
155.56%		
166.67%		
166.67%		
188.89%		
200.00%		
108.01%		=F13-1

图 4-10　平均增长速度输入

四、移动平均法进行周期性分析

移动平均法是在算术平均法的基础上发展起来的预测方法。它是利用过去若干期实际值的均值来预测现象的发展趋势。

简单移动平均公式如下：

$$M_{t+1} = \frac{1}{n} \sum_{j=1}^{n} A_{t-j+1}$$

式中：n 为期数；

　　A_{t-j+1} 为 $t-j+1$ 期的实际值；

　　M_{t+1} 为 $t+1$ 期的预测值。

[例 4.4] 求 [例 4.1] 中销售量的移动平均值。

方法一：作图法

操作步骤：

第一步：按任务二方法绘制折线图，见图 4-11，点击曲线按右键添加趋势图。

第二步：选择"移动平均"，并把周期改为"4"，见图 4-12，再点击"确定"，得到趋势图，见图 4-13。

任务四　动态数列分析

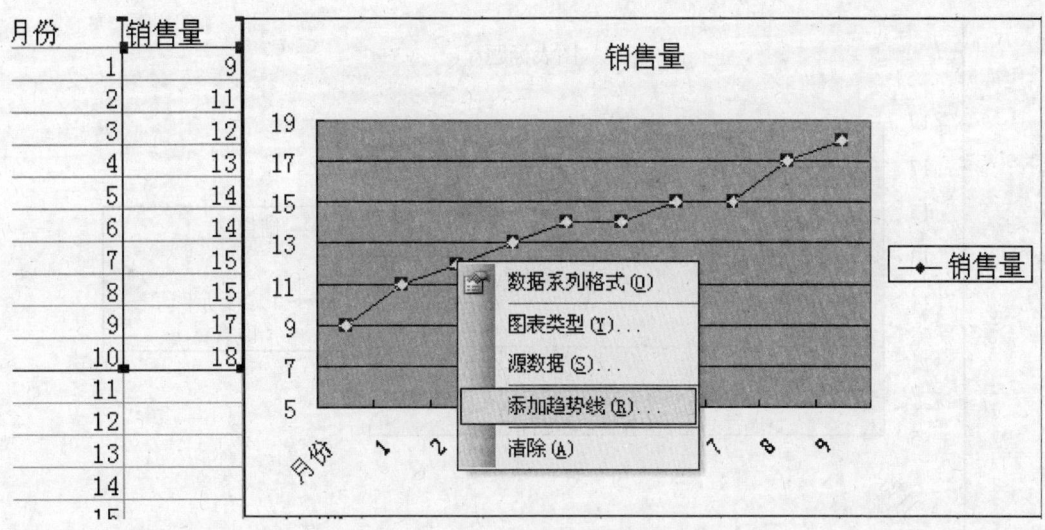

图 4-11　销售量折线图

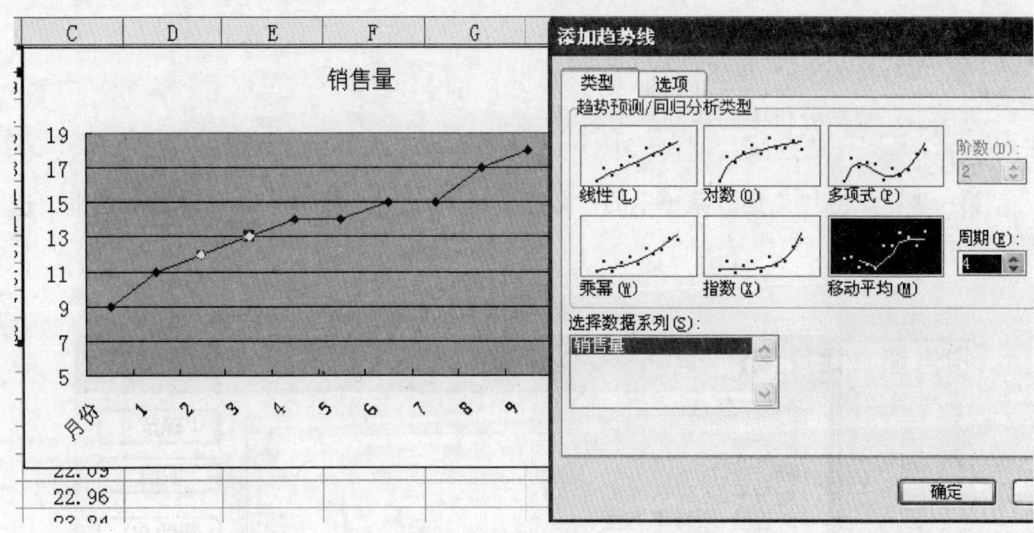

图 4-12　添加移动平均

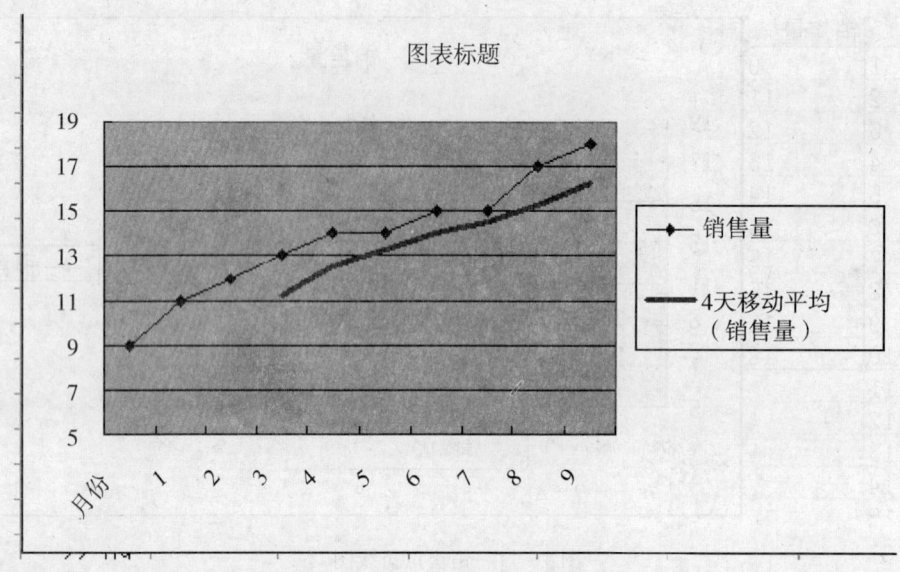

图 4-13 销售量的移动平均曲线

注：红色曲线部分是移动平均曲线。

方法二：数据分析中的移动平均法

操作步骤：

第一步：点击"工具"菜单中的"数据分析"，弹出如图 4-14 所示的对话框，选择"移动平均"。

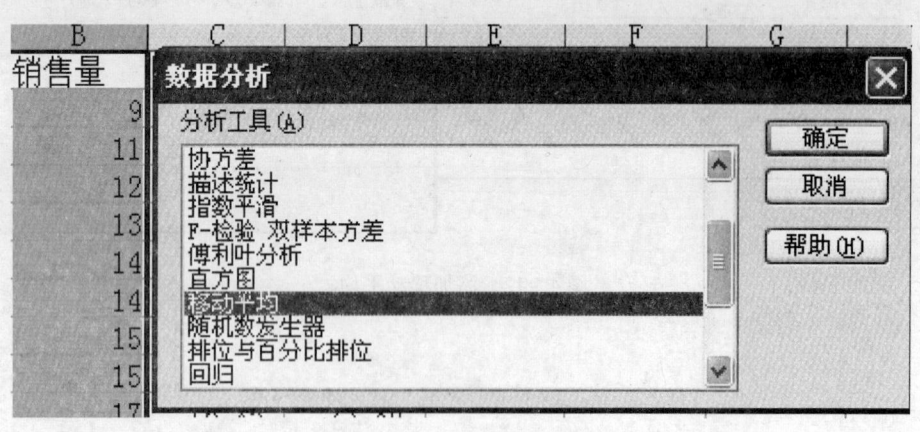

图 4-14 移动平均的选择

第二步：点击"确定"弹出如图 4-15 所示的"移动平均"对话框，在对话框中选择输入区域为"B1：B11"，选中"标志位于第一行复选框"，间隔设为 4，输出区域选择一个空格，也可显示在新的工作表上，选择"图表输出"复选框，见图 4-15，点击"确定"得到结果见图 4-16。

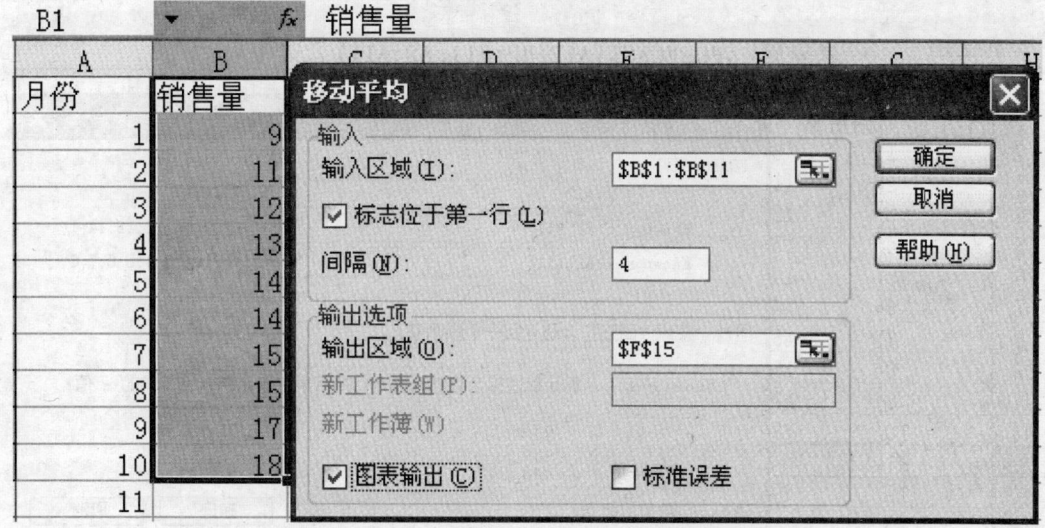

图 4-15 移动平均信息输入

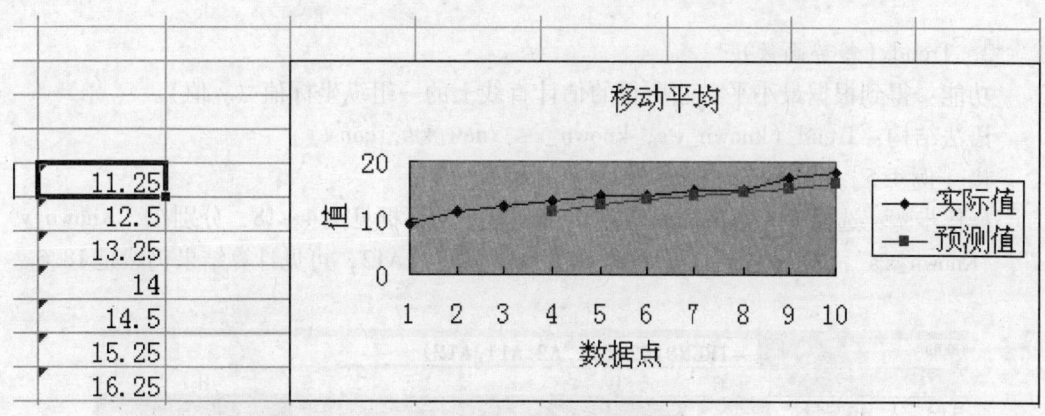

图 4-16 移动平均结果的输出

在图 4-16 中，左边 11.25，12.5，…，16.25 分别是 5~11 月的移动平均预测值。

五、回归分析与预测

1. Forecast（预测函数）

功能：根据给定的数据计算或预测未来值。

语法结构：Forecast（x，known_y's，known_x's）。

[例 4.5] 根据 [例 4.1] 对 11 月份的销售量进行预测。

操作步骤：在 B11 处插入公式"= forecast( )"，见图 4-17。分别在"x"，"Known_y's"，"Known_x's"填入 A12、B2:B11、A2:A11，可以看到计算结果为 18.6，单击"确定"即可。

应用统计方法

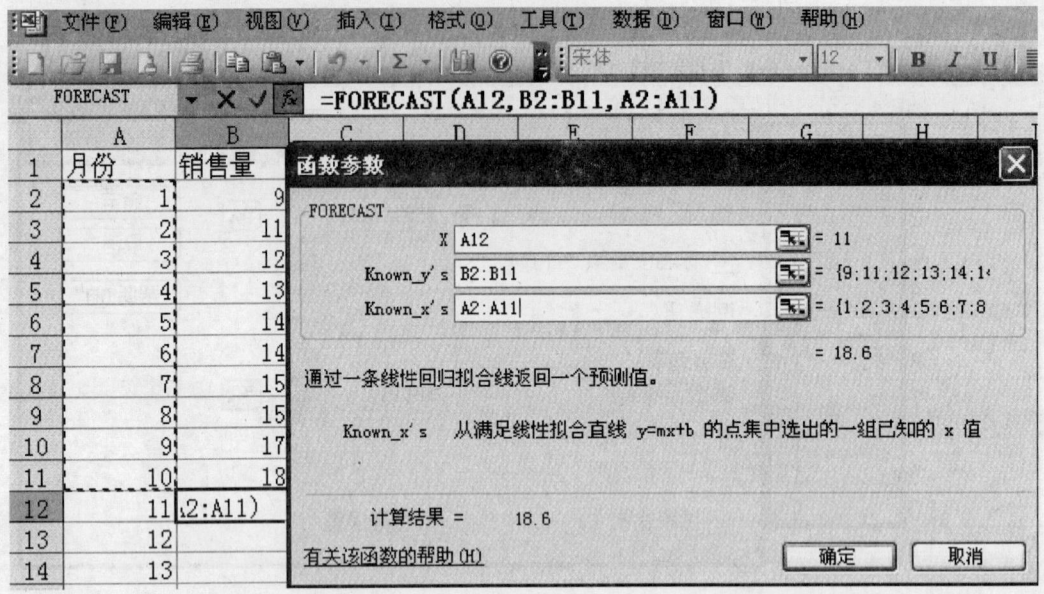

图 4-17 用 Forecast 进行预测

2. Trend（趋势函数）

功能：得到根据最小平方法所得的估计直线上的一组纵坐标值（y 值）。

语法结构：Trend（known_y's，known_x's，new_x's，const）。

接［例 4.5］，用 Trend 进行 11 月份值预测。

操作步骤：选择 B11 空格插入函数 trend，显示对话框见图 4-18，分别在"Known_y's"、"Known_x's"、"New_x's"填入 B2：B11、A2：A11、A12，可见计算结果仍然是 18.6。

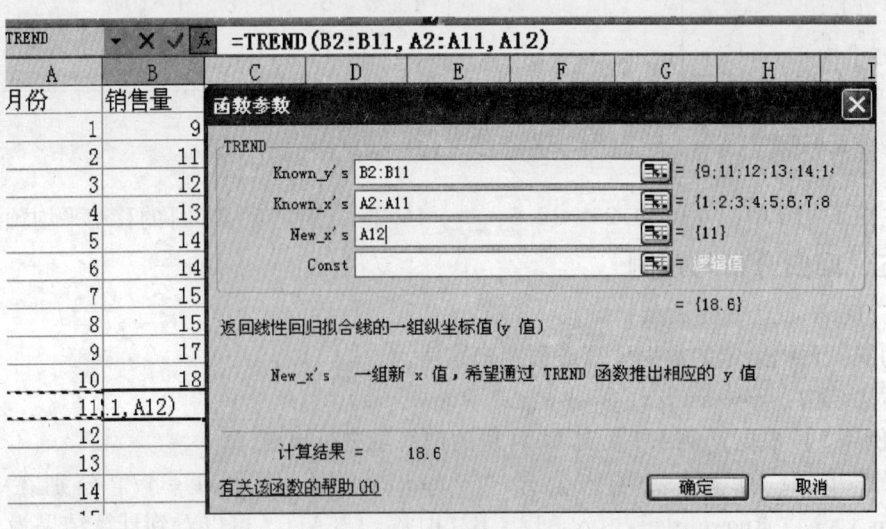

图 4-18 填入 Trend 数据

272

3. Linest（线性拟合函数）

功能：使用最小平方方法对已知数据拟合一个线性模型。

语法结构：Linest（known_y's，known_x's，const，stats），返回的是一组值。

接［例4.5］，用 Linest 进行11月份值预测。

操作步骤：

选择空格 D2：E2，插入函数 Linest，弹出对话框，见图4－19。

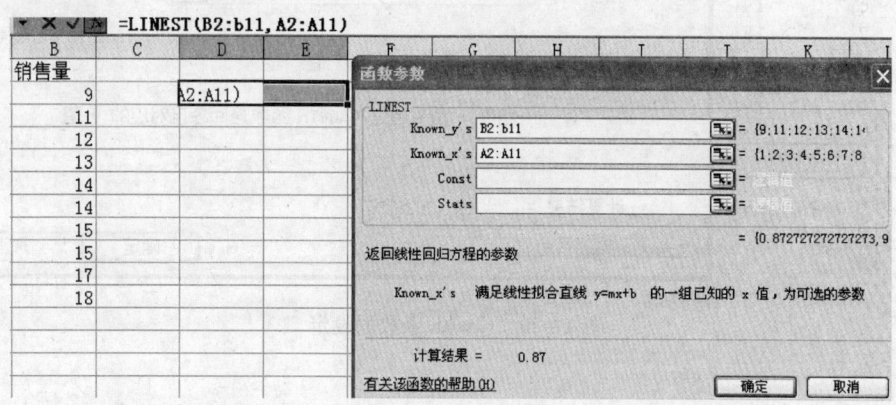

图4－19　Linest 对话框

填入相关数据后，不要直接单击"确定"，因为返回的是一组数，$y = mx + b$ 中的 m、b。同时按住"Ctrl + Shift + Enter"键，得到 m 和 b 值为 0.87 和 9，即 $y = 9 + 0.87x$。把 $x = 11$ 代入上式，则答案可求出。

4. Growth 增长函数

功能：根据给定的数据拟合指数曲线，并预测指数增长值。

语法结构：Growth（Known_y's，Known_x's，New_x's，Const）。

接［例4.5］用 Growth 预测11月份的销售量。

操作步骤：

B12 插入统计函数 Growth，弹出对话框，分别在"Known_y's"，"Known_x's"，"New_x's"填入 B2：B11、X = A2：A11、A12，单击"确定"，可得到结果 19.43929726，见图4－20。

应用统计方法

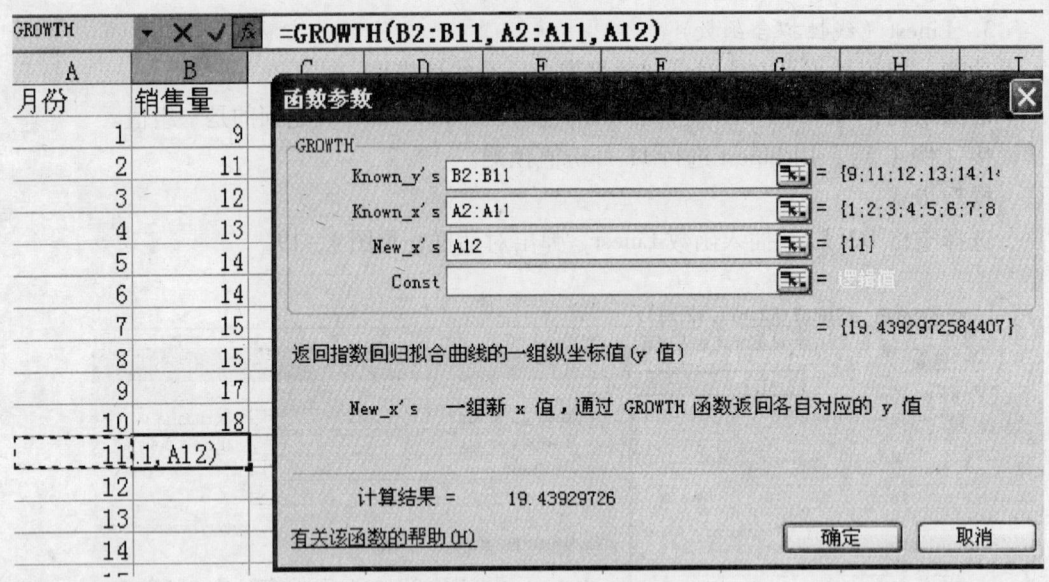

图 4-20 Growth 函数的设定

5. Logest 函数

功能：用于进行指数回归拟合曲线，并返回描述该曲线的数组。

语法结构：Logest（Known_y's，Known_x's，Const，Stats）。

接［例 4.5］，用 Logest 预测 11 月份的销售量。

操作步骤：

第一步：选定空格 D3：E3。

第二步：插入函数 Logest，并设定数据，见图 4-21。

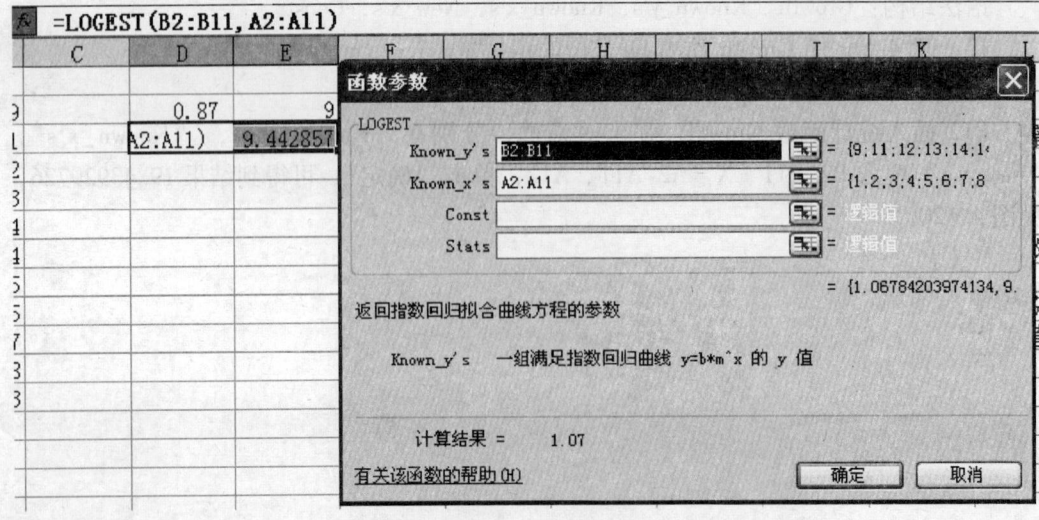

图 4-21 Logest 及数据设定

填入相关数据后,不要直接单击"确定",因为返回的是一组数,$y = b \times m^x$ 中的 m、b。同时按住"Ctrl + Shift + Enter"键,得到 m 和 b 值为 9.44 和 1.07,即 $y = 1.07 \times 9.44^x$。把 $x = 11$ 代入上式则答案可求出。

六、指数平滑法

指数平滑法通过对历史时间数列进行逐层平滑计算,从而消除随机因素的影响,识别经济现象的基本变化趋势,并以此预测未来。

递推公式为:

$$Y_{t+1}^* = \alpha Y_t + (1 - \alpha) Y_t^*$$

式中:

α 为平滑常数,值域在 0~1 之间,其大小决定了本次预测对前期预测误差的修正程度。Excel 称 $(1-\alpha)$ 的值为"阻尼因子";

Y_t 为 t 期的实际观察值;

Y_t^*、Y_t+1^* 分别为 t 期、$t+1$ 期的预测值。

关于指数平滑法,有以下两点说明:

(1) 平滑常数的意义。一般说来,0.2~0.3 之间的数值可作为合理的平滑常数。这些数值表明本次预测需要将前期预测值的误差调整 20%~30%。

(2) 初始预测值的确定问题可以指定初始预测值,即令它等于前几期(如前 6 期或前 12 期等)实际值的平均数。

接[例 4.5],利用指数平滑法预测 11 月份销售量,阻尼系数为 0.7。

方法一

操作步骤:

在 C1 空格写上预测值,在 C2 空格上插入函数"= AVERAGE(B2:B5)",在 C3 空格上插入函数"= 0.7 * B2 + 0.3 * C2",见图 4 - 22,单击"确定",并填充 C4:C12,见图 4 - 23。

A	B	C	D
月份	销售量	预测值	
1	9	=AVERAGE(B2:B5)	
2	11	=0.7*B2+0.3*C2	
3	12		
4	13		
5	14		
6	14		
7	15		
8	15		
9	17		
10	18		

图 4 - 22 插入相关公式

	A	B	C
	月份	销售量	预测值
	1	9	11
	2	11	10
	3	12	11
	4	13	12
	5	14	13
	6	14	14
	7	15	14
	8	15	15
	9	17	15
	10	18	16
	11		18

C12   =0.7*B11+0.3*C11

图 4-23　指数平滑结果

方法二

操作步骤：

在 C1 处写填入"预测值"，选定 C2:C11，在"工具"菜单中选择"数据分析"，再选择指数平滑法，单击"确定"，见图 4-24，并填入相关数值，输入区域为 B1:B11，阻尼系数为 0.7，选择标志，输出区域选择 C2，并选择图标输出，单击"确定"，得到图 4-25 所示的结果。

图 4-24　指数平滑数据输入

任务四 动态数列分析

月份	销售量	预测值
1	9	
2	11	9
3	12	9.6
4	13	10.32
5	14	11.124
6	14	11.9868
7	15	12.59076
8	15	13.31353
9	17	13.81947
10	18	14.77363

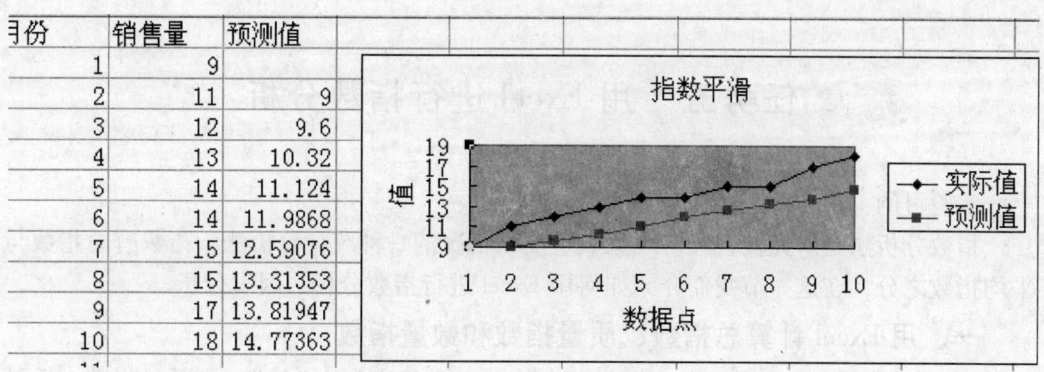

图4-25 指数平滑结果

任务五　用 Excel 进行指数分析

实验目的：用 Excel 进行指数分析。

指数分析法是研究社会经济现象数量变动情况的一种统计分析法。指数有总指数与平均指数之分，在这一节我们介绍如何用 Excel 进行指数分析与因素分析。

一、用 Excel 计算总指数、质量指数和数量指数

[例 5.1] 打开"指数分析表.xls"中的"商店 3 种产品文档"，求数量指数、质量指数和总指数。见图 5-1。

商品名称	计量单位	基期销售量	报告期销售量	基期价格	报告期价格（元）
		q_0	q_1	p_0	p_1
甲	双	1000	2000	20	21
乙	件	2000	3000	10	10
丙	套	2000	2500	4	4.5

图 5-1　商店 3 种产品的销售量和价格情况

操作步骤：

第一步：在分别 H1、I1 处插入基期销售额、报告期销售额；在 H2、I2、J2 处分别插入 p_0q_0、p_1q_1、p_0q_1，见图 5-2。

商品名称	计量单位	基期销售量	报告期销售量	基期价格	报告期价格（元）	销售额	销售额	
		q_0	q_1	p_0	p_1	p_0q_0	p_1q_1	p_0q_1
甲	双	1000	2000	20	21			
乙	件	2000	3000	10	10			
丙	套	2000	2500	4	4.5			

图 5-2　插入销售额等

第二步：在 H3、I3、J3 处分别输入"＝C3＊E3"、"＝D3＊F3"、"＝D3＊E3"，见图 5-3。

	A	B	C	D	E	F	G	H	I	J
	商品名称	计量单位	基期销售量	报告期销售量	基期价格	报告期价格（元）		销售额	销售额	
			q_0	q_1	p_0	p_1		p_0q_0	p_1q_1	p_0q_1
	甲	双	1000	2000	20	21		=C3*E3	=D3*F3	=D3*E3
	乙	件	2000	3000	10	10				
	丙	套	2000	2500	4	4.5				

图 5-3　输入相应内容

第三步:分别选中 H3、I3、J3,并将鼠标放在相应的右下角成小"+"字,下拉至 H5、I5、J5。求得合计,得到结果如图 5-4。

商品名称	计量单位	基期销售量	报告期销售量	基期价格	报告期价格(元)	销售额	销售额	
		q0	q1	p0	p1	p0q0	p1q1	p0q1
甲	双	1000	2000	20	21	20000.00	42000.00	40000.00
乙	件	2000	3000	10	10	20000.00	30000.00	30000.00
丙	套	2000	2500	4	4.5	8000.00	11250.00	10000.00
合计						48000.00	83250.00	80000.00

图 5-4　计算 p_0q_0 等

第四步:求出 $\bar{k}_p$、$\bar{k}_q$、$\bar{k}_{pq}$,见图 5-5。

商品名称	计量单位	基期销售量	报告期销售量	基期价格	报告期价格(元)	销售额	销售额	
		q0	q1	p0	p1	p0q0	p1q1	p0q1
甲	双	1000	2000	20	21	20000.00	42000.00	40000.00
乙	件	2000	3000	10	10	20000.00	30000.00	30000.00
丙	套	2000	2500	4	4.5	8000.00	11250.00	10000.00
合计						48000.00	83250.00	80000.00
					kp	=I7/J7		
					kq	=J7/H7		
					kpq	=I7/H7		

图 5-5　输入数量指数等

结果见图 5-6。

A	B	C	D	E	F	G	H	I	J
商品名称	计量单位	基期销售量	报告期销售量	基期价格	报告期价格(元)		销售额	销售额	
		q0	q1	p0	p1		p0q0	p1q1	p0q1
甲	双	1000	2000	20	21		20000.00	42000.00	40000.00
乙	件	2000	3000	10	10		20000.00	30000.00	30000.00
丙	套	2000	2500	4	4.5		8000.00	11250.00	10000.00
合计							48000.00	83250.00	80000.00
					kp	104.06%			
					kq	166.67%			
					kpq	173.44%			

图 5-6　总量指数、质量指数和数量指数

二、用 Excel 计算算术平均数指数

[例5.2] 打开"指数分析表.xls"中的算术平均数指数文档,求销售量指数、销售额指数和价格指数,见图5-7。

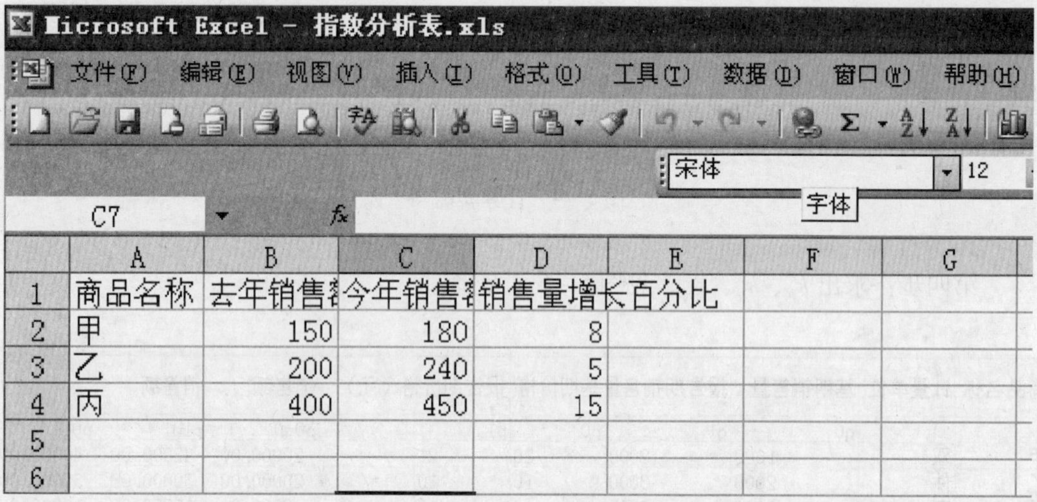

图5-7 打开指数分析表中的算术平均数指数

操作步骤:

第一步:分别在F1、F2、F3、F4空格中输入相应的公式,如图5-8所示。

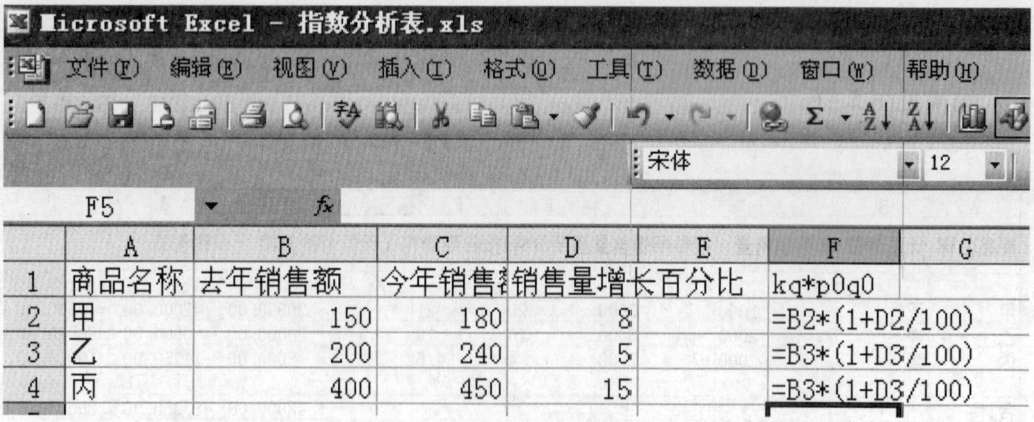

图5-8 输入相关内容

第二步:对去年销售额、今年销售额等进行合计,并在F7、F8、F9分别输入相关内容,如图5-9所示。

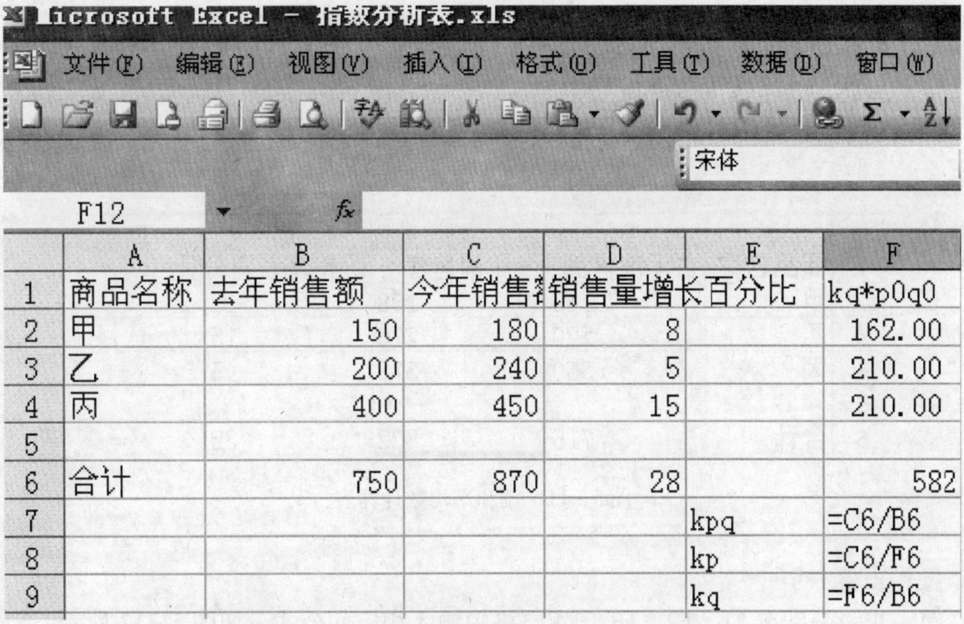

任务五 用Excel进行指数分析

	A	B	C	D	E	F
1	商品名称	去年销售额	今年销售额	销售量增长百分比		kq*p0q0
2	甲	150	180	8		162.00
3	乙	200	240	5		210.00
4	丙	400	450	15		210.00
5						
6	合计	750	870	28		582
7					kpq	=C6/B6
8					kp	=C6/F6
9					kq	=F6/B6

图 5-9 计算销售额指数、价格指数和数量指数

计算结果如图 5-10 所示。

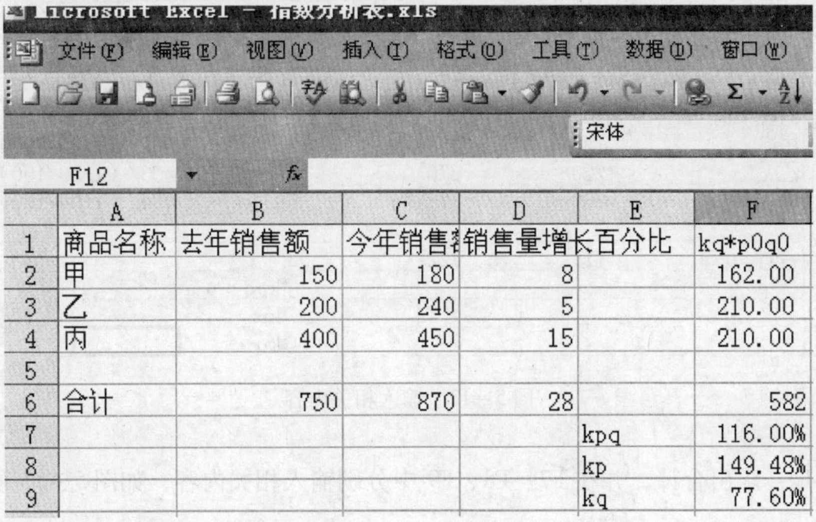

	A	B	C	D	E	F
1	商品名称	去年销售额	今年销售额	销售量增长百分比		kq*p0q0
2	甲	150	180	8		162.00
3	乙	200	240	5		210.00
4	丙	400	450	15		210.00
5						
6	合计	750	870	28		582
7					kpq	116.00%
8					kp	149.48%
9					kq	77.60%

图 5-10 计算结果

三、计算调和平均数指数

[**例 5.3**] 打开"指数分析表.xls"中的调和平均数指数文档，求销售量指数、销售额指数和价格指数，见图 5-11。

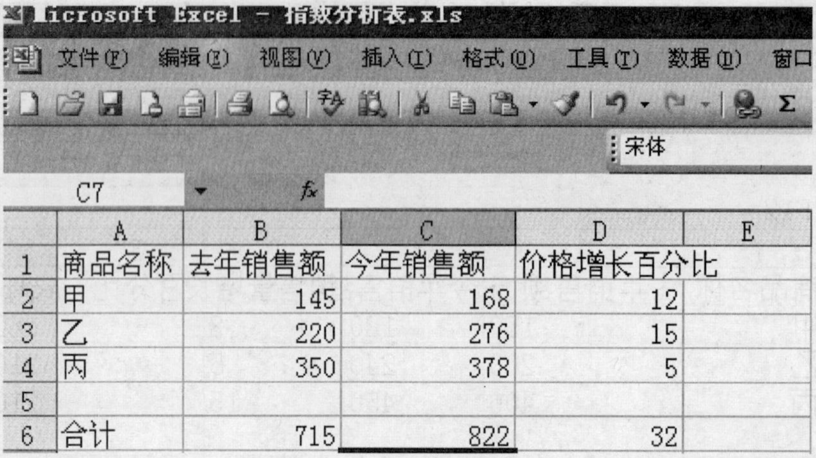

图5-11 调和平均数计算表

	A	B	C	D	E
1	商品名称	去年销售额	今年销售额	价格增长百分比	
2	甲	145	168	12	
3	乙	220	276	15	
4	丙	350	378	5	
5					
6	合计	715	822	32	

操作步骤:

第一步:分别在 F1、F2、F3、F4 空格中输入相应的公式,如图 5-12 所示。

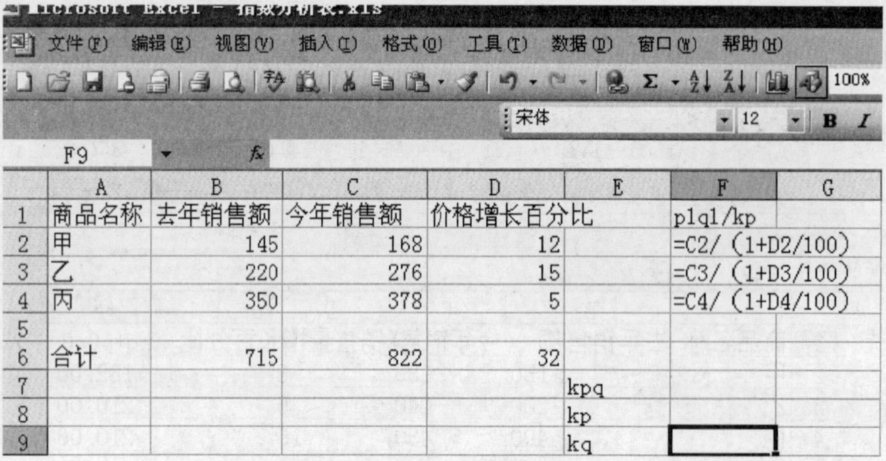

	A	B	C	D	E	F	G
1	商品名称	去年销售额	今年销售额	价格增长百分比		p1q1/kp	
2	甲	145	168	12		=C2/(1+D2/100)	
3	乙	220	276	15		=C3/(1+D3/100)	
4	丙	350	378	5		=C4/(1+D4/100)	
5							
6	合计	715	822	32			
7						kpq	
8						kp	
9						kq	

图5-12 输入相关内容

第二步:求出合计,并在 F7、F8、F9 中分别输入相关内容,如图 5-13 所示。

任务五 用 Excel 进行指数分析

图 5-13 计算销售额指数、价格指数和产量指数

	A	B	C	D	E	F
1	商品名称	去年销售额	今年销售额	价格增长百分比		p1q1/kp
2	甲	145	168	12		150.00
3	乙	220	276	15		240.00
4	丙	350	378	5		360.00
5						
6	合计	715	822			750
7					kpq	=C6/B6
8					kp	=C6/F6
9					kq	=F6/B6

计算结果如图 5-14 所示。

	A	B	C	D	E	F
1	商品名称	去年销售额	今年销售额	价格增长百分比		p1q1/kp
2	甲	145	168	12		150.00
3	乙	220	276	15		240.00
4	丙	350	378	5		360.00
5						
6	合计	715	822			750
7					kpq	114.97%
8					kp	109.60%
9					kq	104.90%

图 5-14 计算结果

四、多因素的指数分析

[例 5.4] 打开"指数分析表.xls"中的多因素分析文档，见图 5-15。试求生产费用总额指数、产量指数、单位产品原材料消耗指数、价格指数。

产品名	计划数			实际数		
	产量	单位产品原材料消耗	原材料价格	产量	单位产品原材料消耗	原材料价格
	q0	m0	p0	q1	m1	p1
甲	10	8	2	12	6	2
乙	8	5	1.5	10	4	2

图 5-15 某企业生产甲乙产品的有关资料

操作步骤：

第一步：在 H1：J6 分别输入相应的公式，如图 5-16 所示。

	A	B	C	D	E	F	G	H	I	J	K
	产品名	计划数			实际数			生产费用支出总额			
		产量	单位产品原材料消耗	原材料价格	产量	单位产品原材料消耗	原材料价格				
		q0	m0	p0	q1	m1	p1	q1m1p1	q0m0p0	q1m0p0	q1m1p0
	甲	10	8	2	12	6	2	=E4*F4*G4	=B4*C4*D4	=E4*D4*C4	=E4*F4*D4
	乙	8	5	1.5	10	4	2	=E5*F5*G5	=B5*C5*D5	=E5*D5*H5	=E5*D5*F5
	合计							=H4+H5	=I4+I5	=J4+J5	=F4+K5

图 5-16 输入相关内容

计算结果如图 5-17 所示。

	A	B	C	D	E	F	G	H	I	J	K
	产品名	计划数			实际数			生产费用支出总额			
		产量	单位产品原材料消耗	原材料价格	产量	单位产品原材料消耗	原材料价格				
		q0	m0	p0	q1	m1	p1	q1m1p1	q0m0p0	q1m0p0	q1m1p0
	甲	10	8	2	12	6	2	144.00	160.00	192.00	144.00
	乙	8	5	1.5	10	4	2	80.00	60.00	1200.00	60.00
	合计							224.00	220.00	1392.00	66.00

图 5-17 计算结果

第二步：输入生产费用总额指数、产量指数、单位产品原材料消耗指数、价格指数，见图 5 – 18。

A	B	C	D	E	F	G	H	I	J
产品名	计划数			实际数			生产费用支出总额		
	产量	单位产品原材料消耗	原材料价格	产量	单位产品原材料消耗	原材料价格			
	q0	m0	p0	q1	m1	p1	q1m1p1	q0m0p0	q1m0p0
甲	10	8	2	12	6	2	144.00	160.00	192.00
乙	8	5	1.5	10	4	2	80.00	60.00	1200.00
合计							224.00	220.00	1392.00
					生产费用支出总额指数		=H6/I6		
					产量指数		=J6/I6		
					单位产品原材料消耗指数		=K6/J6		
					原材料价格指数		=H6/K6		

图 5 – 18　生产费用总额指数等输入

计算结果见图 5 – 19。

B	C	D	E	F	G	H	I	J	K
计划数			实际数			生产费用支出总额			
产量	单位产品原材料消耗	原材料价格	产量	单位产品原材料消耗	原材料价格				
q0	m0	p0	q1	m1	p1	q1m1p1	q0m0p0	q1m0p0	q1m1p0
10	8	2	12	6	2	144.00	160.00	192.00	144.00
8	5	1.5	10	4	2	80.00	60.00	1200.00	60.00
						224.00	220.00	1392.00	66.00
			生产费用支出总额指数			101.82%			
			产量指数			632.73%			
			单位产品原材料消耗指数			4.74%			
			原材料价格指数			339.39%			

图 5 – 19　计算结果

五、平均指标变动的指数分析

［例 5.5］打开“指数分析表 . xls”中的“平均指标变动指数分析”文档，见图 5 – 20。试求可变构成指数、固定构成指数和结构影响指数。

应用统计方法

	A	B	C	D	E	F	G	H
1	某商业企业总平均工作水平变动分析资料							
2	售货组别	售货员人数		月平均工资		工资总额		
3		基期	报告期	基期	报告期	基期	报告期	假定
4		f_0	f_1	x_0	x_1	$x_0 f_0$	$x_1 f_1$	$x_0 f_1$
5	甲	100	60	80	85			
6	乙	85	80	80	90			
7	合计	185	140			0	0	0

图 5-20 平均指标变动指数

操作步骤：

第一步：求出 $x_0 f_0$、$x_1 f_1$、$x_0 f_1$，见图 5-21。

某商业企业总平均工作水平变动分析资料							
售货组别	售货员人数		月平均工资		工资总额		
	基期	报告期	基期	报告期	基期	报告期	假定
	f_0	f_1	x_0	x_1	$x_0 f_0$	$x_1 f_1$	$x_0 f_1$
甲	100	60	80	85	=D5*B5	=E5*C5	=C5*D5
乙	85	80	80	90	=D6*B6	=E6*C6	=D6*C6
合计	185	140			=F5+F6	=G5+G6	=H5+H6

图 5-21 输入相关公式

第二步：计算可变构成指数、固定构成指数和结构影响指数，见图 5-22。

业总平均工作水平变动分析资料							
售货员人数		月平均工资		工资总额			
基期	报告期	基期	报告期	基期	报告期	假定	
f_0	f_1	x_0	x_1	$x_0 f_0$	$x_1 f_1$	$x_0 f_1$	
100	60	80	85	8000	5100	4800	
85	80	80	90	6800	7200	6400	
185	140			14800	12300	11200	
				可变构成指数	=（G7/C7）/（F7/B7）		
				结构影响指数	=（H7/C7）/（F7/B7）		
				固定构成指数	=（G7/C7）/（H7/C7）		

图 5-22 可变构成指数等输入

任务五 用 Excel 进行指数分析

操作结果见图 5-23。

售货组别	售货员人数		月平均工资		工资总额		
	基期	报告期	基期	报告期	基期	报告期	假定
	f0	f1	x0	x1	x0f0	x1f1	x0f1
甲	100	60	80	85	8000	5100	4800
乙	85	80	80	90	6800	7200	6400
合计	185	140			14800	12300	11200
					可变构成指数		109.82%
					结构影响指数		100.00%
					固定构成指数		109.82%

某商业企业总平均工作水平变动分析资料

图 5-23 计算结果

任务六 抽样推断

实验目的:掌握随机数的产生、抽样估计

一、利用 RAND 函数进行随机数模拟

[例 6.1] 产生 10 个随机数。

操作步骤:打开"抽样推断.xls"中的随机数表,选择 B2:B11,插入函数"RAND",见图 6-1。

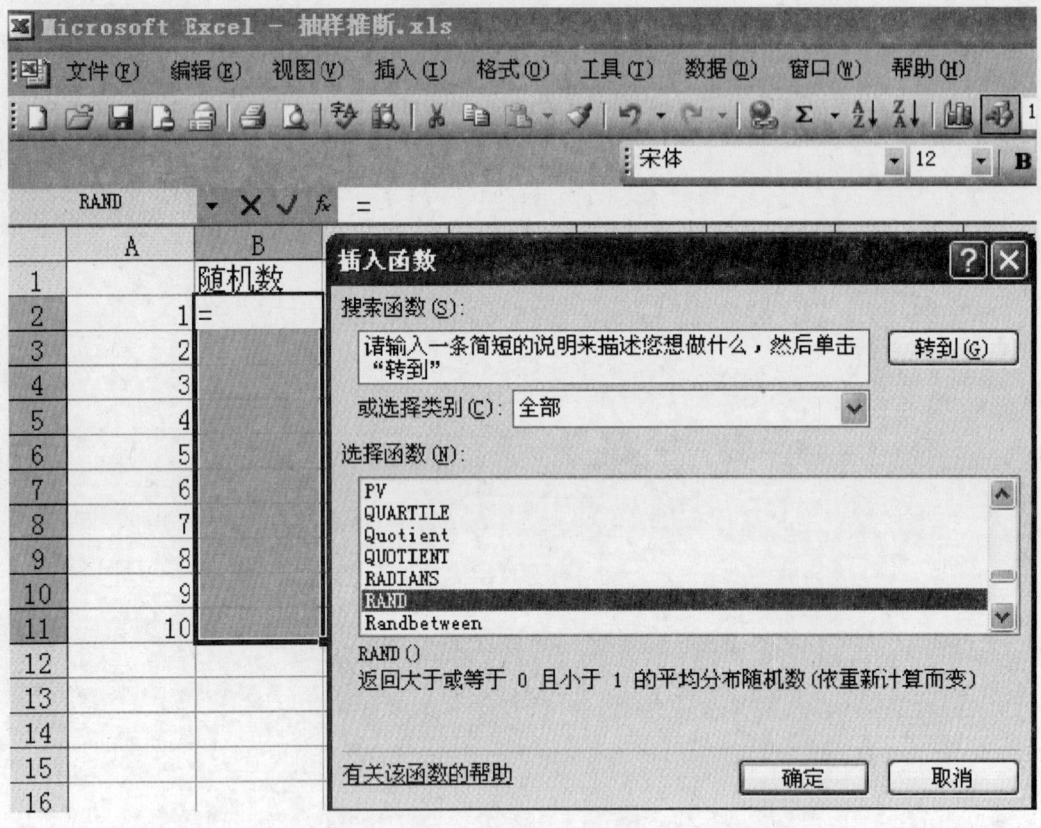

图 6-1 插入 Rand 函数

同时按住"Ctrl + Shift + Enter"键,得到结果,见图 6-2。

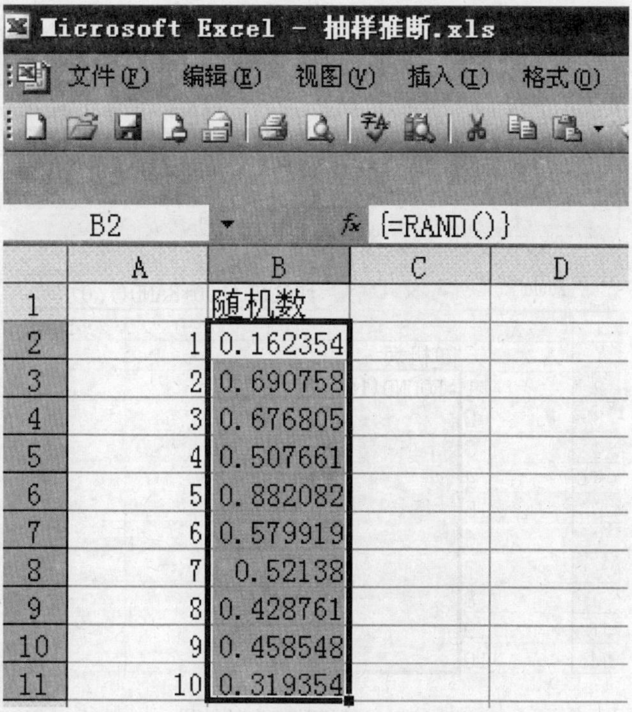

图 6-2　随机数的产生

可见，产生的随机数是 0~1 之间的数。

[例 6.2]　求产生 1~100 数中的 10 个随机数。

操作步骤：

选择 B1，输入函数"ROUND（100 * RAND（），0）"。其中"ROUND（number，num-digits）"是四舍五入函数，number 是选择的那列数，num - digits 是四舍五入后保留的小数点。"100 * RAND（）"表示产生 1~100 的随机数。输入见图 6-3。

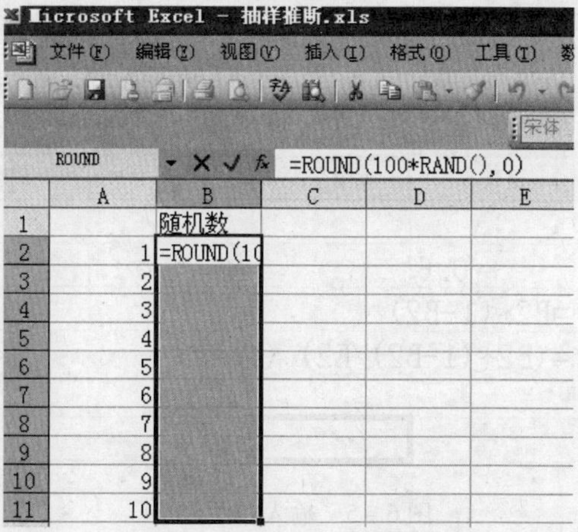

图 6-3　产生 1~100 随机数

产生 B1 的随机数后,将鼠标移至右下角,形成小"+"字后下拉至 B11,得到的结果见图 6-4。

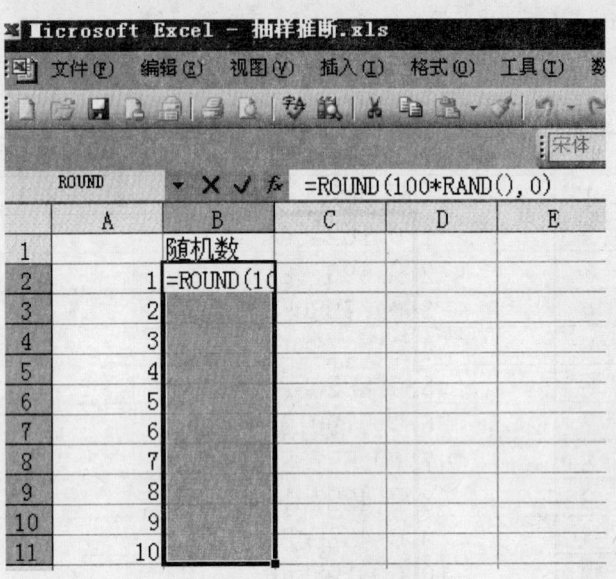

图 6-4 随机数产生的结果

二、平均误差的计算

[例 6.3] 某电子元件厂生产某种型号的电子管,按以往正常的生产经验,产品的一级品率为 60%,现如从 1 万件中抽取 100 件来检查一级品率,试求一级品平均误差。

操作步骤:在 B3、B4 分别输入相关数据,如图 6-5 所示。

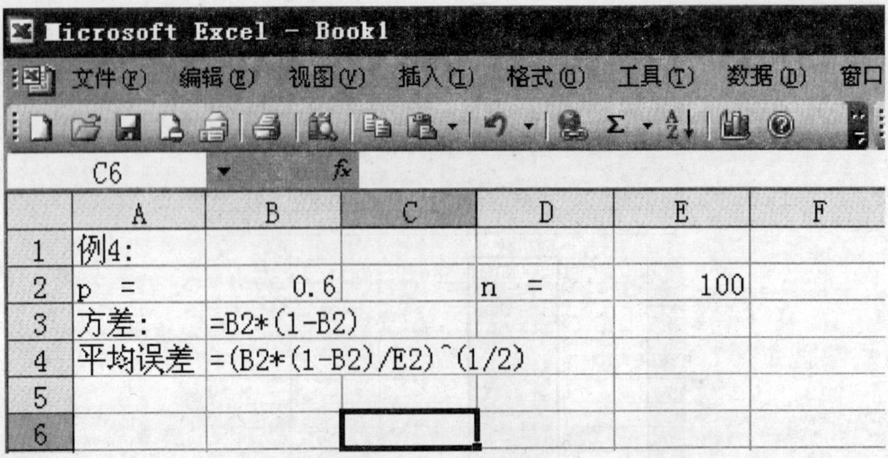

图 6-5 输入相关数据

结果如图 6－6 所示。

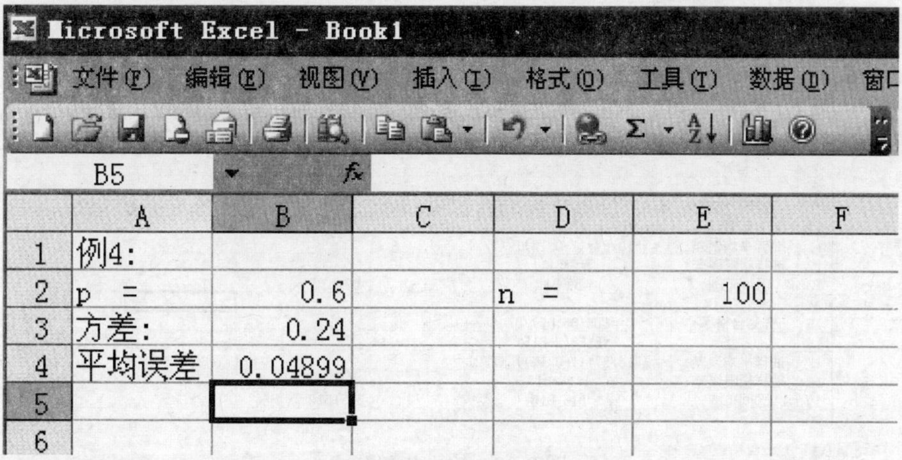

	A	B	C	D	E	F
1	例4:					
2	p　=	0.6		n　=	100	
3	方差:	0.24				
4	平均误差	0.04899				
5						
6						

图 6－6　平均误差的计算结果

三、区间估计

［例 6.4］某工厂生产一批灯泡共 10 万只，现采用简单随机不重复抽样方式抽取 0.1% 进行质检，测试结果见图 6－7。

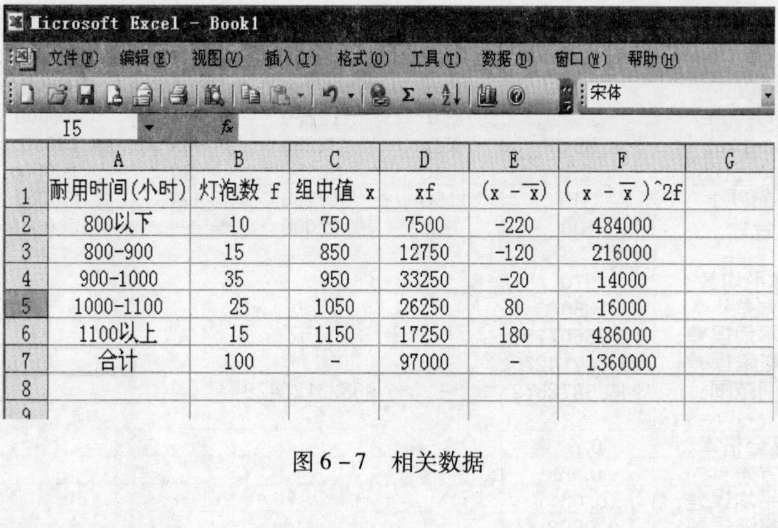

	A	B	C	D	E	F	G
1	耐用时间(小时)	灯泡数 f	组中值 x	xf	$(x-\bar{x})$	$(x-\bar{x})$^2f	
2	800以下	10	750	7500	-220	484000	
3	800-900	15	850	12750	-120	216000	
4	900-1000	35	950	33250	-20	14000	
5	1000-1100	25	1050	26250	80	16000	
6	1100以上	15	1150	17250	180	486000	
7	合计	100	-	97000	-	1360000	
8							

图 6－7　相关数据

操作步骤：见图 6－8。

应用统计方法

	A	B	C	D	E	F
1	耐用时间(小时)	灯泡数 f	组中值 x	xf	(x - x̄)	(x - x̄)^2f
2	800以下	10	750	7500	-220	484000
3	800-900	15	850	12750	-120	216000
4	900-1000	35	950	33250	-20	14000
5	1000-1100	25	1050	26250	80	16000
6	1100以上	15	1150	17250	180	486000
7	合计	100	—	97000	—	1360000
8						
9	抽样平均数：	=D7/B7				
10	方差	=F7/B7				
11	抽样平均误差：	=(B10/B7*(1-0.1%))^(1/2)				
12	抽样极限误差：	=2*B11				
13	区间范围：	=B9-B12		=B9+B12		
14						
15	样品合格率：	=SUM(B3:B6)/B7				
16	方差	=B15*(1-B15)				
17	抽样平均误差：	=(B16/B7*(1-0.1%))^(1/2)				
18	抽样极限误差：	=1.96*B17				
19	区间范围：	=B15-B18		=B15+B18		

图 6-8 输入相关公式

结果如图 6-9 所示。

	A	B	C	D	E	F
1	耐用时间(小时)	灯泡数 f	组中值 x	xf	(x - x̄)	(x - x̄)^2f
2	800以下	10	750	7500	-220	484000
3	800-900	15	850	12750	-120	216000
4	900-1000	35	950	33250	-20	14000
5	1000-1100	25	1050	26250	80	16000
6	1100以上	15	1150	17250	180	486000
7	合计	100	—	97000	—	1360000
8						
9	抽样平均数：	970				
10	方差	13600				
11	抽样平均误差：	11.65607138				
12	抽样极限误差：	23.31214276				
13	区间范围：	946.6878572	—	993.3121428		
14						
15	样品合格率：	0.9				
16	方差	0.09				
17	抽样平均误差：	0.03				
18	抽样极限误差：	0.0588				
19	区间范围：	84.12%	—	95.88%		

图 6-9 计算结果

[例 6.5] 为了研究某种新产品的销路，在某城市的市场上随机对 800 名成年人进

行调查，结果有500名喜欢该种新产品，要求：

(1) 以95.45%的概率保证程度，估计该城市成年人喜欢此新产品的概率；

(2) 假如极限误差要求眼不超过2.8%，在其他条件不变时，概率保证程度作何变化？

操作步骤：见图6-10。

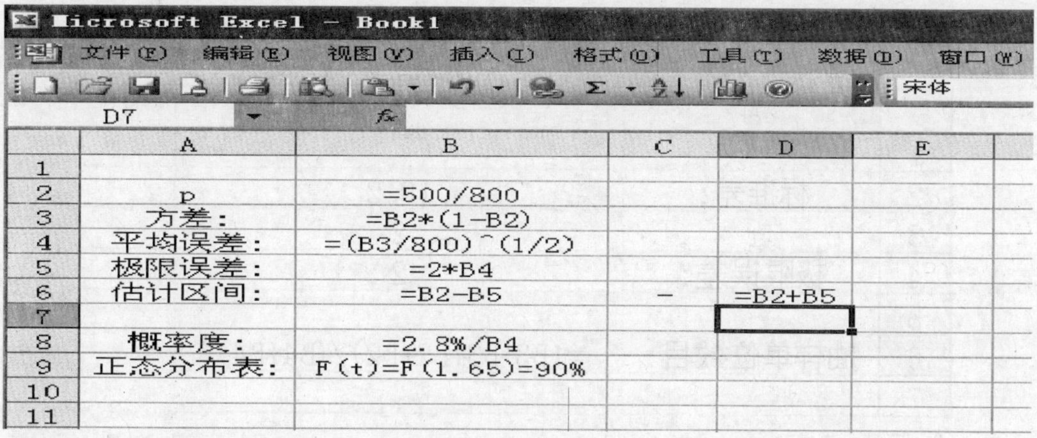

	A	B	C	D	E
1					
2	p	=500/800			
3	方差：	=B2*(1-B2)			
4	平均误差：	=(B3/800)^(1/2)			
5	极限误差：	=2*B4			
6	估计区间：	=B2-B5	—	=B2+B5	
7					
8	概率度：	=2.8%/B4			
9	正态分布表：	F(t)=F(1.65)=90%			

图6-10 输入相关公式

结果如图6-11所示。

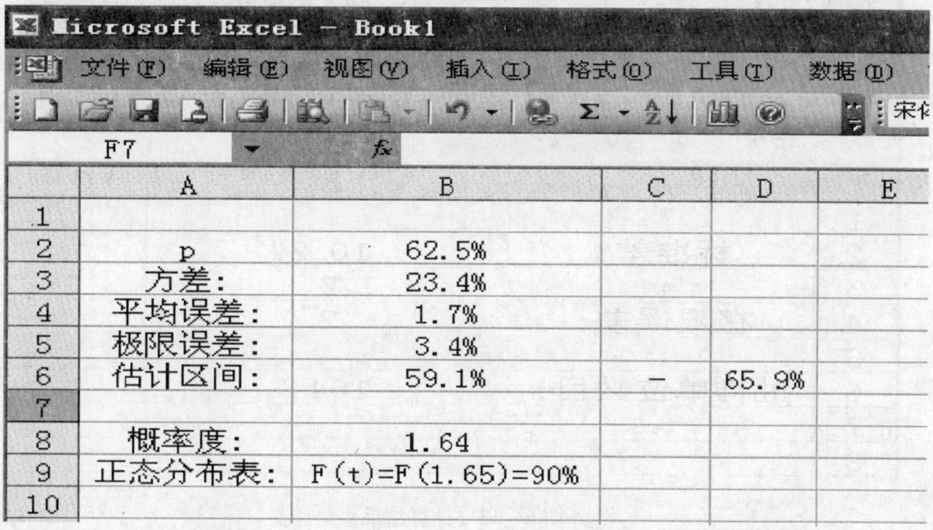

	A	B	C	D	E
1					
2	p	62.5%			
3	方差：	23.4%			
4	平均误差：	1.7%			
5	极限误差：	3.4%			
6	估计区间：	59.1%	—	65.9%	
7					
8	概率度：	1.64			
9	正态分布表：	F(t)=F(1.65)=90%			

图6-11 计算结果

[例6.6] 在某城市组织职工家庭生活水平抽样调查中，根据历史经验，已知职工家庭人均月生活收入的标准差为10.2元，要求抽样推断把握程度为95.45%，职工家

庭人均月生活费收入的允许误差为2元,问:需要抽选多少户进行调查?

操作步骤:见图6-12。

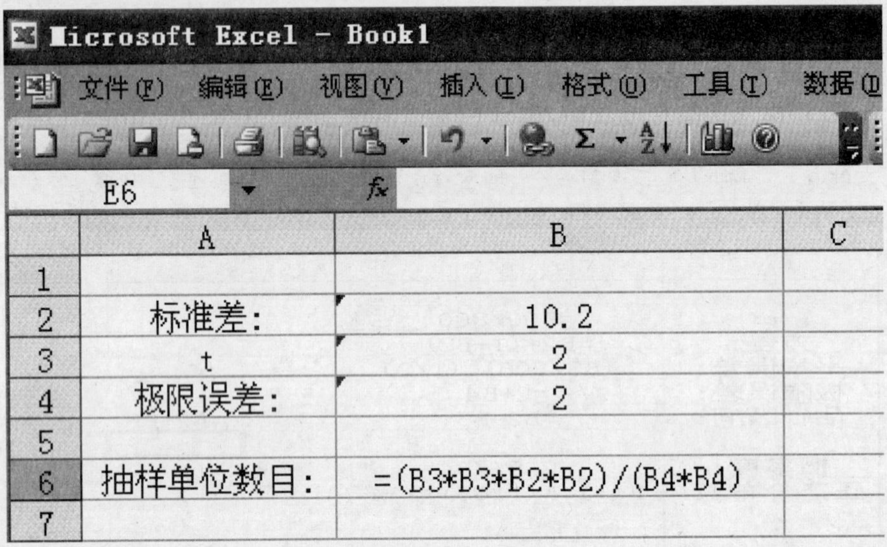

图6-12 输入相关公式

结果如图6-13所示。

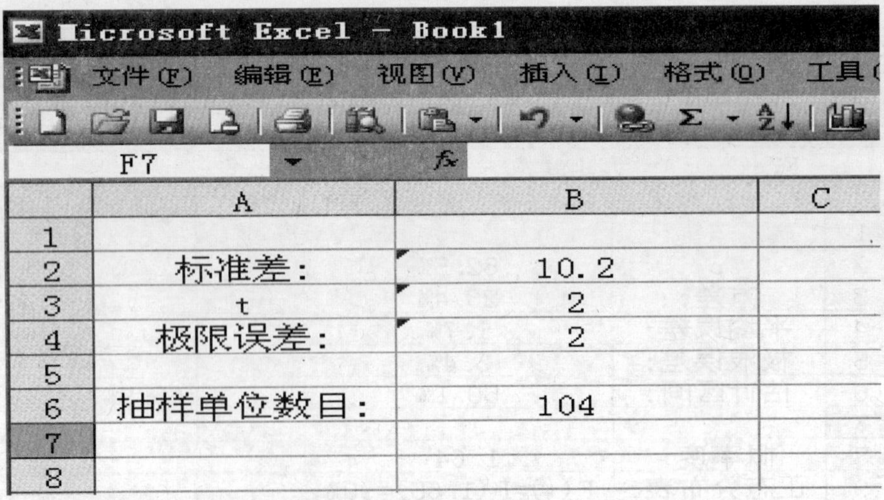

图6-13 计算结果

[例6.7] 某企业日产1万件产品,据以往的生产情况,可知产品的一级品率为90%,要求一级品率的抽样极限误差不超过2%,可靠程度为95.45%,试问需要抽多少单位?

操作步骤：见图 6－14。

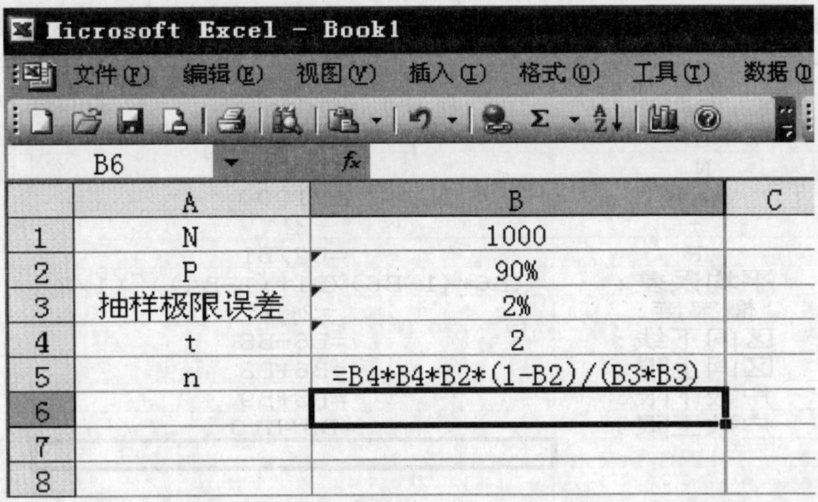

	A	B	C
1	N	1000	
2	P	90%	
3	抽样极限误差	2%	
4	t	2	
5	n	=B4*B4*B2*(1-B2)/(B3*B3)	
6			
7			
8			

图 6－14　输入相关公式

结果如图 6－15 所示。

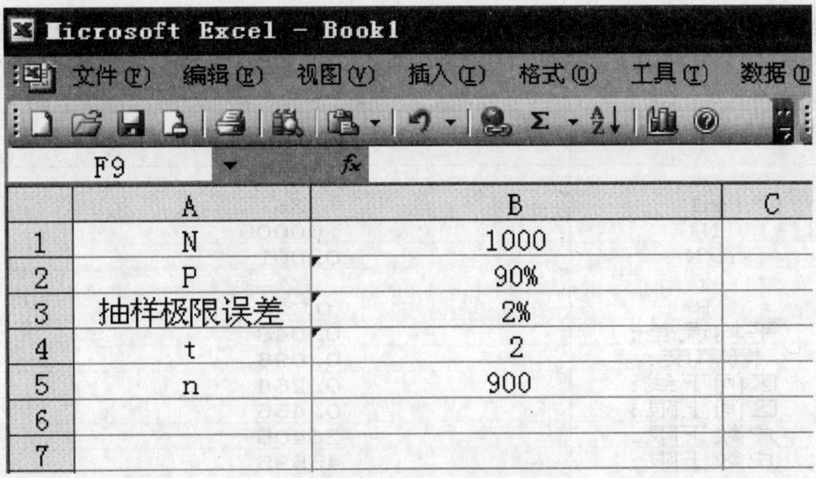

	A	B	C
1	N	1000	
2	P	90%	
3	抽样极限误差	2%	
4	t	2	
5	n	900	
6			
7			

图 6－15　计算结果

［**例** 6.8］某城市随机抽查选 100 户居民，经调查有 36 户拥有彩色电视机，又知道抽样户是总户数的千分之一，当把握程度为 95.45% 时，试估计该城市居民拥有彩色电视机的户数范围。

操作步骤：见图 6－16。

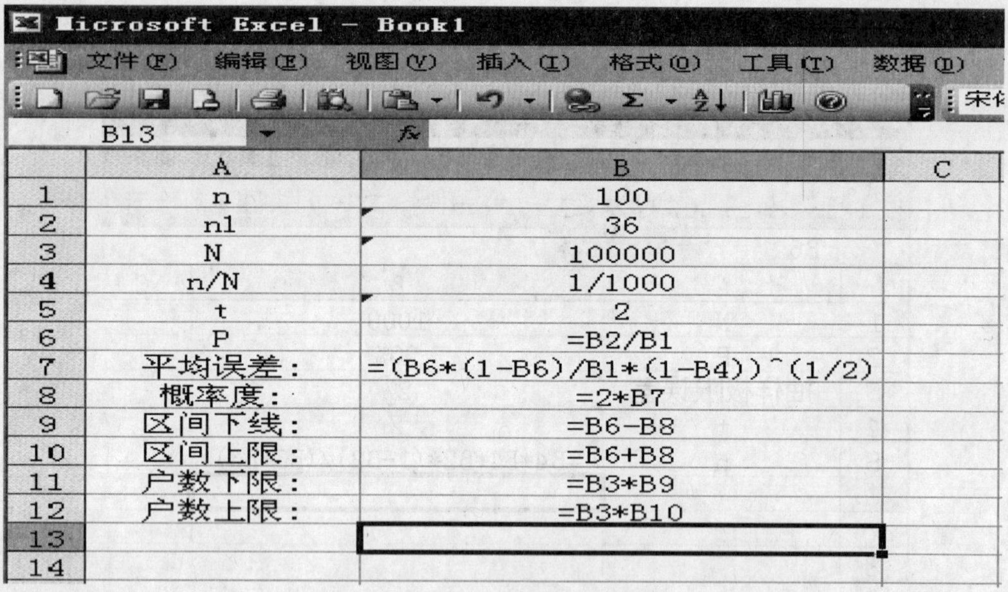

Microsoft Excel - Book1

文件(F) 编辑(E) 视图(V) 插入(I) 格式(O) 工具(T) 数据(D)

B13 fx

	A	B	C
1	n	100	
2	n1	36	
3	N	100000	
4	n/N	1/1000	
5	t	2	
6	P	=B2/B1	
7	平均误差:	=(B6*(1-B6)/B1*(1-B4))^(1/2)	
8	概率度:	=2*B7	
9	区间下线:	=B6-B8	
10	区间上限:	=B6+B8	
11	户数下限:	=B3*B9	
12	户数上限:	=B3*B10	
13			
14			

图 6－16　输入相关公式

结果如图 6－17 所示。

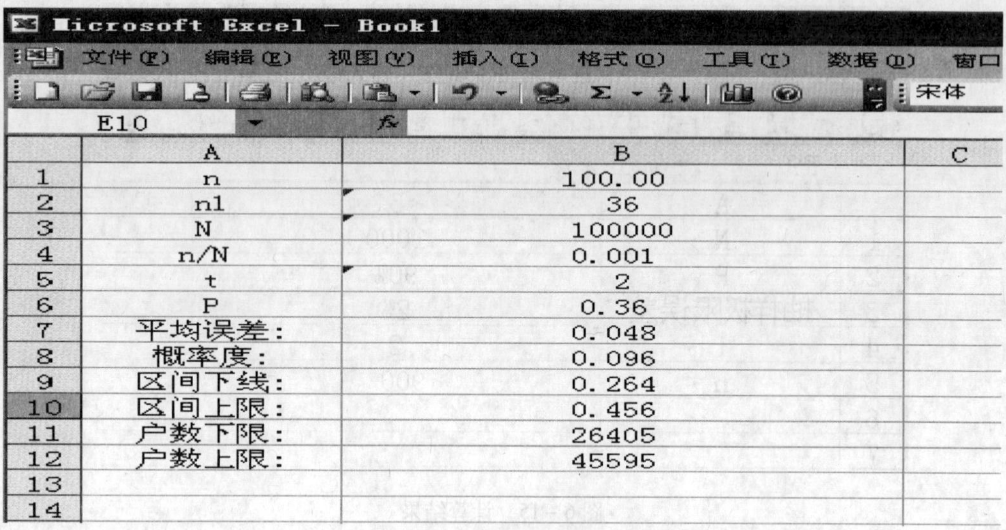

Microsoft Excel - Book1

文件(F) 编辑(E) 视图(V) 插入(I) 格式(O) 工具(T) 数据(D) 窗口

E10 fx

	A	B	C
1	n	100.00	
2	n1	36	
3	N	100000	
4	n/N	0.001	
5	t	2	
6	P	0.36	
7	平均误差:	0.048	
8	概率度:	0.096	
9	区间下线:	0.264	
10	区间上限:	0.456	
11	户数下限:	26405	
12	户数上限:	45595	
13			
14			

图 6－17　计算结果

［例 6.9］对某市进行人口普查得知全市普查登记人口数 506000 人，现对部分街区进行抽样复查，资料详见图 6－18。

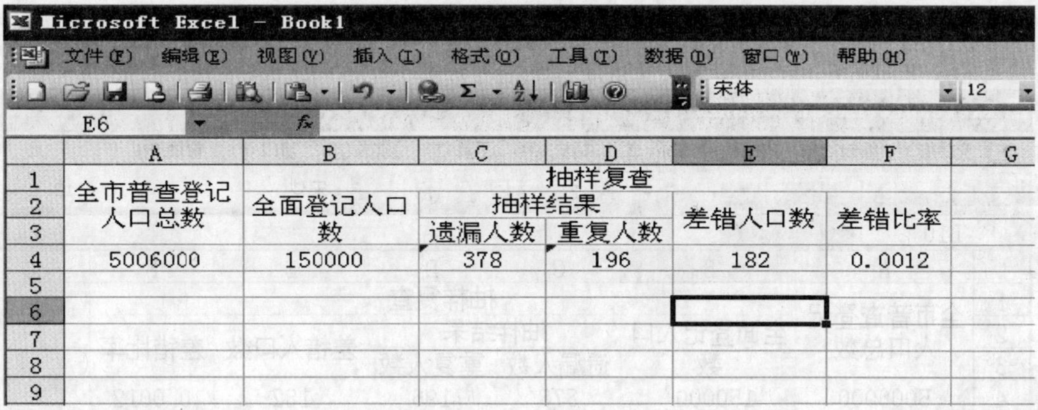

任务六 抽样推断

	A	B	C	D	E	F	G
1	全市普查登记人口总数	全面登记人口数	抽样复查		差错人口数	差错比率	
2			抽样结果				
3			遗漏人数	重复人数			
4	5006000	150000	378	196	182	0.0012	
5							
6							
7							
8							
9							

图6-18 调查的相关资料

操作步骤：见图6-19。

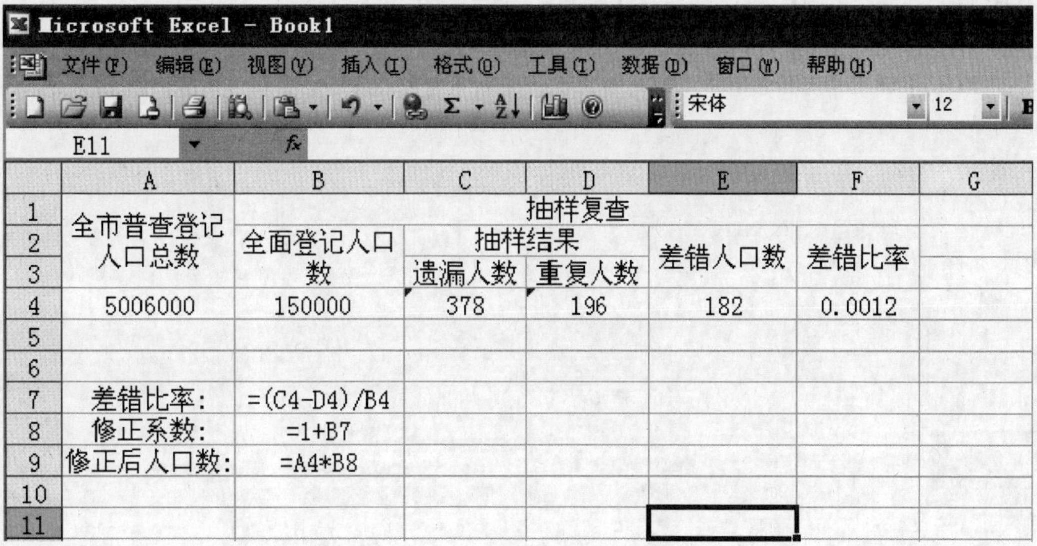

	A	B	C	D	E	F	G
1	全市普查登记人口总数	全面登记人口数	抽样复查		差错人口数	差错比率	
2			抽样结果				
3			遗漏人数	重复人数			
4	5006000	150000	378	196	182	0.0012	
5							
6							
7	差错比率：	=(C4-D4)/B4					
8	修正系数：	=1+B7					
9	修正后人口数：	=A4*B8					
10							
11							

图6-19 输入相关公式

结果如图6-20所示。

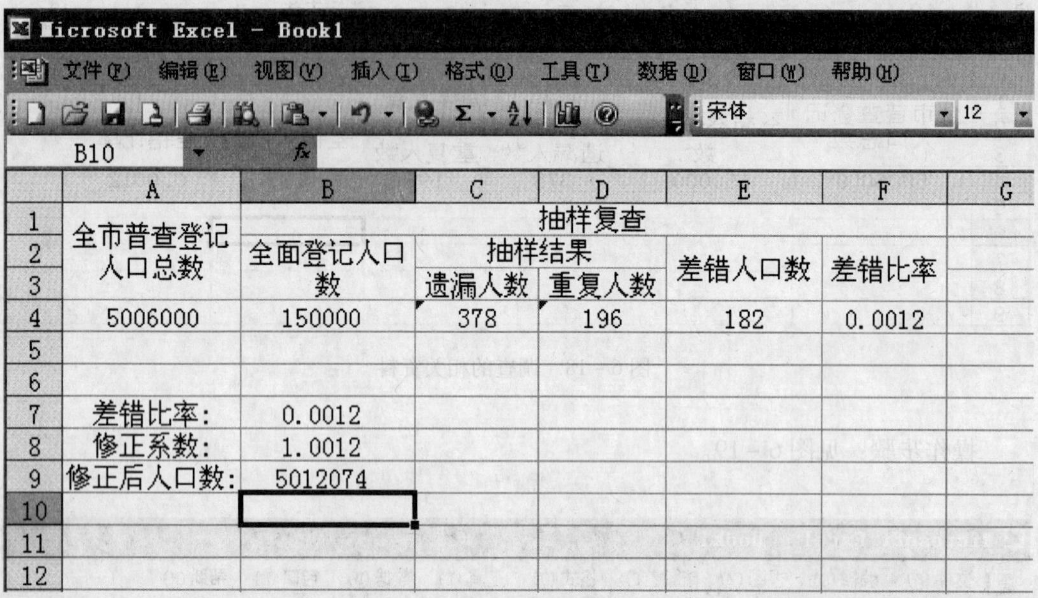

	A	B	C	D	E	F	G
1	全市普查登记人口总数	全面登记人口数	抽样复查				
2			抽样结果		差错人口数	差错比率	
3			遗漏人数	重复人数			
4	5006000	150000	378	196	182	0.0012	
5							
6							
7	差错比率：	0.0012					
8	修正系数：	1.0012					
9	修正后人口数：	5012074					
10							
11							
12							

图6-20 计算结果

任务七 回归分析

实验目的:掌握线性回归、非线性回归。

一、线性回归分析

现实世界中大多数现象表现为相关关系,人们通过大量观察,将现象之间的相关关系抽象概括为函数关系,并用函数形式或模型来描述与推断现象间的具体变动关系,用一个或一组变量的变化来估计与推算另一个变量的变化,这种分析方法称为回归分析。

回归分析的主要内容:回归参数估计,方程拟合效果评价,回归参数的推断。

[例7.1]打开"第二次实训.xls"中的销售额表,求促销费用与销售额的关系。

方法一:绘图添加趋势线方法

操作步骤:

第一步:绘制散点图,见图2-24。

第二步:点击散点,按右键添加趋势线,见图7-1。

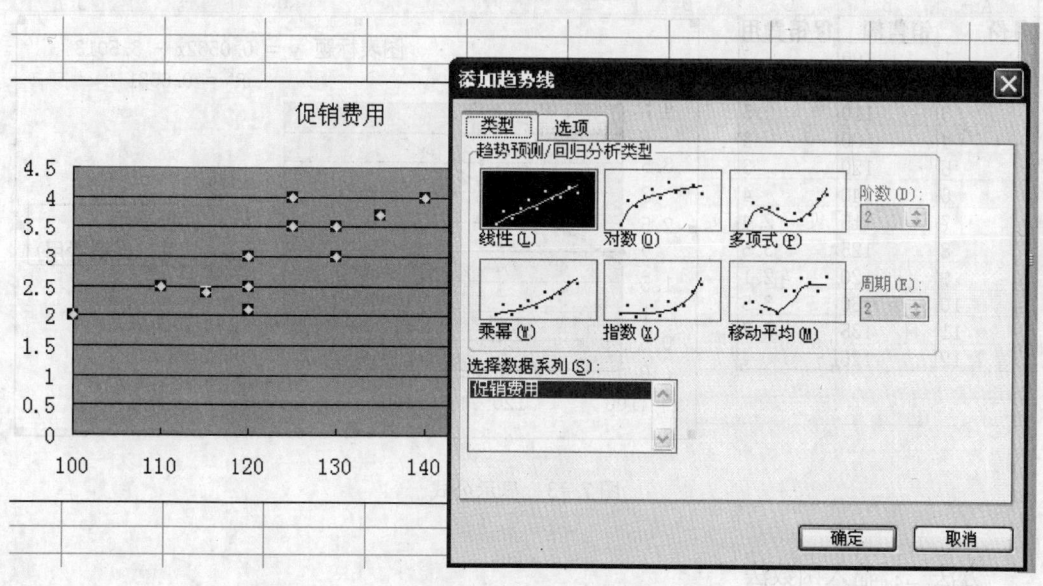

图7-1 添加趋势线

第三步:在"选项"选项卡中,选择"显示公式"和"显示R平方值",见图7-2,单击"确定",图上显示了公式,见图7-3。

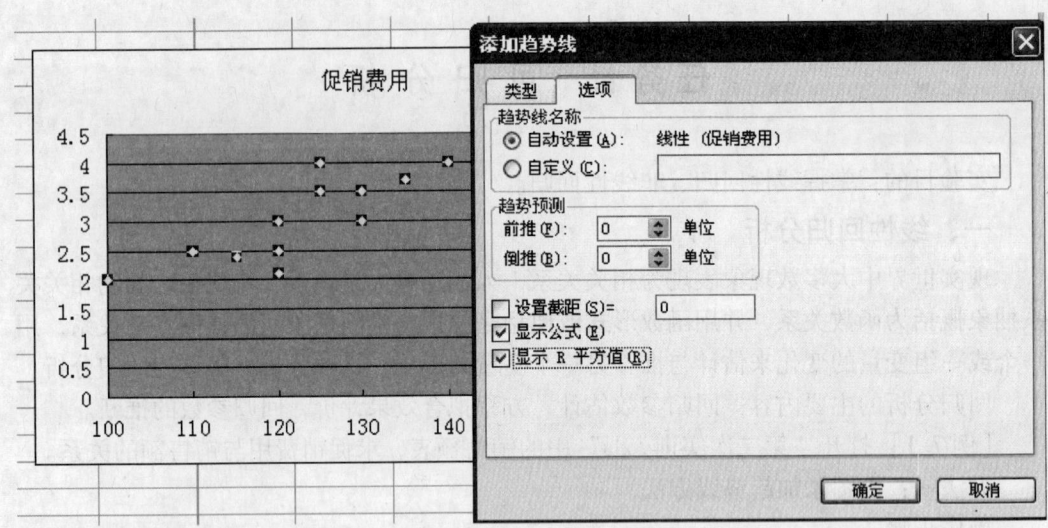

图 7-2 显示公式和 R 平方

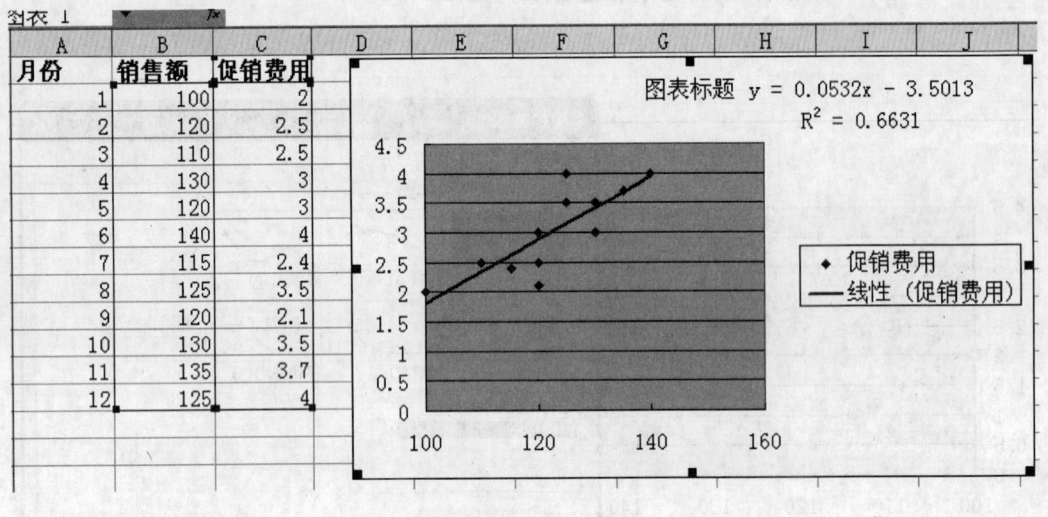

图 7-3 显示公式

方法二：输入函数法

操作步骤：在 E2 输入函数"= INTERCEPT(B2：B13，C2：C13)"，求出截距为 84.9077。在 F2 上输入函数"= SLOPE(B2：B13，C2：C13)"，求出斜率为 12.4637。设销售额为 y，促销费用为 x，则有 $y = 84.9077 + 12.4637x$。见图 7-4。

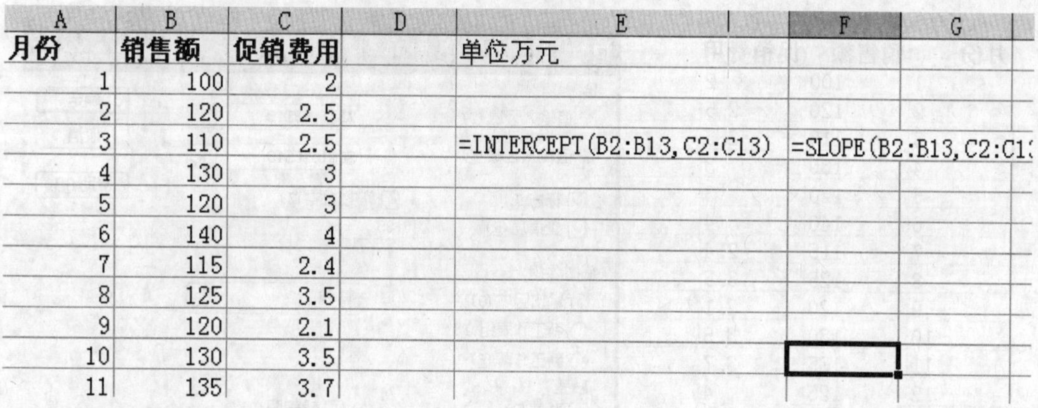

任务七 回归分析

	A	B	C	D	E	F	G
	月份	销售额	促销费用		单位万元		
	1	100	2				
	2	120	2.5				
	3	110	2.5		=INTERCEPT(B2:B13,C2:C13)	=SLOPE(B2:B13,C2:C13)	
	4	130	3				
	5	120	3				
	6	140	4				
	7	115	2.4				
	8	125	3.5				
	9	120	2.1				
	10	130	3.5				
	11	135	3.7				

图 7-4　斜率和截距的输入

方法三：数据分析中的回归分析法

操作步骤：

第一步：在"工具"菜单中选择数据分析，弹出如图 7-5 所示的"数据分析"对话框，选择"回归"，单击"确定"，弹出如图 7-6 所示的"回归"对话框，进行数据录入，后单击"确定"得到回归图表，见图 7-7。

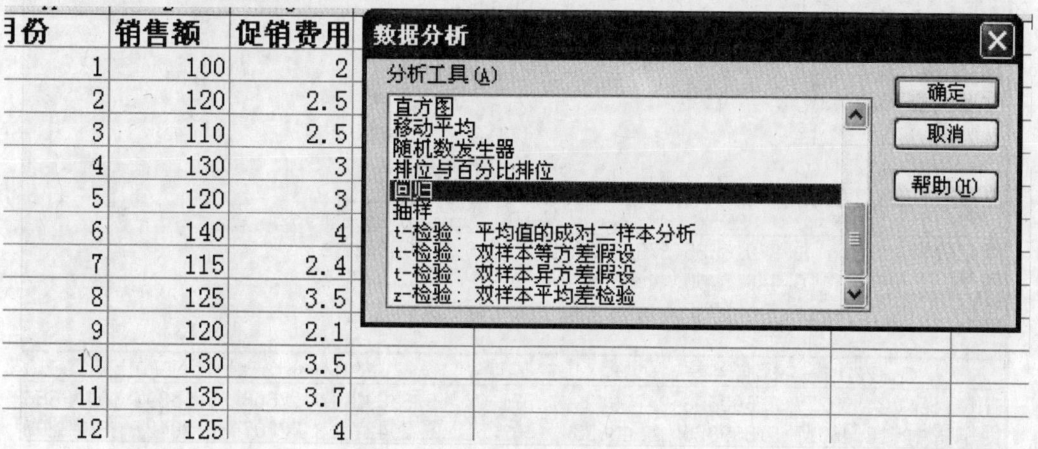

月份	销售额	促销费用
1	100	2
2	120	2.5
3	110	2.5
4	130	3
5	120	3
6	140	4
7	115	2.4
8	125	3.5
9	120	2.1
10	130	3.5
11	135	3.7
12	125	4

图 7-5　回归的选择

应用统计方法

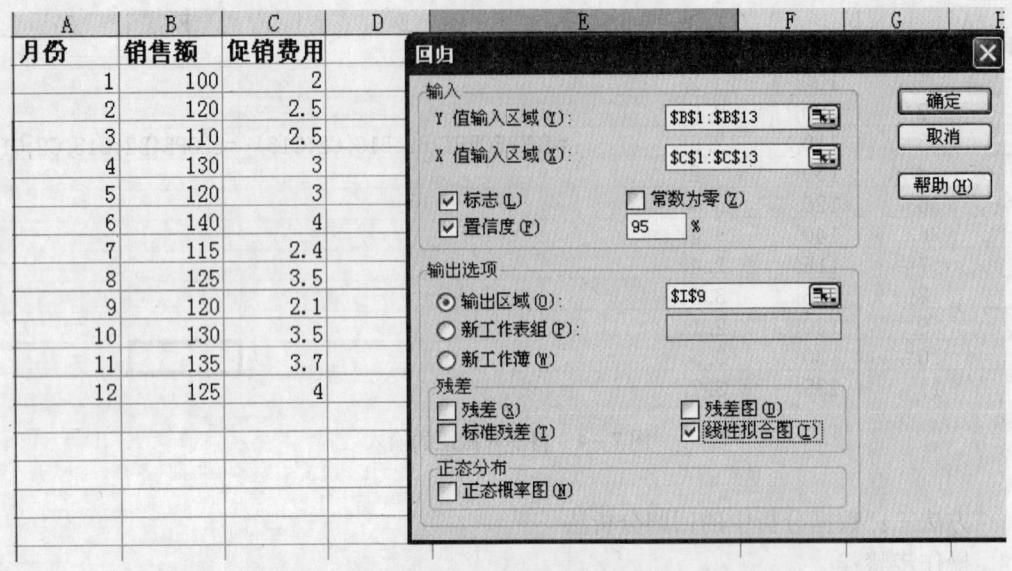

图 7-6　回归数据的录入

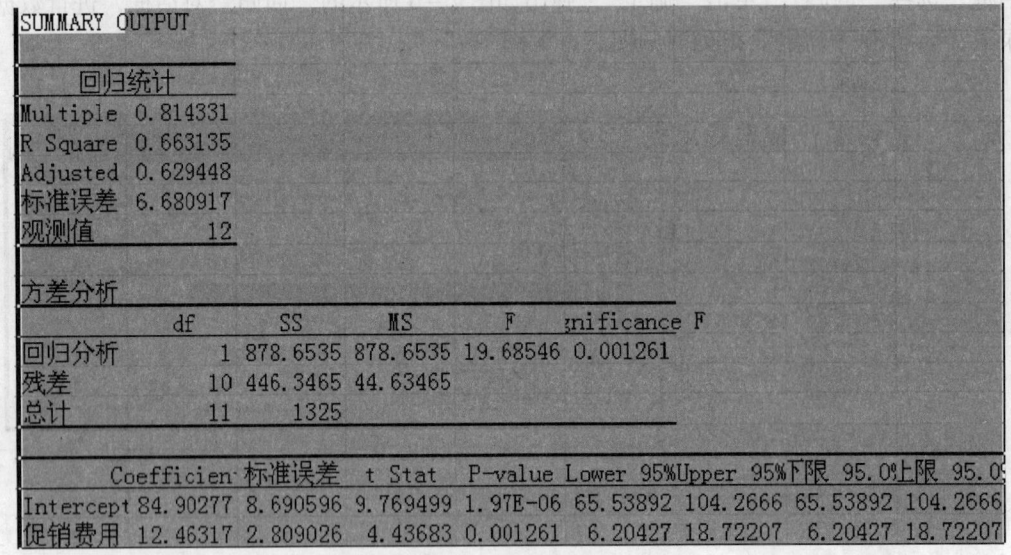

图 7-7　回归结果图

1. 回归统计表包括的内容

Multiple R（复相关系数 R）：R^2 的平方根，又称为相关系数，它用来衡量变量 x 和 y 之间相关程度的大小。例中，R 为 0.814331，表示二者之间的关系是高度正相关。

R Square（复测定系数 R^2）：用来说明用自变量解释因变量变差的程度，以测量同因变量 y 的拟合效果。例中，复测定系数为 0.663135，表明用自变量可解释因变量变差的 66.31%。

Adjusted R Square（调整复测定系数 R^2）：仅用于多元回归才有意义，它用于衡量加入独立变量后模型的拟合程度。当有新的独立变量加入后,即使这一变量同因变量之间不相关,未经修正的 R^2 也要增大,修正的 R^2 仅用于比较含有同一个因变量的各种模型。

标准误差:又称为标准回归误差或叫估计标准误差,它用来衡量拟合程度的大小,也用于计算与回归有关的其他统计量,此值越小,说明拟合程度越好。

观测值:是指用于估计回归方程的数据的观测值个数。

2. **方差分析表** 方差分析表的主要作用是通过 F 检验来判断回归模型的回归效果。df 是自由度。

SS 是总方差 = 回归方差 + 残差。

MS 是均方差。

F 是 F 检验值。

Significance F 是指检验的显著性。

3. **回归参数表** 如图 7-7 所示,回归参数表是表中最后一个部分:

Intercept 是截距 84.90277,促销费用旁边的 12.46317 是斜率。

有 t 值和 p 值(显著性)。

二、多元回归分析

[**例** 7.2] 打开"第五次实训.xls"中的销售表。某店非常想知道在电视台做广告与在广播电台做广告哪种媒体更有效。它收集了商店的每月销售额(万元)和每月用在以上两种媒介的广告支出。试问:

(1) 在显著性水平为 0.05 的基础上,销售额是否同两种媒介的广告有关?

(2) 每种媒介上的广告支出额对销售额的影响如何?

(3) 哪种广告形式带来的成本效益更高?

操作步骤:在工具菜单中选择"数据分析",弹出如图 7-5 所示的"数据分析"对话框,选择"回归",单击"确定",弹出如图 7-8 所示的"回归"对话框,进行数据录入,后单击"确定"得到回归结果,见图 7-9。

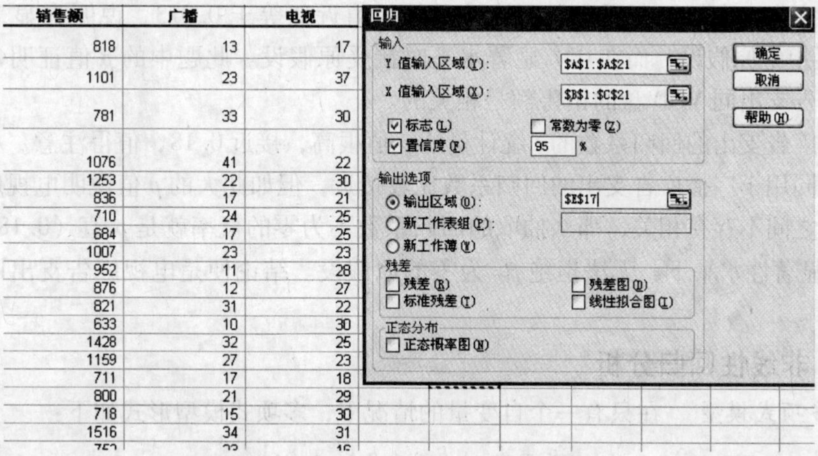

图 7-8 "回归"对话框

```
SUMMARY OUTPUT

          回归统计
Multiple R   0.603873
R Square    0.364663
Adjusted R   0.289918
标准误差     211.9553
观测值          20

方差分析
           df      SS         MS        F      ignificance F
回归分析      2    438354.6   219177.3   4.87873   0.021161
残差        17    763726.2    44925.07
总计        19   1202081

         Coefficients 标准误差    t Stat    P-value   Lower 95% Upper 95% 下限 95.0% 上限 95.0%
Intercept  256.4546   267.3642  0.959196  0.350905  -307.635   820.5438  -307.635   820.5438
广播         15.71511   5.648375  2.782236  0.012774  3.798084   27.63214  3.798084   27.63214
电视         12.75829   9.113331  1.399959  0.179511  -6.46916   31.98573  -6.46916   31.98573
```

图 7-9 回归结果

1. 回归统计表　　调整复测定系数为 28.99%，这说明两种媒体的广告支出只能解释销售额变动的 29%，大约销售额变动的 71% 要由其他因素的变动来解释。

估计标准误差为 211.9553，说明实际值与估计值之间的误差。

2. 方差分析表　　方差分析的目的是进行回归方程的回归效果检验，F 统计量的 P 值约等于 0.021，小于显著水平 0.05，说明方程回归效果显著，方程中至少有一个回归系数显著不为零。

3. 回归参数表　　回归方程为：$\hat{y} = 256.4565 + 15.7151x_1 + 12.75x_2$。

广播广告支出的回归系数的 t 统计量的 p 值近似等于 0.013，说明在显著性水平 0.05 时要拒绝原假设，而在 0.1 显著水平时接受原假设。此题中的 p 值证明每月用于广播的广告支出同 VCD 盘的销售额是相关的。

电视广告支出的回归系数的 t 统计量的 p 值很高，接近 0.18，值得注意。尽管它的回归系数同用于广播广告支出的回归系数比较接近，但如此大的 p 值说明电视广告支出同销售额之间不存在相关，那么抽取的回归系数不为零的概率就是 p 值 (0.18)。在给定 5% 的显著性水平下，无法拒绝 β_2 为零的原假设。结论便是电视广告支出回归系数不显著。

三、非线性回归分析

1. 多项式模型　　在只有一个自变量的情况下，多项式模型形式如下：

$$\hat{y} = b_0 + b_1 x + b_2 x^2 + \cdots$$

可转化为多元线性回归的方式，设 $x_1 = x^2$，$x_2 = x^3$，…则可参照多元线性回归方法做。

[**例7.3**] 打开"第五次实训.xls"中的多项式,求成本对产量的函数。

操作步骤:

第一步:绘制散点图,见图7-10。

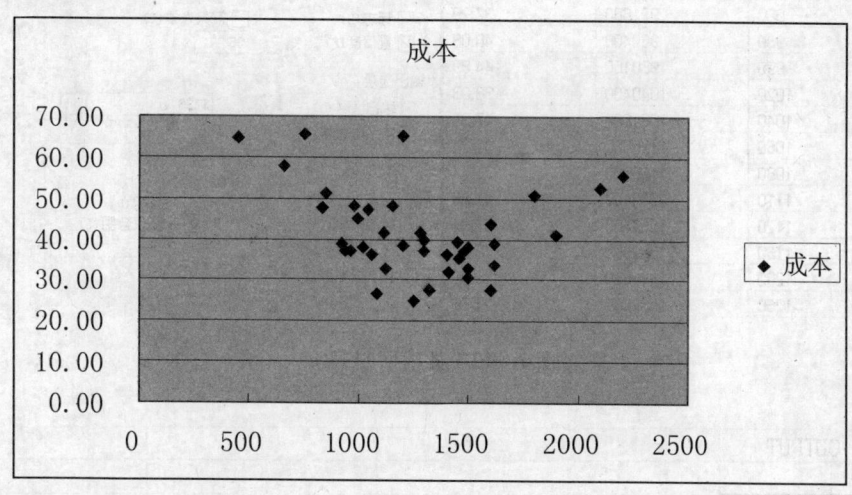

图7-10 成本对产量的散点图

第二步:在图7-10中,可见图形下凹,故为一元二次方程可模拟,在B列前插入一列,在B1处输入成本平方,在B2处输入"=A1^2"并下拉至B41,使得B2:B41全部填充完。见图7-11。

	A	B	C
1	产量	产量平方	成本
2	450	202500	64.68
3	660	435600	57.94
4	750	562500	65.50
5	830	688900	47.55
6	850	722500	51.24
7	920	846400	38.74
8	940	883600	37.28
9	960	921600	37.29
10	980	960400	48.08

图7-11 插入B列

第三步:点击菜单"工具"中的"数据分析",插入线性回归,并填充数据,见图7-12。单击"确定"即可获得结果,见图7-13。

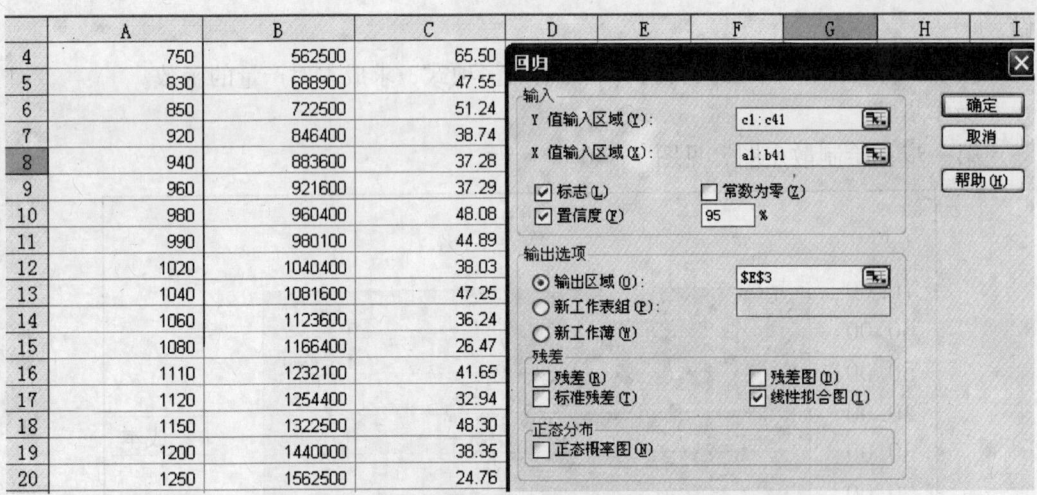

	A	B	C
4	750	562500	65.50
5	830	688900	47.55
6	850	722500	51.24
7	920	846400	38.74
8	940	883600	37.28
9	960	921600	37.29
10	980	960400	48.08
11	990	980100	44.89
12	1020	1040400	38.03
13	1040	1081600	47.25
14	1060	1123600	36.24
15	1080	1166400	26.47
16	1110	1232100	41.65
17	1120	1254400	32.94
18	1150	1322500	48.30
19	1200	1440000	38.35
20	1250	1562500	24.76

图 7-12 插入回归菜单

SUMMARY OUTPUT

回归统计	
Multiple	0.697793
R Square	0.486915
Adjusted	0.459181
标准误差	7.602278
观测值	40

方差分析

	df	SS	MS	F	gnificance F
回归分析	2	2029.334	1014.667	17.55642	4.35E-06
残差	37	2138.401	57.79463		
总计	39	4167.735			

	Coefficien	标准误差	t Stat	P-value	Lower 95%	Upper 95%	下限 95.0%	上限 95.0%
Intercept	106.8835	11.08959	9.638186	1.24E-11	84.4139	129.3532	84.4139	129.3532
产量	-0.09918	0.016942	-5.8542	9.89E-07	-0.13351	-0.06485	-0.13351	-0.06485
产量平方	3.47E-05	6.23E-06	5.568743	2.41E-06	2.21E-05	4.73E-05	2.21E-05	4.73E-05

图 7-13 回归结果

从图 7-13 可见，成本 $y = 106.8835 - 0.09918x + 0.0000347 \times x^2$。

2. 对数模型　对数模型方程为：$y = a + b\ln(x)$，可以设 $X = \ln(x)$，用一元线性回归可得。

[例 7.4] 打开"第五次实训.xls"中的对数表，求收益对产量的函数。

操作步骤：

第一步：作散点图，见图 7-14。

任务七 回归分析

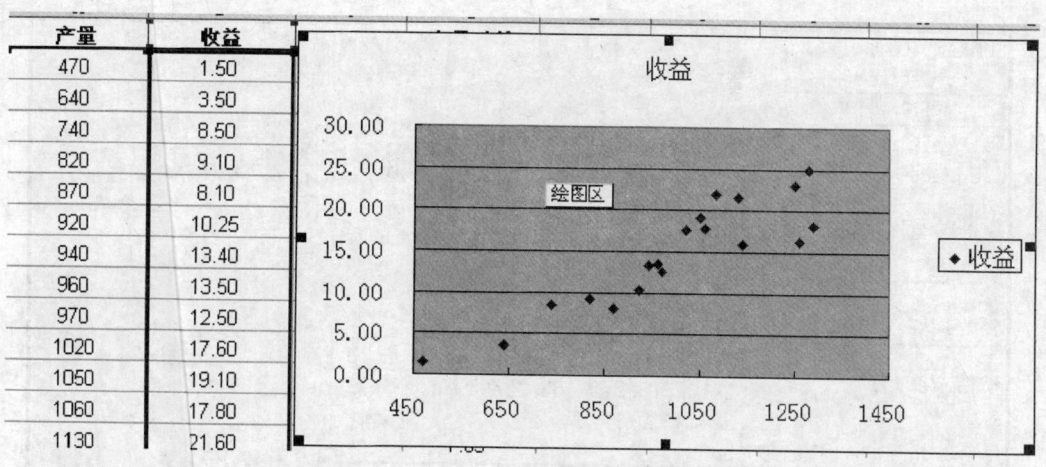

图7-14 产量—收益散点图

第二步：在B列前插入一列，并在B1处输入"产量对数"，在B2插入"=ln(A2)"，并下拉到B20。

第三步：在菜单"工具"中的"数据分析"选择"回归"并添加数据，单击"确定"，见图7-15。结果显示见图7-16。

产量	产量对数	收益
470	6.15	1.50
640	6.46	3.50
740	6.61	8.50
820	6.71	9.10
870	6.77	8.10
920	6.82	10.25
940	6.85	13.40
960	6.87	13.50
970	6.88	12.50
1020	6.93	17.60
1050	6.96	19.10
1060	6.97	17.80
1130	7.03	21.60
1140	7.04	16.00
1080	6.98	22.00
1250	7.13	23.00

图7-15 插入回归函数

应用统计方法

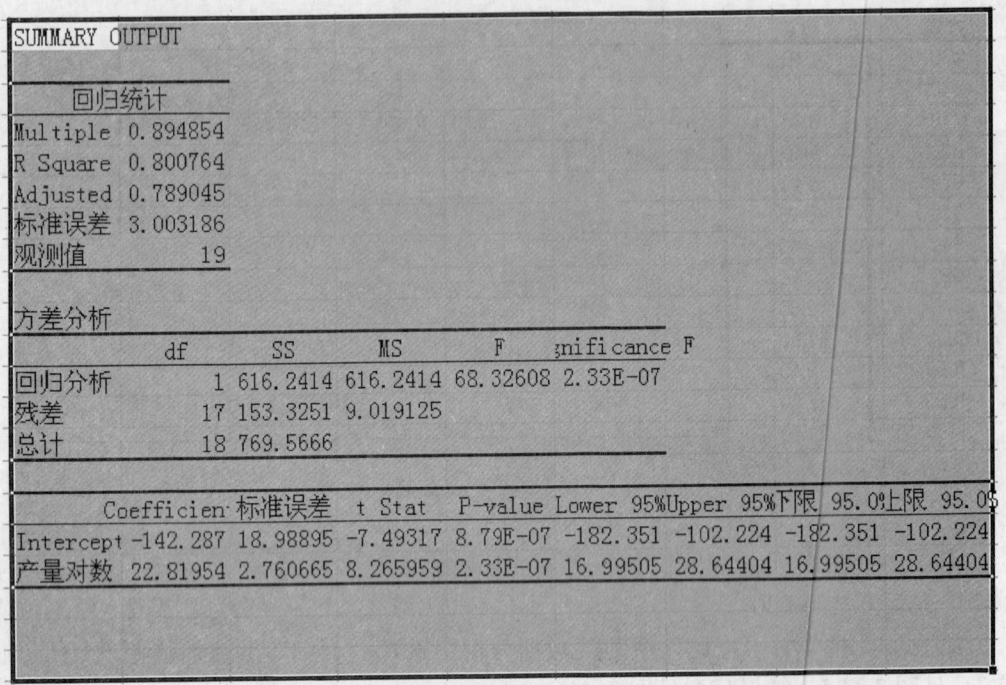

图7-16 回归分析结果

从图7-16可知，$y = -142.87 + 22.81954\ln x$

3. 幂函数　幂函数的方程形式为：$y = ax^b$，两边取对数：$\ln y = \ln a + b\ln x$，设 $Y = \ln y$，$A = \ln a$，$X = \ln x$，可以用线性回归求得。

[例7.5] 打开"第五次实训.xls"中的幂函数文档，求固定资产与产值的关系。

操作步骤：

第一步：在C列插入ln（产值），D列插入ln（固定资产），并插入散点图，显示线性及线性公式，见图7-17所示。

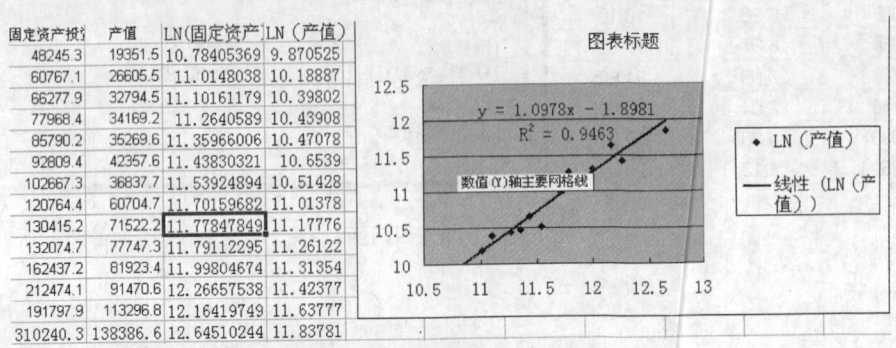

图7-17 绘制固定资产和产值的散点图

可见，$Y = 1.0978X - 1.8981$，即 $y = 0.145x^{1.0978}$。

第二步：插入数据分析中的回归分析，见图 7－18。

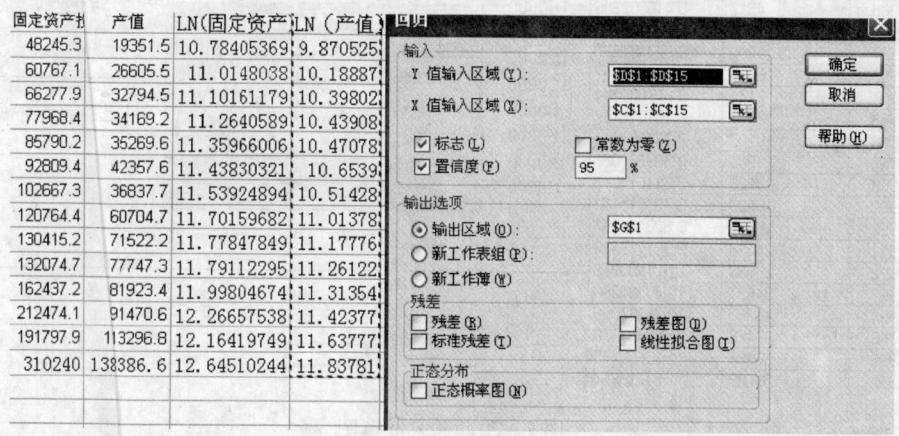

图 7－18　插入回归分析

得到结果如图 7－19 所示。

LN(固定资产	LN（产值）
10.78405369	9.870525
11.0148038	10.18887
11.10161179	10.39802
11.2640589	10.43908
11.35966006	10.47078
11.43830321	10.6539
11.53924894	10.51428
11.70159682	11.01378
11.77847849	11.17776
11.79112295	11.26122
11.99804674	11.31354
12.26657538	11.42377
12.16419749	11.63777
12.64510244	11.83781

SUMMARY OUTPUT								
回归统计								
Multiple	0.972774							
R Square	0.94629							
Adjusted	0.941814							
标准误差	0.141949							
观测值	14							
方差分析								
	df	SS	MS	F	gnificance F			
回归分析	1	4.260082	4.260082	211.4222	5.54E-09			
残差	12	0.241796	0.02015					
总计	13	4.501877						
	Coefficien	标准误差	t Stat	P-value	Lower 95%	Upper 95%	下限 95.0%	上限 95.0%
Intercept	-1.89805	0.879033	-2.15925	0.051781	-3.8133	0.017199	-3.8133	0.017199
LN(固定资	1.097803	0.0755	14.54036	5.54E-09	0.933302	1.262304	0.933302	1.262304

图 7－19　回归分析结果

可见 $Y=1.0978X-1.8981$，即 $y=0.145x^{1.0978}$。

4. 指数模型　指数模型方程为：$y=ce^{bx}$，两边取对数：$\ln y=\ln c+bx$，设 $Y=\ln y$，用线性回归可求得。

[**例** 7.6] 打开“第五次实训 . xls”中的 GDP 文档，求 GDP 与年份的关系。

操作步骤：

第一步：插入散点图，并显示指数函数的公式，见图 7－20。

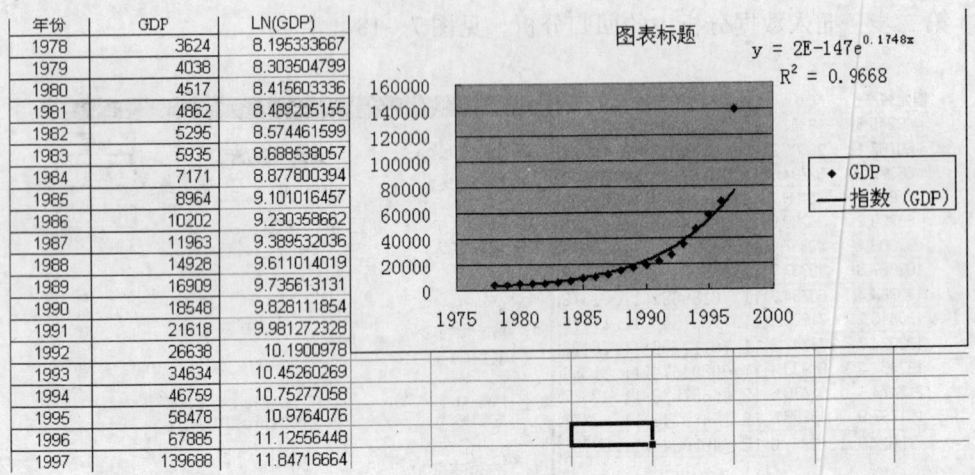

图 7-20　插入散点图

年份	GDP	LN(GDP)
1978	3624	8.195333667
1979	4038	8.303504799
1980	4517	8.415603336
1981	4862	8.489205155
1982	5295	8.574461599
1983	5935	8.688538057
1984	7171	8.877800394
1985	8964	9.101016457
1986	10202	9.230358662
1987	11963	9.389532036
1988	14928	9.611014019
1989	16909	9.735613131
1990	18548	9.828111854
1991	21618	9.981272328
1992	26638	10.1900978
1993	34634	10.45260269
1994	46759	10.75277058
1995	58478	10.9764076
1996	67885	11.12556448
1997	139688	11.84716664

第二步：在 C1 插入 LN（GDP），C2 插入 "=LN（B2）"，并向下填充至 C21。

第三步：插入数据分析中的回归分析，见图 7-21 所示。

图 7-21　回归分析

得到分析结果如图 7-22 所示。

即：$y = -337.804 + 0.174789x$，即：$y = 1.9658 \times 10^{-147} e^{0.174789x}$。

任务七 回归分析

SUMMARY OUTPUT	
回归统计	
Multiple R	0.983276
R Square	0.966832
Adjusted R Square	0.964989
标准误差	0.196777
观测值	20

方差分析

	df	SS	MS	F	ignificance F
回归分析	1	20.31646	20.31646	524.6883	9.15E-15
残差	18	0.696978	0.038721		
总计	19	21.01344			

	Coefficients	标准误差	t Stat	P-value	Lower 95%	Upper 95%	下限 95.0%	上限 95.0%
Intercept	-337.804	15.16601	-22.2738	1.49E-14	-369.667	-305.941	-369.667	-305.941
年份	0.174789	0.007631	22.90608	9.15E-15	0.158757	0.19082	0.158757	0.19082

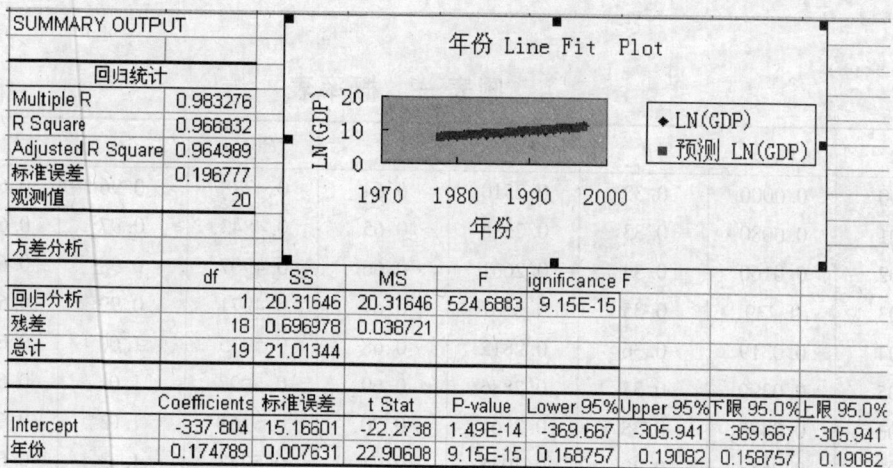

图 7-22 回归结果图

附录

附表一 概率表

t	F(t)	t	F(t)	t	F(t)	t	F(t)
0.00	0.0000	0.32	0.2510	0.64	0.4778	0.96	0.6629
0.01	0.0080	0.33	0.2586	0.65	0.4843	0.97	0.6680
0.02	0.0160	0.34	0.2661	0.66	0.4907	0.98	0.6729
0.03	0.239	0.35	0.2737	0.67	0.4971	0.99	0.6778
0.04	0.0319	0.36	0.2812	0.68	0.5035	1.00	0.6827
0.05	0.0399	0.37	0.2886	0.69	0.5098	1.01	0.6875
0.06	0.0478	0.38	0.2961	0.70	0.5161	1.02	0.6923
0.07	0.0558	0.39	0.3035	0.71	0.5223	1.03	0.6970
0.08	0.0638	0.40	0.3108	0.72	0.5285	1.04	0.7017
0.09	0.0717	0.41	0.3182	0.73	0.5346	1.05	0.7063
0.10	0.0797	0.42	0.3255	0.74	0.5407	1.06	0.7109
0.11	0.0876	0.43	0.3328	0.75	0.5467	1.07	0.7154
0.12	0.0955	0.44	0.3401	0.76	0.5527	1.08	0.7199
0.13	0.1034	0.45	0.3473	0.77	0.5587	1.09	0.7243
0.14	0.1118	0.46	0.3545	0.78	0.5646	1.10	0.7287
0.15	0.1192	0.47	0.3616	0.79	0.5705	1.11	0.7330
0.16	0.1271	0.48	0.3688	0.80	0.5763	1.12	0.7373
0.17	0.1350	0.49	0.3759	0.81	0.5821	1.13	0.7415
0.18	0.1428	0.50	0.3829	0.82	0.5878	1.14	0.7457
0.19	0.1507	0.51	0.3899	0.83	0.5935	1.15	0.7499
0.20	0.1585	0.52	0.3969	0.84	0.5991	1.16	0.7540
0.21	0.1663	0.53	0.4039	0.85	0.6047	1.17	0.7580
0.22	0.1741	0.54	0.4108	0.86	0.6102	1.18	0.7620
0.23	0.1819	0.55	0.4177	0.87	0.6157	1.19	0.7660
0.24	0.1897	0.56	0.4215	0.88	0.6211	1.20	0.7699
0.25	0.1974	0.57	0.4313	0.89	0.6265	1.21	0.7737
0.26	0.2051	0.58	0.4381	0.90	0.6319	1.22	0.7775
0.27	0.2128	0.59	0.4448	0.91	0.6372	1.23	0.7813
0.28	0.2205	0.60	0.4515	0.92	0.6424	1.24	0.7850
0.29	0.2282	0.61	0.4581	0.93	0.6476	1.25	0.7887
0.30	0.2358	0.62	0.4647	0.94	0.6528	1.26	0.7923
0.31	0.2334	0.63	0.4713	0.95	0.6579	1.27	0.7959
1.28	0.7995	1.61	0.8926	1.94	0.9476	2.54	0.9889
1.29	0.8030	1.62	0.8948	1.95	0.9488	2.56	0.9895
1.30	0.8064	1.63	0.8969	1.96	0.9500	2.58	0.9901

续附表一

1.31	0.8098	1.64	0.8990	1.97	0.9512	2.60	0.9907
1.32	0.8132	1.65	0.9011	1.98	0.9523	2.62	0.9912
1.33	0.8165	1.66	0.9031	1.99	0.9534	2.64	0.9917
1.34	0.8198	1.67	0.9051	2.00	0.9545	2.66	0.9922
1.35	0.8230	1.68	0.9070	2.02	0.9566	2.68	0.9926
1.36	0.8262	1.69	0.9090	2.04	0.9587	2.70	0.9931
1.37	0.8293	1.70	0.9109	2.06	0.9606	2.72	0.9935
1.38	0.8324	1.71	0.9127	2.08	0.9625	2.71	0.9939
1.39	0.8355	1.72	0.9146	2.10	0.9643	2.76	0.9942
1.40	0.8385	1.73	0.9164	2.12	0.9660	2.78	0.9946
1.41	0.8415	1.74	0.9181	2.14	0.9676	2.80	0.9949
1.42	0.8444	1.75	0.9199	2.16	0.9692	2.82	0.9952
1.43	0.8473	1.76	0.9216	2.18	0.9707	2.84	0.9955
1.44	0.8501	1.77	0.9233	2.20	0.9722	2.86	0.9958
1.45	0.8529	1.78	0.9249	2.22	0.9736	2.88	0.9960
1.46	0.8557	1.79	0.9265	2.24	0.9749	2.90	0.9962
1.47	0.8584	1.80	0.9281	2.26	0.9762	2.92	0.9965
1.48	0.8611	1.81	0.9297	2.28	0.9774	2.94	0.9967
1.49	0.8638	1.82	0.9312	2.30	0.9786	2.96	0.9969
1.50	0.8664	1.83	0.9328	2.32	0.9797	2.98	0.9971
1.51	0.8690	1.84	0.9342	2.34	0.9807	3.00	0.9973
1.52	0.8715	1.85	0.9357	2.36	0.9817	3.20	0.9986
1.53	0.8740	1.86	0.9371	2.38	0.9827	3.40	0.9993
1.54	0.8764	1.87	0.9385	2.40	0.9836	3.60	0.99968
1.55	0.8789	1.88	0.9399	2.42	0.9845	3.80	0.99986
1.56	0.8812	1.89	0.9412	2.44	0.9853	4.00	0.99994
1.57	0.8836	1.90	0.9426	2.46	0.9861	4.50	0.999993
1.58	0.8859	1.91	0.9439	2.48	0.9869	5.00	0.999999
1.59	0.8882	1.92	0.9451	2.50	0.9876		
1.60	0.8904	1.93	0.9464	2.52	0.9883		

附表二 常用对数表

N	0	1	2	3	4	5	6	7	8	9	1	2	3	4	5	6	7	8	9
1.0	0000	0043	0086	0128	0170	0212	0253	0294	0334	0374	4	8	12	17	21	25	29	33	37
1.1	0414	0453	0492	0531	0569	0607	0645	0682	0719	0755	4	8	11	15	19	23	26	30	34
1.2	0792	0828	0864	0899	0934	0969	1004	1038	1072	1106	3	7	10	14	17	21	24	28	31
1.3	1139	1173	1206	1239	1271	1303	1335	1367	1399	1430	3	6	10	13	16	19	23	26	29
1.4	1461	1492	1523	1553	1584	1614	1644	1673	1703	1732	3	6	9	12	15	18	21	24	27
1.5	1761	1790	1818	1847	1875	1903	1931	1959	1987	2014	3	6	8	11	14	17	20	22	25
1.6	2041	2068	2095	2122	2148	2175	2201	2227	2253	2279	3	5	8	11	13	16	18	21	24
1.7	2304	2330	2355	2380	2405	2430	2455	2480	2504	2529	2	5	7	10	12	15	17	20	22
1.8	2553	2577	2601	2625	2648	2672	2695	2718	2742	2765	2	5	7	9	12	14	16	19	21
1.9	2788	2810	2833	2856	2878	2900	2923	2945	2967	2989	2	4	7	9	11	13	16	18	20
2.0	3010	3032	3054	3075	3096	3118	3139	3160	3181	3201	2	4	6	8	11	13	15	17	19
2.1	3222	3242	3263	3284	3304	3324	3345	3365	3385	3404	2	4	6	8	10	12	14	16	18
2.2	3424	3444	3464	3483	3502	3522	3541	3560	3579	3598	2	4	6	8	10	12	14	15	17
2.3	2617	3636	3655	3674	3692	3711	3729	3747	3766	3784	2	4	6	7	9	11	13	15	17
2.4	3802	3820	3838	3856	3874	3892	3909	3927	3945	3962	2	4	5	7	9	11	12	14	16
2.5	3979	3997	4014	4031	4078	4065	4082	4099	4116	4133	2	3	5	7	9	10	12	14	15
2.6	4150	4166	4183	4200	4216	4232	4249	4265	4281	4298	2	3	5	7	8	10	11	13	15
2.7	4314	4330	4346	4362	4378	4393	4409	4425	4440	4456	2	3	5	6	8	9	11	13	14
2.8	4472	4487	4502	4518	4533	4548	4564	4579	4594	4609	2	3	5	6	8	9	11	12	14
2.9	4624	4639	4654	4669	4683	4698	4713	4728	4742	4757	1	3	4	6	7	9	10	12	13
3.0	4771	4786	4800	4814	4829	4843	4857	4871	4886	4900	1	3	4	6	7	9	10	11	13
3.1	4914	4928	4942	4955	4969	4983	4997	5011	5024	5038	1	3	4	6	7	8	10	11	12
3.2	5051	5065	5079	5092	5105	5119	5132	5145	5159	5172	1	3	4	5	7	8	9	11	12
3.3	5185	5198	5211	5224	5237	5250	5263	5276	5289	5302	1	3	4	5	6	8	9	10	12
3.4	5315	5328	5340	5353	5366	5378	5391	5403	5416	5428	1	3	4	5	6	8	9	10	11
3.5	5441	5453	5465	5478	5490	5502	5514	5527	5539	5551	1	2	4	5	6	7	9	10	11
3.6	5563	5575	5587	5599	5611	5623	5635	5647	5658	5670	1	2	4	5	6	7	8	10	11
3.7	5682	5694	5705	5717	5729	5740	5752	5763	5775	5786	1	2	3	5	6	7	8	9	10
3.8	5789	5809	5821	5832	5843	5855	5866	5877	5888	5899	1	2	3	5	6	7	8	9	10
3.9	5911	5922	5933	5944	5955	5966	5977	5988	5999	6010	1	2	3	4	5	7	8	9	10

续附表二

N	0	1	2	3	4	5	6	7	8	9	1	2	3	4	5	6	7	8	9
4.0	6021	6031	6042	6053	6064	6075	6085	6096	6107	6117	1	2	3	4	5	6	8	9	10
4.1	6218	6138	6149	6160	6170	6180	6191	6201	6212	6222	1	2	3	4	5	6	7	8	9
4.2	6232	6243	6253	6263	6274	6284	6297	6304	6314	6325	1	2	3	4	5	6	7	8	9
4.3	6335	6345	6355	6365	6375	6385	6395	6405	6415	6425	1	2	3	4	5	6	7	8	9
4.4	6435	6444	6454	6464	6474	6484	6493	6503	6513	6522	1	2	3	4	5	6	7	8	9
4.5	6532	6542	6551	6561	6571	6580	6590	6599	6609	6618	1	2	3	4	5	6	7	8	9
4.6	6628	6637	6646	6656	6665	6675	6684	6693	6702	6712	1	2	3	4	5	6	7	7	8
4.7	6721	6730	6839	6749	6758	6767	6776	6785	6794	6803	1	2	3	4	5	5	6	7	8
4.8	6812	6821	6830	6839	6848	6857	6866	6875	6884	6893	1	2	3	4	4	5	6	7	8
4.9	6902	6911	6920	6928	6937	6946	6955	6964	6972	6981	1	2	3	4	4	5	6	7	8
5.0	6990	6889	7007	7016	7024	7033	7042	7050	7059	7067	1	2	3	3	4	5	6	7	8
5.1	7.76	7.84	7.93	7101	7110	7118	7126	7135	7143	7152	1	2	3	3	4	5	6	7	8
5.2	7160	7168	7177	7185	7193	7202	7210	7218	7226	7235	1	2	2	3	4	5	6	7	7
5.3	7243	7251	7259	7267	7275	7284	7292	7300	7308	7316	1	2	2	3	4	5	6	6	7
5.4	7324	7332	7340	7348	7356	7364	7372	7380	7388	7396	1	2	2	3	4	5	6	6	7
5.5	7404	7412	7419	7427	7435	7443	7451	7459	7466	7474	1	2	2	3	4	5	5	6	7
5.6	7482	7490	7497	7505	7513	7520	7528	7536	7543	7551	1	2	2	3	4	5	5	6	7
5.7	7559	7566	7574	7582	7589	7597	7604	7612	7619	7627	1	2	2	3	4	5	5	6	7
5.8	7634	7642	7649	7657	7664	7672	7679	7686	7694	7701	1	1	2	3	4	4	5	6	7
5.9	7709	7716	7723	7731	7738	7745	7752	7760	7767	7774	1	1	2	3	4	4	5	6	7
6.0	7782	7789	7796	7803	7810	7818	7825	7832	7839	7846	1	1	2	3	4	4	5	6	6
6.1	7853	7860	7868	7875	7882	7889	7896	7903	7910	7917	1	1	2	3	4	4	5	6	6
6.2	7924	7931	7938	7945	7952	7959	7966	7973	7980	7987	1	1	2	3	3	4	5	6	6
6.3	7993	8000	8007	8014	8021	8028	8035	8041	8.48	8055	1	1	2	3	3	4	5	5	6
6.4	8062	8069	8075	8082	8089	8096	8102	8109	8116	8122	1	1	2	3	3	4	5	5	6
6.5	8129	8136	8142	8149	8156	8162	8169	8176	8182	8189	1	1	2	3	3	4	5	5	6
6.6	8195	8202	8209	8215	8222	8228	8235	8241	8248	8254	1	1	2	3	3	4	5	5	6
6.7	8261	8267	8274	8280	8287	8293	8299	8306	8312	8319	1	2	2	3	3	4	5	5	6
6.8	8325	8331	8338	8344	8351	8357	8363	8370	8376	8382	1	1	2	3	3	4	4	5	6
6.9	8383	8395	8401	8407	8414	8420	8426	8432	8439	8445	1	1	2	2	3	4	4	5	6
7.0	8451	8457	8463	8470	8476	8482	8488	8494	8500	8506	1	1	2	2	3	4	4	5	6

续附表二

N	0	1	2	3	4	5	6	7	8	9	1	2	3	4	5	6	7	8	9
7.1	8513	8519	8525	8531	8537	8543	8549	8555	8561	8567	1	1	2	2	3	4	4	5	5
7.2	8573	8579	8585	8591	8597	8603	8609	8615	8621	8627	1	1	2	2	3	4	4	5	5
7.3	8633	8639	8645	8651	8657	8663	8669	8675	8681	8686	1	1	2	2	3	4	4	5	5
7.4	8692	8698	8704	8710	8716	8722	8727	8733	8739	8745	1	1	2	2	3	4	4	5	5
7.5	8751	8756	8762	8768	8774	8779	8785	8791	8797	8802	1	1	2	2	3	3	4	5	5
7.6	8808	8814	8820	8825	8831	8837	8842	8848	8854	8859	1	1	2	2	3	3	4	5	5
7.7	8865	8871	8876	8882	2887	8893	8899	8904	8910	8915	1	1	2	2	3	3	4	4	5
7.8	8921	8927	8932	8938	8943	8949	8954	8960	8965	8971	1	1	2	3	3	3	4	4	5
7.9	8976	8982	8987	8993	8998	9004	9009	9015	9020	9025	1	1	2	2	3	3	4	4	5
8.0	9031	9036	9042	9047	9053	9058	9063	9069	9074	9079	1	1	2	2	3	3	4	4	5
8.1	9085	9090	9096	9101	9106	9112	9117	9122	9128	9133	1	1	2	2	3	3	4	4	5
8.2	9138	9143	9149	9154	9159	9165	9170	9175	9180	9186	1	1	2	2	3	3	4	4	5
8.3	9191	9196	9201	9206	9212	9217	9222	9227	9232	9238	1	1	2	2	3	3	4	4	5
8.4	9243	9248	9253	9258	9263	9269	9274	9279	9284	9289	1	1	2	2	3	3	4	4	5
8.5	9294	9299	9304	9309	9315	9320	9325	9330	9335	9340	1	1	2	2	3	3	4	4	5
8.6	9345	9350	9355	9360	9365	9370	9375	9380	9385	9390	1	1	2	2	3	3	4	4	5
8.7	9395	9400	9405	9410	9415	9420	9425	9430	9435	9440	0	1	1	2	2	3	3	4	4
8.8	9445	9450	9455	9460	9465	9469	9474	9479	9484	9489	0	1	1	2	2	3	3	4	4
8.9	9494	9499	9504	9509	9513	9518	9523	9528	9533	9538	0	1	1	2	2	3	3	4	4
9.0	9542	9547	9552	9557	9562	9566	9571	9576	9581	9586	0	1	1	2	2	3	3	4	4
9.1	9590	9595	9600	9605	9609	9614	9619	9624	9628	9633	0	1	1	2	2	3	3	4	4
9.2	9638	9643	9647	9652	9657	9661	9666	9671	9675	9680	0	1	1	2	2	3	3	4	4
9.3	9685	9689	9694	9699	9703	9708	9713	9717	9722	9727	0	1	1	2	2	3	3	4	4
9.4	9731	9736	9741	9745	9750	9754	9759	9763	9768	9773	0	1	1	2	2	3	3	4	4
9.5	9777	9782	9786	9791	9795	9800	9805	9809	9814	9818	0	1	1	2	2	3	3	4	4
9.6	9823	9827	9832	9836	9841	9845	9850	9854	9859	9863	0	1	1	2	2	3	3	4	4
9.7	9868	9872	9877	9881	9886	9890	9894	9899	9903	9908	0	1	1	2	2	3	3	4	4
9.8	9912	9917	9921	9926	9930	9934	9939	9943	9948	9952	0	1	1	2	2	3	3	4	4
9.9	9956	9961	9965	9969	9974	9978	9983	9987	9991	9996	0	1	1	2	2	3	3	4	4

附表三 随机数字表

03 47 43 73 86	36 96 47 36 61	46 98 63 71 62	33 26 16 80 45	60 11 14 10 95
97 74 24 67 62	42 81 14 57 20	42 53 32 37 32	27 07 36 07 51	24 51 79 89 73
16 76 62 27 66	56 50 26 71 07	32 90 79 78 53	13 55 38 58 59	88 97 54 14 10
12 56 85 99 26	96 96 68 27 31	05 03 72 93 15	57 12 10 14 21	88 26 49 81 76
55 59 56 35 64	38 54 82 46 22	31 62 3 09 90	06 18 44 32 53	23 83 01 30 30
16 22 77 94 39	49 54 43 54 82	17 37 93 23 78	87 35 20 96 43	84 26 34 91 64
84 42 17 53 31	57 24 55 06 88	77 04 74 47 67	21 76 33 50 25	83 92 12 06 76
63 01 63 78 59	16 95 55 67 19	98 10 50 71 75	12 8 73 58 07	44 39 52 38 79
33 21 12 34 29	78 64 56 07 82	52 42 07 44 38	15 51 00 43 42	99 66 02 79 54
57 60 86 32 44	09 47 27 96 54	49 17 46 09 62	90 52 84 77 27	08 02 73 43 28
18 18 07 92 45	44 17 16 58 09	79 83 86 19 62	06 76 50 03 10	55 23 64 05 05
26 62 38 97 75	84 16 07 44 99	83 11 46 32 24	20 14 85 88 45	10 93 72 88 71
23 42 40 64 74	82 97 77 77 81	07 45 32 14 08	32 98 94 07 72	93 85 79 10 75
52 36 28 19 95	50 92 26 11 97	00 56 76 31 38	80 22 02 53 53	86 60 42 04 53
37 85 94 35 12	83 39 50 08 30	42 34 07 96 88	54 42 06 87 98	35 85 29 48 39
70 29 17 12 13	40 33 20 38 26	13 89 51 03 74	17 76 37 13 04	07 74 21 19 30
56 62 18 27 35	96 83 50 87 75	97 12 25 93 47	70 33 24 03 54	97 77 46 44 80
99 49 57 22 77	88 42 95 45 72	16 64 36 16 00	04 43 18 66 79	94 77 24 21 90
16 08 15 04 72	33 27 14 34 09	45 59 34 68 49	12 72 07 34 45	99 27 72 95 14
31 16 93 32 43	50 27 89 37 19	20 15 37 00 49	52 85 66 60 44	38 68 88 11 80
68 34 30 13 70	55 74 30 77 40	44 22 78 84 26	04 33 46 09 52	68 07 97 06 57
74 57 25 65 76	59 29 97 68 60	71 91 38 67 54	13 58 18 24 76	15 54 55 95 52
27 42 37 86 53	48 55 90 65 72	96 57 69 36 10	96 46 92 42 45	97 60 49 04 91
00 39 68 29 61	66 37 32 20 30	77 84 57 03 29	10 45 65 04 26	11 04 96 67 24
29 94 98 94 24	68 49 69 10 82	53 75 91 93 30	34 25 20 57 27	40 48 73 51 92
16 90 82 66 59	83 62 64 11 12	67 19 00 71 74	60 47 21 29 68	02 02 37 03 31
11 27 94 75 06	06 09 19 74 66	02 94 37 34 02	76 70 90 30 86	38 45 94 30 38
35 24 10 16 20	33 32 51 26 38	79 78 45 04 91	16 92 53 56 16	02 75 50 95 98
33 23 16 86 38	42 38 97 01 50	87 75 66 81 41	40 01 74 91 62	48 51 84 08 32
31 96 25 91 47	96 44 33 49 13	34 86 82 53 91	00 52 43 48 85	27 55 26 89 62
66 67 40 67 14	64 05 71 95 86	11 05 65 09 68	76 83 20 37 90	57 16 00 11 66
14 90 84 45 11	75 73 88 05 90	52 27 41 14 86	22 98 12 22 08	07 52 74 95 80
68 05 51 18 00	33 96 02 75 19	07 60 62 93 55	59 33 82 43 90	49 37 38 44 59

20 16 78 73 90	97 51 40 14 02	04 02 33 31 08	39 54 16 49 36	47 95 93 13 30
64 19 58 97 79	15 06 15 93 20	01 90 10 75 06	40 78 78 89 62	02 67 74 17 33
05 26 93 70 60	22 35 85 15 13	92 03 51 59 77	59 56 78 06 83	52 91 05 70 74
07 97 10 88 23	09 98 42 99 64	61 71 62 99 15	06 51 29 16 93	58 05 77 09 51
85 07 26 13 89	01 10 07 82 04	59 63 69 36 03	69 11 15 83 80	13 29 54 19 28
58 54 16 24 15	51 54 44 82 00	62 61 65 04 69	38 18 65 18 97	85 72 13 49 21
34 85 27 84 87	61 48 64 56 26	90 18 48 13 26	37 70 15 42 57	65 65 80 39 07
03 92 18 27 46	57 99 16 96 56	30 33 72 85 22	84 64 38 56 98	99 01 30 98 64
62 93 30 27 59	37 75 41 66 48	86 97 80 61 45	23 53 04 01 63	45 76 08 64 27
08 45 93 15 22	60 21 75 46 91	98 77 27 85 42	28 88 61 08 84	69 62 03 42 73
07 08 55 18 40	45 44 75 13 90	24 94 96 61 02	57 55 66 83 15	73 42 37 11 61
01 85 89 95 66	51 10 19 34 88	15 84 97 19 75	12 76 39 43 78	64 63 91 08 25
72 84 71 14 35	19 11 58 46 26	50 11 17 17 76	86 31 57 20 18	95 60 78 46 75
88 78 28 16 84	13 52 53 94 53	75 45 69 30 96	73 89 65 70 31	99 17 43 48 76
45 17 75 65 57	28 40 19 72 12	25 12 74 75 67	60 40 60 81 19	24 62 01 61 16
96 76 28 12 54	22 01 11 94 25	71 96 16 16 88	68 64 36 74 45	19 59 50 88 92
43 31 67 72 30	24 02 94 08 63	38 32 36 66 02	69 36 38 25 39	48 03 45 15 22
50 44 66 44 21	66 06 58 05 62	68 15 54 35 02	42 35 48 96 32	14 52 41 52 48
22 66 22 15 86	26 63 75 41 99	58 42 36 72 24	58 37 52 18 51	03 37 18 39 11
96 24 40 14 51	23 22 30 88 57	95 67 47 29 83	94 69 40 06 07	18 16 36 78 86
31 73 91 61 19	60 20 72 93 48	98 57 07 23 69	65 95 39 69 58	56 80 30 19 44
78 60 73 99 84	43 89 94 36 45	56 69 47 07 41	90 22 91 07 12	78 35 34 08 72
68 71 86 85 85	04 87 66 47 54	73 32 08 11 12	44 95 92 63 16	29 56 24 29 48
26 99 61 65 53	58 37 78 80 70	42 10 50 67 42	32 17 55 85 74	94 44 67 16 91
14 65 52 68 75	87 59 36 22 41	26 78 63 06 55	13 08 27 01 50	15 29 39 39 43
17 53 77 58 71	71 41 61 50 72	12 41 94 96 26	44 95 27 36 99	02 96 74 30 83
90 26 59 21 19	23 52 23 33 12	96 93 02 18 39	07 02 18 36 07	25 99 32 70 23
41 23 52 55 00	31 04 49 69 96	10 47 48 45 88	13 41 43 89 20	97 17 14 49 17
60 20 50 81 69	31 99 73 68 68	35 81 33 03 76	24 30 12 48 60	18 99 10 72 34
91 25 38 05 90	94 58 28 41 36	45 37 59 03 09	90 35 57 29 12	82 62 54 65 60
54 50 57 74 37	98 80 33 00 91	09 77 93 19 82	74 94 80 04 04	45 07 31 66 49
85 22 04 39 43	73 81 53 94 79	33 62 46 86 28	08 31 54 46 31	53 94 13 38 47
09 79 13 77 48	73 82 97 22 21	05 03 27 24 83	72 89 44 05 60	35 80 39 94 88
88 75 80 18 14	22 95 75 42 49	39 32 82 22 49	02 48 07 70 37	16 04 61 67 87

附 录

90	96	23	70	00	39	00	03	06	90	55	85	78	38	36	94	37	30	69	32	90	89	00	76	33
53	74	23	99	67	01	32	28	69	84	94	62	67	86	24	98	33	41	19	95	47	53	53	38	09
63	38	06	86	54	99	00	65	26	94	02	82	90	23	07	79	62	67	80	60	75	91	12	81	19
35	30	58	21	46	06	72	17	10	94	25	21	31	75	96	49	28	24	00	49	55	65	79	78	07
63	43	36	82	69	65	51	18	37	88	61	38	44	12	45	32	92	85	88	65	54	34	81	85	35
98	25	37	55	26	01	91	82	81	46	74	71	12	94	97	24	02	71	37	07	03	92	18	86	75
02	63	21	17	69	71	50	80	89	56	38	15	70	11	48	43	40	45	86	98	00	83	26	91	03
64	55	22	21	82	48	22	28	06	00	61	54	13	43	91	82	78	12	23	29	06	66	24	12	27

参考文献

[1] 姜诗章. 统计学教程. 北京：清华大学出版社，2006
[2] 袁卫等. 统计学习题与案例. 北京：高等教育出版社，2006
[3] 黄国安. 新编企业经济统计学. 上海：立信会计出版社，2006
[4] 迟艳芹. 统计学原理与应用. 北京：清华大学出版社，2005
[5] 陈平. 现代统计学原理（第3版）. 广州：中山大学出版社，2004
[6] 李德水. 应用统计通论. 北京：人民出版社，2004
[7] 李国柱. 统计学. 北京：科学出版社，2004
[8] 李洁明，祁新娥. 统计学原理. 上海：复旦大学出版社，2003
[9] 徐建邦，冯叔民，孙玉环. 统计学. 大连：东北财经大学出版社，2000
[10] 袁正等. 新编统计学教程. 北京：经济科学出版社，1999
[11] 袁卫等. 统计学（修订版）. 北京：中国统计出版社，1996
[12] 贾俊平，何晓群，金勇进. 统计学. 北京：中国人民大学出版社，2000
[13] 朱胜. 统计学原理. 北京：中国统计出版社，2002
[14] （美）David R. Anderson 等. 商务与经济统计. 张建华等译. 北京：机械工业出版社，2000
[15] （美）布莱洛克. 社会统计学. 博正元等译. 北京：中国社会科学出版社，1998
[16] （美）戴维·S. 穆尔. 统计学的世界. 郑惟厚译. 北京：中信出版社，2003
[17] D. R. Andorson, D. J. Sweeney & T. A. Williams. *Essential of Statistics for Business and Economics*. 李淳，苏治宝译. 北京：机械工业出版社，2004